마르크스주의와 한국의 인문학

마르크스주의와 한국의 인문학

1판1쇄 | 2019년 12월 23일

엮은이 | 전병준
지은이 | 진태원, 서용순, 김정한, 김공회, 이도연, 강용훈, 염인수

펴낸이 | 정민용
편집장 | 안중철
편집 | 강소영, 윤상훈, 이진실, 최미정

펴낸곳 | 후마니타스(주)
등록 | 2002년 2월 19일 제2002-000481호
주소 | 서울 마포구 신촌로14안길 17, 2층 (04057)
전화 | 편집_02.739.9929/9930 영업_02.722.9960 팩스_0505.333.9960

블로그 | humabook.blog.me
트위터, 페이스북, 인스타그램 | @humanitasbook
이메일 | humanitasbooks@gmail.com

인쇄 | 천일문화사_031.955.8083 제본 | 일진제책사_031.908.1407

값 19,000원

ISBN 978-89-6437-343-9 94300
    978-89-6437-319-4 (세트)

이 도서의 국립중앙도서관 출판시도서목록(CIP)은 e-CIP홈페이지(http://www.nl.go.kr/ecip)와
국가자료공동목록시스템(http://www.nl.go.kr/kolisnet)에서 이용하실 수 있습니다.
(CIP제어번호: CIP2019050562)

MARXISM

마르크스주의와
한국의 인문학

전병준 엮음

후마니타스

일러두기

1. 단행본·정기간행물에는 겹낫표(『 』)를, 시·논문·기사·기고문 등에는 홑낫표(「 」)를,
   법령, 사이트, 영화 및 연극에는 가랑이표(〈 〉)를 썼다.
2. 한글맞춤법에 따른 문장부호를 썼지만, 일부 인용문의 경우 당시 사용된 부호를 썼다.

책을 펴내며

2018년은 카를 마르크스가 태어난 지 200년이 되는 해였다. 독일과 프랑스의 경계 지역인 트리어의 독실한 유대인 가문에서 나서 법학을 전공하다 철학으로 전공을 바꾸어 학위를 받고(그는 대학도 옮겼다), 다양한 신문에 변혁 운동을 이끄는 격정적인 칼럼을 게재하다 추방과 망명을 이어간 끝에 정착한 영국에서 경제학을 새로이 학문적으로 정립하기 위해 애쓰다 쓸쓸히 세상을 떠난 이국의 한 학자를 기념하는 것이 과연 어떤 의미를 지니는 일일까. 마르크스의 사상과 이념에 보낸 조종弔鐘마저 이미 오래전에 사라져 이제는 자취 하나 남지 않은 듯 보이는 상황에서 한국의 인문학 전공자들이 글을 모아 한 권의 책을 낸다는 것이 무슨 굉장한 의미가 있는 것은 아니겠다. 그러나 어느 나라의 정당이 트리어에 마르크스의 동상을 기증했다는 뉴스가 한낱 우스갯소리로 회자되는 상황에서도 마르크스를 각자의 삶과 생각에서 이어 나가고자 하는 이들이 없지는 않았을 것이니, 그들이 바로 우리라고 해서 크게 문제 될 것은 아닐 것이다.

이 책은 인천대학교 인문학연구소가 펴내는 학술 총서의 두 번째 책이다. 첫 번째였던 『호모 에코노미쿠스, 인간의 재구성』이 경제학적 관점에서 근대적 인간이 어떻게 탄생했는가를 조감했다면, 두 번째인『마르크스주의와 한국의 인문학』은 제목에서 드러나듯 마르크스주의라는 방법론적 시각으로 현재의 문제를 살피고자 했다. 철학과 정치학과 경제학, 그리고 한국 문학 등 각각의 영역에서 마르크스주의가 논의되는 지점을 비판적으로 점검하거나 마르크스주의적 관점으로 현재의 각 학문적 상황을 살핌으로써 새로운 가능성을 만드는 데 기초를 놓아 보려 했다. 이 책이 애초의 기획 의도만큼 충실한 결과를 내놓는다고 자신할 수는 없지만 그럼에도 우리는 각자의 전선에서 최선을 다해 애썼다.

스피노자를 비롯한 서양 근대 철학 혹은 현대 프랑스 철학뿐만 아니라 최근에는 한국 민주주의론에 관해서도 주목할 만한 저술과 번역을 낸 진태원의「착취, 배제, 리프리젠테이션: 마르크스주의 (탈)구축의 세 가지 쟁점」은 자신의 저서『을의 민주주의: 새로운 혁명을 위하여』에서 제기한 문제의식을 잇는 글이다. 그는 이 글에서 현재의 문제점을 분명히 제시하고 그에 대한 해결책을 제안한다. 현실 사회주의국가가 붕괴하고 2008년 전 세계적 금융위기를 지나면서도 마르크스주의는 사회 변화의 중요한 계기가 되지 못했고, 진보 이론은 뚜렷한 이론적·실천적 쇄신을 만들지 못했다. 신자유주의 체계가 큰 위기에 처해 있는데도, 마르크스주의는 게토화된 상태에 머물러 있을 따름이다. 진태원은 이러한 사태에 대한 이유로 네 가지 신화를 든다. 마르크스주의가 모든 사회운동의 중심으로 간주되어야 한다는 중심의 신화, 프롤레타리아계급을 보편적인 변혁 운동의 주체로서 제시하는 대문자 주체의 신화, 자본주의를 극복할 유일한 길이 사회주의 내지 공산주의로의 이행밖에 없다고 사고하는 이행의 신화, 공산당을 비롯한 마르크스주의 운동 조직들이 부르주아 민주주의보다 더 우월하다는 진정한 민주주의의 신화. 그는 이 신화들을 해체함으로써 마르크스주의가 이론적·실천적 정합성을 지닐 수 있다고 주장한다. 그는 이러한 문제들에 직면하여 가능한 해결책을 찾기 위한 방법으로, 해방 운동과 비판 이론이 해명해야 할 세 가지 쟁점을 제시한다. 지금까지 마르크스주의 이론을 지배해 온 남성 중심적이고 인종주의적이며 경제주의적인 착취 개념을 재구성하는 것, 계급적 지배로 환원되지 않는 예속적 주체화 혹은 배제의 메커니즘을 이론화하는 것, 민주주의와 정치 그 자체를 개조하는 과제를 제기할 것으로 기대되는 리프리젠테이션 개념을 일반화하는 것. 그가 던지는 세 가지 쟁점은 마르크스주의의 갱신과 관련하여 묵직한 물음을 던지거니와 이러한 물음을 사유하며 마르크스주의는 새로운 길을 예비할 수 있을 것이다. 아울러 그가 서양 철학의 관점을 끊임없이 갱신해 나가며 한국의 정세에 철학적으로 개입하는 작업을 목격하는 것은 이러한 물음에 관심을 지닌 이들에게는 고통스럽지만, 동시에 즐겁기도 한 사유와 실천의 훈련이 된다.

알랭 바디우의 열렬한 소개자이자 번역자이며 그 자신 스스로 변혁 운동의 오랜 지지자인 서용순은 프랑스의 68년 5월을 마르크스적 관점에서 새로이 해석한다. 68년 5월의 50주년을 기념하여 바디우가 2018년 프랑스에서 출간한 *On a raison de se révolter*를 번역하여 얼마 전에 『반역은 옳다』라는 제목으로 내놓기도 한 서용순의 「19~20세기 해방 정치 이념에 대하여」는 제목이 말하는 그대로 19~20세기 해방 정치의 이념을 주체성의 시각에서 검토한 글이다. 새로운 해방 정치 이념을 구축하기 위한 기초를 마련하는 데 초점을 맞춘 이 글에서 그는 마르크스가 정초한 공산주의가 물질적인 수준에 국한되지 않고, 그 핵심이 자기동일성을 넘어서는 식별 불가능한 주체적 형상의 창조에 있다고 강조한다. 그는 이러한 주체적 형상의 사례로 러시아혁명 당시 레닌이 제시한 '전위당'과 그것을 비판적으로 계승한 중국 문화대혁명 시기 인민 대중과 당 관료를 통한 대중의 이니셔티브 구축을 살핀다. 그의 탐구는 바디우가 68년 5월 혁명을 성찰하는 과정에서 제기한 '당 없는 정치'의 가능성에 대한 물음에서 정점에 이른다. 해방의 정치, 혹은 해방의 철학으로서 마르크스주의를 지금, 여기에서 다시 묻고자 하는 이 책의 기획을 실천 이론의 측면에서 뜨겁게 다룬 서용순의 글은 공산주의 일반과 새로운 정치의 이념에 대한 근본적인 물음을 던진다는 점에서 이 방면 연구에서 끊임없이 재논의될 출발점이자 중간 기착점이다.

5·18을 대중 봉기의 관점에서 조명해 대중 봉기가 새로운 사회운동의 모태가 됨을 주장한 바 있는 김정한은 「한국 마르크스주의의 위기와 쟁점들」에서 현실 사회주의의 붕괴 이후, 특히 이른바 1991년 5월 투쟁 이후 한국 마르크스주의의 위기 상황에서 2008년 촛불 시위부터 용산 참사와 세월호 참사에 이어 2016~17년의 촛불 혁명에 이르는 한국 사회의 주요 사건들과 관련된 쟁점들을 돌아본다. 김정한은 한국 마르크스주의 위기 이후의 쟁점이 국가가 무엇인가라는 물음, 작동 불능의 위기에 처한 정당 민주주의에 대한 비판을 바탕으로 제기되는 직접민주주의에 대한 요청과 관련된 포퓰리즘의 문제, 노동자 운동이 특권적 중심의 역

할을 잃어버린 시대에 정치적 주체는 누구인가라는 물음, 한국 사회의 근본적인 남성 중심주의에 본격적으로 저항하기 시작한 '미투 운동'에서 발견되는 페미니즘 등으로 정리한다. 이러한 쟁점들에서 마르크스주의는 자주 속수무책의 무능력을 스스로 증명하기도 했지만 오히려 그러한 무능력의 확인에서 새로운 가능성에 대한 참조점이 발견될 수도 있다. 중대한 위기에 처했으나 오히려 그 위기의 확인에서 비로소 혁신의 불가피성이 충분히 감지되었을 터이기 때문이다. 역사적 마르크스주의가 자기 혁신을 이루고 새로운 희망의 토대가 될 수 있는 가능성은, 마르크스주의의 갱신이라는 과제를 어떻게 새롭게 사유하는가에 달려 있을 것이다.

김공회의 「마르크스의 'Das Kapital'의 국내 도입과 번역」은 김수행이 번역한 『자본론』이 지니는 의의와 개역 과정상의 특징들을 분석한다. 마르크스의 주저이자 미완의 유작인 『자본』*Das Kapital*이 이 땅에 도입되고 번역된 과정을 충실히 살핀 이 글에서 김공회는 김수행 번역본이 지니는 한계와 의의를 동시에 짚는다. 영어 번역본을 저본으로 삼은 까닭에 중역이라는 한계를 지니지만 그럼에도 번역자 자신이 끊임없이 개역을 진행하며 번역자의 책임을 끝까지 충실히 수행했다는 점에서 중요한 의의를 지닌다는 것이다. 김공회는 한반도의 마르크스 『자본』 번역사를 살피는 한편, 김수행의 작업을 따라 영어판과 독일어판과 불어판에 대한 정보를 제공하는데, 우리도 힘을 모아 열심히 연구하다 보면 원전 비평, 혹은 번역 비평을 할 날이 올 수 있겠다는 생각을 하게 된다. 아직 새로운 마르크스-엥겔스 전집이 독일에서도 다 나온 것이 아니라고 하니 늦게 시작한 우리의 사정도 완전히 어둡기만 한 것은 아니겠다. 김공회의 글을 통해 우리는 마르크스의 『자본』에 대한 연구가 이제 시작 단계에 있다는 사실을 알게 되고 제대로 된 마르크스학이 곧 이 땅에서도 시작되리라는 기대도 하게 된다.

한국 문학에서 마르크스주의는 필연적으로 카프KAPF와 관련된다. "조선 프롤레타리아 예술가 동맹"이라는 그 명칭에서도 그렇지만 실제 활동에서도 카프가 마르크스주의를 문학에 결합시키고자 했기 때문이다. 일찍이 한국 근대문학이 비평과 연구의 대상이 된 이래 카프 비평사가 꾸준히 논의되었지만 대개는 임화라는 비평가의 작업을 둘러싼 것이었다. 카프의 짧은 역사 동안 임화만큼 뚜렷하게 활동한 문학인이 없었기 때문이다. 시인이며 문학사가였고, 동시에 영화배우이기도 했던 다양한 이력만큼이나 그가 개입한 비평적 논쟁 또한 다양했으니, 그가 남긴 글에 대한 연구가 곧 카프 비평사 연구와 같은 것으로 여겨지기도 했다. 그러나 최근 김남천의 비평적 성과를 임화의 그것만큼이나 주목하는 연구가 있어 학계의 비상한 관심을 끌었거니와 이 책은 이러한 관점에서 연구된 성과를 제출한 이도연과 강용훈의 글을 함께 싣는다. 이도연의 글이 마르크스주의라는 원론에 집중하여 김남천의 비평을 살핀다면, 강용훈의 글은 일본과의 비교문학적 관점에서 김남천의 비평을 다룬다.

이도연은 「김남천 비평의 해명과 '리얼리즘'이라는 기표」에서 김남천을 중심으로 카프 비평사와 마르크스주의(비평)의 역사적 실체 및 현재적 의의를 재검토한다. 카프 문학 비평사를 재구하는 과정에서 그가 제기하는 주요 명제는 "문학과 정치의 이접離接적 공존의 가능성"이다. 문학의 정치성을 그 극단까지 추구한 결과 어떤 면에서는 문학의 독자성을 부인하는 양상으로 카프 문학이 전개되기 때문이다. 그런데 첨예한 긴장의 동력이 상실되는 순간 교조적 이데올로기의 온실에 안주하거나 혹은 순문학주의의 허상에 매몰되는 결과를 초래하기에 이른다. 그런 까닭에 문학과 정치의 결합이라는 불가능한 가능성을 살피기 위해서는 일정한 지속기간 동안 카프의 문학적 행정行程을 온전히 주파할 필요가 있다. 이러한 관점에서 이도연은 '박영희-임화' 노선과 '김기진-김남천' 노선을 대비하여 논의를 진행한다. 전자가 주체의 주관적 의지에 의존한다면, 후자는 객관적 존재에 의존한다고 할 수 있다. 근본적으로 인간의 주관적 의지보다 현실의 객관적 존재를 좀 더 중요한 것으로 생각했던 마르크스의 관점을 받아들인다면 경험적 현실을 기반으로, 예술의 상대적 자율성과 문학의 독자성을 승인하는 '김기진-김남천'의 노선이 개방적 신축성과 사고의 유연성을 내포한다는 것이 이도연의 결론이다. 카프 비평사와 한국 근대 문학 비평사를 새로이 쓰고자 하는 기획을 수행하는 과정에서 나온 성과가 이러하니 앞으로의 연구가 어떻게 이어질지 관심을 가지고 지켜볼 필요가 있겠다.

강용훈의 「전시체제 전환기 한일 마르크스주의자의 '풍속' 비판 담론」은 1930년대 중·후반 일본과 식민지 조선의 마르크스주의자들이 '풍속' 개념을 새롭게 규정하게 된 과정을 재조명한다. 1930년대 중반 동아시아 마르크스주의자들에게 이데올로기 개념이 어떻게 수용되었는가에 주목한 그의 논의는 일본에서 『독일 이데올로기』를 번역하는 데 참여하고 『일본 이데올로기론』을 발표하기도 하는 도사카 준戶坂潤의 활동에 초점을 맞춘다. 도사카 준은 일련의 과정을 통해 '이데올로기'가 아니라 '풍속' 개념을 부각시키며 사회적 관습과 자기 자신의 도덕이 충돌하는 지점인 '풍속'에 국가 권력의 통제가 개입하고 있음을 적극적으로 비판했고, 김남천은 이러한 도사카 준의 논의를 부분적으로 받아들여 당시 '민속' 개념이 유행하기 시작한 상황을 염두에 두고 '풍속'에 대해 논했다. 김남천은 사라져 가는 '민속'을 부흥시키는 작업보다는 '풍속'을 통해 자기 자신, 더 나아가 한 사회의 습속을 문제 삼는 일에 관심을 기울인 것이다. 전시체제 사회로 전환해 가던 1930년대 중·후반 '풍속'과 '풍속 통제'를 비판적으로 문제 삼은 도사카 준과 김남천의 태도에서 일본 군국주의의 통치 권력 확대에 대응하는 지점을 찾는 강용훈의 섬세한 연구자로서의 시선을 통해 우리는 막연하게 알고 있었던 사실을 좀 더 분명하게 알게 되고, 동아시아에서 마르크스주의가 수용된 양상의 특이성을 분석할 수 있는 기반을 확보하게 된다.

최근 공산주의를 새로이 사유하는 미국 학자의 책들을 번역한 바 있는 염인수는 「프롤레타리아화 과정의 비참과 투지: 마르크스적 변증법의 서사로서 『난장이가 쏘아올린 작은 공』」에서 조세희의 작품을 통해 한국 사회의 산업화와 함께 진행된 프롤레타리아화 과정의 일단을 살핀다. 그가 중요한 방법론으로 선택한 프롤레타리아화 과정이란, 마르크스가 『자본』 제1권 제7편 제24장에서 '이른바 본원적 축적' 문제를 제기하는 가운데 드러나는 과정이다. 자본주의 생산양식이 전 지구적 생산양식으로 확장되는 데에 정초적이며 본원적 역할을 수행한 프롤레타리아화는 언제나 양의적이며 변증법적인 논리로 작동된다. 왜냐하면 프롤레타리아화 과정을 통해 기존의 봉건적 사회관계로부터 자유를 얻지만, 그 자유란 기껏해야 제 노동력을 상품으로 판매할 수밖에 없는 자유에 불과하기 때문이다. 염인수는 『난장이가 쏘아올린 작은 공』 연작의 서술 상황에 담긴 규칙성과 예외성을 해명하고 또 이런 해명을 통해 이 연작이 오늘날에도 지닐 의미를 밝히고자 한다. 그는 마르크스의 저술에 근거해 프롤레타리아화 과정을 단순한 사물화나 도구화를 넘어선 주체적 계급의식을 획득하는 일로 이해하고, 조세희의 연작을, 계급의 분할과 투지로 이어지는 프롤레타리아화 과정을 구현한 서사로 해석한다. 서술 상황을 중심으로 해석할 때 이 연작 전체는 서로 대립하는 두 계급, 혹은 서로 상대되는 "산 노동"과 "죽은 노동" 사이 분할과 변증법적 관계 양상을 형상화한 서사로 읽힐 수 있다는 것이 그의 해석이다.

마르크스주의와 벤야민의 관점을 원용하여 김남주의 시를 살핀 엮은이의 글 「김남주를 읽는다, 혁명을 생각한다」는 그의 시를 통해 시와 혁명의 관계를 새로이 사유하는 데 초점을 맞추었다. 시인 스스로 "시인은 혁명 전사"여야 한다고 말하기도 했고, 체제 변혁적이고 저항적인 시를 주로 쓴 까닭에 계급 적대와 계급투쟁과 같은 구도, 또는 신식민지 제국주의론과 같은 관점 등으로 그의 시를 읽는 것은 자연스러운 과정이다. 그런데 시와 사유를 통해 김남주가 궁극적으로 바란 것이 무엇인가라는 물음에 이르면, 그 답은 혁명과 봉기와 같은 것에 있지 않나 하는 생각에 이른다. 계급 적대와 국가 간 경쟁도 없고, 민족 분단의 모순도 없이 자유와 평등이 실현되는 이상향, 아마 이것이 그가 간절히 바란 것이 아닐까. 김남주의 시를 변혁 운동의 한 과정으로만 읽지도 않고,

정치적 메시지를 배제한 채 읽지도 않으며 중립적으로 그가 말하고자 하는 바에 집중하여 시를 읽은 결과 도달하는 지점은, 그의 시 「사랑1」의 구절을 따르자면, "봄의 언덕에/ 한 그루의 나무를 심"는 사랑의 실천에 있다. 이러한 사랑의 실천을 통해 비로소 혁명의 시간, 새로운 시간이 우리에게 온다. 시는, 그리고 우리의 삶은 모든 논리와 회의와 절망과 혼돈을 넘어서는 어떤 지점에서 새로이 시작되고, 또 시작되어야 하며, 마침내는 시작되고야 말 것이다.

이 책을 기획하고 준비하며 많은 분의 도움을 받았다. 우선 총서 발간을 발의하고 첫 번째 권을 내는 데 결정적인 역할을 한 인천대학교 국어국문학과의 노지승 선생님께 감사드린다. 전직 인문학연구소장인 국어국문학과의 송원용 선생님, 영어영문학과의 김정태 선생님 두 분께도 감사드린다. 또한 어설픈 기획이 제 궤도에 오를 수 있도록 열심히 응원해 준 독어독문학과의 권혁준 선생님과 현재 인문학연구소장인 영어영문학과의 이용화 선생님께도 감사드린다. 관심을 기울여 준 인천대학교 인문대학의 여러 선생님들께도 마땅히 감사를 드려야 할 것이다. 연구소의 행정 업무를 도맡아 해준 상임연구원 박은영 선생님, 또 늦어지는 원고를 말끔하게 책으로 만들어 준 후마니타스의 안중철 편집장님께도 감사드린다. 그리고 당연하게도 이 책에 글을 보내 준 여러 선생님들께도 감사의 인사를 드린다. 마지막으로, 오래도록 같이 공부하며 생각을 나누는 동시에 이 책에 글을 싣기도 한 이도연, 염인수 선생님 두 분께는 각별한 감사와 함께 동지적 우정을 전한다.

인천대학교 인문학연구소의 학술 총서가 두 번째 책『마르크스주의와 한국의 인문학』을 내며 이제 돌이킬 수 없는 역사적 항해를 시작한다는 기분이다. 이 책을 내는 데 아쉬움과 안타까움이 없지 않지만, 앞으로 이어질 총서는 세상에 좀 더 도움이 되는 지혜의 모음이 되기를 간절히 바란다.

마르크스와 함께 고민을 시작했으므로, 1867년 그가『자본』의 1권을 처음으로 세상에 내놓으며 붙인 (단테의『신곡』의 한 문장을 조금 수정했다는) 서문의 마지막 문장을 그대로 옮기며 이 글을 끝내는 것도 좋겠다.

너의 길을 가거라, 그리고 사람들이 뭐라고 하든 내버려 두어라.

진태원, 서용순, 김정한, 김공회, 이도연, 강용훈, 염인수의 뜻을 모아,

엮은이 전병준 씀.

1
MARXISM

착취, 배제, 리프리젠테이션

: 마르크스주의 (탈)구축의 세 가지 쟁점

1. 머리말

 2016년 촛불 집회 이후 지난 2년 동안 국내외 변화의 흐름이 너무 급격하고 숨 가쁘게 전개되고 있어서 우리가 곧잘 망각하게 되지만, 시계를 3~4년 정도 되돌려 보면 당시 많은 사람들에게 한국의 정세가 얼마나 비관적이었는지 금방 깨닫게 된다. 2014년 봄 세월호 참사로 인해 수많은 사람들이 슬픔과 고통을 겪었고 박근혜 정권의 무책임과 무능력을 비판했지만, 곧이어 벌어진 지방 선거와 국회의원 재·보궐선거에서 야당이 참패했으며, 당시 집권 여당인 새누리당은 거칠 것 없이 승승장구했다. 이에 따라 한 정치학자는 앞으로 자유주의 정치 세력의 재집권은 사실상 불가능할 것이라는 비관적 전망을 내놓기도 했다.[1] 이것은 비단 이 정치학자만이 아니라 거의 대부분의 진보 정치학자 및 언론의 견해이기도 했다. 실제로 2016년 4·13 총선을 앞두고 새누리당 압승을 예견하는 이들이 대부분이었다.

 이런 비관적 전망은, IMF 외환 위기 이후 본격화된 한국 사회의 신자유주의적 재편과 관련해 볼 때 더욱 뼈저린 것이었다. 왜냐하면 신자유주의적 세계화는 전 세계적인 범위에서 부의 집중과 불평등의 확대, 사회적 안전망의 해체와 비정규직의 확산에 따

---

* 이 글은 인천대학교 인문학연구소에서 펴내는 『인문학 연구』 30집, 2018에 「마르크스주의의 탈구축: 네 가지 신화와 세 가지 쟁점」이라는 제목으로 게재된 바 있다.

1 이광일, 「자유주의 정치 세력의 재집권은 가능한가?」, 『황해문화』 85호, 2014년 겨울호 참조.

른 사회적 불안정과 개개인들의 삶의 고통의 심화, 거버넌스 체제의 확산과 그에 대한 반동으로서 포퓰리즘의 부상 같은 현상들을 수반했으며, 따라서 빈곤과 삶의 불안정, 정치적 대표성의 결여에 따른 불만의 증가와 같은 객관적인 사회적 변화의 여건이 축적되었음에도, 좌파 및 진보 진영에서 기대하는 대중들의 결집된 정치적 행위가 일어나지 않았기 때문이다. 변혁의 객관적 조건은 존재하는데 주체적 조건은 부재하거나 매우 미약하게 표출되는 이런 현상이, 길게 보면 지난 20여 년 동안, 짧게 보면 지난 10여 년간의 사회적 흐름이라고 할 수 있다.

이론적으로 본다면 지난 2008년 미국의 서브프라임 사태로 촉발된 금융 위기 이후 세계 진보학계의 주목할 만한 움직임은 마르크스주의를 복권하려는 흐름이었다. 2018년이 마르크스 탄생 200주년이 되는 해이지만, 이미 2009년부터 슬라보예 지젝, 알랭 바디우를 중심으로 한 급진 이론가들이 '공산주의의 이념'the idea of communism이라는 주제로 연속 학술 대회를 개최한 바 있으며, 『자본』을 비롯한 마르크스의 주요 저작들에 대한 새로운 번역 및 해설, 연구서들도 활발하게 출간되어 왔다.[2] 이런 학술적 운동이 아

---

2 최근 국내에 번역된, 미하엘 하인리히 지음, 김강기명 옮김, 『새로운 자본 읽기』, 쿠리에, 2016이나 데이비드 하비 지음, 강신준 옮김, 『데이비드 하비의 맑스『자본』강의』, 창비, 2011; 『데이비드 하비의 맑스『자본』강의』 2, 창비, 2016 참조. 또한 자본주의와 가부장제의 문제를 다루는 마리아 미즈 지음, 최재인 옮김, 『가부장제와 자본주의: 여성, 자연, 식민지와 세계적 규모의 자본축적』, 갈무리, 2014 및 실비아 페데리치 지음, 황성원·김민철 옮김, 『캘리번과 마녀: 여성, 신체 그리고 시초축적』, 갈무리, 2011; 실비아 페데리치 지음, 황성원 옮김, 『혁명의 영점: 가사노

직 마르크스 및 마르크스주의에 대한 주목할 만한 새로운 재해석으로 이어지지 않고 있지만, 다양한 학문 분야에서 마르크스(주의)를 다시 논의하려는 움직임은 뚜렷하게 나타나고 있다. 하지만 사람들이 다시 마르크스를 읽고 토론하게 되었다는 것과 마르크스(주의)가 오늘날에도 여전히 의미 있는 이론적·정치적 전망을 제시해 주느냐 하는 것은 다소 다른 문제라고 할 수 있다. 곧 마르크스(주의)에 대한 새로운 관심과 토론은 현실적인 변혁 운동과 거리를 둔 채 다소 아카데믹한 학문적 논의에 그칠 수 있으며, 실제 그럴 가능성이 크다고 볼 수 있다.

그런데 이는 마르크스주의에는 매우 기묘한 정황이라고 할 수 있다. 왜냐하면 마르크스주의는 지난 20세기 내내 해방의 이론과 운동의 대명사처럼 작용했기 때문이다. 마르크스주의자를 자처하는 경우는 물론이거니와 자신을 마르크스주의자로 간주하지 않는 사람들에게도 마르크스주의는 특히 자본주의사회를 변혁하려는 이론과 운동을 대표하는 명칭이었다. 따라서 변혁 운동과 연결되지 않은 마르크스주의는 이론 그 자체 내에서 이미 생명력을 상실한 것이다. 오늘날 마르크스주의가 이런 상황에 놓이게 된 것은 알다시피 1989년 베를린장벽의 붕괴를 신호탄으로 하여 전개된 동유럽 사회주의 체제의 해체 효과라고 할 수 있다. 이런 해체는 마르크스주의의 물질적 근거를 소멸시켰을 뿐만 아니라, 그 이론

동, 재생산, 여성주의 투쟁』, 갈무리, 2018(2판); 이은숙, 『페미니즘 자본축적론』, 액티비즘, 2017 등을 각각 참조.

적 타당성 및 규범적 적합성에 치명적인 타격을 안겨 주었다.

그렇다면 앞으로 마르크스(주의)가 다시 한 번 변혁 운동에 기여할 수 있는 이론적·정치적 효력을 발휘할 수 있을까? 이런 질문에 대한 답변은 조건적일 수밖에 없는데, 지금까지의 상황을 고려하면 전망이 썩 밝아 보이지는 않는다. 그것은 마르크스(주의)의 이론적 효력이 오늘날 완전히 소실되어 버렸다거나, 마르크스가 또 그 이후에는 다양한 마르크스주의자들이 제기했던 여러 가지 쟁점들 내지 문제들(가령 가치, 잉여가치, 착취, 계급투쟁, 소외, 프롤레타리아독재, 공산주의 등)이 이제는 의미 있는 문제들로 존재하지 않기 때문은 아니다. 오히려 그것은 '현존 사회주의' 체제의 실패를 통해 뚜렷이 드러난 마르크스주의의 이론적·현실적 한계에도 불구하고, 마르크스주의자들 자신은 이 같은 실패 내지 한계들에 대해 성찰하기보다는 마르크스주의에 대한 여러 가지 신화들에 여전히 사로잡혀 있는 것으로 보이기 때문이다.

이런 관점에서 나는 이 글에서 마르크스(주의)가 의미 있는 이론적·정치적 힘으로 작용하는 것을 가로막는 네 가지 신화를 해체하면서, 이 같은 해체 이후에 마르크스주의를 재구축하기 위해 제기해야 할 세 가지 쟁점, 곧 착취, 배제, 리프리젠테이션이라는 쟁점을 살펴보려고 한다.

2. 마르크스주의의 네 가지 신화

1) 중심의 신화

우선 마르크스주의는 일종의 '중심의 신화'에 깊이 사로잡혀 있다. 중심의 신화란, 마르크스주의가 변혁 내지 사회운동의 중심에 존재하며, 또 마땅히 중심으로 자리 잡아야 한다는 생각이다. 20세기 후반 (포스트)마르크스주의의 흐름은 이런 중심의 신화를 해체하는 방향으로 전개되어 왔다. 1965년 출간된 『마르크스를 위하여』와 『자본을 읽자』에서 루이 알튀세르는 저 유명한 '과잉결정'surdétermination 개념을 통해 "최종 심급의 고독한 순간은 도래하지 않는다"고 선언하면서 자본과 임노동 사이의 모순은 항상 이미 다른 모순들에 의해 과잉결정되어 있다고 주장한 바 있다.[3] 또한 에르네스토 라클라우와 샹탈 무페의 『헤게모니와 사회주의 전략』(1985)은 여기에서 한 걸음 더 나아가 자본과 임노동 사이의 모순은 여러 가지 적대들(가령 성적 적대, 인종 간 적대, 환경 문제를 둘러싼 적대 등) 가운데 하나일 뿐이며, 모든 사회적 적대들은 등가적이라고 말한 바 있다.[4] 아울러 마르크스주의에 대한 비판이라는

---

3 Louis Althusser, *Pour Marx*, Paris: La Découverte, 1996(초판 1965)(국역본으로, 루이 알튀세르 지음, 서관모 옮김, 『마르크스를 위하여』, 후마니타스, 2017); Louis Althusser et al., *Lire le Capital*, Paris: PUF, 1996(초판 1965).

4 에르네스토 라클라우·샹탈 무페 지음, 이승원 옮김, 『헤게모니와 사회주의 전략』, 후마니타스, 2012. 라클라우·무페의 포스트마르크스주의의 강점 및 난점에 관한 좋은 (하지만 이론의 여지가 있는) 논의는 서영표, 「라클라우가 '말한 것'과 '말할 수 없는 것': 포스트마르크스주의의 유물론적 해석」, 『마르크스주의 연구』 13권 1

맥락에서 보면, 장-프랑수아 리오타르는 '근대의 거대 서사들'에 대한 해체의 맥락에서 이 같은 신화를 날카롭게 고발한 바 있다.[5] 따라서 계급적 모순은 다른 모든 사회적 모순을 (최종적으로) 결정하는 모순이 아닐뿐더러, 마르크스주의 역시 이제는 다른 모든 사회적 모순들을 해명할 수 있는 이론적 중심이 아니라는 점이 여러 가지 방식으로 선언되고 또 경험적으로 입증된 바 있다. 하지만 현존하는 노동운동이나 그 활동가들 및 주변의 마르크스주의자들(특히 경제학자들과 사회학자들)은 여전히 이런 중심의 신화에 사로잡혀 있는 것으로 보인다.

미국의 금융 위기나 유럽의 재정 위기 이후 다시 이런 중심의 신화, 곧 계급 모순의 해결이야말로 다른 모순들을 해결하기 위한 가장 근본적이고 중요한 모순이라는 신화가 소생하고 있지만, 그것은 말 그대로 신화에 머물러 있을 뿐이다. 이를 가장 잘 보여 주는 것 가운데 하나가 금융 위기나 재정 위기를 맞아 세계 어디에서도 이 위기를 타파하기 위한 대대적인 노동자 운동(총파업을 비롯한)이 전개된 적이 없다는 사실이다. 오히려 구조 조정이나 합병, 비정규직의 확산 등으로 인해 노동조합의 힘은 더욱 약화되고, 노동자계급 가운데 상당수는 이민자에 대한 적대감 속에서 극우 정당의 지지자로 돌아섰다는 사실은 이미 여러 경험적 연구들

호, 2016 참조.

5 장-프랑수아 리오타르 지음, 이현복 옮김, 『포스트모던적 조건』, 서광사, 1992; 장-프랑수아 리오타르 지음, 진태원 옮김, 『쟁론』, 경성대출판부, 2015를 각각 참조. 이는 물론 리오타르를 비롯한 이들의 주장을 모두 수용한다는 뜻은 아니다.

이 입증한 바 있다.[6] 이 때문에 노동자 운동이나 마르크스주의가
사회적 운동들의 중심에서 그 운동들을 이끌어 간다는 것은 말 그
대로 환상에 불과하며, 그것은 오히려 다른 사회적 운동들과의 연
대나 협력을 더욱 어렵게 할 뿐이다.

따라서 노동자 운동과 마르크스주의가 실천적·이론적 중심에
존재한다는 신화를 해체하는 일이야말로 오늘날 세계에서 마르크
스주의가 의미 있는 기여를 하기 위한 중요한 전제가 된다.

2) 대문자 주체의 신화

이런 중심의 신화는 대문자 주체의 신화와 긴밀하게 연결되어
있다. 대문자 주체의 신화란 프롤레타리아 내지 노동자계급이 사
회변혁의 주체이며 역사의 주체라는 신화를 말한다. 루카치의 『역
사와 계급의식』(1923)에서 가장 탁월하게 사변적으로 표현된 이
런 신화는 중심의 신화를 뒷받침하는 철학적 지주의 역할을 하고
있다.[7] 하지만 이것 역시 신화에 불과하다. 프롤레타리아 내지 노

---

6 이는 포퓰리즘이 유럽과 남아메리카뿐만 아니라, 북미 대륙과 아시아 등까지 널리
확산되는 데서 잘 나타난다. 포퓰리즘의 범세계적 확산의 문제에 관해서는 진태원
엮음, 『포퓰리즘과 민주주의』, 소명, 2017 및 존 B. 주디스 지음, 오공훈 옮김, 『포
퓰리즘의 세계화』, 메디치미디어, 2018을 각각 참조.
7 게오르크 루카치 지음, 박정호·조만영 옮김, 『역사와 계급의식』, 거름, 1999. 주지
하다시피 루카치에게 프롤레타리아는 역사의 객체이면서 동시에 주체라는, 관념론
적일뿐더러 종말론적인 역사철학의 관점에서 개념화되고 있으며, 마르크스의 소외
및 물신숭배 개념을 새롭게 개념화한 사물화Verdinglichung 개념에 근거해 '귀속된

동자계급은 단일한 주체가 아닐뿐더러, 변혁의 보편적 행위자도 아니기 때문이다. 전자처럼 노동자계급을 단일한 주체로 이해하는 것은 노동자계급 내에 존재하는 다양한 분화와 갈등(정규직과 비정규직, 내국인 노동자와 이주 노동자, 젠더 관계 등)을 고려하지 않거나 그것을 실체의 본질에 영향을 미치지 않는 부수적인 우연적 속성으로 간주하는 관점이다(이는 아주 오래된 아리스토텔레스주의 실체론과 다르지 않다). 또한 후자처럼 보편적 행위자로 간주하는 것은 노동자계급이 부르주아계급 및 다른 집단들과 더불어 국민주의/민족주의nationalism, 그리고 인종주의 이데올로기 및 실천에 사로잡혀 있으며, 또한 가부장제의 이데올로기 및 실천에도 포획되어 있다는 점을 간과하고 있다. 더욱이 국민주의/민족주의와 인종주의, 그리고 가부장주의는 단순히 허위의식이나 가상으로서의 이데올로기가 아니라, 고유한 물질적 구조 및 제도에 뿌리를 둔 독자적인 갈등 내지 적대이며, 따라서 계급 적대로 환원될 수 없는 것이다.

노동자계급에 대한 신화의 배경에는 마르크스와 엥겔스가 『공산주의당 선언』에서 노동자계급은 잃을 것도 없고 따라서 환상도 없다고 선언했던 것이 깔려 있다.[8] 이는 자본주의사회에서 노동자

계급의식'을 갖춘 (준)선험적 주체로 제시되고 있다. 『역사와 계급의식』은 오늘날까지도 여전히 이론적 잠재력을 지니고 있는데, 이 저작에서 무언가 가치 있는 것을 발굴하기 위해서는 사물화에 대한 논의를 그 관념론적이고 종말론적 관점과 분리시키는 것이 필수적이다.

[8] "프롤레타리아들에게는 지켜야 할 자신의 것이라고는 없다. 그들은 지금까지의 모든

계급은 착취와 수탈의 대상일뿐더러, 그 자신 아무런 생산수단을 보유하지 못하고 있기 때문에, 곧 아무것도 잃을 것이 없기 때문에 환상을 갖고 있지 않다는 뜻이다. 이처럼 아무런 소유도 갖고 있지 않고 아무런 환상도 갖고 있지 않기 때문에, 프롤레타리아는 자본주의적인 착취 및 그것을 정당화하는 이데올로기(와 물신숭배)에 맞서 가장 철저하게 투쟁할 수 있는 계급이라는 것이 대문자 주체의 신화의 핵심이다.

하지만 이미 마르크스 자신이 1848년 혁명의 실패 이후 프롤레타리아에 대한 이런 신화가 그릇된 것임을 자각했으며, 이는 그가 이후 죽을 때까지 정치경제학 비판 연구에 몰두하는 계기가 되었다. 또한 마르크스는 『철학의 빈곤』(1847)이나 『루이 보나파르트의 브뤼메르 18일』(1852) 같은 저작에서는 혁명적 노동자계급과 구별되는 '룸펜 프롤레타리아'라는 범주를 도입했고,[9] '즉자 계급'과 '대자 계급'의 구별을 도입하기도 했다.[10] 더욱이 20세기의

사적 안녕과 사적 보장을 파괴해야만 한다." 또한 "노동자들은 조국이 없다. 그들에게 없는 것을 그들로부터 빼앗을 수는 없다". 칼 맑스·프리드리히 엥겔스, 「공산주의당 선언」, 『칼 맑스·프리드리히 엥겔스 저작 선집』 1, 박종철출판사, 1991. 인용문은 각각 411, 418쪽.

[9] 이 개념은 이미 『공산주의당 선언』에서도 나타난다. 「루이 보나파르트의 브뤼메르 18일」에서 이 개념은 "부랑자, 제대 군인, 전과자, 탈출한 갈레선 노예들, 사기꾼, 노점상, 유랑 거지, 소매치기, 요술쟁이, 노름꾼, 뚜쟁이, 포주, 짐꾼 …… 요컨대 뿔뿔이 흩어져 떠다니는 불확실한 대중"을 지칭하는 것으로 사용되며, 루이 보나파르트는 "룸펜프롤레타리아트의 수장" 또는 "룸펜프롤레타리아트의 대표자"로 지칭된다. 칼 맑스·프리드리히 엥겔스, 「루이 보나파르트의 브뤼메르 18일」, 『칼 맑스·프리드리히 엥겔스 저작 선집』 2, 박종철출판사, 1992. 인용문은 각각 339, 390쪽.

역사는 노동자들이 자본주의사회의 변혁보다는 자본주의사회 내에서 안정된 삶을 유지할 수 있는 길을 더 선호했음을 보여 주며, 이것이 제2인터내셔널과 제3인터내셔널의 역사적 분열, 또는 공산당과 사회민주당의 분열의 배경이었음은 잘 알려져 있다.[11] 그리고 이런 분열의 또 다른 배경에 바로 국민주의 내지 민족주의라는 이데올로기의 영향이 존재한다는 점도 지적되어야 한다. 제1차 세계대전 당시 유럽의 여러 사회민주당들, 특히 독일의 사회민주당은 제1당이었음에도 군국주의 독일의 전쟁 개시에 저항하지 않고 오히려 전쟁 수행을 위한 재정지출을 의회에서 승인했으며, 따라서 독일의 수많은 노동자들이 다른 나라의 노동자들과의 전쟁에서 희생되는 것을 방조했다.[12] 제1차 세계대전 당시 이런 제국주의 전쟁에 노동자계급 및 사회민주당이 말려드는 것을 거부하고 '제국주의 전쟁을 내전으로 전화시킬 것'을 촉구한 대표적 인물이 레닌이었으며, 이것이 러시아혁명으로 이어졌다는 것은 잘 알

---

10 사실 이 용어들이 그 자체로는 등장하지 않는다. 마르크스는 『철학의 빈곤』에서 다음과 같이 양자를 구별할 뿐이다. "이리하여 이 대중은 자본에 대해서는 이미 하나의 계급이지만 자기 자신에 대해서는 아직 그렇지 않다. 우리가 단지 그 몇몇 국면들만을 지적했던 투쟁 속에서 이 대중은 결합하고 자신을 대자적 계급으로 구성한다." 칼 맑스·프리드리히 엥겔스, 「철학의 빈곤」, 『칼 맑스·프리드리히 엥겔스 저작 선집』 1, 295쪽. 『브뤼메르 18일』에 나타난 구별법은, 같은 책, 382~383쪽을 참조.

11 20세기 유럽 사회민주주의의 역사에 관해서는 특히 셰리 버먼 지음, 김유진 옮김, 『정치가 우선한다: 사회민주주의와 20세기 유럽의 형성』, 후마니타스, 2010 참조.

12 제프 일리 지음, 유강은 옮김, 『The Left: 1848~2000. 미완의 기획, 유럽 좌파의 역사』, 2008 가운데 7장 참조.

려진 사실이다. 이처럼 노동자계급 및 사회민주당들이 제국주의 전쟁 속으로 스스로 말려들게 된 것은 이들이 철저하게 국민주의 이데올로기에 사로잡혀 있었기 때문이다. 곧 노동자계급은 자본가 계급과 대립하는 계급이기 이전에 독일인이거나 프랑스인, 영국인 이라는 점을 스스로 받아들인 것이다.[13]

여기에 더하여 과연 노동자들이 아무것도 가진 것이 없는 존재 였는지에 대해서도 의문을 제기할 수 있는데, 사회의 가장 하층에 놓인 노동자들도 여전히 무언가를 갖고 있고 또한 그로 인해 갑으 로 군림할 수 있기 때문이다. 노동자들, 특히 **남성 노동자들이 소 유한 것은 바로 그들의 가족, 특히 여성**이었다. 에티엔 발리바르 는 공산당이라는 전위당을 중심으로 전개된 역사적 마르크스주의 또는 공산주의는 성적 차이라는 문제가 경제적 착취 내지 계급적 관계라는 문제와 별도의 정치적 쟁점을 이룬다는 사실에 대해 완 전히 무지했으며, 이에 따라 당내에서, 그리고 당을 중심으로 조 직된 대중조직들에서도 성적 배제와 차별을 체계적으로 구현하고 있었다는 점을 지적한 바 있다.

---

13 계급, 인종, 국민의 관계에 관한 고전적인 논의로는 Etienne Balibar & Immanuel Wallerstein, *Race, nation, classe: Les identités ambiguës*, Paris: La Découverte, 1988을 참 조. 또한 에티엔 발리바르 지음, 진태원 옮김, 「"유럽에는 아무런 국가도 존재하지 않는다"」, 『우리, 유럽의 시민들?: 세계화와 민주주의의 재발명』, 후마니타스, 2010 도 참조.

결과적으로 '현실의' 공산당들은 …… 특정한 형태의 가부장제와 지적 '가부장제 위에', 그리고 가족의 강화 및 '이성적으로' 남성적인 권위에 대한 여성들의 동의 위에, 또한 활동가들('동지들') 간의 형제애 — 그 수혜자는 '자연히' 남성들이다 — 위에 토대를 두고 있었다. 따라서 공산당에서 여성들은 '기층'에서는 하위 주체subalterne의 지위로 포함되면서 동시에 '정상'에서는 배제되었다.[14]

다른 식으로 표현한다면, 공산당들은 **여성들이라는 을에 대한 지배와 차별**(역으로 말하면 남성들을 **또 다른 갑으로 구성하고 조직화하는 것**)에 **근거를 둔 보편적 해방의 조직**이었던 셈이다. 이는 유럽 마르크스주의 또는 유럽 공산당들의 역사에서만 나타났던 현상은 아니며, 또한 과거에만 존재했던 현상도 아니다. 우리 사회의 진보적인 운동 단체, 진보적인 지식인들에게서도 이런 현상들은 전형적으로 나타난다. 노동운동 조직이 대개 남성 중심적으로 구성되고 운영되며, 진보 지식인들이 겉으로는 페미니즘을 옹호하면

---

14 Etienne Balibar, "Le genre du parti: Féminisme et communisme", https://socio13.word press.com/2010/10/06/le-genre-du-parti-par-etienne-balibar/ (2018/10/25 접속). 이 글은 발리바르가 2010년 10월 6일 이탈리아 파도바 대학에서 했던 강연 원고이며, 프랑스어 원문은 출판물 형태로는 발표되지 않았다. 다만 이 글은 영역되어 다음과 같은 제목으로 인터넷 학술지에 실려 있으며["The Genre of the Party", *The Viewpoint Magazine*, 2017/03/15, https://www.viewpointmag.com/2017/03/15/the-genre-of-the-party/ (2018/10/25 접속)], 우리말로도 번역되어 있다. 서영표 옮김, 「당의 성별/유형」, 〈웹진 인-무브〉, 2017/11/16 (http://en-movement.net/114). 이 글에서는 우리말 번역을 참조하되, 약간의 수정을 했다. 이 글은 웹에 올려 있는 글이기 때문에 프랑스어 원문이나 우리말 번역 모두 쪽수가 없다.

서도 '미투 운동'을 폄하하거나 사소한 것으로 치부하는 일은 드문 일이 아니다.

3) 이행의 신화

이 두 가지 신화가 여러 가지 비판에도 불구하고 여전히 잔존할 수 있는 이유는 마르크스주의에는 이행의 신화 같은 것이 존재하기 때문이다. 여기서 이행의 신화란, 사회주의 내지 공산주의로의 이행이 **역사의 목적** 내지 **운동의 궁극적인 귀착점**이라고 간주하는 사고방식을 가리킨다. 곧 이는 우리가 현재 목도하고 있는 것이 자본주의 생산양식의 모순들이고 바로 이 때문에 자본주의 사회가 심각하게 위기에 처해 있다면, **자본주의에 대한 역사적 대안**은 사회주의 내지 공산주의가 **유일하기 때문에**, 이런 모순들 및 위기를 해결할 수 있는 **유일한 해법**은 바로 **사회주의 내지 공산주의로 이행하는 길**이라고 주장하는 신화다. 이는 조야한 형태의 목적론적인 또는 진화론적인 마르크스주의를 표방하는 이들만이 아니라 가장 비판적인 마르크스주의자들도 벗어나지 못했고, 또 오늘날에도 여전히 벗어나지 못하고 있는 신화다.

가령 예전에 에티엔 발리바르는 마르크스주의는 두 가지 핵심적인 이론적 요소로 구성되어 있다고 주장한 바 있다.[15] 그중 하나

---

15 Etienne Balibar, *Cinq études du matérialisme historique*, Paris: François Maspero, 1974; 이해민 옮김, 『역사유물론 연구』, 푸른산, 1989. 이 책의 원래 제목은 『역사유물론

는 자본주의 생산양식에 대한 분석으로서 잉여가치 이론이며, 다른 하나는 자본주의에 대한 대안적 사회성으로서 사회주의 내지 공산주의 이론이다. 간단히 말하면, 자본주의 내에는 이미 모순적인 두 가지 사회성이 갈등적으로 존재하고 있는데, 하나는 자본의 축적 운동에 고유한 사회성의 경향이고 다른 하나는 노동자계급(따라서 피착취자들 일반)에 고유한 평등하고 자유로운 사회성의 경향이다. 따라서 자본주의의 착취와 지배에 맞서기 위해서는 궁극적으로 자본주의사회 내에 이미 물질적으로 존재하는 이런 대안적 사회성을 발전시키는 일이 필수적이다. 문제는 이런 관점이 (과잉결정 및 그것이 함축하는 복잡한 사회적 전체 개념에도 불구하고) 사회를 구성하는 다수의 적대 내지 갈등(가령 성적 적대, 인종적 적대, 지적 차이 등)을 좁은 의미의 계급적 갈등, 곧 자본주의적 착취 관계를 둘러싼 적대로 환원한다는 점이며, 따라서 정치적 지배 및 이데올로기적 예속화 문제의 독자성을 충분히 사고하지 못한다는 점이다. 이런 관점은 발리바르의 『프롤레타리아독재에 대하여』(1976)에서도 그대로 견지되고 있으며,[16] 그의 스승인 알튀세르도 1970년대 말까지 줄곧 이런 관점을 고수했다. 이를 잘 보여 주는

5연구』인데, 한국어판에는 3장 부록인 「레닌, 공산주의자, 이민」Lénine, communistes et l'immigration과 5장 「마르크스주의 이론사에서 유물론과 관념론」Matérialisme et idéalisme dans l'histoire de la théorie marxiste이 번역에서 빠졌다.

16 1980년대 이후 발리바르는 이런 입장을 유지하지 않는다. 단선적인 이행 대신 다수의 역사적 인과성을 사고하려는 그의 시도에 대해서는, 에티엔 발리바르 지음, 배세진 옮김, 『마르크스의 철학』, 오월의봄, 2018 중 4장 「시간과 진보: 또 다시 역사철학인가?」 참조.

것이 최근 출간된 『검은 소: 알튀세르의 상상 인터뷰』(1976)라는 유고다.[17]

내가 다른 글에서 보여 준 것처럼 1960~70년대 알튀세르의 이론적 작업은 이런 점에서 볼 때 교훈적이다.[18] 알튀세르가 1965년 『마르크스를 위하여』에서 화두로 삼았던 것은 어떻게 유럽에서 가장 낙후된 나라였던 러시아에서만 사회주의혁명이 승리할 수 있었는가라는 질문이었다. 이를 해명하기 위해 그는 과잉결정 및 지배소를 갖는 구조, 구조인과성 같은 새로운 개념들을 고안했다. 반면 익명으로 발표한 「문화혁명에 대하여」(1966)에서는 자본주의에서 사회주의로의 이행은 해방의 확실한 보증이 될 수 없으며, 오히려 사회주의의 고유한 특성은 자본주의로 퇴보할 수 있는 위험이 늘 상존한다는 점이라고 주장한다.[19] 따라서 알튀세르에 따르면 중국의 문화혁명의 중요성은 "모든 퇴보의 위험에 맞서 사회주의를 지속 가능하게 보존하기 위해서는 **정치적** 혁명과 **경제적** 혁명에 대해 제3의 혁명, 곧 **대중의 이데올로기적 혁명**을 추가하는 것이 필요하다고 선언"[20]했다는 점에서 찾을 수 있다.

---

17 루이 알튀세르 지음, 배세진 옮김, 『검은 소: 알튀세르의 상상 인터뷰』, 생각의힘, 2018. 이 책의 의미와 한계에 대해서는 한국어판 해제인 「필연적이지만 불가능한 것: 『검은 소』 한국어판에 부쳐」 참조.

18 진태원, 「루이 알튀세르와 68: 혁명의 과소결정?」, 『서강인문논총』 52집, 2018 참조.

19 Louis Althusser, "Sur la révolution culturelle"(1966), *Décalages*, vol. 1, no. 1, 2014. http://scholar.oxy.edu/decalages/vol1/iss1/8 (2018/12/05 접속).

20 Louis Althusser, Ibid., p. 6.

다시 말하면 정치적 권력을 장악하고 생산관계 및 소유관계를 변혁하는 것에 더하여, "대중의 이데올로기적 혁명"이 이루어지지 않는다면 공산주의로의 이행은 이루어질 수 없는 것이다. 이 가운데 특별히 대중의 이데올로기적 혁명의 중요성이 강조된다면, 이는 사회주의에서는 공산당이 통치 정당이 되며, 따라서 계급 지배의 도구인 국가와 융합될 수 있는 위험이 존재하기 때문이다. 대중의 이데올로기적 혁명이 수행해야 할 과제가 바로 공산당 및 노동조합과 구별되는 대중조직을 통해 "당이 국가와 **자신을 구별하도록** 강제하는"21 일이다.

알튀세르의 분석은 (그것이 지닌 난점과 한계에도 불구하고) 사회주의라는 것이 자본주의의 모순들에서 벗어난 해방된 사회가 아니라, 여전히 모순들을 포함하는 사회임을 보여 준다는 점에서 중요하다. 알튀세르(와 발리바르)는 여기서 한 걸음 더 나아가 1973년 이후에는 사회주의와 공산주의를 더 엄격하게 구별하면서 전자는 독자적인 생산양식이 아니라 자본주의와 공산주의 사이의 모순적인 이행기라고 주장하게 된다. 아울러 프롤레타리아독재는 자본주의에서 사회주의로의 짧은 이행기가 아니라 사회주의 그 자체와 동일시된다. 하지만 내가 보기에는 사회주의와 공산주의를 엄격히 구별하려는 이 노력에 대해서도 다음과 같은 질문을 제기해야 마땅하다.

---

21 Louis Althusser, Ibid., p. 17. 강조는 원문.

알튀세르가 끝까지 질문하지 않은 것, 또 질문할 수 없었던 것은, 만약 사회주의는 독자적인 생산양식이 아니라 모순적인 이행기이며, 따라서 사회주의는 지속적인 혁명을 통해서만 공산주의로 전진할 수 있다면, 그럼 공산주의는 **하나의 생산양식**이며, **이행의 최종 목적지**인가 하는 점이다. 만약 그렇다면 이러한 공산주의에 대한 관점은 역사철학이나 진화론, 그리고 경제주의에서 벗어나 있는 것인가?[22]

다시 말해 사회주의와 공산주의를 정확히 구별하려는 알튀세르의 노력은 사실 계급사회에서 계급 없는 사회로의 이행을 자본주의에서 사회주의로의 이행에서 자본주의에서 공산주의로의 이행으로 늦추고 장기화한 것에 불과하며, 공산주의를 사회적 모순들과 갈등에서 면역되어 있는 사회로 이해한다는 점에서는 여전히 또 하나의 유토피아적인 사고방식, 또 다른 형태의 목적론적인 역사철학을 포함하는 것이 아닌지 의문이 제기될 수 있는 것이다. 알튀세르가 역사를 "주체도 목적도 없는 과정"이라고 규정했던 것을 염두에 두면 더욱더 그렇다. 그리고 그렇다면 내가 보기에 다음과 같은 또 다른 질문이 자연스럽게 제기된다.

역으로 공산주의 역시 모순에서 자유롭지 않다면……, 그렇다면 **이행이란 과연 무엇인가**라는 질문이 제기되지 않을 수 없다. 왜냐

---

22 진태원, 「루이 알튀세르와 68: 혁명의 과소결정?」, 432쪽. 강조는 원문.

하면 자본주의사회 역시 모순적인 계급투쟁이 존재하고 사회주의 또한 그렇다면, 그리고 공산주의 역시 모종의 계급투쟁에서 면제되지 않는다면, 이행이 의미하는 바가 무엇인지 의문스러워지기 때문이다. 이행은 역사적 과정 내에 **항상 이미** 존재하며, 결코 끝이 없는 어떤 것, 따라서 사실은 **역사의 갈등적인 과정 자체와 다르지 않은 것이다.**[23]

따라서 역사적 사회주의가 종언을 고한 오늘날의 시점에서 보면, 비슷한 시기 알튀세르가 제시했던 또 다른 고찰이 의미심장하다. 그는 1977년 「마침내 마르크스주의의 위기가!」라는 유명한 강연에서 다음과 같이 말한 바 있다.

만약 사람들이 '사회주의로 향하는 여러 길'[곧 프롤레타리아독재를 통한 길이 아닌 의회를 통한 길 ―인용자]이 존재한다는 진술에 만족한다면, 그것은 그들이 현재의 상황을 실제로 사고하지 못하고 있다는 것을 드러내 줄 뿐입니다. 이런 진술만으로는 궁극적으로 다음과 같은 질문을 피할 수 없습니다. '다른 길을 통한 사회주의'가 현존하는 사회주의와 동일한 결과에 이르지 않으리라는 보장을 누가 할 수 있는가? 그리고 이 질문은 다음과 같은 또 다른 질문에 좌우됩니다. 소비에트 사회주의는 왜, 어떻게 해서 스탈린에게, 그리고 현재의 정권에 이르게 되었는가?[24]

----

23 진태원, 같은 글, 433쪽. 강조는 원문.

알튀세르가 40여 년 전에 했던 질문은 오늘날에도 여전히 유효하며, 어쩌면 더 절실하게 제기되는지도 모른다. 자본주의가 다시 위기에 처해 있고 또한 이 위기에 대한 유일한 해법은 사회주의(내지 공산주의)라고 말하는데, 그런데 이런 사회주의(또는 공산주의)가 **스탈린주의적 사회주의와 다르지 않으리라는 것**을 무엇이 보장해 주는가? 더욱이 이런 사회주의가 현재 위기에 처해 있는 **자본주의보다 더 나은 사회가 되리라는 것**을 무엇이 보증해 주는가? 마르크스주의자들은 여기에 대해 확실한 답변을 갖고 있는가? 이행의 신화가 문제적인 것은 이것이 오늘날의 사회질서의 변혁과 관련된 여러 가지 쟁점들, 가령 생태적인 전환 및 성장 내지 발전에 대한 새로운 발상, 가부장제 질서의 변혁, 권력관계의 개조 등의 문제들을 오직 자본주의에서 사회주의 내지 공산주의(그것도 아주 낡은 관념에 입각한)로의 이행이라는 단일한 도식으로 환원한다는 점이다. 오히려 오늘날 우리가 사고해야 할 것은 이처럼 환원주의적으로 이해된 자본주의에 대한 대안이 아니라, **그 대안에 대한 대안**(들)일 것이다. 새로운 혁명은 혁명 및 이행이라는 관념에 대한 새로운 사고가 수반되어야 한다.

---

24 Louis Althusser, "Enfin la crise du marxisme!", in Yves Sintomer ed., *Solitude de Machiavel*, Paris: PUF, 1998, p. 270; 루이 알튀세르 지음, 이진경 엮음, 「마침내 맑스주의의 위기가!」, 『당 내에 더 이상 지속되어선 안 될 것』, 새길, 1992, 60쪽.

4) 진정한 민주주의의 신화

마지막으로 거론하고 싶은 또 다른 신화는 진정한 민주주의의 신화다. 현존 사회주의 체제가 존재하던 시기는 물론이고 오늘날까지도 여러 마르크스주의자들은 부르주아 민주주의 또는 자유민주주의의 한계를 고발하면서, 그것은 법적·형식적으로만 민주주의일 뿐 사실은 실질적인 민주주의가 아니라고 비판한다. 자유민주주의는 개인적인 자유 및 자신의 지배자를 선택할 형식적인 정치적 자유만 인정할 뿐, 노동자들을 비롯한 피지배계급들이 스스로 통치할 수 있는 권리를 허용하지는 않는다는 것이다. 신자유주의적 세계화가 본격적으로 전개되면서 이런 비판은 충분한 설득력을 지니고 있다. 실제로 여러 이론가들이 현재의 자유민주주의 체제는 진정한 의미의 민주주의라기보다는 '포스트 민주주의'라고 할 수 있으며, 신자유주의 체제 속에서 대부분의 서민들 또는 을들은 '내적 배제' 상태에 놓여 있음을 지적한 바 있다.[25]

하지만 이는 마르크스주의자들 자신의 주장을 정당화하는 데 필요할지는 몰라도 충분치는 못하다. 이런 비판을 통해 마르크스주의자들은 자신들이야말로 형식적 민주주의를 넘어서는 진정한 민주주의, 을들에게 형식적 권리 이상의 실질적 권리 및 자유와

---

25 콜린 크라우치 지음, 이한 옮김, 『포스트민주주의』, 미지북스, 2009; 자크 랑시에르 지음, 진태원 옮김, 『불화: 정치와 철학』, 도서출판 길, 2015; 진태원, 『을의 민주주의』, 그린비, 2017 참조.

평등을 보장해 줄 수 있는 분명한 해법을 지니고 있는 것처럼 말하지만, 과연 역사적으로 마르크스주의자들이 부르주아 민주주의 내지 자유민주주의보다 더 많은 민주주의를 구현했는지는 의심스럽기 때문이다. 여기에서도 발리바르의 분석을 원용해 볼 수 있는데, 발리바르는 가장 해방적인 운동을 대표하는 정치조직으로서의 공산당들은 자신들이 극복하려고 하는 부르주아적인 정치조직이나 단체들에 비해 덜 민주주의적이었다고 비판한다. "내가 보기에 무엇보다 흥미로운 점은, 자신이 세우고자 하는 사회보다 공산당이 어떤 의미에서는 '덜 민주적'이라는 사실, 심지어 내부 조직 원리 면에서는 공산당이 (공산당의 모태 노릇을 한) 자유주의 사회보다 '덜 민주적'이라는 사실에서 비롯한 영속적 긴장이다." 이런 역설은 원칙적으로 본다면 다음과 같은 공산주의의 내적 논리에서 생겨나는 문제점이다.

하지만 더 사변적으로 말하자면, 공산주의를 준비하는 운동, 제도들 또는 조직들 내부에서 집합적 해방으로서의 **공산주의를 선취하는 것**을 어떻게 상상해 볼 것인가라는 질문을 제기해 볼 수 있다. 이는 '공산주의자들' 자신이 공산주의를 사회 전체로 혁명적으로 일반화하기 위해 자신들의 고유한 조직 관계 속에서 공산주의를 자기 설립하는 문제 바로 그것인데, 이렇게 되면 '공산주의당'이라는 표현은 실제로는 용어 모순 또는 대립물의 통일이 된다. 레닌이 '국가가 아닌 국가'에 대해 말했던 것처럼 '당이 아닌 당'에 대해 말할 수 있어야 할 것 같다.[26]

    '공산주의 당'이라는 표현이, 공산주의 운동의 내적 논리에서
볼 때 용어 모순으로 나타나는 것은 다음과 같은 점 때문이다. 한
편으로 공산주의는 **보편적인 해방의 운동**이며, 따라서 가장 평등
하고 자유로운 운동이어야 하고, **모든 해방의 운동을 대표하는** 것
이어야 한다. 이미 마르크스와 엥겔스가 『공산주의당 선언』에서
말했던 것이 바로 이 점이었다.

> 공산주의자들은 노동자계급의 직접적인 이해관계 및 목표를 위해
> 투쟁한다. 하지만 현재의 운동에서 그들은 동시에 운동의 장래를
> 옹호하며 대표한다. …… 한마디로 말하면, 공산주의자들은 **모든**
> **나라**에서 기성 질서 및 정치에 맞서 **모든 혁명운동**을 지원한다.
> …… 공산주의자들은 모든 나라의 민주주의 당파들의 통합 및 상
> 호 일치를 위해 도처에서 작업한다.[27]

    진정한 의미의 공산주의자들은 공산주의자들만을, 또는 노동
자계급만을 조직하고 그들의 이해관계만을 대표하는 이들이 아니
라, 더욱이 **우리**나라의, **우리** 정파의, **우리** 조직의 이해관계만을
대표하는 이들이 아니라, "모든 혁명운동"을 대표하며, "모든 나
라의 민주주의 당파들의 통합 및 상호 일치"를 위해 활동하는 이

---

26 Etienne Balibar, "Le genre du parti: Féminisme et communisme", op. cit.
27 칼 맑스·프리드리히 엥겔스, 「공산주의당 선언」, 『칼 맑스·프리드리히 엥겔스 저
    작 선집』 1, 431~433쪽. 강조는 인용자.

들이다.

그런데 다른 한편으로 '공산주의 당'communist party은 본질적으로 **당파적인 것**을 가리킨다. 곧 명칭의 어근이 말해 주듯이 당은 특정한 세력이나 집단의 이해관계 및 의지를 대표하는 조직이며, 더욱이 공산주의 당 또는 공산당은 **전위적인 조직**인 만큼 본질적으로 통일성과 그것을 유지하기 위한 규율이 필수적인 조직이다. 따라서 '당'이라는 이념은 "닫힘"clôture을 함축하며, 또한 "'분리되고', '동질적인'(또는 동질성이 자율성의 조건이 되는 식의) 정치"[28]를 표상하게 된다. 이처럼 공산주의 당(또는 어떤 진보적인 정파나 집단)이 다른 세력이나 집단, 다른 이해관계에 맞서 특정한 세력이나 집단의 이해관계를 위한 배타적인(또는 순수하고 헌신적인) 조직으로 구성되면, 대외적인 것은 물론이거니와 대내적으로도 위계적이고 비민주적인 경향에 빠져드는 것을 피할 수 없을 것이다. 과거 사회주의국가들이 관료제적이고 위계적인 경향을 띤 정치체제들이었던 것이나 운동권 조직들 역시 집행부 및 남성 중심의 관료제적 형태를 띠는 것은 우연이 아니다. 그렇다면 마르크스주의 및 그것에 근거를 둔 현실 운동 조직이 배제적인 민주주의의 경향을 띠는 것은 단지 상황의 압력 때문만이 아니라 그 내적인 논리의 표현이라고 할 수 있다.

---

28 Etienne Balibar, "Le genre du parti: Féminisme et communisme", op. cit.

3. 세 가지 쟁점 : 착취, 배제, 리프리젠테이션

지금까지 검토한 마르크스주의의 네 가지 신화는 자본주의적 현실에 대한 좀 더 설득력 있는 분석을 가로막는 이론적 장애물임과 동시에 변화된, 그리고 변화해 가는 현실에 대한 효과적인 대응도 어렵게 만드는 실천적 장애물이라고 할 수 있다. 많은 마르크스주의자들이 이것들이 신화라는 것을 알고 있음에도 여전히 (명시적으로든 암묵적으로든) 이런 신화들에 의존하는 것은, 미국의 페미니즘 이론가 린다 제릴리의 적절한 표현을 빌리면, 마르크스주의의 네 가지 신화가 "위안에 대한 욕망"으로 기능하기 때문이다.[29] 곧 마르크스주의자들에게는 개별적인 현상들에 적용되는 일반 법칙과도 같은 보편적인 이론에 대한 열망이 존재하는데, 이런 열망에는 **도구적 활동으로서의 정치**에 대한 관점이 뒤따르게 마련이다. 이해관계를 공유하는 일반적 주체(곧 프롤레타리아계급을 중심으로 하는 피착취계급 일반)[30]로 하여금 그들이 추구해야 하는 목표가 무엇인지 (때로는 보편사에 대한 목적론적 관점에 입각하여) 지정해 주고(이는 대개 주체 내의 다양한 이해관계들을 중재하거나 진정한 목표를

---

29 Linda M. G. Zerilli, *Feminism and the Abyss of Freedom*, Chicago: University of Chicago Press, 2005 중에서 1장 "Feminists Know Not What They Do: Judith Butler's Gender Trouble and the Limits of Epistemology" 참조. 물론 제릴리는 마르크스주의가 아니라 페미니즘에 대해 다루고 있다.

30 (래디컬) 페미니즘의 경우에는 아마도 무엇보다 **생물학적 성기에 의해 규정되는** '여성' 일반이 될 것이다.

향해 개인들 및 집단들을 선도하는 전위당이 담당해 온 역할이다), 더 나아가 그들이 무엇을 해야 할지 설명해 주는(또는 명령하는) 것이 바로 보편적 이론에 부여된 지위다. 우리가 이론에 대한 이 같은 관점을 유지하는 한에서 이론의 보유자인 지식인(대개 남성인)이야말로 능동적인 지도자의 지위를 차지하게 되며, 대중들은 지식인이 제시하는 이론에 따라 지정된 목적을 달성하기 위한 도구적 행동을 수행하는, 그 자체가 수동적인 도구로서의 위치에 놓일 수밖에 없다.

그렇다면 마르크스주의의 탈구축이 추구하는 것은 기존의 보편적 이론 대신 새로운 보편적 이론(들)을 제시하는 것에 국한될 수는 없다. 오히려 문제는 대중들의 삶과 운동 바깥에서, 말하자면 아르키메데스의 점과 같은 초월적 위치에 서서 **객관적이고 보편적인 이론**을 제시(하고 그들을 선도)한다는 환상에서 벗어나, 알튀세르가 말한 바 있는 이중적인 장소론topique의 관점을 택하는 것이 필요하다.[31] 곧 한편으로 계급 관계 및 지배·복종 관계, 주체화·예속화의 관계에 대한 구체적인 분석을 추구하면서 동시에 다른 한편으로 이런 분석을 항상 자신이 분석하는 관계들의 당사자 중 하나의 집단적인(또는 오히려 관개체적關個體的, transindividual인) 작업으로 수행해야 한다. 다시 말하면 이론적 작업은 대중들 자신의 투쟁 및 주체화 활동, 그리고 그 담론적 실천의 **일부**이며, 그러한 작업에 입각하여 개조되고 변형되어야 하는 것이다.[32]

---

31 Louis Althusser, "Le marxisme aujourd'hui", in *Solitude de Machiavel et autres textes*, op. cit.; 서관모 엮음, 「오늘의 맑스주의」, 『역사적 맑스주의』, 새길, 1993 참조.

이러한 관점에서 나는 이하에서 마르크스주의의 네 가지 신화에 대한 해체에 함축되어 있는 세 가지 쟁점을 착취, 배제, 리프리젠테이션representation이라는 개념들로 표현해 보려고 한다. 내가 제안하는 을의 민주주의의 주요 주제들이기도 한 이 세 가지 쟁점은 기존의 마르크스주의적인 분석에서 충분히 해명되지 못한 대중적 해방운동의 쟁점을 더 명료하게 드러낼 수 있을 것으로 기대한다.

1) 착취

우선 착취라는 쟁점이 중요하다. 위에서 지적된 네 가지 신화 및 그것이 함축하는 이론적·실천적 한계에도 불구하고 마르크스주의와 그것에서 유래하는 담론과 실천이 여전히 영향력을 발휘하는 이유 중 하나는 마르크스의 『자본』을 비롯한 마르크스주의자들의 정치경제학 비판이 자본주의적인 착취라는 문제를 해명하는 데 크게 기여했기 때문이다. 자본주의에서 착취가 문제된 것이 어제오늘의 일이 아니지만, 신자유주의적 세계화 이후 빈부 격차가 더욱 심화되고, 불평등의 심화와 확산이 노동의 불안정성만이

---

32 넓은 의미의 해방운동에서 이론 또는 비판의 지위라는 문제는 더 상세한 토론이 필요한 문제다. 앞서 언급한 Linda M. G. Zerilli, *Feminism and the Abyss of Freedom* 이외에 Etienne Balibar, "What does Theory Become? The Humanities, Politics and Philosophy(1970~2010): Reflections and Propositions", *Crisis & Critique*, vol. 1, no. 3, 2014; Penelope Deutscher and Cristina Lafont eds., *Critical Theory in Critical Times: Transforming the Global Political and Economic Order*, New York: Columbia University Press, 2017 을 각각 참조.

아니라 개개인의 삶의 불안정을 초래하면서 착취의 문제는 다시 한 번 인문사회과학계의 주요 관심사가 되고 있다.[33]

하지만 착취에 대한 마르크스(주의)의 분석이 전적으로 만족스러운 것만은 아니다. 이를 이해하려면 알튀세르가 '착취에 대한 회계적 관점'이라고 부른 것에서 출발하는 게 좋다. 그는 「오늘날의 마르크스주의」(1978)에서 마르크스주의에 고유한 관념론의 요소들(노동자 운동 외부에서 '과학'의 수입, '마르크스주의의 세 가지 원천', '헤겔 철학의 전도'로서의 마르크스주의, 진화론적 역사주의, 개인들 사이의 투명한 관계로서 공산주의 등)을 거론하면서 『자본』에 끼친 이런 관념론의 효과로 "잉여가치를 생산된 가치와 가치-임금valeur-salaire[생산과정에서 선대된 가변자본]의 차이로서 회계적으로 진술하는"[34] 착취에 대한 회계적 관점을 지적한다. 따라서 착취에 대한 회계적 관점이란, 필요노동(곧 노동력을 재생산하는 데 필요한 가치를 생산하는 노동) 이외의 잉여노동을 통해 생산된 잉여가치를 착취의 본질이라고

---

33 기본소득의 문제와 관련해서도 착취의 문제가 중요한 쟁점이 된다. 기본소득의 옹호자인 필리페 판 파레이스는 분석 마르크스주의적인 관점에서 말하자면 마르크스주의 착취 개념을 해체하고 있다. 필리페 판 파레이스 지음, 조현진 옮김, 『모두에게 실질적 자유를: 기본소득에 관한 철학적 옹호』, 후마니타스, 2015 참조. 곽노완은 마르크스주의적 착취 개념과 기본소득론을 결합시키려는 시도하고 있는데, 사실 마르크스의 착취 개념의 고유성이라는 문제를 부의 원천이라는 문제로 대체하는 데 그치는 것으로 보인다. 곽노완, 「기본소득은 착취인가 정의인가? 판 돈젤라의 기본소득반대론에 대한 반비판과 마르크스주의 기본소득론의 재구성」, 『마르크스주의 연구』 8권 2호, 2011 참조.

34 Louis Althusser, "Le marxisme aujourd'hui", in *Solitude de Machiavel et autres textes*, op. cit., p. 301; 「오늘의 맑스주의」, 『역사적 맑스주의』, 51쪽.

이해하는 관점을 뜻한다.

이런 회계적 관점 대신 그는 착취를 그 구체적 조건들 및 형태들 속에서 이해해야 한다고 주장한다.

착취는 한편으로는 노동과정의 냉혹한 제약들(시간, 강도, 파편화)과 분업의, 그리고 노동조직의 규율의 냉혹한 제약들 속에서만, 다른 한편으로는 노동력의 재생산 조건(소비, 주거, 가족, 교육, 보건, 여성 문제 등) 속에서만 사고될 수 있다. 분명 마르크스는 착취를 가치의 단순한 회계적 공제와 혼동하지 않았다. 그는 노동과정 및 노동력 재생산 과정 속의 착취 형태에 대해 말함과 동시에 잉여가치의 형태들(절대적 잉여가치, 상대적 잉여가치)에 대해서도 말한다. 그러나 그는 **항상 낯선 것으로서 등장하는 장**章**들에서**, 추상적 장들이 아니라 '역사적', '구체적' 장들에서, 주요 서술 순서 주변에서 그것에 대해 말한다. 마치 주요 서술 순서에 의미를 부여하기 위해서는 그 순서를 깨뜨리고 방해해야만 한다는 듯이!**35**

알튀세르가 착취의 "구체적 형태들 및 조건들"이라고 부른 것은 착취가 한편으로 노동과정의 냉혹한 제약들 및 규율의 냉혹한 제약들 속에서만, 다른 한편으로는 노동력의 재생산 조건 속에서만 사고될 수 있다는 것을 뜻한다. 그런데 알튀세르는 인용문 뒷부분에서 한 걸음 더 나아가 "중심적 서술 순서"와 "추상적 장들"

---

35 Louis Althusser, Ibid., pp. 301~302; 알튀세르, 같은 책, 같은 곳. 강조는 인용자.

(곧 『자본』 1권 서두에 나오는 상품, 화폐, 자본에 관한 장들)을 한편에 놓고, 다른 편에는 주요 서술 순서를 깨뜨리고 방해하는, "항상 낯선 것으로서 등장하는 장들", "'역사적', '구체적' 장들"을 다른 한편에 놓는다.[36]

알튀세르의 주장을 이해하려면 『자본』 1권의 서술 순서를 상기해 볼 필요가 있다.[37] 주지하다시피 헤겔의 변증법적 논리를 차용하여 서술된 『자본』 1권, 특히 그 1편과 2편은 각각 「상품과 화폐」, 「화폐에서 자본으로의 전화」라는 제목을 달고 있다. 이 부분에서 마르크스는 상품에서 출발하여 사용가치와 가치, 구체적 노동과 추상적 노동을 분석하고, 상대적 가치 형태와 등가 형태의 이중성을 드러냄으로써 "일반적 가치 형태"로서의 화폐 상품을 이끌어 낸다. 그리고 "상품이 아니라 화폐가 거래의 목적"으로 나타나는 유통 형태(곧 G - W - G)의 비밀을 G - W - (G + △G)로 밝혀냄으로써, 가치의 원천이 되는 성질을 자신의 사용가치로 지니는 특수한 상품인 노동력 상품이 자본의 가치 증식의 원천이 되며, 또한 여기에서 잉여가치의 추출로서 착취가 이루어진다는 점을 보여 준다. 그렇다면 착취의 문제는 총 생산된 가치에서 노동력

---

36 이런 서술 순서의 이중성의 쟁점은 다음 글에서 더 상세히 논의된다. Louis Althusser, "Avant-propos du livre de G. Duménil, *Le concept de loi économique dans le Capital*"(1977), in *Solitude de Machiavel et autres textes*, op. cit.; 배세진 옮김, 「제라르 뒤메닐의 저서 "'자본'의 경제법칙 개념"의 서문」, 〈웹진 인-무브〉, 2018/11/03. http://en-movem ent.net/198 (2018/11/28 접속).

37 Karl Marx, *Das Kapital*, I, in *Karl Marx·Friedrich Engels Werke* Bd. 23, Berlin: Dietz Verlag, 1987; 카를 마르크스 지음, 강신준 옮김, 『자본』 1-1, 도서출판 길, 2013.

의 재생산에 필요한 가치를 뺀 잉여가치의 문제가 될 것이다. 그런데 마르크스는 3편과 4편, 곧 「절대적 잉여가치의 생산」과 「상대적 잉여가치의 생산」 이하(8장 「노동일」 이하)에서는 1~2편의 논리적 순서에서 독립하여 자본주의의 현실적 역사의 전개 과정을 분석하면서 초기 자본주의에서 이루어진 가혹한 착취의 현실 및 이에 맞선 노동자들의 투쟁 과정을 서술하고 있다. 특히 『자본』 1권 말미의 「이른바 본원적 축적」에서는 자본주의의 성립 당시에 나타났던 폭력적인 수탈 과정을 생생하게 드러내고 있다.[38]

그런데 여기에서 제기되는 문제는 자본의 논리적 전개 과정을 서술하는 데서 나타나는 착취는 말하자면 **정상적인 착취**를 개념화하는 것으로 보이는 반면, 자본주의의 역사적 전개 과정에서 나타나는 폭력을 수반하는 착취, 따라서 **초과 착취**는 이런 정상적인 착취에 외재적으로 추가되는 것으로 서술된다는 점이다. 정상적인 경제적 과정에서 나타나는 논리적·개념적인 수준의 착취가 **먼저** 존재하고, **그다음** 계급적 폭력에 의해, 따라서 정치적으로 강제되는 초과 착취가 덧붙여지는 것이다. 이렇게 되면 이 후자의 초과 착취는, 경제적 과정에서 실현되는 정상적인 착취(말하자면 실체로서의 착취)에 대하여 역사적·정치적 현실에 따라 가변적인 강도로 더해질 수도 있고 그렇지 않을 수도 있는 **우연적 성질**처럼 사고될 수밖에 없을 것이다.

착취에 대한 회계적 관점에서 벗어나야 하며, 이를 위해서는 『자

---

38 Karl Marx, *Das Kapital*, I, Ibid.; 카를 마르크스 지음, 『자본』 1-2.

본』의 서술 순서의 이중성에 주의해야 한다는 알튀세르의 말은 이 같은 괴리를 염두에 둔 것이었다. 이는 이중의 쟁점을 지닌 지적이다. 첫째, 기술적 쟁점이 있다. 만약 회계적 관점에서 착취를 이해하게 되면, 착취를 줄이거나 착취에서 벗어나는 것은 잉여가치 몫을 둘러싼 분배 투쟁의 형태를 띠게 된다. 곧 자본이 전유하는 잉여가치의 몫이 클수록 착취가 심한 것이며, 반대로 노동자들에게 분배되는 잉여가치의 몫이 커질수록 착취의 강도는 약해질 것이다. 그렇다면 과연 잉여가치가 어느 정도 분배되어야 정의로운 수준의 착취가 이루어지는가라는 문제가 제기될 것이다. 극단적으로 모든 잉여가치를 실제 생산자인 노동자가 전유한다면 착취는 소멸하는 것인가? 그런데 만약 그렇다면 이는 경제성장률이 제로가 된다는 것 또는 모든 인간 사회에 공통적인 잉여 생산의 가능성이 소멸한다는 것을 의미한다.[39] 또한 착취의 본질이 회계적 공제에 있다는 관점을 받아들이면, 자본주의는 과잉 착취의 경향을 늘 포함하고 있다고 고발한다고 해도, 이는 자본 운동 자체의 논리에 외재적인 것이지 그 구조 자체 내에 필연적으로 함축되어 있는 것은 아니라는 반론이 가능하다. 그리고 이것이 자본의 논리 자체에 외재적인 경험적 조건의 문제라면, 우리는 복지국가를 통해 아니면 기본소득제의 실현을 통해 이런 조건을 얼마든지

---

39 이 점에 관해서는 던컨 폴리 지음, 강경덕 옮김, 『"자본"의 이해: 마르크스의 경제이론』, 유비온, 2015, 71쪽 이하 및 류동민, 『시간은 어떻게 돈이 되었는가?』, 휴머니스트, 2018, 92쪽 이하 참조.

개선할 수 있다.

따라서 만약 마르크스주의가 이런 자본주의 체제 내 개선만으로는 착취를 폐지할 수 없다고 주장한다면, 착취를 폐지하는 것은 무엇이며 그것이 어떻게 가능한지 이론적으로 좀 더 정확히 보여줄 필요가 있을 것이다. 그런데 이것은 착취에 대한 회계적 관점에 입각해서는, 따라서 『자본』 1권에서 구현된 논리적 서술 순서를 그대로 전제한 가운데서는 제대로 수행될 수 없다는 것이 알튀세르의 관점이다. 그렇다면 비회계적 관점에서 이해된 착취, 곧 **항상** 초과 착취로, 따라서 구조적 폭력 및 초과 폭력의 형태로 나타날 수밖에 없는 착취가 『자본』의 논리적 서술에서 이론화된 착취 개념과 **어떻게 논리적으로 결합될 수 있는지** 설명해야 하는 과제가 제기된다. 착취를 제거하기 위해서는 "어떤 특정한 계급이 잉여를 전유하지 않는 방식으로 생산 조직을 근본적으로 바꾸어야 한다"[40]고 주장하거나 아니면 "잉여노동시간의 결과인 잉여생산물을 어디에 얼마나 소비하고 투자하는가를 사회적으로 결정해야 한다는 것, 좀 더 일반적으로 말하자면 이는 민주주의의 원칙"[41]이라고 주장할 수도 있다. 하지만 이런 주장은 사실 정상적인(경제 논리적인) 착취와 초과적인(경제 논리에 외재적인) 착취의 논리적 구별을 이미 전제하는 게 아닌지 질문해 볼 수 있다.

여기서 더 나아가 에마뉘엘 테레처럼 "착취는 잉여 노동량만

---

[40] 던컨 폴리, 『"자본"의 이해』, 73 및 253쪽 이하 참조.
[41] 류동민, 『시간은 어떻게 돈이 되었는가?』, 96쪽.

이 아니라 그 사용과도 연결되어 있다"고 말하면서 착취의 문제는 "정치적 문제"[42]라고 말할 수도 있다. 이런 주장은 경제와 정치 또는 지배 사이에 내재적 관계가 존재한다고 주장한다는 점에서는 앞의 해법들보다 더 탁월한 통찰을 지니고 있지만, 착취의 문제를 인간학적인 차원(성적 지배, 인종적 배제 등)과 충분히 결부시키지 못한다는 한계를 여전히 지니고 있다.

2) 배제

착취가 노동과정 및 노동 규율의 냉혹한 제약을 포함하고 있으며, 또한 노동력 재생산의 조건 속에서만 사고될 수 있다는 알튀세르의 주장은, 달리 말하면 착취가 권력 및 지배의 문제와 소외 내지 비인간화의 문제(따라서 구조적 폭력과 극단적 폭력의 문제)와 분리될 수 없음을 의미한다.[43] 착취가 문제가 된다면, 이는 착취가 **동시에** 지배의 형식이자 과정이면서 **또한** 예속적 인간들(불구화되고 배제된 인간들)의 생산과정이기 때문이다. 그런데 우리가 착취 개념을 이렇게 확장하면, 마르크스(주의) 분석에서 제대로 다루지

42 Emmanuel Terray, "Exploitation et domination dans la pensée de Marx", in *Combats avec Méduse*, Paris: Galilée, 2011, pp. 155, 157.

43 Etienne Balibar, "Exploitation, aliénation, domination", in Catherine Colliot-Thélène ed., *Que reste-t-il de Marx?*, Rennes: Presses universitaires de Rennes, 2017; 구준모 옮김, 「착취」, 〈웹진 인-무브〉, 2018/03/13, http://en-movement.net/139?category=73 3236 (2018/11/28 접속).

않았던 쟁점들이 등장하게 된다.

먼저 푸코의 『감시와 처벌』을 생각해 볼 수 있다. 푸코에 관한 진부하고 피상적인 통념 가운데 하나는 권력의 계보학을 반反마르크스주의적인 것으로, 따라서 마르크스(주의)와 전혀 무관한 것으로 간주하는 것이다(한마디로 말하면 푸코는 니체주의자라는 것이다). 하지만 푸코는 몇몇 인터뷰에서 『감시와 처벌』에서 자신이 수행한 권력의 계보학은 『자본』의 분석의 연장선상에 있음을 역설한 바 있다. 가령 다음과 같은 언급이 대표적이다.

> 저 자신의 경우, 마르크스에서 제가 관심을 갖는 부분, 적어도 제게 영감을 주었다고 제가 말할 수 있는 부분은 『자본』2권입니다. 곧 첫 번째로는 자본의 발생이 아니라 역사적으로 구체적인 자본주의의 발생에 대한 분석, 두 번째로는 자본주의 발전의 역사적 조건에 대한 분석, 특히 권력 구조 및 권력 제도의 확립과 발전에 관한 분석과 관련된 모든 것입니다. 따라서 다시 한 번 아주 도식적으로 떠올려 보면, 자본의 발생에 관한 첫 번째 책과 자본주의 역사, 계보에 관한 두 번째 책 가운데 2권을 통해, 그리고 가령 제가 규율에 관해 쓴 것에 의해 저의 작업은 모두 동일하게 마르크스가 쓴 것과 내재적으로 연결되어 있다고 말하겠습니다.[44]

---

44 Michel Foucault, Colin Gordon & Paul Patton, "Considerations on Marxism, Phenomenology and Power. Interview with Michel Foucault", *Foucault Studies*, no. 14, 2012, pp. 100~101.

여기서 푸코가 말하는 "『자본』2권"은 마르크스 생전에 마르크스의 감수를 거쳐 출판된 불어판 『자본』2권을 뜻하며, 따라서 독일어판으로 하면 『자본』1권의 4편 이하를 가리킨다는 점을 감안하면, 알튀세르와 마찬가지로 푸코 역시 자본의 논리적 연역이 전개되는 부분과 자본주의의 역사적 전개 과정이 서술되는 부분을 구별하면서, 전자에 대하여 후자에 우위를 두고 있음을 알 수 있다. 하지만 마르크스주의자로서 알튀세르가 이를 착취의 전개 과정이라는 관점에서 이해한다면, 푸코 자신은 자본주의의 역사적 전개에 관한 마르크스의 분석을 "권력 구조 및 권력 제도의 확립과 발전에 관한 분석"으로 읽고 있음을 알 수 있다.

마르크스의 분석에서 푸코가 주목하는 것은 자본주의 생산양식이 **성립하고 전개하기 위한 조건**이 바로 규율의 기술이었다는 점이다.[45] 본래적 의미의 자본주의 생산양식이 구성되기 위해서는 노동의 형식적 포섭을 넘어선 실질적 포섭이 이루어져야 한다. 이는 곧 노동생산성을 높이기 위해 노동자들, 특히 그들의 신체가 자본의 명령에 효과적으로 복종하도록 만드는 것이다. 하지만 노동자들은 순순히 복종하지 않으며, 이를 위해서는 노동자의 노동력을 노동자 자신 및 그의 온전한 신체로부터 분리할 필요가 있다. 푸코에 따르면 이런 노동의 실질적 포섭을 가능하게 하는 것이 바로 규율 기술이었으며, 마르크스가 『자본』1권 4편의 결합

---

[45] 이에 관한 더 상세한 분석은 진태원, 「마르크스와 알튀세르 사이의 푸코」, 『철학사상』68집, 2018 참조.

노동에 대한 분석 및 기계제 대공업에 대한 분석에서 보여 준 것이 바로 이 점이다.

노동 수단의 획일적인 운동에 노동자가 기술적으로 종속되어 있고 남녀를 불문하고 매우 다양한 연령층의 개인들로 이루어져 있는 노동 단위의 독특한 구성은 군대와 같은 규율을 만들어 내고, 이 규율은 공장 체제를 완전한 형태로 발전시켜 앞에서도 얘기한 감독 노동을 발전시키며, 그리하여 노동자들을 육체노동자와 노동 감독자로[즉 보통의 산업 병사와 산업 하사관으로] 완전히 분할한다. …… 노예 사역자의 채찍 대신 감독자의 징벌 장부가 등장한다. 물론 모든 징벌은 벌금과 임금 삭감으로 귀착된다.[46]

따라서 이는 푸코가 『감시와 처벌』에서 규율을 다음과 같이 정의하는 이유를 이해할 수 있게 해준다. "규율의 역사적 시기는 신체의 능력 확장이나 신체에 대한 구속의 강화를 지향할 뿐만 아니라 **하나의 메커니즘 속에서 신체가 유용하면 할수록 더욱 신체를 복종적인 것으로 만드는, 또는 그 반대로 복종하면 할수록 더욱 유용하게 만드는 관계의 성립을 지향하는**, 신체에 대한 새로운 기술이 생겨나는 시기다."[47]

---

46 Karl Marx, *Das Kapital*, I, op. cit., p. 447; 카를 마르크스, 『자본』 I-1, 572~573쪽.
47 Michel Foucault, *Surveiller et punir*, Paris: Gallimard, 1975, p. 162; 오생근 옮김, 『감시와 처벌』, 217쪽. 강조는 인용자.

그런데 마르크스는 규율 기술을 노동생산성을 높이기 위한 또는 다른 관점에서 보면 착취의 강도를 강화하기 위한 보충적인 기술로 간주한 데 반해, 푸코는 규율 개념이 착취 개념에 **기능적으로 종속**된다고 간주하지 않았다. 오히려 푸코는 착취가 **여러 가지 규율의 기술 가운데 한 가지 사례**라고 보았으며, 규율은 공장만이 아니라 학교에서 병원에서, 수도원에서, 군대에서, 감옥에서도 사용되었던 새로운 권력의 일반적 형식이라고 간주했다.

> 규율은 복종되고 훈련된 신체, '순종하는' 신체를 만들어 낸다. 규율은 (효용이라는 경제적 관계에서 보았을 때는) 신체의 힘force을 증대시키고 (복종이라는 정치적 관계에서 보았을 때는) 동일한 그 힘을 감소시킨다. 간단히 말하면 규율은 신체와 능력/권력le pouvoir을 분리시킨다. 그것은 한편으로는 신체를 '적성'aptitude, '능력'capacité으로 만들고 그 힘을 증대시키려 하는 반면, 다른 한편으로는 '에너지'와 그로부터 생길 수 있는 '역량'puissance을 역전시켜, 그것들을 엄격한 복종 관계sujétion로 만든다. 경제적 착취가 노동력과 노동 생산물을 분리시킨다면, 규율에 의한 강제는 증가되는 적성과 확대되는 지배 사이의 구속 관계를 신체를 통해 확립해 둔다.[48]

실로 『감시와 처벌』에서 푸코가 보여 주려고 했던 것은 규율 기술이 14~15세기 수도원에서 처음 생겨난 이후, 사회의 말단

---

[48] Michel Foucault, Ibid.; 같은 책, 같은 곳. 번역은 수정.

곳곳에서 적용되고 변형되고 확산되어, 18세기 이후에는 근대 권력의 지배적인 형식으로 일반화되었다는 점이다. 따라서 푸코가 보기에는 규율이야말로 자본주의 생산양식이 성립하기 위해 전제되어야 하는 노동자의 신체 및 노동력, 그리고 생산력이라는 것 자체를 만들어 내는 권력의 기술이었으며, (회계적으로 이해되든 그렇지 않든 간에) **착취 개념에 논리적으로 선행하는 것**은 바로 규율 권력이었다.

이 글의 목적은 마르크스주의적 착취 개념과 푸코적인 규율 권력론 가운데 어떤 것이 더 논리적으로 우위에 있는가를 따지는 데 있지 않다. 이는 누가 마르크스주의자이고 누가 푸코주의자인지 (또는 포스트 담론의 지지자인지) 가리고자 하는 문제나 아니면 푸코가 마르크스(주의)와 과연 양립 가능한지 아닌지 따지는 문제로 귀결되기 쉽다. 전자가 무익한 정체성 투쟁 내지 인정 투쟁을 의미한다면, 후자는 마르크스주의 및 착취의 이론적 우위를 가정한 가운데 푸코가 이것으로 포섭될 수 있는지 여부를 묻는 것이다. 이런 질문이 과연 마르크스주의에, 더 나아가 역사에 대한 유물론적 분석을 위해 바람직한 것인지는 의문이다.[49] 오히려 내가 보기에 중요한 것은 푸코가 규율 권력에 대한 분석을 통해, 그리고 이후에는 생명 권력 및 통치성 분석을 통해 자본주의적 착취와 지배, 그리고 비인간적 예속 과정에는 경제적 분석 및 계급적 분석으로 환원될 수 없는 독자적인 권력의 메커니즘이 필요했다는 것

---

49 푸코 자신도 자신의 작업을 일종의 역사 유물론에 대한 탐구로 이해한 바 있다.

을 보여 주었다는 점이며, 이는 비회계적인 관점에서 착취를 이해하기 위해, 곧 잉여가치의 추출은 **동시에 권력의 형태이자 비인간적 예속화의 형태라는 것**을 이해하기 위해 중요한 통찰이라는 점이다.[50]

더 나아가 푸코의 규율 권력 분석이 예속적 주체화assujettissement의 메커니즘에 관한 분석이라는 점 역시 중요하다. 특히 푸코는 광인들의 정신의학적 예속화(『광기의 역사』), 학생들의 규범적 예속화(『감시와 처벌』), 성적 예속화(『성의 역사』 1권)와 같이, **계급 지배로 환원되지 않는** 다양한 형태의 예속화 작용을 설명하려고 시도한다.

이러한 예속화는 경제적으로 기능적인 예속화를 넘어서 그러한 예속화에서 배제된 더 근원적인 예속화 작용들을 수반한다. 사실 푸코는 규율 권력의 특징 중 하나를 "여백"marges이나 "잔여"résidus를 만들어 내는 데서 찾는다. 곧 규율화된 군대의 출현 이후 비로소 탈영병이라는 존재가 생겼으며, 학교 규율이 "정신박약"을 출

---

50 이런 관점에서 보면 아쉬운 것은 미하엘 하인리히나 던컨 폴리는 말할 것도 없거니와 데이비드 하비 역시 푸코의 권력 분석의 함의를 충분히 고려하지 못한다는 점이다. 하비는 영어권에서 푸코를 "자주 맑스와 전혀 대립되는 사상가로 간주되는 것은 모순"이라고 지적하면서 푸코가 "맑스의 논의를 일반화"시켰다는 점을 인정한다. 데이비드 하비, 『데이비드 하비의 맑스 『자본』 강의』, 276쪽. 하지만 그는 마르크스와 푸코의 차이점이 의미하는 바가 무엇인지, 그리고 회계적 관점을 넘어서는 착취에 대한 분석에서 이런 차이가 지니는 의미가 무엇인지는 제대로 고려하지 않는다.

현시켰고, "비행자"非行者, délinquants를 만들어 내는 것은 경찰의 규율이다. 그리고 "정신병자"malade mental는 "잔여 중의 잔여, 모든 규율의 잔여이며, 한 사회에서 발견될 수 있는 학교, 군대, 경찰 등의 모든 규율에 동화 불가능한 자"라고 할 수 있다.[51]

따라서 규율 권력은 단순히 자본주의 체계의 기능을 위해, 그것의 재생산을 위해 필요한 **기능주의적 요소들을 재생산할 뿐만 아니라**, 동시에 그것에서 주변화되고 배제된 이들 ― 앞에서 보았듯이 마르크스 자신이 '사회의 찌꺼기'로서 룸펜 프롤레타리아라는 이름으로밖에 부르지 못했던 이들 ― 을 함께 생산해 낸다. 그렇다면 규율 권력은 예속적 주체화의 권력일 뿐만 아니라 동시에 배제의 권력이라고 할 수 있으며, 아마도 더 정확히 말하면 **배제를 통한 예속화의 권력**이라고 할 수 있다.

이때의 배제는 절대적 배제(곧 사회 내지 공동체 바깥으로의 추방)라기보다는 '내적 배제'라고 할 수 있다. 내적 배제는 한마디로 말한다면 일정한 부류의 사람들(이들은 사회의 대다수일 수 있다)을 사회 속에서 2등 시민, 2등 국민, 따라서 2등 인간으로 존재하고 살아가도록 강제하는 제도적·실천적·담론적 메커니즘이라고 규정할 수 있다. 최근 우리 사회에 널리 확산되어 있는 용어법을 따르자면, 사람들로 하여금 을로서, 또는 병이나 정과 같이 '을의 을'로서 존재하고 행위하도록 강제하는 것이 바로 내적 배제의 메커

---

51 진태원, 「마르크스와 알튀세르 사이의 푸코」, 226~227쪽.

니즘이다. 오래전부터 페미니즘 이론가들은 바로 여성들이야말로
이 같은 내적 배제의 대상이 되어 왔다고 주장해 왔으며, 특히 마
르크스주의적 페미니즘 이론가들은 마르크스의 착취 개념만으로
는 가정 내에서 여성들의 착취라는 문제, 또는 착취 과정에 구조
적으로 개입하는 젠더 차별의 문제를 제대로 해명할 수 없다고 비
판해 왔다.[52]

　이런 측면에서 낸시 프레이저의 최근 작업은 주목할 만하다.
그는 하버마스 이후의 비판 이론이 오랫동안 자본주의 비판을 소
홀히 해왔다고 지적하면서, 전통적인 마르크스주의적 관점에 입
각한 자본주의 비판을 넘어서는 확장된 자본주의 비판의 필요성
을 제기한다.[53] 프레이저는 이를 특히 하나의 'ex-'에서 다른 'ex-'
로의 전환이라고 규정한다. 곧 마르크스주의적인 자본주의 비판
의 핵심 개념이었던 '착취'exploitation에서 '수탈/비전유'expropriation
으로의 전환이 바로 그것이다. 프레이저가 말하는 '확장된 자본주
의관'은 크게 두 가지 요소로 구성되어 있다.

---

52 마리아 미즈, 『가부장제와 자본주의』 및 실비아 페데리치, 『혁명의 영점』 등을 참
　조. 또한 아시아 지역의 여성 노동에 대한 분석을 바탕으로 마리아 미즈를 비롯한
　독일 페미니즘 이론의 난점을 극복하려는 피터 커스터스 지음, 박소현·장희은 옮
　김, 『자본은 여성을 어떻게 이용하는가』, 그린비, 2015의 작업도 참조.

53 Nancy Fraser, "Behind Marx's Hidden Abode: For an Expanded Conception of Capital-
　ism", *New Left Review*, no. 181, 2015; "Roepke Lecture in Economic Geography: From
　Exploitation to Expropriation", *Economic Geography*, vol. 94, no. 1, 2018; Nancy Fraser
　& Rahel Jaeggi, *Capitalism: A Conversation in Critical Theory*, London: Polity, 2018을
　각각 참조.

첫째, 이는 마르크스가 유통 관계에서는 풀리지 않는 자본의 가치 증식의 수수께끼를 "생산의 감춰진 장소"에서 밝혀내듯이, 마르크스(주의)의 착취 개념(곧 알튀세르식으로 말하면 착취에 대한 '회계적인' 관점)만으로는 제대로 드러나지 않는 착취의 조건을 설명하기 위해 착취 개념을 넘어서 수탈/비전유 개념을 제안하는 것이다. 마르크스의 착취 개념은 모두에게 이익이 되는 자유롭고 평등한 교환관계라는 허상 속에 존재하는, 그런 관계의 숨겨진 조건으로서의 자본주의적 착취의 냉혹한 현실을 밝혀내고 있지만, **이런 착취 자체가 또 다른 조건을 지니고 있다는 사실**에 대해서는 맹목적으로 남아 있다. 그것은 프레이저의 명쾌한 정식에 따르면, "자본이 '수탈하는/비전유하는' 이들의 예속subjection이, 자본이 '착취하는' 이들의 자유를 위한 숨겨진 가능성의 조건"[54]이라는 점이다. 여기에서 "착취하는 이들의 자유"란 마르크스가 『자본』에서 언급했던 노동자들의 이중의 자유를 의미한다. 노동자들이 자신들의 노동력을 판매할 수 있기 위해서는 신분적 예속에서 자유로워야 하며 또한 생산수단의 소유에서도 자유로워야 한다. 그런데 이렇게 자유로운 노동자는 그냥 존재하는 것이 아니라, 그 자체가 생산되고 재생산되어야 한다. 곧 생명체로서 탄생해야 하고 양육되어 노동할 수 있는 능력을 갖춘 존재로 성장해야 하며, 또한 성인이 되어서도 그의 삶의 재생산을 위해 필요한 여러 가지 노동을

---

54 Nancy Fraser, "Roepke Lecture in Economic Geography: From Exploitation to Expropriation", *Economic Geography*, op. cit., p. 4. 강조는 원문.

맡아서 수행해 주는 누군가가 존재해야 하는 것이다. 하지만 이후자의 생산 노동과 재생산 노동은 잉여가치를 생산하는 노동, 따라서 생산적 노동이 아니기 때문에 자본주의적 축적의 회로 바깥에 존재한다. 또한 중심부 자본주의 노동자들 및 그의 가족들이 생필품을 싼값에 구입해서 생계를 유지하기 위해서는 주변부 국가들의 자본주의적 회로 안팎에서 저임금과 초과 노동의 강제에 예속되어 있는 다른 존재들이 항상 이미 필요하다. 이것이 바로 프레이저가 말하는 착취와 구별되는 수탈/비전유라는 개념이다.

둘째, 이런 수탈/비전유가 자본주의적 착취의 가능 조건으로 기능하기 위해서는 좁은 의미의 경제적 과정 **이전과 이후에** 이루어지는 정치적 예속이 필수적이다. 이런 정치적 예속이 반드시 법적·신분적 예속일 필요는 없다. 그것은 수많은 사람들로 하여금 법적·형식적으로는 자유롭고 평등할 수 있지만, 실제의 삶의 조건 속에서는 2등 시민, 2등 인간으로서 살아가도록 강요하는 예속의 메커니즘을 가리킨다. 프레이저는 특히 인종적 예속을 이런 정치적 예속의 핵심으로 간주한다. 따라서 프레이저에 따르면, 오늘날 자본주의적 착취와 폭력, 예속의 현실을 사고하기 위해서는 고전 마르크스(주의)의 '착취' 개념만으로는 불충분하며, 이를 '수탈/비전유'라는 개념으로 확장해야 한다. 이것은 푸코식으로 말하자면, 착취가 가능하기 위해서는 독자적인 예속적 주체화의 메커니즘, 곧 내적 배제의 메커니즘이 필요하다는 것을 뜻한다.

배제의 문제와 관련해 지금까지 거론했던 푸코와 프레이저 그리고 (마르크스주의) 페미니스트들 사이에는 당연히 관점의 차이 및 갈등의 소지가 존재하는데, 내가 생각하기에 이런 차이 및 갈등을 배타적인 양자택일(또는 삼자 택일)의 대상으로 간주하기보다, 말하자면 '이접적인 종합' 또는 생산적인 경합의 문제로 사고하는 것이 더 나을 것 같다.

3) 리프리젠테이션

만약 그렇다면 오늘날 자본주의를 위한 저항 내지 투쟁은 회계적 관점에서 이해된 착취에 맞선 투쟁으로 한정될 수 없을 뿐만 아니라, 또한 계급적 지배의 문제로 국한될 수 없는 훨씬 더 다양하고 복잡한 지배와 소외, 예속화와 배제의 권력에 대한 투쟁을 요구한다. 이런 관점에서 마지막으로 리프리젠테이션의 문제를 제기해 볼 수 있다. 아마 착취 및 지배, 소외에 대한 저항과 관련해 리프리젠테이션이라는 개념이 왜 문제가 되는지 의아하게 생각할 사람이 적지 않을 것이다. 이는 리프리젠테이션이 대개 대의민주주의적 맥락의 '대표'라는 개념, 특히 의회적 대표라는 개념으로 이해되거나 아니면 미학적 맥락에서 재현으로 또는 인식론적 의미의 표상으로 이해되고 있으며, 더욱이 이 상이한 의미들에 따라 규정된 서로 다른 리프리젠테이션들이 서로 분리된 채로 단독적으로 통용되기 때문이다. 하지만 내가 보기에 리프리젠테이션 개념은 통용되는 용법으로 환원될 수 없는 두 가지 핵심을 지니고 있으며, 이는 착취와 배제, 소외의 문제를 사고하고 그것에 맞서기 위한 투쟁을 고려하는 데도 중요한 시사점을 줄 수 있다.

우선 리프리젠테이션 개념은, 낸시 프레이저의 표현을 빌리면 '틀 짜기'framing의 위상을 지닌다는 점을 이해하는 것이 중요하다.[55]

프레이저는 지난 20여 년 동안 자신이 수행해 왔던 정의의 두 가지 차원, 곧 재분배와 인정을 넘어서 세 번째 차원을 고려하는 게 중요하다고 지적한 바 있다. 그것은 곧 정체성의 차원인데, 이는 리프리젠테이션의 문제와 직결되어 있다. 여기에서 정체성이란 일차적으로 사회정치적인 정체성을 가리키며, 이는 국민적 정체성이나 계급적 정체성, 인종적 정체성 또는 성적 정체성의 문제 등으로 나타난다. 그런데 탈형이상학의 관점에서 볼 때 정체성, 특히 사회정치적 정체성이란 초월적인 기원(신성과 같은)이나 자연적인 본성(혈통이나 문화적 전통 같은)에 기초를 둔 것이 아니라 '상상적이며 구성되는' 것이다. 그리고 프레이저에 따르면 이처럼 정체성들을 형성하고 변형하고 재구성하는 틀의 역할을 하는 것이 바로 리프리젠테이션이다.

프레이저와 약간 다른 맥락에서, 곧 포스트 담론의 맥락에서 문제를 정식화해 볼 수도 있다. 특히 자크 데리다의 탈구축 이론에 따르면, 재현이라는 작용에 선행하여 현존하는 사물 그 자체란 존재하지 않는다. 오히려 현존하는 사물은 재현 작용에 의해 성립하며, 그러한 작용에 의존한다. 둘째, 이처럼 재현 이전에 사물의 현존이 미리 존재한다는 생각, 따라서 기원이 존재한다는 생각은 서양 형이상학에 고유한 특성 가운데 하나이며, 이런 의미에서 서양 형이상학은 현존의 형이상학métaphysique de la présence이라고 할 수 있다.[56] 현존의 형이상학은 기원 그 자체, 현존 그 자체란 존재하

55 낸시 프레이저 지음, 김원식 옮김, 『지구화 시대의 정의』, 그린비, 2009.

지 않으며, 기원 및 현존은 재현 작용에 의거하여 사후에 성립한다는 사실을 은폐하는 것을 자신의 기능으로 삼고 있다. 이런 관점에 의하면 재현으로서의 리프리젠테이션 이전에 **그 자체로 성립하는,** 따라서 **자연적이거나 불변적인** 계급적 본질이나 성적 본질 또는 인종적이거나 민족적·국민적 본질이 존재한다고 가정하는 것은 전형적인 현존의 형이상학이다. 아울러 현존의 형이상학은 단순히 사실에 대한 그릇된 표상에 머물지 않고, 실천적인 장애로 기능한다. 재현에 앞서 현존하는 사물의 본질, 계급적 본질이나 성적 본질, 인종적이거나 민족적·국민적 정체성을 강조하는 것은, 그것이 본질적이면 본질적일수록 자기를 중심화하고 심지어 절대화하며 다른 본질이나 정체성을 하위의 것으로 포섭하고 종속시키려고 하기 때문이다. 앞에서 말한 중심의 신화, 대문자 주체의 신화, 이행의 신화가 모두 이것과 관련되어 있다. 아울러 그것이 **순수한 본질을 강조하는 만큼,** 계급적 관계이든 성적 관계이든 또는 인종적이거나 국민적 관계이든 간에 그 내부에 있는 이질적인 요소들을 억압하거나 배제하려고 한다. 따라서 이는 용어

---

56 현존의 형이상학은 현전現前의 형이상학이라고도 하는데, 이는 하이데거 국내 수용 과정에서 하이데거의 Anwesen 개념을 '현전'이라는 번역어로 옮긴 하이데거 연구자들의 영향 때문이다. 하이데거의 Anwesen 개념은 영어로는 presence로, 불어로는 présence로 번역되는데, 하이데거 자신이 사용하지 않은 '현존의 형이상학'이라는 개념을 명시적으로 제시하고 이론화한 사람은 자크 데리다이며, 데리다 사상의 영향력으로 인해 '현존의 형이상학'이라는 개념이 현대 인문사회과학의 공통 개념이 되었다고 할 수 있다. 내가 보기에는 '현전'보다 '현존'이라는 개념이 더 자연스럽고 가독성이 있다.

모순적이게도 배제적 민주주의를 진정한 민주주의로 간주하는 도착적인 결과를 낳게 된다. 그렇다면 재현 작용 이전에 선행하는 순수한 본질은 존재하지 않으며, 재현 작용 또는 재-현 내지 재-현시화re-presentation 작용이야말로 실재와 정체성을 생산하고 재생산하고 변용하는 틀 짜기의 작용이라는 점을 이해하는 것이 핵심적이다.

이런 측면에서 대표로서의 리프리젠테이션 문제도 재고찰해볼 수 있다. 지난 20여 년간 특히 영미 정치학계를 중심으로 대표의 문제에 관한 새로운 탐구가 진행되어 왔다. 논자에 따라 '대표론적 전회'representative turn라고 하거나[57] '구성주의적 전회'constructivist turn라고 하는[58] 이런 재해석 작업의 요점은 정치적 대표에 관한 표준적 설명을 해체하는 것이다. 이들에 따르면 대표라는 것은, 민주주의에 대한 통상적인 생각이 가정하듯, 인민 내지 국민이 직접 참여하는 것이 진정한 의미의 민주주의이므로, 민주주의를 **원래의 민주주의와 다른 것**으로, 다시 말하면 인민 내지 국민이 직접 참여하는 대신 그 대표자들이 간접적으로 수행하는 민주주의로, 따라서 순도가 덜할뿐더러 때로는 민의를 왜곡하거나 변질하고 소수의 권력자들의 이해관계를 대변하는 것으로 만드는 것이 아니다. 오히려 대표는 "민주주의 본질"[59]로 간주되어야 하

---

57 특히 Nadia Urbinati & Mark Warren, "The Concept of Representation in Democratic Theory", *Annual Review of Political Science*, vol. 11, 2008.

58 특히 Lisa Disch, "The 'Constructivist Turn' in Democratic Representation", *Constellations*, vol. 22, no. 4, 2015.

는 어떤 것이다. 이는 우선 대표라는 것이, (1) **이미 그 자체로** 존재하는 국민 내지 유권자가 (2) 역시 그 자체가 **이미 보유하고 있는** 공통의 이해관계 내지 의지를 (3) 그 대행자로서의 대표자가 말 그대로 대표/재현하는 것, 곧 가능한 한 있는 그대로 전달하는 것을 의미하는 것이 아니기 때문이다. **대표 이전에는** 광범위하게 흩어져 있는 개인들과 집단들이 "자신들의 공통의 의지를 거의 주장하지 못하기" 때문에, 따라서 실제로는 정치적 주체 내지 행위자들로 성립할 수 없기 때문에, 이들이 자신들의 공통의 의지를 갖고 행위하기 위해서는 "대표 제도와 권위 부여 절차"[60]가 필수적인 것이다. 더 나아가 대표는 유권자 내지 국민이 정치에 참여하는 것을 가로막거나 제한하는 것이라기보다 오히려 그러한 참여의 필수적인 조건이 된다. 한 연구자가 적절하게 말하듯이 "대표의 반대말은 참여가 아니라 배제"[61]인 것이다. 가령 20세기 중엽에 이르기까지 여성들은 대표될 수 없었기 때문에 정치적으로는 부재하는 존재자였으며, 자기 자신을 현시하고 재현할 수도 없었다.[62] 오늘날 한국에서 19세 미만의 시민들은 정치적으로 보면

---

59 Sofia Näsström, "Representative Democracy as Tautology", *European Journal of Political Theory*, vol. 5, no. 3, 2006, p. 330.

60 Iris Marion Young, *Inclusion and Democracy*, Oxford: Oxford University Press, 2000, p. 130 이하.

61 David Plotke, "Representation is Democracy", *Constellations*, vol. 4, no. 1, 1997.

62 이런 측면에서 보면 '남녀 동수제parité'의 문제는 리프리젠테이션의 주제와 관련해 매우 흥미로운 쟁점을 제기한다. 조앤 W. 스콧 지음, 오미영 외 옮김, 『성적 차이, 민주주의에 도전하다』, 인간사랑, 2009 참조. 나에게 이 점을 일깨워 준 문지

그냥 부재하는 존재자들일 뿐이다. 더욱이 정치적 대표, 따라서 자기 재현 및 현시의 근원적인 전제가 국민적 소속이라는 것을 진지한 문제로 생각하는 한국의 마르크스주의자를 찾아보기는 매우 어렵다.

이런 관점에서 보면 리프리젠테이션의 문제는 단순히 이미 주어져 있는 정치적 틀 내에서 누구를 자신의 지지자로 포섭할 것인가, 어떻게 적대적 정파 및 세력을 약화시키고 우리의 세력을 강화할 것인가, 따라서 결국 어떻게 집권당이 되고 대통령이 될 것인가의 문제로 국한될 수 없다(이 문제들도 당연히 중요하다). 그것은 누가 과연 **대표될 만한** 존재자인가, 누가 **대표 가능한** 이들의 범주에 속하고 **대표 불가능한**, 또는 대표되지 않아도 무방한 이들의 범주에 속하는가, 그런 분할은 어떤 기준에 따라 작동하며 그것은 계급적 관계 내지 젠더 관계 또는 인종적이거나 국민적 관계와 어떤 관계를 맺고 있는가, 또한 그것을 어떻게 전환할 수 있는가의 문제와 관련되어 있다.

가령 『불화』에서 랑시에르가 민주주의를 '몫 없는 이들의 몫'이라고 규정했을 때, 그가 말하는 몫이란 재분배적인 차원에서의 평등을 의미하는 것도 소수자 집단의 정체성 및 권리에 대한 인정을 의미하는 것도 아니다. 그것은 이 양자를 물론 포함하지만 여기에서 더 나아가 기존의 틀 짜기 질서, 그가 '감각적인 것의 나눔'이라고 부른 치안의 질서 내지 아르케의 질서에 대한 해체와 전위

영 선생께 감사드린다.

轉位를 함축하는 것이다. 따라서 랑시에르는 정치의 쟁점을 정체화 identification 대 주체화subjectivation의 문제로 규정한 바 있다.[63] 전자가 기존의 치안 질서를 자연적인 것으로 전제한 가운데 그 속에서 각각의 집단과 개인들에게 정체성과 몫을 할당하는 작용을 가리킨다면, 후자는 이런 치안의 질서를 해체하고 전위하는 작용을 지칭한다. 랑시에르 자신은 양자를 다소 배타적으로 대립시키고 있지만,[64] 어쨌든 중요한 것은 정치의 핵심 쟁점 가운데 하나는 틀 짜기로서 리프리젠테이션의 문제라는 것, 따라서 주체화의 문제라는 것을 뚜렷하게 보여 준다는 점이다.

4. 맺음말

지금까지 살펴본 마르크스주의의 네 가지 신화 및 그것의 해체에서 제기될 수 있는 세 가지 쟁점이 마르크스주의의 탈구축과 관련한 유일한 관점이라거나 가장 포괄적인 시각이라고 주장하고 싶은 생각은 없다. 다만 이런 해체와 재구성이 오늘날 마르크스주의가 좀 더 이론적·실천적으로 적합성을 얻기 위해 반드시 필요한 작업 가운데 하나라는 점은 지적해 두고 싶다. 이런 탈구축 작

---

63 자크 랑시에르 지음, 양창렬 옮김, 「정치, 동일시, 주체화」, 『정치적인 것의 가장 자리에서』, 도서출판 길, 2013(수정 2판) 참조.

64 이는 랑시에르의 치안 개념이 기본적으로 탄성이 부족한 개념이라는 것, 곧 치안의 역사성을 사고하지 못하게 만드는 개념이라는 점과 연결되어 있다.

업을 거치지 않는 한, 마르크스주의는 계속해서 자신의 게토에 머물러 있을 수밖에 없을 것이다.

참고문헌

게오르크 루카치 지음, 박정호·조만영 옮김, 『역사와 계급의식』, 거름, 1999.

곽노완, 「기본소득은 착취인가 정의인가? 판 돈젤라의 기본소득반대론에 대한 반비판과 마르크스주의 기본소득론의 재구성」, 『마르크스주의 연구』 8권 2호, 2011.

낸시 프레이저 지음, 김원식 옮김, 『지구화 시대의 정의』, 그린비, 2009.

던컨 K. 폴리 지음, 강경덕 옮김, 『"자본"의 이해: 마르크스의 경제이론』, 유비온, 2015.

데이비드 하비 지음, 강신준 옮김, 『데이비드 하비의 맑스 『자본』 강의』, 창비, 2011.

_____, 『데이비드 하비의 맑스 『자본』 강의』 2, 창비, 2016.

류동민, 『시간은 어떻게 돈이 되었는가?』, 휴머니스트, 2018.

마리아 미즈 지음, 최재인 옮김, 『가부장제와 자본주의: 여성, 자연, 식민지와 세계적 규모의 자본축적』, 갈무리, 2014.

미하엘 하인리히 지음, 김강기명 옮김, 『새로운 자본 읽기』, 쿠리에, 2016.

서영표, 「라클라우가 '말한 것'과 '말할 수 없는 것': 포스트마르크스주의의 유물론적 해석」, 『마르크스주의 연구』 13권 1호, 2016.

셰리 버먼 지음, 김유진 옮김, 『정치가 우선한다: 사회민주주의와 20세기 유럽의 형성』, 후마니타스, 2010.

실비아 페데리치 지음, 황성원·김민철 옮김, 『캘리번과 마녀: 여성, 신체 그리고 시초축적』, 갈무리, 2011.

_____, 황성원 옮김, 『혁명의 영점: 가사노동, 재생산, 여성주의 투쟁』, 갈무리, 2018(2판).

에르네스토 라클라우·샹탈 무페 지음, 이승원 옮김, 『헤게모니와 사회주의 전략』, 후마니타스, 2012.

에티엔 발리바르 지음, 진태원 옮김, 『우리, 유럽의 시민들?: 세계화와 민주주의의 재발명』, 후마니타스, 2010.

_____, 배세진 옮김, 『마르크스의 철학』, 오월의봄, 2018.

엘마 알트파터 지음, 염정용 옮김, 『자본주의의 종말』, 동녘, 2007.

이광일, 「자유주의 정치 세력의 재집권은 가능한가?」, 『황해문화』 85호, 2014년 겨울호.

이은숙, 『페미니즘 자본축적론』, 액티비즘, 2017.

자크 랑시에르 지음, 양창렬 옮김, 「정치, 동일시, 주체화」, 『정치적인 것의 가장자리에서』, 도서출판 길, 2013.

_____, 진태원 옮김, 『불화: 정치와 철학』, 도서출판 길, 2015.

장-프랑수아 리오타르 지음, 이현복 옮김, 『포스트모던적 조건』, 서광사, 1992.

_____, 진태원 옮김, 『쟁론』, 경성대출판부, 2015.

제프 일리 지음, 유강은 옮김, 『The Left: 1848~2000. 미완의 기획, 유럽 좌파의 역사』, 2008.

조앤 W. 스콧 지음, 오미영 외 옮김, 『성적 차이, 민주주의에 도전하다』, 인간사랑, 2009.

존 B. 주디스 지음, 오공훈 옮김, 『포퓰리즘의 세계화』, 메디치미디어, 2018.

진태원, 『을의 민주주의』, 그린비, 2017.

_____, 「마르크스와 알튀세르 사이의 푸코」, 『철학사상』 68집, 2018.

_____, 「루이 알튀세르와 68: 혁명의 과소결정?」, 『서강인문논총』 52집, 2018.

_____, 「필연적이지만 불가능한 것: 『검은 소』 한국어판 출간에 부쳐」, 루이 알튀세르 지음, 배세진 옮김, 『검은 소: 알튀세르의 상상 인터뷰』, 생각의힘, 2018.

진태원 엮음, 『포퓰리즘과 민주주의』, 소명, 2017.

칼 맑스·프리드리히 엥겔스, 「공산주의당 선언」, 『칼 맑스·프리드리히 엥겔스 저작 선집』 1, 박종철출판사, 1991.

_____, 「철학의 빈곤」, 『칼 맑스·프리드리히 엥겔스 저작 선집』 1, 박종철출판사, 1991.

_____, 「루이 보나파르트의 브뤼메르 18일」, 『칼 맑스·프리드리히 엥겔스 저작 선집』 2, 박종철출판사, 1992.

콜린 크라우치 지음, 이한 옮김, 『포스트민주주의』, 미지북스, 2009.

피터 커스터스 지음, 박소현·장희은 옮김, 『자본은 여성을 어떻게 이용하는가: 아시아의 자본 축적과 여성 노동』, 그린비, 2015.

필리페 판 파레이스 지음, 조현진 옮김, 『모두에게 실질적 자유를: 기본소득에 관한 철학적 옹호』, 후마니타스, 2015.

Althusser, Louis, *Pour Marx*, Paris: La Découverte, 1996(초판 1965); 루이 알튀세르 지음, 서관모 옮김, 『마르크스를 위하여』, 후마니타스, 2017.

_____, "Sur la révolution culturelle"(1966), *Décalages*, vol. 1, no. 1, 2014. http://scholar.oxy.edu/decalages/vol1/iss1/8 (2018/12/05 접속)

_____, *XXIIe Congrès*, Paris: Maspero, 1977; 이진경 엮음, 「22차 당대회」, 『당 내에 더 이상 지속되어선 안 될 것』, 새길, 1992.

_____, "Enfin la crise du marxisme!"(1977), in Yves Sintomer ed., *Solitude de Machiavel*, Paris: PUF, 1998; 루이 알튀세르 지음, 이진경 엮음, 「마침내 맑스주의의 위기가!」, 『당 내에 더 이상 지속되어선 안 될 것』, 새길, 1992.

_____, "Avant-propos du livre de G. Duménil, *Le concept de loi économique dans le Capital*"(1977), in *Solitude de Machiavel et autres textes*; 배세진 옮김, 「제라르 뒤메닐의 저서

"'자본'의 경제법칙 개념"의 서문」, 〈웹진 인-무브〉, 2018/11/03. http://en-movement.net/198 (2018/11/28 접속).

_____, "Le marxisme aujourd'hui" (1978), in *Solitude de Machiavel et autres textes*, Paris: PUF, 1998; 서관모 엮음, 「오늘의 맑스주의」, 『역사적 맑스주의』, 새길, 1993.

_____, *Les Vaches noires: Interview imaginaire*, Paris: PUF, 2017; 배세진 옮김, 『검은 소: 알튀세르의 상상 인터뷰』, 생각의힘, 2018.

Althusser, Louis et al., *Lire le Capital*, Paris: PUF, 1996(초판 1965).

Balibar, Étienne, *Cinq études du matérialisme historique*, Paris: François Maspero, 1974; 이해민 옮김, 『역사유물론 연구』, 푸른산, 1989.

_____, "What does Theory Become? The Humanities, Politics and Philosophy (1970~ 2010): Reflections and Propositions", *Crisis & Critique*, vol. 1, no. 3, 2014.

_____, "The Genre of the Party", The Viewpoint Magazine, 2017/03/15. https://www.viewpointmag.com/2017/03/15/the-genre-of-the-party/ (2018/10/25 접속).

_____, "Exploitation, aliénation, domination", in Catherine Colliot-Thélène ed., *Que reste-t-il de Marx?*, Rennes: Presses universitaires de Rennes, 2017; 구준모 옮김, 「착취」, 〈웹진 인-무브〉, 2018/03/13, http://en-movement.net/139?category=733 236 (2018/11/28 접속).

Balibar, Étienne, Immanuel Wallerstein, *Race, nation, clase: Les identités ambiguës*, Paris: La Découverte, 1988.

Deutscher, Penelope & Cristina Lafont eds., *Critical Theory in Critical Times: Transforming the Global Political and Economic Order*, New York: Columbia University Press, 2017.

Disch, Lisa, "The 'Constructivist Turn' in Democratic Representation", *Constellations*, vol. 22, no. 4, 2015.

Foucault, Michel, *Surveiller et punir*, Paris: Gallimard, 1975; 오생근 옮김, 『감시와 처벌』, 나남, 2003.

_____, *Pouvoir psychiatrique, Cours au Collège de France, 1973~1974*, Paris: Gallimard/Seuil, 2003; 오트르망 옮김, 『정신의학의 권력』, 난장, 2014.

Foucault, Michel, Colin Gordon & Paul Patton, "Considerations on Marxism, Phenomenology and Power. Interview with Michel Foucault", *Foucault Studies*, no. 14, 2012.

Fraser, Nancy, "Behind Marx's Hidden Abode: For an Expanded Conception of Capitalism", *New Left Review*, no. 181, 2015.

_____, "Roepke Lecture in Economic Geography: From Exploitation to Expropriation",

Economic Geography, vol. 94, no. 1, 2018.

Fraser, Nancy & Rahel Jaeggi, *Capitalism: A Conversation in Critical Theory*, London: Polity, 2018.

Leonelli, Rudy M., "Marx lecteur du Capital", in Chrisitian Laval et al. eds., *Marx et Foucault: Lectures, usages et confrontations*, Paris: La Découverte, 2015.

Marx, Karl, *Das Kapital*, I, in *Karl Marx, Friedrich Engels Werke* Bd. 23, Berlin: Dietz Verlag, 1987; 강신준 옮김, 『자본』 I, 도서출판 길, 2013.

Näsström, Sofia, "Representative Democracy as Tautology", *European Journal of Political Theory*, vol. 5, no. 3, 2006.

Plotke, David, "Representation is Democracy", *Constellations*, vol. 4, no. 1, 1997.

Terray, Emmanuel, *Combats avec Méduse*, Paris: Galilée, 2011.

Urbinati, Nadia & Mark Warren, "The Concept of Representation in Democratic Theory", *Annual Review of Political Science*, vol. 11, 2008.

Young, Iris Marion, *Inclusion and Democracy*, Oxford: Oxford University Press, 2000.

Zerilli, Linda M. G., *Feminism and the Abyss of Freedom*, Chicago: University of Chicago Press, 2005.

2
MARXISM

19~20세기
해방 정치 이념에 대하여

1. 해방 정치의 종말과 오늘의 세계

20세기를 지배한 실천은 확실히 인간 해방의 실천이었다. 1917년 10월 혁명을 시발로 하여 일어난 여러 정치 혁명은 인간의 근본적 해방을 목적으로 하는 시도들이었음에 분명하다. 그러나 그 실천들, 이른바 인간 해방의 정치는 20세기 말 소비에트연방의 붕괴와 함께 막을 내렸다. 해방 정치의 종말 이후 이어진 오늘날의 세계는 인간 해방과 관련된 사유와 실천을 전혀 상상할 수 없는 세계로 자리매김한 것처럼 보인다. 신자유주의가 지배하는 오늘날 해방의 정치는 사실상 존재하지 않는다. 이제 해방의 가능성은 없고, 다른 대안적 사유도 존재할 수 없다는 것이 오늘날을 지배하는 통념이다. 현실 사회주의의 몰락과 함께 확인된 공산주의적 정치의 소멸은 해방의 전망을 불가능한 것으로 만들었다. 그후, 세계는 하나의 세계로 통합되었다고 간주된다. 20세기를 지배했던 '하나의 세계'라는 목표(자본주의를 극복하고 모두를 해방하는 하나의 세계를 수립하는 것으로 상정되었던 것)는 역설적으로 자본주의적인 세계로의 통합으로 달성되고 만 것이다. 곳곳에서 역사의 종말이 운위되었다. 프랜시스 후쿠야마Francis Fukuyama는 '역사의 종말' 테제를 통해 이제는 대안적 정치를 상상할 수 없고, 역사는 자본주의의 일반화에서 끝나고 말았다는 점을 정확하게 명시했다.

----

* 이 글은 인천대학교 인문학연구소에서 펴내는 『인문학 연구』 30집, 2018에 수록된 논문을 소폭 수정한 것이다.

이에 고무된 지배 이데올로기의 옹호자들은 이제 남은 것은 자본주의가 지배하는 의회 민주주의 체제뿐이라고 자신 있게 말하게 되었다. 세계는 전후 냉전 체제에서 벗어나자마자, 선진 자본주의 제국에서 이미 착수되고 있었던 신자유주의 체제를 받아들였고, 마침내 '하나의 세계'는 모두에게 수용되기에 이르렀다. 대안 없는 세계, 다른 가능성이 보이지 않는 세계가 도래한 것이다. 그런 와중에 '해방'은 공허한 정치적 수사조차 아닌 텅 빈 기표가 된 지 오래다.

이 세계, 자본주의로 통합된 단일한 세계로서의 '하나의 세계'는 절대로 역사의 종말을 확증하지 않는다. 냉정하게 볼 때, 상황은 정반대이다. 이 세계의 역사는 어떤 과거로 되돌려진 것과 다름없다. 오늘날의 모든 현상, 자본의 승리와 노동의 위축, 저임금 구조의 고착화와 거기서 비롯되는 양극화의 심화, 비관주의의 지배 등은 모두 19세기를 지배했던 현상이다. 바디우가 말한 것처럼 오늘날은 승리한 부르주아지의 세기였던 19세기의 모든 현상들이 다시 나타나는 시대인 것이다.[1] 그렇게, 우리는 부활한 19세기의 한가운데에 있다. 마르크스가 『자본』을 집필하고 공산주의의 첫 번째 이념이 확산되었던 19세기, 세기말의 고통과 미래를 위한 약속이 공존했던 바로 그 19세기는 이제 우리에게 돌아와 다시금 해방 정치의 필요성을 일깨운다. 해방 정치가 실종된 이후

---

1 이에 대해서는 Alain Badiou, *De quoi Sarkozy est-il le nom*, Paris: Nouvelles éditions Lignes, 2008, pp. 154~155를 참조.

도래한 상황은 해방을 사유할 필요가 없는 상황이 아니라, 해방의 필요성을 더욱 부각시키는 잔혹한 상황인 것이다. 그러나 우리에게는 폐허만이 남아 있다. 그것은 공산주의의 폐허, 정확하게 말하면 해방 정치의 20세기적 판본의 폐허다. 이전의 모든 해방의 이념은 사라졌고, 해방을 위한 어떤 사유의 지표도 남아 있지 않다. 해방을 요구하는 객관적 요인은 우리의 현실 속에 있지만, 그것을 추동할 주체적 요인은 사실상 없는 것이다. 우리는 그 해방을 추동할 수 있는 '이념'의 부재 안에 있다고 할 수 있다. 지난 시대의 해방의 이념은 더 이상 유효하지 않은 낡은 것이 되었다. 그것이 미래를 위한 거름은 될 수 있어도, 현재의 대안은 될 수 없는 것이다. 결국, 오늘날 해방 정치를 재개하기 위해 필요한 것은 해방 정치를 위한 이념의 창조이다. 해방 정치는 해방을 위한 새로운 이념의 필요성을 우리에게 냉정하게 제기하는 것이다.

그런데, 이념의 부재 가운데, 새로운 이념을 모색하는 것은 지난 이념에 대한 비판적 성찰을 반드시 요구한다. 지난 시대를 수놓았던 해방 정치의 이념은 사라졌지만, 우리는 그 이념의 이론적 함의와 이념이 수행했던 모험을 반드시 검토해야 한다. 근본적인 해방을 지향하는 새로운 사유는 과거의 정치적 사유와 실천에 대한 반성에서 출발하는 것일 수밖에 없다. 과거의 역사는 우리가 사유해야 할 현재의 열쇠를 제공하고, 마침내 미래의 전망을 가능하게 하기 때문이다. 그러나 오늘날 우리는 그러한 비판적 성찰의 노력을 찾아보기 힘들다. 1980년대 말, 1990년대의 혼란기 이후 한국에서 있었던 사회주의국가 이데올로기에 대한 비판은 그다지 근본적인 수준에서 진행되지 않았다. 정치학·사회학·경제학 등

이른바 사회과학 분야에서 이루어진 비판적 성찰은 극히 적었고, 대다수는 여전히 교조적인 마르크스·레닌주의를 고수하거나 해방의 이념을 포기한 채 지리멸렬하는 모습을 보였다.[2] 유럽의 지성계에서는 일어난 일은 훨씬 더 역동적이었지만 그 결과는 거의 마찬가지였다. 교조적인 마르크스·레닌주의를 통해 사회주의국가 정치를 비판하는 경향은 결과적으로 혁명의 초기 문제의식으로 돌아가자는 것이었으나, 그것은 어떤 대안도 발견하지 못한 무력한 경향이었다.[3] 반면에 1970년대 말부터 사회주의국가의 이른바 '비인간성'을 고발했던 경향은 의회 민주주의에 가장 적극적으로 투항했고, 그 결과 해방의 관점을 포기하여 반反공산주의의 일반

---

2 한국의 학계에서 사회주의국가의 몰락 이후, 해방 정치의 이념에 대한 반성적 성찰은 주로 유럽의 포스트마르크스주의 이론을 비판적으로 소개하는 맥락에서 이루어졌다고 말해도 과언은 아니다. 1990년대에 알튀세르의 마르크스주의로의 복귀라는 문제의식에서 출발한 마르크스주의에 대한 반성은 윤소영 등에 의해 소개되었고[윤소영, 「알튀세르를 어떻게 읽을 것인가」, 『문학과 사회』 1권 4호, 1988], 이후 이진경, 서관모, 박형준 등에 의해 마르크스주의의 전환과 시민사회 이론의 수용으로 나아갔다. 이런 경향들은 이후 다양한 경로로 발전하여, 비非마르크스주의적 전통을 수용하거나(이병천, 이진경 등) 마르크스주의를 포기하고 이른바 '합리적 보수'로 전향하는(박형준) 다양한 모습을 보였다. 당시의 사상적 흐름에 대해서는 이병천이 편집한 『마르크스주의의 위기와 포스트 마르크스주의』(의암, 1992)와 이진경, 서관모 등이 참여한 집단 저작 『사회이론과 사회변혁』(한울, 2003) 등을 참고하라.

3 이 경향은 주로 반反스탈린주의를 표방하는 트로츠키주의자들에게서 발견된다. 특히 알렉스 캘리니코스Alex Callinicos를 필두로 하는 '국제사회주의자'International Socialists 그룹은 트로츠키주의의 입장에서 마르크스·레닌주의를 다시 활성화하려는 교조적인 움직임을 보인다. 이에 대해서는 알렉스 캘리니코스·크리스 하먼 지음, 이정구 옮김, 『국가사회주의』, 책갈피, 2018을 참고하라.

화에 기여하기도 했다.[4]

해방 정치의 이념은 간접적인 경로로 비판받고 성찰된다. 20세기 말 유럽을 수놓은 새로운 철학적 흐름은 존재의 문제, 윤리의 문제, 정치의 문제 등을 통해, 간접적으로 해방 정치의 이념을 재구축하기 위해 노력한다. 그중에서도 우리가 주목하는 것은 알랭 바디우의 철학적 성찰이다. 그는 사건과 진리를 중심으로 하는 철학적 사유를 통해 공산주의의 문제를 다시금 제기한다. 그의 논의를 따라 이 문제를 좀 더 자세히 검토하는 것은 또 다른 해방 정치의 지평으로 나아가는 계기가 될 수 있을 것이다. 이 짧은 연구의 목적은 바디우의 핵심적인 정치적 사유를 통해 지난 19~20세기를 수놓았던 해방 정치의 이념과 실천을 비판적으로 검토하는 데 있다. 그런 반성을 통해 우리는 공산주의 이념의 새로운 지평을 위한 전제들을 얻어 낼 수 있을 것이고, 새로운 해방 정치적 사유의 지평에 더 가깝게 다가감으로써 공산주의의 새로운 이념을 건설할 수 있을 것이다.

---

4 이 경향을 대표하는 것은 베르나르-앙리 레비Bernard-Henri Lévy와 앙드레 글뤽스만 André Glucksmann 등 이른바 '신철학자들'이다. 그들은 열혈 마오주의자들이었지만, 소비에트연방의 정치범 수용소의 현실이 폭로된 이후 완전한 반反사회주의자, 반反마르크스주의자로 전향한다. 베르나르-앙리 레비는 그의 저서에서 마르크스주의를 '인민의 아편'이라고 힐난하기까지 한다. 베르나르-앙리 레비 지음, 박정자 옮김, 『인간의 얼굴을 한 야만』, 프로네시스, 2008, 249쪽 이하 참고하라.

2. 지난 시대의 해방 정치적 사유와 실천들

무엇이 문제인가? 실제로 문제가 되는 것은 19세기에 정립되고, 20세기에 실천적으로 전개된 공산주의의 이념, 지난 세기까지 해방 정치의 주요 이념으로 작동했던 바로 그 '공산주의'라는 이념일 것이다. 바디우가 명시적으로 확언하듯이, 실제로 20세기는 소비에트 혁명으로부터 시작해, 소비에트연방의 붕괴로 끝나는 세기로서, 공산주의의 이름과 불가분한 세기였다.[5] 그것에 찬성하든 반대하든, 지난 세기의 정치적 실천과 투쟁은 공산주의라는 이름을 중심으로 전개된 것이었고, 그 이름과 관련된 사유의 지평을 확장하는 과정이었다는 점을 부인하기는 힘들다. 그런 점에서, 우리의 과제는 바로 그 공산주의, 이제는 말할 수 없지만 어쩔 수 없이 말해야 하는 공산주의의 이념과 그 이념의 이름으로 전개되었던 실천에 대한 반성적 성찰일 수밖에 없다.

프랑스대혁명을 전후로 출현한 근대 해방 정치의 사유와 실천은 마침내 마르크스와 함께 공산주의라는 혁명적 사유를 정초한다. 바디우는 그것을 공산주의의 첫 번째 시퀀스라고 부른다.[6] 이 정치적 사유는 프랑스대혁명과 그에 뒤이은 1830년 혁명, 1848년 혁명에 대한 반성을 포함하며, 부르주아민주주의혁명의 한계와 새로운 해방의 전망을 동시에 성찰한다. 그 첫 번째 시퀀스가

---

5 알랭 바디우 지음, 박정태 옮김, 『세기』, 이학사, 2014, 11쪽을 참조.
6 Badiou, *De quoi Sarkozy est-il le nom*, p. 139.

닫힌 후, 공산주의의 두 번째 시퀀스를 열었던 레닌의 정치적 사유는 마르크스의『공산당선언』과 파리코뮌의 경험에 대한 반성에서부터 출발해, '전위당'이라는 새로운 혁명의 주체를 정초함으로써, 공산주의의 승리를 현실화하는 것을 그 주요한 목적으로 삼는다.[7] 이런 와중에 공산주의라는 식별 불가능한 기표는 점차 구체화되고, 해방의 약속과 그 약속의 이행으로 나아갔다. 이 공산주의라는 약속과 그 약속의 이행에 대한 검토는 과거의 해방 정치적 사유와 실천에 대한 반성의 핵심을 이룬다. '공산주의'는 해방의 과정을 추동하는 실질적인 힘의 기표였고, 역사의 종착점으로 폭넓게 공유되던 강력한 이념이었다. 또한 그것은 해방의 전망이 소진됨과 동시에 완전히 버려진 비운의 이름으로 남아 있다. 이 이름에 대한 검토, 그 이름에 가닿는 수단과 과정에 대한 검토야말로 오늘날 해방 정치의 실종을 극복하고 새로운 전망을 수립하기 위해 필수적인 과정인 것이다.

1) 공산주의의 이념

마르크스의 공산주의에서 출발해 보자. 공산주의에 대한 마르크스의 수많은 언급 중 우리가 우선 주목하는 것은 바로 그가 엥겔스와 공동으로 1847년경에 집필했던『독일 이데올로기』의 언급이다. 이 문제적인 저작에서 마르크스는 공산주의를 분업의 폐

---

7 위의 책, p. 142.

지로 정의한다. 분업은 계급 지배의 기초가 되는 사회적 시스템이고, 자본주의에 와서 전면화되는 생산 체계이다. 그런 분업의 체계를 철폐하는 것이 공산주의로 나타난다. 그에 따르면, 자본주의 하에서는 분업이 생산을 지배하고, 그것을 통해 인간의 활동은 인간의 지배로 나아가게 된다. 자본주의적인 생산관계는 이런 분업으로 인해 인간을 "그들이 벗어날 수 없는 특정한 배타적인 활동의 영역"에 가둔다.[8] 인간의 노동은 생산 영역의 지극히 작은 부분에 한정되고, 그 결과 개별적이고 구체적인 인간 활동은 노동의 전 과정을 지배하는 것이 아니라, 오히려 그 과정의 한 요소로서 자본주의적 생산관계에 유폐당하는 것이다. 구체적 인간은 이제 단순한 노동력으로 환원된다. 마르크스는 이 부분에서 갑작스럽게 공산주의를 호출한다. 공산주의 사회란 이런 분업 상태의 극복으로서, "아침에는 사냥하고, 오후에는 낚시하고, 저녁에는 소를 치며, 저녁 식사 후에는 비평하면서도 사냥꾼도, 어부도, 목동도, 비평가도 되지 않는 사회"라고 정의된다.[9] 그렇게 인간은 자본주의적인 분업에서 벗어나 완전한 자기실현으로 나아간다. 이는 분명 객관적인 수준의 해방이라고 말할 수 있다. 일찍이 마르크스가 이야기했던 인간성의 완전한 회복이란 그렇게 객관적인 수준에서 분업의 폐지를 통해 가능한 것으로 여겨진다.

---

8 칼 맑스·프리드리히 엥겔스, 「독일 이데올로기」, 『칼 맑스·프리드리히 엥겔스 저작 선집』 1, 박종철출판사, 1991, 214쪽.
9 위의 책, 214쪽.

그러나 분업의 폐지가 단순히 생산의 물질적 수준에서의 변화만을 가리키는 것은 아니다. 우리는 바로 그런 분업의 객관적 철폐의 결과인 공산주의적 인간 자체에 주목해야 한다. 그것은 무엇인가? 해방된 전인全人 또는 다면적 인간으로서의 공산주의적 인간이란 자본주의적 인간과는 완전히 구분되는 '새로운 인간'이다. 객관적으로 파악되는 어떤 정체성으로도 환원할 수 없다는 점에서, 이 인간은 모든 구분과 억압에서 해방된 유적generic 인간, 무엇으로도 규정할 수 없는 무한한 가능성의 인간이다. 모든 인간의 분류 기준은 이 인간 앞에서 무용해지고, 어떤 차별도 그 인간 앞에서는 상상할 수 없는 것이 된다. 어떤 규정으로도 포섭할 수 없는 '결정 불가능의 인간'이 바로 그것이다. 결국 이런 새로운 인간, 식별 불가능한 인간은 공산주의 사회의 실재적 조건으로 제시된 것이라 할 수 있다. 이것을 다시 되짚어 말하면, 분업의 폐지라는 현실적이고 객관적인 기준은 새로운 인간의 형상을 창조하기 위한 기초적인 수단에 불과하다. 공산주의는 어떤 복귀, 인간에 대한 모든 규정을 뛰어 넘어 가장 근본적인 인간 존재로의 복귀를 나타내는 것이다. 그 인간은 그야말로 어떤 자기 동일성에도 속하지 않는 인간, 지배/피지배 관계가 할당하는 어떤 자리에도 속하지 않는 인간일 것이다. 그는 어떤 구분에도 속하지 않는다는 점에서 아무것도 아니다. 그러나 그는 동시에 무엇이든 될 수 있다는 점에서 '전부'가 된다. 마르크스의 이런 공산주의 이념의 선취는 공산주의 인터내셔널가歌의 "우리는 아무것도 아니다. 전부가 되자"라는 시적인 언어로 정확하게 표현된다. 그는 무엇인지 결정할 수 없고, 어떤 구분에 속하는지 식별할 수 없는 존재일 수밖에 없다. 우리가 주목해야 하는 것은 공산주의의 도래가 예기豫期하고 있는 이런 인간의 형상이다. 물질적인 수준에서의 해방은 단지 풍요가 아닌 어떤 자유, 어떤 자기 동일성에도 포획되지 않는 근본적 자유의 도래를 내포하고 있는 것이다. 그렇게 우리는 공산주의가 내적으로 결정 불가능하고 식별 불가능한 특성을 포함하고 있다고 말해야 할 것이다.

이런 공산주의의 정의가 요구하는 것은 명백하게 공산주의적 인간이 가져야 할 새로운 주체성이다. 자본주의적인 상황이 요구하는 주체성, 즉 사적 소유와 관련된 이해 관심이 지배하는 주체성은 다른 주체성, 다시 말해 공산주의적 주체성으로 전환되어야 한다. 이 문제에 대한 마르크스의 성찰은 그가 말년에 쓴 「고타강령 초안 비판」에서 잘 드러난다. 페르디난트 라살레Ferdinand Lassalle의 이론을 따르는 '전독일 노동자 협회'(이른바 라살레파)와 마르크스주의를 수용하는 '사회 민주주의 노동자당'(이른바 아이제나하파)의 타협을 통해 성립한 '독일 노동자당'의 창당 강령인 「고타강령 초안」에 대한 신랄한 비판으로 채워진 이 글에서 마르크스는 최초로 공산주의와 사회주의를 구분하는 기준을 제시한다. 물론 그 문제의식은 파리코뮌이라는 최초의 노동자 권력의 출현과 결부되어 제시된 것으로, 여기서 '사회주의'는 '프롤레타리아독재'라는 이름으로 등장한다. 그는 혁명 이후 공산주의 사회로 가는 긴 이행기를 상정하고, 이를 '프롤레타리아트의 혁명적 독재'라고 명명한다.[10] 그것은 바로 이행기로서의 사회주의사회이다. 이 사회에는 아직 불평등이 존재한다. 사람들은 각자의 능력만큼 일하고, 일한 만큼 가져갈 것이다. 그러나 고도로 발전된 공산주의 사회,

분업이 사라지고, 정신노동과 육체노동의 구분도 사라진 공산주의 사회에서는 생산과 분배가 다른 양상으로 배치될 것이다. "각자는 능력에 따라, 각자에게는 필요에 따라."[11] 자신의 능력만큼 생산하고, 필요한 만큼 분배받는 것이 공산주의의 원칙인 것이다. 공산주의의 초기 단계, 즉 사회주의사회에서는 아직 교환에서의 평등과 같은 부르주아적인 권리("일한 만큼 분배받는다")의 한계가 남아 있지만, 더 높은 단계의 공산주의 사회에서는 그런 부르주아적 권리가 완전히 사라진다. 여기서 중요한 것은 공산주의로의 이행기가 아니라, 공산주의 사회 그 자체에 대한 언급이다. 이 구절을 두고 공산주의를 단지 풍요의 지배라는 객관적인 상태로만 파악해서는 안 된다. 고도로 발전된 공산주의적 생산력이라는 객관성은 필연적으로 그에 상응하는 주체성을 요구한다. '마음대로'가 아니라 '필요에 따라'인 것이다. 여기서 사적 소유의 욕망은 필요의 충족으로 대체되는데, 이때 요구되는 것이 바로 소유의 욕망에서 벗어난 '절제의 주체성' 또는 '무소유의 주체성'인 것이다. 물론 이것은 욕망의 제거가 아닌 다른 욕망으로의 대체일 것이다. 문제가 되는 것은 소유의 욕망을 다른 욕망으로 대체하는 것인 동시에 절제되고 규율 잡힌 행동 양식을 주조해 내는 것이다. 공산주의적인 상황이 주어졌을 때, 자본주의적 인간은 절대로 그렇게

10 칼 맑스, 「고타강령 초안 비판」, 『칼 맑스·프리드리히 엥겔스 저작 선집』 4, 박종철출판사, 1995, 385쪽.
11 위의 책, 377쪽.

행동하지 않는다. 그 인간을 지배하는 것은 '마음대로', '소유의 욕망에 따라'라는 명령일 것이다. 이와는 반대로, 결코 외부의 강제를 통하지 않는 내면의 명령으로서의 절제와 규율이야말로 공산주의적 인간을 지배하는 주체적 규정이라 할 수 있다. 우리는 그것을 고전적으로 제시된 공산주의적 주체성으로 파악한다. 예컨대, 공산주의는 어떤 객관적인 '상태'로서 제시된 것이라기보다는 그 변화한 상태를 지속 가능하게 하는 '새로운 주체성'으로 제시된 것이라고 말할 수 있다. 이 새로운 주체성이 인간을 바꿔 놓을 것이다. 결국 19세기에 성립한 공산주의의 약속은 바로 '새로운 인간'의 약속이었다.

2) 혁명과 전위당

19세기에 약속이 있었다. 공산주의 이념의 탄생은 곧바로 그 약속의 이행이라는 문제를 제기했다. 그러나 그 실천은 당시에 성공적이지 않았다. 노동자 혁명 운동의 절정이었던 파리코뮌은 결국 좌절되었다. 코뮌의 지도부는 허약했고, 혁명은 전국 단위로 확산되지 못했을 뿐만 아니라, 반혁명에 맞서 이 최초의 대중 권력을 지속시킬 힘도 가지고 있지 않았다. 그러나 이 사건은 그 자체로 의미가 있었다. 바디우가 적시한 대로 코뮌은 "대중운동과 노동자의 지도, 무장한 반란을 결합한 최고의 형태"로서 "두 달 동안 새로운 유형의 권력을 행사할 수 있었던" 완전히 새로운 경험이었던 것이다.[12] 코뮌은 공산주의가 현실화될 수 있다는 결정적인 증거였다. 이제 약속은 공허한 것이 아니었다. 실패로 돌아갔을지언정, 코뮌은 약속의 실현 불가능성에 맞서 이제 약속의 이행이 가능하다는 확신을 만들어 내기에 충분한 사건이었다.

20세기는 이 약속의 이행을 위한 실천으로 가득 찬 시기였다. 그것은 바로 레닌의 혁명적 사유에서 시작된다. 약속의 이행은 혁명을 통한 공산주의 사회의 건설이라는 목적을 갖는다. 우선 혁명이 있다. 마르크스의 정식화는 프롤레타리아혁명이 공산주의를 위한 첫 번째 발걸음이라는 점을 분명히 한다. 그것은 혁명을 통한 부르주아지 지배의 전복에서 시작해 계급이 사라지고 계급 사이의 적대가 소멸하는 공산주의의 건설로 향하는 과정이다. 이 혁명을 위한 당면 문제는 어떻게 혁명을 성공으로 이끌 것인가에 있고, 레닌은 그의 잘 알려진 저작인 『무엇을 할 것인가?』에서 그 방향을 제시한다. 바로 혁명을 위한 '전위당'의 창설이 문제가 된다. 그에 따르면 전위당이란 일종의 직업 혁명가 정당이다. 노동자들에게는 공산주의적 의식(당시 레닌의 어법에 따르면 '사회민주주의적' 의식)이 있을 수 없다.[13] 그렇게 그들은 적극적인 정치의식을 갖추기 어려운 입장에 처해 있고, 혁명을 완수할 혁명적 조직을 만들어 내기에도 불리한 상황에 놓여 있다. 사실상 그들이 경제적인 목적의 노동조합운동을 통해 그런 혁명적 의식을 스스로 갖추는 것은 쉽지 않다. 그러므로 그 의식은 외부에서, 노동조합을 통

---

12 Badiou, *De quoi Sarkozy est-il le nom*, p. 141.
13 블라디미르 일리치 레닌 지음, 최호정 옮김, 『무엇을 할 것인가?』, 박종철출판사, 2014, 48쪽.

한 경제투쟁의 외부에서 전달되어야 한다.[14] 그래서 필요한 것이 직업 혁명가 집단이다. 이 집단은 노동자들을 조직하고, 혁명을 위한 이론을 창안하는 한편, 결정적인 시기에는 노동자 조직을 지휘해 혁명을 수행하는 역할을 한다. 이 전위당 조직은 노동자 대중과 긴밀히 연결된 것으로 간주된다. 레닌이 창시한 이 당의 적극적인 역할은 새로운 유대 관계를 전제하고 있다. 부르주아지는 국가를 자신의 재현물로 삼는다. 다시 말해, 국가는 예나 지금이나 부르주아지를 대표하고, 그들의 이해관계를 방어하는 부르주아계급의 재현물인 것이다. 그러나 당시 어떠한 참정권도 갖지 못한 채, 정치적으로 완전히 배제되어 있었던 프롤레타리아트는 자신을 대표하는 재현물을 가질 수 없었다. 레닌의 전위당은 바로 부르주아적 재현 시스템에 맞서는 프롤레타리아트의 대항적 재현 시스템으로 도입된다. 전위당의 직업 혁명가들은 프롤레타리아트의 혁명적 이해를 대변하는 프롤레타리아적인 재현 시스템과 다름없는 것이다.

여기서 중요한 문제가 제기된다. 그것이 재현 시스템인 이상, 전위당은 프롤레타리아 대중과 긴밀한 연관을 맺고 있어야 한다. 전위당이 상정하는 계급적 재현의 논리는 당과 프롤레타리아트 대중의 유대 관계를 전제하는 것이다. 그리고 그것이 전위당의 재현적 기초를 이룬다. 다시 말해, 프롤레타리아트 대중은 당으로 재현되고, 당은 당의 중심인 중앙위원회와 같은 지도부로 재현되고,

---

14 위의 책, 115쪽.

그 지도부는 유일한 이름, 즉 상징적인 지도자의 이름으로 재현되는 것이다.[15] 그는 '인민의 아버지', '경애하는 지도자', '친애하는 서기장' 등으로 묘사된다. 이런 모든 다양한 명칭이 보여 주는 것은 아주 간단한 유대 관계다. 사랑과 자비로움, 공정함이라는 덕목이 그 유대 관계를 공고히 하는 것이다. 위계의 자리에 사랑이 들어선다. 프롤레타리아 대중을 결집하는 이 유일한 이름은 대중을 사랑하고 매사에 공정하며, 어느 순간에도 오류를 범하지 않는 순수한 주인의 형상이다. 그리고 그를 정점으로 하여 모든 사회의 유대 관계가 자리 잡는다. 우리는 마르크스에게서 이런 관념을 결코 찾을 수 없지만, 레닌이 주창한 전위당 조직은 이런 유대 관계를 기저에 포함하고 있다. 사회주의적 개인숭배는 그런 '유대'의 관점에서 이해되어야 한다. 하나의 상징적 중심을 통해 모든 대중을 방사형으로 조직하려는 것이 바로 전위당 특유의 재현 시스템인 것이다.[16] 비극은 이런 재현 시스템이 국가라는 지배의 장치와 융합했다는 데 있다. 혁명 이후 수행해야 하는 공산주의의 건설은 국가와 완전히 결별하는 과정이다. 프롤레타리아독재, 다시 말해

---

15 알랭 바디우 지음, 서용순 옮김, 『투사를 위한 철학』, 오월의봄, 2013, 96쪽을 참고하라.

16 공산당의 조직이 방사형이라는 점은 그 정치를 대표하는 고유명이 내재성의 원칙에 속한다는 데서 알 수 있다. '그'는 우리 중 하나일 뿐이다. 그렇기에 그는 '동지'라고 불린다. 어떤 수사가 동원되더라도 그가 우리 중 하나라는 점에는 변함이 없다. 바디우는 이 문제를 이븐 라비아의 시 「무알라카트」를 통해 놀라운 방식으로 접근하고 있다. 그 세부적인 논의에 대해서는 알랭 바디우 지음, 장태순 옮김, 『비미학』, 이학사, 2010, 99~103쪽을 참고하라.

사회주의하에서의 프롤레타리아 정치는 계급의 적대를 소멸하게 함으로써 계급 자체를 없애고, 계급 적대의 표현인 국가의 폐지로 나아가야 한다. 그렇게 볼 때, 공산주의 사회의 도래란 국가의 소멸을 통해 가능한 것일 수밖에 없다. 그러나 혁명 이후의 소비에트연방(그리고 그 이후 성립한 모든 사회주의국가들)은 국가를 그대로 남겨 두었고, 그 국가를 통해 공산주의로 접근하려 시도했다. 사회주의의 실패는 당의 한계에서 비롯된 것이라기보다는 프롤레타리아트 특유의 정치, 프롤레타리아 정치의 독특성을 '전위당'이 담보할 수 없었다는 점에서 필연적이었다. 혁명에 성공한 당은 마르크스가 지적한 파리코뮌의 한계를 그대로 반복했던 것이다.

마르크스는 파리코뮌에 대한 보고서에서 "노동자계급이 기존의 국가 장치를 단순히 접수하여 이것을 자기 자신의 목적을 위해 움직이게 할 수는 없다"고 단언한다.[17] 러시아에서 일어난 '프롤레타리아혁명'은 부르주아계급의 국가 정치와는 완전히 다른 정치를 창안했어야 했다. 그러나 이 혁명 이후에도 부르주아적인 국가 장치는 그대로 존속되었고, 심지어 비밀경찰과 같은 억압적 장치조차 그대로 남아 있었다. 사실상 혁명가의 전위당은 국가와 결합했고, 모든 생산의 조직과 정치적 투쟁이 국가-당의 융합체에 의해 주도되었다. 사회주의국가의 근간이 되었던 국가-당 시스템은 결코 독특한 프롤레타리아 정치를 창안할 수 없었다. 공산주의

---

17 칼 맑스, 「프랑스에서의 내전」, 『칼 맑스·프리드리히 엥겔스 저작 선집』 4, 박종철출판사, 1995, 61쪽.

를 지향하는 정치는 사실상 나타나지 않았다. 사회주의국가의 정치는 20세기의 정치 일반으로 포섭되는 정치형태에 머물렀을 뿐이다. 예컨대, 국가-당 시스템은 사회주의국가뿐만 아니라 자본-의회주의 국가와 파시즘/나치즘 국가에서 일반적으로 나타나는 현상이다. 20세기를 지배한 정치 형식은 국가와 당이 융합하는 체제로 요약된다. 나치즘과 파시즘도, 복수정당제를 채택한 서구의 자본-의회주의(이른바 '자유민주주의')도 모두 이 체제를 통해 국가를 통치했던 것이다. 물론 그 구체적 형식은 확연히 다르겠지만, 그 세 가지 정치 형식은 모두 국가와 당의 융합을 전제하는 동시에, 지속적으로 국가를 강화하거나 당과 융합된 국가의 기능을 조정할 것을 요구한다. 당을 중심 형식으로 갖는 모든 정치는 국가를 제 지렛대로 삼는 것이다.

3. 새로운 형태의 실천들 : 문화대혁명과 68년 5월 혁명

현실 사회주의국가의 정치가 국가를 통한 사회주의 건설로 선회한 이후, 공산주의적 실천은 이전의 활력을 잃어버린다. 제2차 세계대전의 와중에 소비에트연방의 진주로 나치즘의 지배에서 해방된 동구권 사회주의국가에서의 정치는 소비에트연방의 국가주의와 대동소이한 것이었고, 중국 공산당의 혁명은 농촌을 중심으로 도시를 포위하는 새로운 전략으로 정권을 장악하는 데 성공했지만, 그 이후의 정치는 역시 국가의 틀을 벗어나지 못했다. 전후戰後 제3세계 민족해방운동은 그 자체로 피억압 식민지 인민, 정치적으로 어떤 의미도 가질 수 없었던 사람들이라는 점에서 19세기의 프롤레타리아트와 동일한 것으로 파악되는 식민지 인민들의 해방으로서 큰 의미를 가지지만, 독립국가의 건설 속에서 역시 국가 중심의 실천으로 나아간다. 다양한 경로를 통해 전개되는 제3세계 민족해방운동은 여전히 사유되어야 할 해방 정치의 실천으로 남아 있는 것이 사실이다. 해방된 식민지의 국가들을 모두 사회주의국가라고 지칭하기는 힘들다. 물론 그들은 사회주의적 국가 체제를 그대로 가져오거나 그 체제에 가까운 특성을 지니지만, 그것은 역시 자본주의적인 후발 개도국에서도 보이는 현상이다. 사회주의국가와 해방된 식민지 독립국가들의 정치적 실천은 공통적으로 당과 국가를 중심으로 전개된다. 그렇게 혁명 이후의 과정에서 국가-당 중심의 정치적 실천은 그 독특성을 상실했고, 마침내 자본주의국가들의 정치와 큰 차별성을 갖지 못했다. 이들 범사회주의국가들이 이후 소비에트연방의 몰락과 더불어 한 치의 망설임도 없이 자본주의로 발길을 돌렸다는 사실이 그것을 잘 말해준다. 그 과정에서 국가-당 시스템은 거의 그대로 남는다. 일당 체제가 다수당 체제로 변화했을 뿐이다. 과감히 말하자면 그 두 체제는 생각보다 많은 공통점을 가지고 있었던 것이고, 결과적으로 그러한 변화에는 그다지 큰 노력이 필요하지 않았던 것이다.

사회주의국가에서 프롤레타리아 정치가 고사枯死하고 있을 때, 예외적으로 중국에서 새로운 혁명적 실천이 출현한다. 저 문화대혁명이 바로 그것이다. 문화대혁명은 오늘날 폄훼의 대상이다. 많은 사람이 죽었고, 잔혹하고 단호한 권력투쟁이 심화되었을 뿐만 아니라, 경제적인 수준에서 국가의 퇴보가 두드러진다는 것이 그 이유이다. 실제로 문화대혁명에 대한 가장 널리 알려진 해석은 그것을 권력에서 밀려난 마오쩌뚱의 장외 전략으로 파악하는 것이다. 당의 주도권을 잃은 마오가 다시 정치적 주도권을 장악하기 위해 대중을 선동해 일으킨 것이 문화대혁명이었다는 지배적인 해석은 이 정치의 실제적인 역동성을 간과하게 만든다. 물론 그 과정 속에는 수많은 오류와 일탈의 에피소드가 존재하지만, 그런 주변적인 사태가 핵심이라고 보기는 힘들다. 이 사건을 더 정확한 시각에서 바라보아야 한다. 그것을 그저 권력을 위한 싸움으로 간주한다면, 문화대혁명은 어떤 현실적 영향력도 가질 수 없는 의미 없는 에피소드로 축소될 뿐이다. 그러나 문화대혁명의 영향력은 실제로 엄청난 것이었다. 문화대혁명의 10년은 결코 중국의 현대사에서 지워질 수 없을뿐더러, 세계사적으로도 엄청난 소용돌이를 몰고 왔다는 사실을 부인할 수는 없다.

문화대혁명은 이전의 사회주의 정치, 국가-당 중심의 정치에서 완전히 벗어나는 독특한 실천이라는 점에 그 의미가 있다. 마오쩌뚱은 이 전무후무한 공산주의적 실천을 결코 전위당에 내맡기지 않았다. 오히려 그에게 당은 문화대혁명이라는 다른 형태의 계급투쟁의 대상이 된다. 당 관료들에 대항하는 투쟁의 주체는 바로 인민 대중이다. 인민 대중의 이니셔티브가 완전히 관철되는 것이 바로 문화대혁명의 정치인 것이다. 모든 것을 창조하고 주도하는 것은 그들 대중이다. 그들 스스로 투쟁에 참여하고, 하방下方을 조직하고, 그들 스스로 그들 자신의 존재를 바꾸는 것이 문화대혁명의 실질적이고 본질적인 과제이다. 이런 시도는 홍위병들이 혁명을 망쳐 버리기 전까지 아주 큰 의미를 갖는 실천이었다. 이 과정에서 학생과 노동자·농민은 자연스럽게 어우러진다. 실질적인 과녁은 당과 당을 사유화한 관료들이다. 그들을 권력에서 끌어내리고, 다시 교육함으로써 인민 대중은 사회주의를 실질적인 공산주의의 길목으로 바꾸고자 하는 것이다. 문화대혁명에서 우리가 아직도 끌어낼 것이 있다면, 그것은 바로 이런 문화대혁명의 주체성, 인간과 세계를 동시에 바꾸고자 하는 공산주의적 주체성인 것이다. 물론 마오쩌둥은 혁명의 인간인 동시에 국가의 인간이기도 했다. 그가 원한 것은 국가의 파괴가 아니라 국가의 혁신이었다. 국가의 존재를 대체할 대안적 가설을 가지고 있지 못했던 그는 마침내 문화대혁명을 청산하고 국가로 복귀할 수밖에 없었다.[18] 그러나 모든 것을 그의 일탈과 권력으로의 복귀로 해석해서는 안 된다. 중요한 것은 마오쩌둥 개인의 이름이 아니라 그의 이름을 상징으로 삼은 정치적 실천의 내용이다. 그 실천이 보여 준 인민 대중의 투쟁, 그 투쟁을 지배하는 대중의 이니셔티브야말로 문화대혁명을 세계적인 범위의 표징으로 만들어 내는 것이다.

이 문화대혁명을 시발로 여러 가지 다양한 정치적 실천들이 등장한다. 그 선두에 있는 것이 바로 1968년 5월 혁명이다. 68년 5월 혁명이란 무엇인가? 그 혁명의 이름은 그저 숫자로만 표기된다. 바디우는 그 이름의 부재를 지적한다. 그에 따르면 이 혁명에는 파리코뮌이나 프랑스대혁명, 문화대혁명과 같은 엄밀하게 정치

---

18 Alain Badiou, *La révolution culturelle*, Paris: conférence du Rouge-Gorge, 2002, pp. 25~26.

적인 이름이 붙어 있지 않고, 지도자나 영웅의 고유명도 눈에 띄지 않는다.[19] 그만큼 이 혁명의 성격은 애매하고 막연하다. 바디우에 따르면, 그것은 이 혁명이 이질적인 세 가지 과정으로 구성되어 있기 때문이다. 대학생을 비롯한 청년들의 5월, 노동자들의 5월, 무정부주의자들의 5월이 그것이다. 학생들은 대학과 거리를 점거했고, 노동자들은 공장을 점거했다. 기존의 모든 투쟁 방식들은 거부되거나 무시되었으며, 새로운 행동 양식들이 등장했다. 기존의 모든 지배적 규범(학생의 본분, 모범적이고 체계적인 파업)들은 파괴되었다. 교수와 고용주는 감금당하기까지 했고, 공산당과 공식 노조 조직은 완전히 무시되거나 거부되었다. 여기에 반드시 추가되어야 하는 것이 무정부주의적인 5월이다. 모든 행동 양식의 근본적 변화와 새로운 사랑의 관계, 개인적 자유 등을 문제 삼은 것은 바로 이 경향이었다. 이런 변화를 통해 프랑스 사회의 윤곽은 완전히 변화한다. 실질적인 품행에서의 자유가 확립되는 것이다.[20]

그러나 중요한 것은 네 번째 경향이다. 그것은 가장 비가시적이지만, 가장 오래 지속되고, 가장 근본적인 문제를 사유했다. 바디우는 그것을 68년 5월 당시보다도, 5월 이후에 본격적으로 진행되는 시퀀스라고 말한다. 바디우는 68년 5월 이후 20년에 걸친 특수한 실천, 이른바 프랑스 마오주의자들에 의해 수행되었고, 1970년대의 한가운데에서 '신철학자들'이라는 배신자들을 맞닥

---

19 Alain Badiou, *On a raison de se révolter*, Paris: Fayard, 2018, p. 18.
20 위의 책, pp. 29~31을 참고하라.

뜨려야 했던 그 실천에 주목한다. 여기서 중요한 것은 혁명적 정치의 낡은 관념의 종말과 다른 정치관의 눈먼 모색이 바로 그 실천에 의해 개시되었다는 점이다.[21] 이것은 공산당이라는 지배적 좌파 집단을 거부하는 68년 혁명의 경향이 적극적으로 전개되는 형태라고 할 수 있다. 이전의 모든 공산주의 운동의 규범은 당을 중심으로 모든 활동이 전개되어야 한다고 말했던 반면, 이 새로운 경향은 공산당을 반동적인 집단으로 규정하면서 해방을 위한 혁명적인 조직을 재창안하고자 시도했다. 그러나 어쩌면 모순적이게도 이들은 이전의 마르크스주의적 용어를 그대로 받아들이고 있었다. 새로운 정치적 이념의 모색은 노동계급, 프롤레타리아트, 인민 등의 고전적인 개념을 중심으로 진행되었고, 모든 투쟁은 사실상 '계급투쟁'으로 간주되었다. 그러나 그 내용은 고전적인 마르크스·레닌주의의 교의教義와는 크게 달랐다. 그것은 당에 의해 조직된 노동자의 봉기가 아니었다. 그런 연유로, 당시 프랑스 공산당은 청년 학생들의 68년 혁명에 대해 "소小프르주아들의 소요"라고 반응한다. 이는 그 혁명이 정통 마르크스·레닌주의의 원리들과 양립할 수 없다는 점을 명백하게 보여 주는 대목이라 할 수 있다. 그러나 그 실천 내용의 이질성과는 달리, 그들은 새로운 정치적 사유를 마르크스주의의 개념적 틀을 통해 사유하고자 했다. 말하자면 새 술을 낡은 부대에 담는 격이었다. 당시 그 새로운 정치의 투사들은 새로운 정치의 필요성에 대한 확신을 가지고 있

---

21 같은 책, pp. 35~36.

었고, 그 확신을 통해 프롤레타리아트라는 객관적인 담지자는 주체적인 힘으로 전환되어야 한다는 결론으로 다가갔다고 바디우는 말한다. 그 주체적인 힘의 이름은 어디까지나 당, 노동자계급의 당이었다.[22] 그들에게 지배적이었던 생각은 프롤레타리아계급의 새로운 정당, 공산당이라는 가짜 계급 정당이 아닌 진정한 계급 정당이 필요하다는 것이었다.

이런 새로운 프롤레타리아 정당의 모색은 진정한 마르크스·레닌주의에 입각한 대안 정당 건설의 노력으로 나타났고, 그것이 68년 혁명 이후의 20년을 수놓았다. 그들은 새로운 정치조직, 대중과의 유대를 새롭게 구축할 수 있는 정치조직을 창안함으로써, 해방 정치를 지배하는 동시에 그것을 타락시키는 공산당에 맞서고자 했다. 그런 20년의 시퀀스를 끝내고 나타난 것이 바디우의 진리 철학이었고, 이 사유를 통해 바디우는 대안 정치적 사유로서의 '당 없는 정치'를 주장하게 된다. 그것은 오랫동안 숙고된 지적이고 실천적인 탐험의 결론이었다. 그렇다고 바디우가 정치의 조직화 자체를 포기한 것은 아니다(그는 한순간도 무정부주의자였던 적이 없다). 정치는 조직화되어야 한다. 대중과의 실질적 유대는 여전히 중요하며, 그것을 통해 규율 잡힌 실천이 가능할 수 있다. 그러나 레닌주의적 전위당은 이미 오래전에 쇠약의 길로 접어들었다. 특히 지배적인 의회 민주주의 국가에서, 이 당은 당을 통해 선거를 조직하는 국가 정치의 체계 안으로 들어가 버리고 말았다.

---

22 같은 책, pp. 36~37.

그렇게 이 혁명적 정당은 전위로서의 제 지위를 상실하고, 선거에서의 득표수에 모든 것을 거는 평범한 의회주의 정당이 된 것이다. 이제 그것은 실제 사람들의 삶과 어떠한 연결 지점도 갖지 않는 무용하면서도 허구적인 정치조직일 뿐이다. 어느덧 유럽에서 공산당은 해방 정치와는 아무런 인연도 없는 집단이 되어 버렸다. 앞에서 살펴본 것처럼, 전위당은 표현적인 재현 시스템일 뿐이다. 전위당의 시대에, 혁명적 정치가 떠안았던 "정치적 투쟁들은 사회적 모순들을 표현하고 집중시키는"것이었다.[23] 그것을 책임졌던 것이 공산당이라는 전위당이었지만, 이 정치조직은 단순히 선거에서의 득표를 위한 가짜 전위로 변질되고 만 것이다. 바디우에 따르면 오늘날의 새로운 해방 정치란 집단적 행동을 작동하게 하고, 그 행동을 사유하는 새로운 방법이다.[24] 현실의 표현이 아닌 현실의 분리가 여기에서 작동한다. 예컨대, 지식에서 진리를 분리하고, 현실에의 무기력한 복종에서 현실의 혁명적인 전환을 분리하는 것이다. 지배적인 의견으로부터 분리된 투사적 진리는 결국에는 세계를 바꾸어 내는 힘으로 돌아올 것이다. 해방의 정치는 그렇게 승인되지 않은 가능성을 창조하고, '분리'를 통해 모두에게 새로운 가능성을 제시한다.

----

23 알랭 바디우, 『투사를 위한 철학』, 95쪽.
24 위의 책, 97쪽.

4. 새로운 해방 정치의 가능성

오늘날 우리에게 남은 것은 언제나 지리멸렬하고 마는 의회 민주주의 정치와 지켜지지 않는 약속으로서의 '풍요'뿐이다. 누구나 알고 있는 것처럼 오늘날의 정치는 언제나 실망스럽고, 풍요의 경제는 늘 한쪽으로 쏠려 있다. 어쩌면 이런 현실의 상황은 이른바 해방 정치의 사유를 가장 절실하게 요구하고 있는지도 모른다. 그러나 그런 요구와는 달리 해방과 관련된 사유는 현재 거의 없는 것이나 마찬가지다. 오늘날의 이데올로기는 인류 역사상 가장 초라한 상태에 머물러 있다고 말해야 할 것이다. 그 초라한 '풍요'와 '안전', '나'라는 파편화된 개인을 중심으로 하는 '자기 계발'과 '성공 신화'의 (내용 없는) 이데올로기가 이미 오래전부터 우리를 지배하고 있는 것이 사실이다. 오늘날 우리는 우리의 미래와 관련해 철저한 무사유의 시대를 통과하고 있다. 정치도, 예술도, 사랑도, 과학도 그리고 그 어떤 종교도 이런 무사유의 표징에서 결코 자유로울 수 없다. 모든 인간 사유의 영역은 자신의 황혼을 넘어 붕괴를 눈앞에 두고 있는 것처럼 보인다. 우리는 바로 이런 우리의 현실에서 출발해 해방으로 나아가는 비판적이고 긍정적인 정치적 사유의 부활을 새롭게 모색해야 한다.

우리가 살펴본 것처럼, 그런 새로운 정치적 사유의 지평은 지난 세기의 경험을 통해 열릴 수 있다. 가장 중요한 것은 역시 대중의 이니셔티브다. 문화대혁명과 68년 5월이 그랬던 것처럼, 관료화된 당 또는 의회주의적 타협 등과 같은 과거의 정치적 지평에서 벗어나야 한다. 그것은 모두 국가의 범주에 속한다. 국가를 상대화시키고, 그 국가에서 빠져나갈 때, 새로운 해방 정치가 가능할 것이다. 국가 바깥에 인민 대중의 정치 공간을 구축하는 것이야말로 새로운 해방 정치의 지평을 새롭게 열어 내는 첩경일 것이다. 새로운 정치 공간은 언제나 국가의 틀 바깥에서 국가를 겨냥한다. 지배적인 정치제도를 장악하고 있는 국가의 힘은 개인들로 이루어진 상황의 힘보다 항상 크다.[25] 문제는 그 힘이 얼마나 큰지 알 수 없다는 데 있다. 해방의 정치가 열어 내는 공간은 그런 방황하는 차이를 고정한다. 국가로부터의 분리가 일어날 때만 그것이 가능하다. 반反국가의 정치는 그런 점에서 대중의 주도권을 언제나 필요로 한다. 대중 자신이 만들어 내는 공간, 국가가 조직한 수동적 정치 공간에서 분리된 해방 정치의 공간은 그렇게 대중 자신의 조직을 통해서만 만들어질 수 있다.

해방 정치는 이제 수동적인 제도적 정치의 지평에서 벗어나야 할 것이다. 선거를 비롯한 의회주의적 공간을 무력화하기 위해서는 대중 스스로가 조직하고, 대중 스스로가 규율화한 자기-통치의 체제가 필요한 것이다. 이것을 오늘날의 수동적이고 종속적인 '지방자치'와 혼동해서는 안 된다. 오히려 필요한 것은 오늘날의 종속적인 지방자치를 실질적인 자기 통치의 조직을 통해 무용한 것으로 만드는 일이다. 폴란드의 초기 연대 노조 운동은 바로 그런 인민 대중의 자기 통치를 잘 보여 주는 예증이다. 그것은 단순한 조합적 조직이 아니라, 대중 스스로 조직한 삶의 공동체이자

---

25 Alain Badiou, *Abrégé de métapolitique*, Paris: Seuil, 1998, pp. 158~159.

탁월한 자기-통치의 조직이었다. 우리는 오늘날 여기저기서 많은 소단위 지역공동체들을 목격할 수 있다. 비록 그것이 모두 자기-통치의 조직일 수는 없겠지만, 그런 시도들이 반복적으로 나타날 때, 그것은 직접적으로 국가로부터 분리된 정치적 기능을 수행할 수 있다. 오늘날 우리에게 필요한 것은 안으로부터 규율 잡히고, 단위와 단위가 연결되어 외연을 넓혀 가는 네트워크로서의 자기-통치 조직이다. 바로 그것이 새로운 공산주의를 위한 기초적인 정치조직의 역할을 할 때, 우리는 이 긴 어둠의 휴지기를 지나 비로소 공산주의의 세 번째 시퀀스를 맞이할 것이다.

참고문헌

베르나르-앙리 레비 지음, 박정자 옮김, 『인간의 얼굴을 한 야만』, 프로네시스, 2008.

블라디미르 일리치 레닌 지음, 최호정 옮김, 『무엇을 할 것인가?』, 박종철출판사, 2014.

알렉스 캘리니코스·크리스 하먼 지음, 이정구 옮김, 『국가사회주의』, 책갈피, 2018.

알랭 바디우 지음, 장태순 옮김, 『비미학』, 이학사, 2010.

_____, 서용순 옮김, 『투사를 위한 철학』, 오월의봄, 2013.

_____, 박정태 옮김, 『세기』, 이학사, 2014

윤소영, 「알튀세르를 어떻게 읽을 것인가」, 『문학과 사회』 1권 4호, 1988.

이병천 엮음, 『마르크스주의의 위기와 포스트 마르크스주의』, 의암, 1992.

이진경·서관모 외, 『사회이론과 사회변혁』, 한울, 2003.

칼 맑스·프리드리히 엥겔스, 「독일 이데올로기」, 『칼 맑스·프리드리히 엥겔스 저작 선집』
　　　1, 박종철출판사, 1991.

_____, 「프랑스에서의 내전」, 『칼 맑스·프리드리히 엥겔스 저작 선집』 4, 박종철출판사,
　　　1995.

_____, 「고타강령 초안 비판」, 『칼 맑스·프리드리히 엥겔스 저작 선집』 4, 박종철출판사,
　　　1995.

Badiou, Alain, *Abrégé de métapolitique*, Paris: Seuil, 1998.

_____, *La révolution culturelle*, Paris: conférence du Rouge-Gorge, 2002.

_____, *De quoi Sarkozy est-il le nom*, Paris: Nouvelles éditions Lignes, 2008.

_____, *On a raison de se révolter*, Paris: Fayard, 2018.

3

한국 마르크스주의의
위기와 쟁점들

1. 위기

　마르크스주의의 위기 이후 마르크스주의에 관해 질문하고 토론하는 일은 쉽지 않다. 마르크스의 철학과 사상에 대한 일반적인 관심은 여전히 존재하지만 이는 대부분 인문학적 교양의 차원에 머물러 있다. 세계 자본주의에 심각한 위기가 발생할 때마다 마르크스의 정치경제학이 소환되곤 하지만 지적 흥미 이상을 넘지 않는다. 자본주의가 아닌 다른 세상을 지향하는 이들은 마르크스주의의 혁명론을 배우고자 하지만, 이 경우에는 마르크스주의의 위기가 마르크스 자신의 모순과 한계에서 유래하기 때문에 '순수한' 마르크스주의는 결코 존재하지 않는다는 사실을 잊고 있다.[1] 더구나 마르크스주의의 위기와 더불어 마르크스주의적인 이론, 운동, 조직과 체제는 실추했으며, 오늘날에는 다양한 마르크스주의들, 또는 마르크스주의적인 경향들이 있을 뿐이다.

　한국에서 마르크스주의의 위기는 대외적으로 1989~91년 현실 사회주의국가들의 종언과, 대내적으로 1991년 5월 투쟁의 실패를 계기로 갑작스럽게 도래했다. 1980년 5·18 광주 항쟁 이후 지식 사회에서 재발견된 김일성-마르크스주의와 레닌-마르크스주의는 냉전 및 분단 체제를 배경으로 5공화국의 군사독재에 저항하는 이념적·사상적 기반을 제공했지만, 1980년대 이후 세계적

---

1 루이 알튀세르 지음, 「오늘의 맑스주의」, 이진경 엮음, 『당 내에 더 이상 지속되어선 안 될 것』, 새길, 1992.

인 신자유주의의 물결 속에서 노동자 운동이 쇠퇴하고, 계급투쟁을 통한 사회주의 내지 공산주의의 전망이 더욱 불투명해지는 세계사적 시간과 어긋나 있었다. 1980년대의 이른바 민중운동은 강력한 사회정치 세력을 조직했지만, 1987년 6월 항쟁과 노동자 대투쟁에서 1991년 5월 투쟁에 이르는 약 4년 동안의 전투적인 투쟁 끝에 사실상 존립이 어려운 상황에 직면했다. 1991년 5월 투쟁은 1980년대 민중운동의 대중적 정치력, 조직적 동원력, 문화적 군사주의, 남성 중심주의 등의 한계를 모두 드러내면서 한국 사회의 민주화를 더 급진적으로 촉발하지 못했다.[2] 그 효과로 1990년대에는 민중이라는 용어 자체가 급속히 자취를 감추었다.

이 혼란의 시대에 부상한 시민운동과 포스트모더니즘은, 사실상 반反마르크스주의를 지향하고 있었고 민중운동의 반정립으로서 노동자 운동과 거리를 두었다. 당시 시민운동은 "과거의 급진적이고 전투적인 민중운동과 자신을 구별하면서 — 비민중운동 혹은 반민중운동적 정체성 — 온건한 이념을 표방하고 합법적·제도적 수단과 통로를 활용하는 운동으로, 나아가 계급·계층적 기반이라는 점에서 중간층적 운동으로 자신의 정체성을 설정하였다".[3] 또한 다양한 포스트 담론들은 마르크스주의에 부정적인 방식으로 수용되었고, 따라서 "마르크스주의를 복원하거나 유지하려고 했

---

2 김정한, 『대중과 폭력: 1991년 5월의 기억』, 이후, 1998; 「도래하지 않은 혁명의 유산들: 1991년 5월 투쟁의 현재성」, 『문화과학』 66호, 2011.
3 조희연, 「한국 민주주의의 전개와 시민운동의 변화」, 『저항, 연대, 기억의 정치』 2, 문화과학사, 2003, 166쪽.

던 사회과학자들은 포스트주의에 대해 아주 부정적인 시각을 가지고 있었던 반면에, 포스트주의의 수용을 주도했던 서양 문학이나 프랑스 철학 연구자들은 — 반드시 마르크스주의를 배격하려는 뜻은 없었지만 — 비非마르크스주의적인 관점 내지 어떤 점에서는 반마르크스주의적인 관점에서 포스트주의를 수용했다는 점에서 마르크스주의를 해소시키는 데 일조했다".[4]

그 가운데 하나인 포스트마르크스주의도 마찬가지였다. 당시 한국에 수용된 포스트마르크스주의는 본래 포스트마르크스주의를 이론화한 라클라우와 무페를 인용하기는 했지만 사실상 그와 무관한 반마르크스주의의 알리바이였다. 이와 달리 라클라우와 무페의 『헤게모니와 사회주의 전략』은 반反자본주의 전략으로서 급진 민주주의 기획을 제시하고 있고, 자본주의적 생산관계의 폐지를 포함하며 사회주의에 대한 지향을 분명히 하고 있다. 물론 자유민주주의를 수용하고 이를 급진화함으로써 사회주의로 나아간다는 전략 자체에 대해서는 논란의 여지가 있지만, 포스트마르크스주의가 반자본주의 기획을 기각하고 개혁이나 개량을 추구하는 이론적·정치적 입장이라는 비난은 오해에 의한 것이었다.[5]

하지만 이와 같은 오해가 일어난 당대의 지적·운동적 상황과

4 진태원, 「맑스주의의 전화와 현재적 과제」, 김항·이혜령 엮음, 『인터뷰: 한국 인문학 지각 변동』, 그린비, 2011, 460쪽.
5 김정한, 「한국에서 포스트맑스주의의 수용 과정과 쟁점들」, 『민족문화연구』 57호, 고려대학교 민족문화연구원, 2012; 에르네스토 라클라우·샹탈 무페 지음, 이승원 옮김, 『헤게모니와 사회주의 전략: 급진 민주주의 정치를 향하여』, 후마니타스, 2012.

분위기를 인식하는 것이 중요하다. 사회운동적 관점에서 1980년 대가 5·18 광주 항쟁에서 1991년 5월 투쟁에 이르는 12년의 연대기를 갖고 있다면, 1990년대는 1991년 5월 투쟁의 실패 이후 1997년 민주노총 총파업과 외환 위기로 나아가는 7년의 시공간을 가리킨다. 이 짧은 1990년대는 한편으로는 문민정부의 출범, 경제 성장에 대한 상찬, 신세대의 출현, 각종 포스트 담론의 유행으로, 다른 한편으로는 비합법 전위 조직의 해산, 마르크스주의의 청산과 전향, 1980년대에 대한 후일담의 유행으로 채워졌다. 1998년 김대중 정부에서 대표적인 악법인 사상 전향 제도를 폐지하려고 하다가 보수 세력의 반발로 기존의 전향서를 준법 서약서로 대체한다는 방침으로 후퇴하고, 그에 따라 1991년에 사노맹 사건으로 구속된 박노해가 준법 서약서를 수용하고 사실상 전향해 특별사면으로 풀려난 것과, 2003년 재독 학자 송두율이 방한했다가 북한 노동당의 정치국 후보위원이라는 간첩 혐의로 구속 수감된 사건은 1990년대가 1980년대의 증상을 앓았다는 사실을 일깨운다.[6]

현실 사회주의국가들이 몰락하고 1980년대 민중운동은 실추했지만 제도적인 사상의 자유는 부재한 상황에서, 마르크스주의에 대한 지적이고 학문적인 논의와 토론은 실종되었다. 마르크스주의를 비판하는 것도 마르크스주의를 견지하는 것도 그저 관점 확인이나 입장 표명 이상으로 나아가지 못했다.

---

6 김정한, 「1990년대 전향 담론의 성격과 한계」, 계명대학교 한국학연구원 엮음, 『1990년대의 증상들』, 계명대학교 출판부, 2017.

마르크스주의의 위기는 여전히 현재 진행형이고 이는 마르크스주의를 궁리하거나 실천하려는 모든 이들에게 반복적인 곤혹을 안겨 주고 있다. 오늘날 우리가 돌아갈 수 있는 '순수한' 마르크스주의는 없으며 마르크스주의의 위기 선언이 그 위기의 원인과 효과를 적합하게 인식하여 마르크스주의를 혁신해야 한다는 요청이었다면, 한국에서 마르크스주의의 위기 이후 주요한 정치적·사회적 갈등의 쟁점들을 살펴보는 일은 마르크스주의를 어떻게 혁신해야 하는지 그 최소한의 좌표를 드러낼 수 있을 것이다.

2. 쟁점들

한국에서 1991년 5월 투쟁의 실패와 더불어 도래한 마르크스주의 위기 이후의 연대기에는 2008년 촛불 시위, 2009년 용산 참사, 쌍용자동차 파업, 2014년 세월호 참사, 2016년 강남역 여성 살인 사건, 구의역 비정규직 사망 사건, 2016~17년 촛불 항쟁 등 한국 사회를 뒤흔든 커다란 사건들과 사회운동이 자리하고 있다. 이와 같은 연대기는 '사건 → 운동(촛불)'이라는 2000~10년대의 독특한 흐름을 보여 준다. 어떤 사건이나 참사가 발생하고 그에 대해 개별적으로 또는 소규모 집단으로 대응하다가 예측할 수 없이 커다란 대중 집회나 시위로 전개되기도 하고, 또한 어느 순간 별다른 성과 없이 흩어지기도 하는 흐름이다. 이는 대중들이 사건에 개입하는 방식, 운동에 참여하는 방식이 달라졌다는 것을 함의한다. 이런 흐름은 기존의 조직적인 사회운동의 전반적인 퇴조를 반영하는 것이기도 하다. 이 과정에서 나타난 주요 쟁점들을 크게 국가, 포퓰리즘, 정치적 주체, 페미니즘 등으로 구분해 볼 수 있다.

1) 국가

2008년 촛불 시위에서 이미 '국가란 무엇인가' 하는 문제가 제기되었지만, 특히 세월호 참사를 겪으며 '이것이 국가인가'라는 물음으로 절정의 파급력을 발휘한 쟁점이 국가이다. 세월호 참사로 알게 된 것은 국가의 총체적인 부패였다. "세월호의 승무원들은 대부분 단기 계약으로 일하는 비정규직으로 위급 상황에 대한 대처 훈련이 되어 있지 않았고, 해경은 구조에 대한 책임을 회피하고 방관했으며, 정부는 상황을 파악하지도 통제하지도 못한 채 인명을 구할 수 있는 귀중한 시간을 허비했다. 더구나 정부와 해경이 구조와 수색의 독점권을 부여한 '언딘'이라는 민간 구난 업체는 외려 인명 구조 요청은 받은 적이 없다고 변명하고, 세월호를 운영한 청해진해운은 정부 관료, 공무원, 정치인 등과 유착해 안전에 대한 고려 없이 탐욕스럽게 돈벌이 사업을 벌여 온 것으로 드러났다. 또한 거의 모든 방송과 신문은 객관적인 보도와 진상 규명을 외면할 뿐만 아니라 사실을 왜곡해서라도 정부를 변호하려는 행태를 보였다. 정부 기관, 민간 업체, 대기업, 언론 등이 모두 총체적으로 부패해 있었던 것이다."[7]

---

[7] 김정한, 「세월호 참사 이후 우리의 공화국」, 『동국대학원신문』 184호, 2014/06/09.

세계적인 신자유주의적 금융 세계화를 본격적으로 도입할 수밖에 없었던 1997년 외환 위기 이후 그 핵심 정책들 가운데 하나는 외주화였으며, 이는 노동의 안전장치를 제거하는 데 기여했다. 외주화는 노동과정의 일부를 외부 전문 업체에 맡겨서 생산 비용을 절감한다는 취지였지만, 정규직 노동자들을 축소하고 비정규직 노동자들로 대체하는 노동의 유연화와 결합해 일차적으로 노동력을 보호하도록 기능할 수 있는 노동조합을 무력화시켰다. 기업 활동을 감시하고 견제하는 노동조합의 힘은 더욱 약화되었다. 더구나 노동자들의 안전에 무감하고 이윤 획득에 민감한 기업과 시장의 논리는 정부의 운영 원리로 도입되어 적자 재정을 극복한다는 명목으로 국가의 주요 기능 또한 외주화되었다. 공공기업의 민영화가 추진되고 국민의 안전을 담당하는 기능도 일반 기업으로 외주화되었으며, 이와 같은 국가의 공공성 해체는 시민 스스로 자신의 삶을 향상시켜야 하는 자기 복지의 삶을 강요했다. 민간 경비 업체와 보험 업체의 성장은 개인이 기업과 계약해 생명과 안전을 보호해야 하는 세태를 잘 보여 준다.

이것은 사실상 국가 민주화의 전면적인 후퇴였다. 민주주의의 형식이 민주주의의 원리가 실현되도록 보장한다는 정당정치의 담론은 민주주의의 형식이 온존한 가운데 민주주의의 원리가 무너지는 현상을 적절히 파악하지 못했다.[8] 게다가 국가의 탈민주화

---

8 정당정치와 사회운동을 분리시키는 최장집의 정당정치론에 대한 비판으로는 김정한, 「최장집의 민주화 기획 비판」, 『최장집의 한국 민주주의론』, 소명출판, 2013.

과정에서 많은 사람들은 자신의 삶을 스스로 계발하고 관리하는 자기 관리 주체로 행위했으며, 자기 관리에 실패한 이들을 열패자로 간주하는 신자유주의적 통치성을 마치 상식인 듯이 받아들였다.[9] 이와 더불어 국가와 거리를 두는 것이 민주화라는 개인주의 담론은 더욱 강화되었다. 더구나 2000년대에 전개된 네그리와 하트의 『제국』을 둘러싼 논쟁은 인문학에서 국민주의nationalism를 비판하고 국가를 손쉽게 기각하면서, 탈국가·탈국민주의·탈민족주의를 주장하는 경향을 강화했다.[10] 이와 같은 지형에서 국가의 민주화라는 쟁점을 사유하기는 더욱 어려워졌다. 하지만 오히려 주요한 문제는 국가를 내부에서 개혁하려는 모든 작업을 국가주의로 비판하는 것이 아니라, 어떤 국가를 만들어야 하는지에 관한 토론을 개시하는 것이다.[11] 우리가 어떤 정치 공동체를 구성해야 하는가에 대한 세월호 참사의 문제 제기는 여전히 유효하다.[12]

---

9 사토 요시유키 지음, 김상운 옮김, 『신자유주의와 권력: 자기 경영 주체의 탄생과 소수자-되기』, 후마니타스, 2014.

10 안토니오 네그리·마이클 하트 지음, 윤수종 옮김, 『제국』, 이학사, 2001; 알렉스 캘리니코스 외 지음, 김정한 외 옮김, 『제국이라는 유령: 네그리와 하트의 제국론 비판』, 이매진, 2007.

11 진태원 엮음, 『우리가 살고 싶은 나라』, 그린비, 2017.

12 진태원, 「세월호라는 이름이 뜻하는 것: 폭력, 국가, 주체화」, 『을의 민주주의: 새로운 혁명을 위하여』, 그린비, 2017.

2) 포퓰리즘

포퓰리즘이라는 쟁점은 오늘날 작동 불능의 위기에 직면한 정당 민주주의에 대한 비판을 바탕으로 직접민주주의에 대한 요청과 결부되어 있다.[13] 다시 말해 정당 중심의 대의 민주주의를 주장하는 입장에서는 포퓰리즘에 비판적이고, 대의 민주주의의 간접성을 비판하며 직접민주주의를 주장하는 입장에서는 포퓰리즘에 긍정적이다. 현대 민주주의의 핵심을 정당정치라고 본다면 포퓰리즘은 부정적인 현상일 뿐이다. 시민사회의 이익 갈등이 정당을 매개로 대표되지 않을 경우 민주적 절차에 따라 조정되는 것이 아니라 폭력적인 대립으로 표출하게 된다는 것이다. 반면에 포퓰리즘을 피플people의 직접적인 정치 활동으로 인식하는 관점에 따르면 포퓰리즘은 급진적 민주화(또는 민주주의의 민주화)를 이끌어 나가는 주요 동력이자 운동 방식이다. 예컨대 라클라우는 포퓰리즘을 활성화시켜서 자유민주주의를 급진화하자는 급진 민주주의 전략을 제시하는데, 피플은 포풀루스populus와 플레브스plebs를 모두 가리키기 때문이다. 포풀루스는 공동체 전체를 지칭하는 총체성을 함의하고, 플레브스는 사회질서의 하층에 있는 자들로서 공동

---

13 포퓰리즘은 대중영합주의, 인민주의, 민중주의 등으로 번역된다. 포퓰리즘에서 말하는 피플people이 국민국가의 구성원(국민)이면서 동시에 사회 하층민(민중)이라는 점에서 포퓰리즘은 '민중주의'로 번역하는 것이 더 적합할 것이다. 진태원, 「포퓰리즘, 민주주의, 민중」, 『역사비평』 105호, 2013, 210~212쪽 참조. 그러나 이 글에서는 1970~80년대의 민중주의와 구별하기 위해 포퓰리즘이라고 표기한다.

체의 한 부분 집단을 가리킨다. 피플은 특수한 하층민들이면서 동시에 보편적인 공동체 자체이다.[14] 플레브스가 공동체 내의 특수한 부분partiality임에도 불구하고 공동체의 총체성totality을 구현하는 포풀루스를 자임하고 여타의 특수한 부분 집단들을 등가 사슬로 묶어 낼 수 있을 때 '우리, 피플'we, the people과 '그들, 적'이 구별되는 적대가 창출되는데, 라클라우에 따르면 이는 사실상 모든 사회운동이 전개되는 형식이다.

이와 같은 맥락에서 좌파 포퓰리즘이라는 용어가 가능해진다. 이는 노무현 정부의 성격을 둘러싼 논쟁에서 출현한 바 있다. 한편으로 최장집은 1980년대 민중주의의 "낭만적, 급진적, 도식적, 추상적, 관념적, 비현실적" 성격을 지적하면서, "민중주의 운동의 중요한 약점은 민주주의 이론을 한국적 현실에 맞게 구체화시키지 못했고, 대의제를 특징으로 하는 현대 민주주의의 제도적 역동성을 이해하지 못했다는 점"이라고 비판한다. 민중주의적 사회운동은 정당정치를 핵심으로 하는 현대 민주주의의 제도적 실천에 무능하며, 이것이 노무현 정부가 "신자유주의 헤게모니에 통합되고 실패"한 큰 이유라는 것이다.[15] 반면에 조희연은 "노무현 정부는 보수의 비판처럼 포퓰리즘적이어서 실패한 것이 아니라 사회경제적 이슈에서 충분히 포퓰리즘적이지 못해서 실패했다"고 평가한다. 그에게 포퓰리즘의 핵심은 "제도적 통로에 의해서 반영

---

14 Ernesto Laclau, *On Populist Reason*, Verso, 2005, pp. 224~225.
15 최장집, 『민주주의의 민주화』, 후마니타스, 2006, 33, 38쪽.

되지 않는 대중들의 정치적·사회경제적 요구들을 정치 지도자 혹은 세력이 특정한 방식으로 수용·전유하는 것, 그리고 그를 통해 스스로의 대중적 기반을 강화하는 것"이다. 이런 맥락에서 박정희 대통령의 새마을운동과 같은 우익 포퓰리즘이 대중과 결합하는 데 성공했다면, 참여정부는 좌익 포퓰리즘(또는 진보적 민중주의)이 부재한 가운데 대중적 지지자들을 획득하지 못했다고 지적한다.[16] 다시 말해, 노무현 정부에 관해 최장집은 '민중주의의 과잉' 때문에 실패했다고 비판하고, 조희연은 '민중주의의 과소' 때문에 실패했다고 주장한다. 물론 두 사람의 상반된 평가는 민중주의 내지 포퓰리즘을 이해하는 차이에서 비롯한다. 최장집이 포퓰리즘에 관한 표준적인 정치학적 관점을 견지하고 있다면, 조희연은 라클라우의 포퓰리즘 개념에 의존하고 있다.

이처럼 최근 포퓰리즘에 대한 긍정적 평가에 주목하는 논의들은 좌파 포퓰리즘의 가능성을 적극적으로 사고하려는 경향을 보인다.[17] 그러나 기성 권력과 엘리트에 대한 반대라는 포퓰리즘의 단순한 구도는 자본주의의 계급 모순이나 계급 적대를 인식하는 데 곤란할 수 있고, 국민주의 내지 민족주의를 강화할 수 있으며, 조직이 아니라 인물(특히 카리스마적 지도자)에 크게 의존한다는 점에서 한계가 있는 것도 사실이다. 또한 포퓰리즘이 다수자 전략인

---

16 조희연, 「노무현의 실패, 더 포퓰리즘적이지 못한 탓이다」, 〈프레시안〉, 2010/04/23; 『민주주의 좌파, 철수와 원순을 논하다』, 한울, 2012, 182, 231~233쪽.

17 샹탈 무페 지음, 이승원 옮김, 『좌파 포퓰리즘을 위하여』, 문학세계사, 2019.

한에서 소수자를 배제할 수 있고, 다수결 투표제에 기반해 있는 한국 정치 지형에서는 집권 전략으로 축소될 수 있다.

그러나 보다 중요한 것은 한국에서 피플에 해당하는 용어가 무엇인지가 불분명하다는 데 있다. 해방 공간에서 널리 사용되었다가 남북 분단 이후 한국 사회에서 사라진 인민이라는 용어는 말할 것도 없고, 1980년대에 널리 복권되었던 민중이라는 용어도 오늘날 일상어로서 거의 소멸했다. '우리가 피플이다'와 유사한 보편적 함의가 '우리가 민중이다'에는 담겨 있지 않다. '민중'과 '반민중'이라는 구별은 일부 운동 세력이나 지식인들의 용어일 뿐이다. 한국에서 좌파 포퓰리즘 정치가 가능하기 위해서는 대중들을 호명할 수 있는 보편적 언어의 발견이 필요하다.[18]

3) 정치적 주체

마르크스주의의 위기 이후 노동자 운동이 특권적인 중심성을 갖지 않는다는 것은 상식처럼 통용되고 있다. 이는 특히 청년 실업이 만연한 상황에서 새로운 자율적 주체에 대한 주장들과 결합하여, 자율적 삶을 보장하기 위해 기본소득을 제안하는 것으로 이어진다.

'프롤레타리아여 안녕'이라는 작별 인사로 유명한 앙드레 고르André Gorz는 1968년 혁명을 사상적으로 선취한 사상가로도 잘 알

---

18 김정한, 「좌파 포퓰리즘의 가능성과 난점」, 『월간 좌파』 26호, 2015.

려져 있다. 그의 지론 가운데 하나가 기본소득이다. 고르는 마르크스가 발견한 프롤레타리아트는 현실의 구체적인 노동자들과 다르다고 비판하면서, 노동자들은 노동과정에서 소외되어 있으면서도 임금제 자체를 폐지하려고 하지 않은 채 소비에 대한 열망으로 임금 인상에만 관심을 기울이고 있다고 주장한다. 프롤레타리아트는 더 이상 혁명의 주체가 아니라는 것이다. 새로운 혁명적 주체는 후기 산업사회의 '신프롤레타리아트'(새로운 노동자들), 즉 불안정한 노동자들(보조직, 기간직, 대체직, 파트타임직 등)과 실업 상태에 있는 자들(비노동자)이다. 노동과 직업에 애착이 없고 계급적 소속감이 없기 때문에 새로운 노동자들에게 중요한 것은 개인적 삶의 주체적 자율성이며, 이 경우 가장 필요한 것은 자유 시간이다. 따라서 자유 시간 확대를 위한 노동시간 단축과 일자리 나누기, 노동하지 않고 개인적 자율성을 유지할 수 있는 기본소득을 주장한다. 그러나 프롤레타리아가 혁명적이지 않다고 작별 인사를 했던 고르가 새롭게 주목한 노동자들이 과연 혁명적 주체인지는 불분명하다. 고르에게는 주체화 과정에 대한 문제의식이 거의 드러나지 않는다.[19]

물론 고르가 선도적으로 제안했던 과제들은 1997년 구조 조정 이후 한국 노동운동의 주요 의제들이었다. 그러나 노동시간 단축과 일자리 나누기는 정부의 정책으로 반영될 경우에 애초의 의도

---

19 앙드레 고르 지음, 이현웅 옮김, 『프롤레타리아여 안녕』, 생각의나무, 2011; 김정한, 「후기 산업사회의 정치 주체」, 『역사비평』 97호, 2011.

가 왜곡된 탓도 있지만 장기적인 경제 위기 국면에서 유효한 성과를 거두지 못했다. 노동시간이 실질적으로 단축된 것도 아니고 제대로 된 일자리가 나눠진 것도 아니다. 기본소득과 관련해서는 그것이 빈약한 복지 체제를 보완하는 하나의 정책이라는 관점부터 자본주의를 극복하는 대안적인 사회주의의 핵심 요소라는 평가까지 다양한 입장들이 있지만, 한국 사회에 기본소득이 필요하다고 할지라도 그 효과를 과장할 이유는 없을 것이다. 이는 최근 최저임금과 기본소득의 대립이라는 쟁점으로 나타난 바 있는데, 사실 최저임금 인상은 노동과정 내부에 진입한 노동자들에게 일차적으로 해당하며 이를 성취하기 위해 필요한 조직이 노동조합인 반면에, 기본소득은 노동과정 외부에 있는 노동자들에게 직접적으로 필수적이지만 이를 성취하기 위한 운동 방식과 조직 형태는 모호한 실정이다. 기본소득은 진보 정당이나 지방자치단체에서 유권자들을 고려한 정책으로 제안되고 있을 뿐, 노동조합운동 같은 어떤 집단적인 정치적 주체의 사회운동으로 추진되고 있지는 않다. 정치적 주체가 스스로 쟁취하지 못하고 위로부터 구현되는 정책은 실질적으로 해방적 효과를 발휘하는 데 제한적이다.

오히려 새로운 주체는 자본주의적 생산양식의 변화가 아니라 구체적인 사건에 대한 충실성에서 발견될지도 모른다. 세월호 참사 이후 '가만히 있으라'는 어른들의 말을 구호로 적은 표지판을 들고 침묵의 마스크를 쓰고 행진한 청소년들이 하나의 예가 될 수 있다. 어떤 단원고 학생은 프란체스코 교황에게 보낸 편지에서 "저희는 이제 어른들에게 신뢰를 잃었고 이 세상에 대해 신뢰를 잃었습니다. 우리가 어른이 되었을 때 우리와 같은 학생들에게 이 나

뿐 세상을 물려주어 죄를 짓지 않게 도와주세요"라고 했다.[20] 이와 같은 그들의 판단이 타당하다면, 어른들은 신뢰할 수 없는 나쁜 세상에 어떤 변화도 기대하지 않는 낡은 정치적 주체일 뿐이며, 새로운 정치적 주체는 주어진 세계 자체를 거부할 뿐만 아니라 진정한 변화를 열망하는 오늘날의 청소년들일지도 모른다. 물론 현재 한국 사회에 유의미한 변화를 일으키고 있는 새로운 주체는 여성들이다.

4) 페미니즘

여성들의 페미니즘은 특히 2016년 강남역 묻지마 살인 사건으로 촉발되어 현재까지 가장 강력한 사회운동으로 전개되고 있다. 세월호 참사에서 '가만히 있으라'라는 말이 역설적인 반역의 언어가 되었다면, 강남역 살인 사건에서는 '나일 수도 있었다'라는 말이 그러했다.

> 강남역 10번 출구에 도착했을 때 내가 본 수많은 포스트잇은 마치 트라우마 생존자의 자기 고백과 비슷한 내용으로 채워져 있었다. …… 강남역에서 우연히 모르는 사람에 의해 비극적으로 살해된 익명의 20대 여성은 오직 죽음 그 자체로만 기억되었다. 아무것도

---

20 김유정(가명), 「단원고 학생, "교황님, 우리나라는 미쳤습니다"」, 〈프레시안〉, 2014/08/14.

공유하지 않는 개별자의 죽음이었지만, 그 죽음은 또한 '나'의 죽음이기도 했다. 포스트잇에 써있던 '나일 수도 있었다'는 글귀가 삶의 우연성과 죽음의 필연성에 대한 깨달음을 경유하여 여성의 삶에 대한 자각으로, 페미니즘 정치학으로 이어진 것은 어쩌면 필연적인 일이었다고 생각한다.[21]

'나일 수도 있었다'는 것은 '나도 범죄의 대상이 될 수 있다'는 공포감을 포함한다. 강남역 살인 사건은 우발적인 일회성 사건이 아니라 한국 사회에 내재한 여성에 대한 혐오와 증오를 나타내고 있기 때문이다. 또한 특정한 젠더와 집단에 대한 편견으로 발생하는 증오 범죄는 차별과 배제를 공공연하게 예고한다.[22]

한국 사회의 남성 중심주의와 여성 차별에 본격적으로 문제를 제기하고 이에 저항하는 최근의 페미니즘은 1987년 6월 항쟁 이후 민주화 과정 또한 젠더 차별에 기초했다고 보면서 총체적으로 거부하는 것처럼 보인다. 2016~17년 촛불 항쟁과 박근혜 탄핵 이후 미투 운동이 출현한 것을 '페미니즘 봉기'라고 표현할 수도 있을 것이다.[23] 그에 따르면 '페미니즘 봉기'는 1987년 체제의 '민

---

21 권김현영, 「성폭력 2차 가해와 피해자 중심주의의 문제」, 『피해와 가해의 페미니즘』, 교양인, 2018, 65~66쪽.

22 홍성수, 『말이 칼이 될 때: 혐오 표현은 무엇이 문제이고 왜 문제인가?』, 어크로스, 2017, 95~96쪽. 혐오 담론의 전개와 대응 과정에 대한 비판적인 성찰로는 손희정, 「혐오 담론 7년」, 『문화과학』 93호, 2018.

23 천정환, 「'1987년형 민주주의'의 종언과 촛불항쟁 이후의 한국 민주주의」, 『문화과학』 94호, 2018, 23쪽.

주 대 반민주' 구도를 넘어서는 젠더 차별의 문제 설정과 강력한 운동 방식으로 분출하고 있다.

최근 미투 운동을 둘러싼 논쟁들은 대개 남성들의 반격에서 기인하지만, 여기에는 페미니즘 담론의 내적인 한계도 존재한다. 그 한가운데 있는 것이 피해자 중심주의 담론과 2차 가해라는 용어이다.

> '2차 가해'라는 용어는 진상 조사 자체를 불가능하게 만드는 방식으로 남용되었고, '피해자 중심주의'라는 담론은 피해자의 주관적 감정에 지나치게 독점적인 지위를 부여하는 방식으로 오용되었다. 공론장에서 계속 합의되고 갱신되어야 하는 성폭력 판단 기준에 대한 논의는 좀처럼 진전되지 않았다. 지금까지의 판단 기준은 성별, 계급, 나이 등에 따른 권력관계에서 약자의 위치에 있는 사람의 편을 들어주는 방식('피해자 중심주의')이었다. 그러나 위치 자체가 곧 피해의 근거가 된다는 생각으로는 권력관계를 변화시킬 수 없었다. 나는 오히려 소수자나 약자라는 위치를 방패 삼는다는 이유('피해자 코스프레'라는 악의적인 말이 잘 드러내듯)로 소수자나 약자에 대한 혐오가 더욱 기승을 부리게 되었다고 생각한다.[24]

이와 같은 비판적인 인식에 따르면, 페미니즘이 대항 담론이 되지 못하고 있는 이유들 가운데 하나는 2차 가해라는 개념이 합

---

24 권김현영, 「성폭력 2차 가해와 피해자 중심주의의 문제」, 29쪽.

리적 토론 자체를 봉쇄하는 효과를 발휘하고, 피해자 중심주의가 새로운 도덕주의로 받아들여지면서 페미니즘 지식을 기계적으로 적용하는 문제가 나타났기 때문이다. 어떤 일반적인 기준의 적용보다 중요한 것은 피해자를 타자화하지 않는 일이며, 성폭력에 관한 말과 행위를 변화시켜 페미니즘을 새로운 상식으로 만드는 일이다. "피해자 중심주의는 피해자를 타자화하고, 2차 가해라는 담론은 성폭력을 다시 개인적인 것으로 만든다. 피해자의 목소리를 듣기 위해서, 우리는 지금까지 속해 있다고 생각했던 사회를 다시 생각해야 하고, 그 목소리를 통해 알게 되는 것에 질문을 멈추지 말아야 한다."[25]

2010년을 전후한 시기부터 2015년까지 한국 사회에 대한 페미니즘적인 문제 제기가 후퇴한 이후 최근 페미니즘의 재부상과 여성들의 젠더 차별에 대한 저항은 향후 마르크스주의가 스스로 어떻게 무엇을 혁신할 수 있을 것인가를 가늠하는 주요한 지표가 되고 있다.

---

25 권김현영, 같은 글, 70쪽. 성폭력 폭로 이후 새로운 과제로서 피해자화를 넘어서야 한다는 논의로는 권김현영, 「성폭력 폭로 이후의 새로운 문제, 피해자화를 넘어」, 『더 나은 논쟁을 할 권리』, 휴머니스트, 2018.

3. 한계들

국가, 포퓰리즘, 정치적 주체, 페미니즘 등으로 간략히 일별해 본 한국 마르크스주의의 위기 이후 주요 쟁점들은 한국 사회의 실천적 역동성을 잘 보여 주고 있다. 하지만 앞서 말했듯 '사건 → 운동(촛불)'이라는 2000~10년대의 독특한 흐름을 반영하고 있다는 데 주의한다면, 어쩌면 무한 반복의 악순환에 빠진 것처럼 보이기도 한다. 참사와 같은 사건이 발생하고 촛불이 일어나지만 실질적인 한국 사회의 변화는 끊임없이 지연되고 있기 때문이다. 이와 같은 저항의 곤경에 관해 다음과 같은 비판은 많은 고민을 던져 준다.

> 광화문이거나 대한문 앞이거나 밀양이거나 강정마을이거나 아니면 두리반 칼국숫집이거나 마리 카페이거나 그 모든 곳에서 우리는 끊임없이 극적인 윤리적 열정을 가지고 참여해야 할 순간들이 있다고 통지를 받는다. 그러나 그 자리에 모이는 다중은 추상적인 세계를 상대할 뿐이다. 그리고 각각의 사태는 모두 동등한 보편적 대의를 위해 헌신해야 할 무엇으로서 상징화된다. 게다가 그런 사태는 너무나 많고 무엇 하나 해결되지 않은 채 다음에 오는 화려한(?) 사태에 자리를 넘겨준다. 이는 실은 너무 퇴폐적으로 보이지 않는가. 그러한 하나하나의 사태들은 지극히 추상적인 주관적 윤리를 요청할 뿐이다. 그것은 해결해야 할 사태의 총체 속에 등록되지 않는다. 그러므로 그것은 세계를 부정하는 몸짓인 척하지만 부정으로부터 수축된, 더 심하게 말하자면 부정이 불가능하다는

것을 말해 주는 행위처럼 보일 지경이 된다. 그렇게 우리는 팽목항에서 밀양으로 다시 어딘가로 희망버스를 타고 떠난 벗과 동지들에게 미안하고 착잡할 뿐이다. 어느 순간이나 '운동'은 너무 많고 너무 강하지만 그것은 또한 너무 적고 너무 유약하다.[26]

최근 사회운동의 경향에 대한 하나의 마르크스주의적 비판이라고 볼 수도 있는 이 인용문에서 말하고자 하는 바는 세계 자본주의의 모순을 체계적으로 분석하고 인식해 세상을 변화시킬 수 있는 전체적인 조망이 부재하다는 것이다. 그로 인해 수많은 이들의 정치적 행위는 계속해서 새롭게 발생하는 사건들을 따라가는 데 머물 뿐 실질적인 변화를 이끌어 내지는 못해 왔다.

물론 한국 사회의 구조적 모순에 대한 분석이 부족하다는 비판은, 마르크스주의 또한 마르크스주의의 위기로 표현되었듯이 이론적 곤궁을 궁극적으로 벗어나지 못하고 있다는 점에서 불공평할 수 있다. 하지만 예컨대 『소년이 온다』에 등장하는 것과 같은 실천적 상상력은 다시 살펴볼 필요가 있다.

2009년 1월 새벽, 용산에서 망루가 불타는 영상을 보다가 나도 모르게 불쑥 중얼거렸던 것을 기억한다. 저건 광주잖아. 그러니까 광주는 고립된 것, 힘으로 짓밟힌 것, 훼손된 것, 훼손되지 말았어야 했던 것의 다른 이름이었다. 피폭이 아직 끝나지 않았다. 광주

---

26 서동진, 『변증법의 낮잠』, 꾸리에, 2014, 208쪽.

가 수없이 되태어나 살해되었다. 덧나고 폭발하며 피투성이로 재
건되었다.[27]

5·18 광주 항쟁과 용산 참사의 동일시는 대부분의 문학평론가
들이 『소년이 온다』의 문학적 성취라고 평가했던 대목이다. 하지
만 5·18과 용산이 같을 수는 없다. 그와 같은 동일시 과정에서
1980년의 광주와 2009년의 용산 사이의 시간과 공간, 구조적 차
이는 지워지고 오늘날 한국 사회의 모순에 대한 인식은 멀어진다.
그럼에도 사실 이와 유사한 동일시는 많은 이들이 즐겨 사용하는
것이기도 하다. 그 주체적 표현은 아마 '내가 샤를리다'와 같은 동
일시일 것이다. 이것은 연대의 발언일 수 있지만 실질적인 정치적
효과는 거의 없다. 한 사건과 다른 사건을 동일시하는 것과 나와
희생자를 동일시하는 것은 실천적 상상력과 정치적 행위의 한계
를 드러낸다.

이와 같은 한계들은 어디에서 비롯하는 것일까? 잘 알려져 있
듯이 마르크스주의의 위기라는 개념은 프랑스의 철학자 알튀세르
가 제안한 것으로, 그는 마르크스주의의 위기가 마르크스 자신의
이론적 공백과 난점에서 기인한다고 하면서, 그 예로 국가론의 부
재와 계급투쟁의 조직론이라고 지적한 바 있다.[28] 이와 같은 공백

---

27 한강, 『소년이 온다』, 창비, 2014, 207쪽. 이 소설에 대한 전반적인 비평으로는
김정한, 「소설로 읽는 5·18, 그 언어의 세계」, 『실천문학』 117호, 2015.

28 루이 알튀세르, 「마침내 맑스주의의 위기가!」, 이진경 엮음, 『당 내에 더 이상 지
속되어선 안 될 것』, 새길, 1992, 70~71쪽.

과 난점은 국가를 어떻게 사유하고 지양할 수 있는가에 대한 구체적인 토론을 불가능하게 만들고, 계급투쟁의 조직들(특히 정당과 노동조합)이 어떻게 대중들의 자율적인 운동을 대표할 수 있는가에 관해서도 적합하게 인식하지 못하는 한계로 나타난다.

이는 2000~10년대에 촛불 시위나 촛불 항쟁을 사유할 때도 마찬가지이다. 대중들은 정당에 비판적이거나 노동조합에 무관심하거나 하면서 그 외부에서 사건에 개입하고 운동에 참여하는 새로운 흐름을 만들어 냈지만, 이와 같은 대중들의 흐름을 어떻게 인식해야 하는가는 물음표로 남아 있다. 더구나 선거 국면에서는 실질적인 양당 체제를 보증하는 선거제도로 인해 주어진 정당들 중에서 선택해야 하는 조건이 강제되고, 대중들의 운동은 어떤 조직체를 통해서도 적합하게 대표되지 못한 채 더 급진적인 방향으로 나아가지 못하는 효과가 반복되고 있다.

그렇다면 사건들이 발생할 때 실질적으로 어떤 조직이 있는 것일까? 거의 모든 대책위에 참여하고 운영에 관여하는 한 활동가의 말은 실마리를 던져 준다.

무슨 사안이 터지면 1~2주 만에 대책위를 만들 수 있다. 그런데 세월호 문제는 장기적으로 대처해야 하는데 특별법이 제정되면서 참여한 운동 세력이 빠지기 시작했다. 참여 단체들도 노동은 노동, 통일은 통일 등 자기 사업을 해야 했다. 내가 범국민 시민 연대 조직으로 가자고 설득했다. 처음 유가족들도 이게 무슨 뜻인지 몰랐다. 2015년 2월 4·16연대 조직에 착수해 1주기 추모 대회를 마치고 6월 28일 정식으로 연대 조직을 발족했다. 장기적으로 싸울 수

있는 연대 조직이 만들어진 것이다. 그때 판단이 옳았다.[29]

어떤 사안이 터지면 대책위가 만들어지는데, 대책위에 참여한 단체들은 자기 사업도 해야 하고, 더구나 다른 사건이 터지면 또 다른 대책위가 만들어지는데, 앞선 대책위의 구성과 거의 유사하기 때문에 차츰 동력이 빠지게 된다는 것이다. 이것을 '대책위 정치'라고 명명해 볼 수도 있을 것이다. 하나의 사건이 터지면 대책위가 만들어지고 위원들을 구성하지만, 또 다른 사건이 일어나면 대책위가 만들어지고 그 위원들이 다시 대책위를 맡는 것이다. 발생하는 사건마다 대책위의 참여 단체와 위원들의 구성은 거의 동일하다. 하나의 '사건 → 촛불'에서 또 다른 '사건 → 촛불'로 이어지는 '대책위 정치'는 조직력과 대중 역량을 강화하는 것이 아니라 활동가들의 헌신을 요구하고 역량을 소진시킨다.

4. 위기의 돌파를 위하여

당연한 말이 되겠지만 마르크스주의의 위기가 마르크스 자신의 이론적 공백과 난점에서 연원할지라도 이론적 혁신만으로 마르크스주의의 위기를 돌파할 수는 없다. 이 때문에 마르크스주의의 위기에 대한 사유는 자본주의적이지 않은 사회적 관계와 삶을

---

29 「인권운동가 박래군」, 『한겨레』, 2017/07/27.

명명하는 공산주의에 대한 문제의식과 짝을 이뤄야 한다. 그러나 공산주의가 무엇이며 어떻게 성취할 수 있는지 또한 여전히 모호하고, 남북 분단의 조건과 〈국가보안법〉이 잔존해 있는 한국 사회에서 공산주의에 관해 사유하고 말한다는 것은 곤란한 일이 아닐 수 없다.

물론 잠정적으로 '현재의 상태를 지양하는 현실의 운동'을 공산주의라고 할 수는 있겠지만, 그와 같은 운동의 주체들이 공산주의를 어떻게 이해하고 수용하는지도 고려하지 않을 수 없다. 앞서 살펴본 국가, 포퓰리즘, 정치적 주체라는 쟁점뿐만 아니라 페미니즘 담론과 운동에서도 공산주의라는 말은 전혀 출현하지 않았다. 이것은 자본주의에 대항하는 비판적 인식과 운동이 한국 사회의 이론적·실천적 좌표에서 자신의 자리를 찾지 못하고 있다는 것을 함축한다. 예컨대 2013년 가을 지젝이 바디우와 함께 진행한 '공산주의 이념 서울 컨퍼런스'는 수많은 대중들의 운집으로 화제를 모았고 공산주의에 관해 공개적이고 적극적으로 논의했지만, 한국 사회에서 공산주의에 대한 관심과 토론을 촉발하지는 못했다. 오히려 이 컨퍼런스 이후 지젝의 인기가 사그라지기 시작했다는 것은 역설적이다. 세계적인 명사로서가 아니라 공산주의자로서 지젝은 한국 사회에서 매력적이지 않았다. 실제로 라캉 해석을 둘러싸고 사회민주주의 입장에서 지젝의 공산주의를 비판하는 이론적·정치적 논쟁도 벌어졌다.[30]

---

30 김정한, 「정신분석의 정치: 라캉과 지젝」, 『라캉과 지젝』, 글항아리, 2014.

이것은 현실의 운동이 마르크스주의나 공산주의와 거리가 멀다고 재단하고 폄하해야 한다는 뜻이 아니다. 오히려 마르크스주의의 위기를 돌파하기 위해서는 현실의 갈등과 쟁점을 마르크스주의가 어떻게 받아들이고 인식해야 하는지, 더 나은 정치적 조건을 만들기 위해 스스로 어떻게 변화해야 하는지에 관한 과제들이 남아 있을 뿐이다. 한국 사회에서 마르크스주의의 위기 이후 마르크스주의는 이론적·실천적 아포리아를 여전히 극복하지 못하고 있지만, 그 실마리는 대중들의 현실의 운동에서 발견해야 한다.

참고문헌

권김현영, 「성폭력 2차 가해와 피해자 중심주의의 문제」, 『피해와 가해의 페미니즘』,
　　교양인, 2018.

＿＿＿, 「성폭력 폭로 이후의 새로운 문제, 피해자화를 넘어」, 『더 나은 논쟁을 할 권리』,
　　휴머니스트, 2018.

김정한, 『대중과 폭력: 1991년 5월의 기억』, 이후, 1998.

＿＿＿, 「도래하지 않은 혁명의 유산들: 1991년 5월 투쟁의 현재성」, 『문화과학』 66호,
　　2011.

＿＿＿, 「후기 산업사회의 정치 주체」, 『역사비평』 97호, 2011.

＿＿＿, 「슬라보예 지젝, 사유의 반란」, 『실천문학』 103호, 2011.

＿＿＿, 「한국에서 포스트맑스주의의 수용 과정과 쟁점들」, 『민족문화연구』 57호,
　　고려대학교 민족문화연구원, 2012.

＿＿＿, 「최장집의 민주화 기획 비판」, 『최장집의 한국 민주주의론』, 소명출판, 2013.

＿＿＿, 「세월호 참사 이후 우리의 공화국」, 『동국대학원신문』 184호, 2014/06/09.

＿＿＿, 「한국사회의 대중들과 새로운 주체 형성」, 『황해문화』 85호, 2014.

＿＿＿, 「정신분석의 정치: 라캉과 지젝」, 『라캉과 지젝』, 글항아리, 2014.

＿＿＿, 「좌파 포퓰리즘의 가능성과 난점」, 『월간 좌파』 26호, 2015.

＿＿＿, 「소설로 읽는 5·18, 그 언어의 세계」, 『실천문학』 117호, 2015.

＿＿＿, 「1990년대 전향 담론의 성격과 한계」, 계명대학교 한국학연구원 엮음,
　　『1990년대의 증상들』, 계명대학교 출판부, 2017.

노명우 외, 『팽목항에서 불어오는 바람: 세월호 이후 인문학의 기록』, 현실문화, 2015.

루이 알튀세르, 「마침내 맑스주의의 위기가!」, 이진경 엮음, 『당 내에 더 이상 지속되어선
　　안 될 것』, 새길, 1992.

＿＿＿, 「오늘의 맑스주의」, 이진경 엮음, 『당 내에 더 이상 지속되어선 안 될 것』, 새길,
　　1992.

사토 요시유키 지음, 김상운 옮김, 『신자유주의와 권력: 자기 경영 주체의 탄생과
　　소수자-되기』, 후마니타스, 2014.

샹탈 무페 지음, 이승원 옮김, 『좌파 포퓰리즘을 위하여』, 문학세계사. 2019.

서동진, 『변증법의 낮잠』, 꾸리에, 2014.

손희정, 「혐오 담론 7년」, 『문화과학』 93호, 2018.

안상헌, 「인문학적 근본주의의 위기: 저항적 인문학을 위하여」, 『인문학지』 41호, 2010.

안토니오 네그리·마이클 하트 지음, 윤수종 옮김, 『제국』, 이학사, 2001.

알렉스 캘리니코스 외 지음, 김정한 외 옮김, 『제국이라는 유령: 네그리와 하트의 제국론 비판』, 이매진, 2007.

앙드레 고르 지음, 이현웅 옮김, 『프롤레타리아여 안녕』, 생각의나무, 2011.

에르네스토 라클라우·샹탈 무페 지음, 이승원 옮김, 『헤게모니와 사회주의 전략: 급진 민주주의 정치를 향하여』, 후마니타스, 2012.

오창은, 『절망의 인문학』, 이매진, 2013.

조희연, 「한국 민주주의의 전개와 시민운동의 변화」, 『저항, 연대, 기억의 정치』 2, 문화과학사, 2003.

_____, 『민주주의 좌파, 철수와 원순을 논하다』, 한울, 2012.

진태원, 「맑스주의의 전화와 현재적 과제」, 김항·이혜령 엮음, 『인터뷰: 한국 인문학 지각 변동』, 그린비, 2011.

_____, 「포퓰리즘, 민주주의, 민중」, 『역사비평』 105호, 2013.

_____, 「세월호라는 이름이 뜻하는 것: 폭력, 국가, 주체화」, 『을의 민주주의: 새로운 혁명을 위하여』, 그린비, 2017.

진태원 엮음, 『우리가 살고 싶은 나라』, 그린비, 2017.

천정환, 「인문학 열풍에 관한 성찰과 제언: 시민 인문학 강좌를 중심으로」, 『안과밖』, 2015.

_____, 「'1987년형 민주주의의'의 종언과 촛불항쟁 이후의 한국 민주주의」, 『문화과학』 94호, 2018.

최장집, 『민주주의의 민주화』, 후마니타스, 2006.

_____, 『어떤 민주주의인가』, 후마니타스, 2007.

한강, 『소년이 온다』, 창비, 2014.

홍성수, 『말이 칼이 될 때: 혐오 표현은 무엇이 문제이고 왜 문제인가?』, 어크로스, 2017.

Laclau, Ernesto, *On Populist Reason*, Verso, 2005.

4
MARXISM

마르크스의 'Das Kapital'의 국내 도입과 번역

: 김수행의 『자본론』 번역의 의의와 개역 과정상의 특징을 중심으로

1. 머리말

이 글은 한국의 대표적인 마르크스주의 경제학자였던 김수행이 스스로 필생의 작업이라고 여겼던 카를 마르크스의 주저 'Das Kapital' 번역의 특징과 의의를 돌아보는 것을 목적으로 한다.[1] 특히 김수행은 살아 있는 동안 자신의 번역을 수차례 개정했기에, 판이 거듭되는 과정에서 드러나는 특징들을 각별히 부각하고자 한다.

번역, 특히 'Das Kapital'과 같이 '고전'의 반열에 오른 저작의 번역에서 우리는 무엇을 보아야 하는가? 무엇보다 '길'판 『자본』의 옮긴이인 강신준이 제기한 번역의 정확성·학술성·충실성이라는 문제 제기는 여전히 유효하다.[2] 이에 덧붙여 '번역'이라는 것이 갖는 사회적 의의도 무시할 수 없는 고려 요소일 것인데, 특히 우

* 이 글은 김공회, 「김수행의 『자본론』 번역: 의의와 개역 과정상의 특징」, 『사회경제평론』 53호, 2017을 보완해 작성되었으며, 그 과정에서 2018년 대한민국 교육부와 한국연구재단의 지원을 받았다(NRF-2018S1A3A2075204).

1 마르크스가 집필해 1867년 제1권 초판이 출간되었고, 그의 사후에 엥겔스의 편집으로 제2권 및 제3권이 각각 1885년과 1894년에 출간된 저작을 이 글에서는 'Das Kapital'이라고 칭한다. 이 저작은 국내에 '자본론' 및 '자본'이라는 두 개의 제목으로 출간되어 있는데, 특정 번역본을 가리킬 때는 해당 번역본의 제목을 쓸 것이지만, 마르크스의 저작 그 자체를 가리킬 때는 혼란을 피하기 위해 'Das Kapital'이라고 칭할 것이다.

2 강신준, 「마르크스 지음, 『자본』, 강신준 옮김, 길, 2010」, 『교수신문』 2010/09/24; 김공회, 「Das Kapital의 성격과 그 번역에 대한 몇 가지 이슈: 새로 완역 출판된 『자본』의 서평을 겸하여」, 『마르크스주의 연구』 7권 4호, 2010 참조.

리나라와 같이 오랜 기간 군사독재 정권 아래서 마르크스주의 저작의 출판 자체가 금지된 상황에서는 더더욱 그러하다.

마르크스의 'Das Kapital'이라는 저작이 우리나라에 번역된 역사와 그 의의에 대해서는 일정한 연구 성과가 존재한다. 무엇보다 김수행과 정문길, 장시복 등은 그간에 나온 다양한 판본들의 출간 내역을 잘 정리한 바 있다.[3] 〈부록 4-1〉은 부분적으로 이들을 참조해 작성되었다. 류동민은 1980년대 마르크스의 'Das Kapital'이라는 저작이 우리말로 옮겨지는 과정의 단면을 '지식사회학적으로' 묘사한 바 있다.[4] 그에 따르면 당시 이 저작의 번역은 하나의 '집단적 협업'의 결과물이었다.

하지만 무엇보다 'Das Kapital' 번역의 문제를 가장 포괄적이고 심층적으로 다룬 것은 김공회다.[5] 이 글은 직접적으로는 같은 해 완역된 강신준 번역의 '길'판 『자본』에 대한 평가를 목적으로 하고 있지만, 그 과정에서 'Das Kapital' 번역과 관련된 '원전'의 의미 등과 같이 좀 더 일반적인 문제들까지 다루고 있다. 그 밖에 이재현도 우리나라 'Das Kapital' 번역의 문제들을 다룬 바 있다.[6]

3 김수행, 『한국에서 마르크스주의 경제학의 도입과 전개과정』, 서울대학교출판부, 2004; 정문길, 『한국 마르크스학의 지평: 마르크스-엥겔스 텍스트의 편찬과 연구』, 문학과지성사, 2004; 장시복, 「한국에서 『자본론』의 수용과 번역: 일제강점기~1980년대」, 『마르크스주의 연구』 13권 1호, 2015 참조.

4 류동민, 『기억의 몽타주』, 한겨레출판, 2013; 류동민, 「『자본론』 번역의 내면 풍경」, 『마르크스주의 연구』 13권 1호, 2016.

5 김공회, 앞의 글.

6 이재현, 「자본가의 머리로 던져진 솜방망이」, 『황해문화』 69호, 2010.

한편 최근 들어 'Das Kapital'의 새로운 번역본 두 종이 출간되고 있음을 지적해야겠다. 오랫동안 '재야'에서 연구와 강연을 이어온 채만수가 제1권 일부를 번역해 내놓았고,[7] 독일에서 박사 학위를 마친 황선길이 번역한 제1권이 두 권(상·하)으로 출간되어 있는 상태다.[8] 현재 이 두 판은 모두 세 권으로 이루어진 'Das Kapital' 첫 번째 권의 일부 또는 전부를 내놓은 상태이므로, 이 글에서는 본격적으로 다루지는 않는다.

2. 김수행 번역 『자본론』의 의의

흔히 오해되는 것과 달리, 김수행이 번역한 '비봉'판 『자본론』은 '최초'와는 거리가 멀다. 먼저 최초의 번역으로 치면 이미 1947~48년에 최영철·전석담·허동이 공역해 내놓은 '서울출판사'판이 있다. 해방 이후 좌익적 분위기가 정부 수립을 전후해 급격히 우경화하기도 했고,[9] 역자들이 북으로 넘어가기도 해, 이 판은 2권

---

7 칼 맑스 지음, 채만수 옮김, 『자본론: 경제학 비판』 제1권 자본의 생산과정(제1분책), 노사과연, 2018; 칼 맑스 지음, 채만수 옮김, 『자본론: 경제학 비판』 제1권 자본의 생산과정(제2분책), 노사과연, 2018; 칼 맑스 지음, 채만수 옮김, 『자본론: 경제학 비판』 제1권 자본의 생산과정(제3분책), 노사과연, 2019.

8 칼 맑스 지음, 황선길 옮김, 『자본』 I-상, 라움, 2019; 칼 맑스, 황선길 옮김, 『자본』 I-하, 라움, 2019.

9 장만영, 「[1948년 문화계 회고] 출판: 기업화의 전야」, 『경향신문』, 1948/12/28, 3면.

까지만 번역되고 중단되었다. '서울출판사'판 『자본론』의 제1권과 제2권은 각각 4개와 2개의 분책으로 세상에 나왔다. 1947년 6월 30일에 제1권 제1분책 출판을 시작으로 이듬해 10월 15일에 이르기까지 꽤 짧은 기간 사이에 내리 6개의 분책이 꾸준히 나왔으나, 제3권은 끝내 세상의 빛을 보지 못했다. 이후 들어선 반공주의적 (군사)독재 정권 아래서 마르크스주의 연구는 끊임없이 탄압받았다. 덕분에 '서울출판사'판은 상당히 오랫동안 불완전하지만 유일한 'Das Kapital'의 한글 번역으로 남아 있었다.

또한 김수행의 『자본론』은 'Das Kapital'의 최초의 '완역'도 아니다.[10] 학생운동과 노동운동의 고조기였던 1980년대 후반, 'Das Kapital'의 번역 시도는 크게 세 갈래로 진행되었다. 김수행 말고도 강신준과 다수의 대학(원)생들의 공동 작업이 다른 한편에서 진행되었고, 북한판을 다듬어 내려는 시도도 있었다. 가장 먼저 발을 뗀 것은 강신준 등의 공동 작업으로, 제1권이 세 개의 분책으로 '이론과실천' 출판사를 통해 한꺼번에 출간된 게 1987년 9월 1일이었다. 다른 한편 '백의' 출판사는 이미 나와 있는 북한판을 다듬었기 때문에, 비교적 빠르게 출판을 진행할 수 있었다. 이둘에 비해 김수행의 '비봉'판은 가장 늦게 첫발을 떼었고(1989년 3월), 완역도 가장 늦었다.

'최초의 완역본 출간'이라는 영예는 '백의'판에 돌아갔다. 물론 이것은 한반도 남쪽만을 두고 하는 말이다. 이미 북한에서는 1950

---

10 류동민, 「『자본론』 번역의 내면 풍경」, 2016.

년대와 1980년대에 각각 조선로동당출판사와 과학백과사전출판사에서 'Das Kapital'의 완역본을 낸 적이 있기 때문이다. '백의'판은 바로 이런 북쪽의 번역본들을 조금 수정한 것이다. 그러니 여기서 '최초'라는 수식어는 '번역'보다는 '출간'과 관련된 것으로 이해되어야 한다. '최초'라는 찬사가 다소 김빠지는 이유다. 어쨌든 '백의'판이 완간된 게 1990년 5월이다. 이보다 두 달 늦게 '이론과실천'판이 완간되었고, 김수행의 '비봉'판은 그보다 네 달 뒤인 1990년 11월에 비로소 '결승점'을 통과했다.

그럼에도 불구하고, 김수행의 '비봉'판에 '최초'라는 수식어를 붙일 수 있다면, 그것은 바로 '최초의 전문가에 의한 책임 완역'이라는 측면에서다.[11] 여기에 '최초'를 붙이는 것은 2010년 이후엔 강신준의 '길'판『자본』이 '전문가에 의한 책임 완역'으로 추가되었기 때문이다. 즉 이 판이 나오기 전까지 '비봉'판은 '최초'일 뿐만 아니라 전문 학자에 의한 책임 완역된 '유일한' 판본이었다. 이런 의의가『동아일보』1990년 12월 3일자에는 다음과 같이 서술되어 있다.

지금까지 국내에서 완역돼 나온『자본론』은 3종으로 모두 최근에 마지막 권이 나왔다. 이 중 도서출판 백의의『자본론』은 북한판을

---

11 '이론과실천'판이 '책임성'에서 부족했다는 평가는 그 번역에 참여했던 핵심 구성원이자 제2~3권의 번역자로 명기되어 있는 강신준 자신에 의해서도 제기된 바 있다. 이에 대해서는, 강신준, 앞의 글 참조.

옮긴 것이고 이론과실천의 『자본』은 젊은 학자들이 독일어판을 번역한 것이다.

이번에 비봉출판사가 낸 김 교수의 『자본론』은 정치경제학 분야에서 손꼽히는 학자로 통하는 김 교수가 나름대로 체계를 가지고 번역한 것으로 상당히 뜻깊은 일이었다는 평가를 받고 있다.

'최초'라는 다분히 형식적이고 기술적인 측면을 빼고 보면, 특히 비슷한 시기에 완역·출간된 다른 판본들과 비교했을 때, 김수행의 '비봉'판 『자본론』의 가장 중요한 의의는 그것이 꾸준히 개역되면서 가장 대중적으로 읽혔다는 데서 찾아야 할 것이다. 물론 이것은 '비봉'판이 상당히 오랫동안 '유일한' 책임 번역이었다는 사실과 무관하지 않을 것이다.[12] 그러면 이제, 김수행의 '비봉'판이 개역을 거듭하는 과정에서 나타난 특징들을 살펴보자.

3. 김수행의 『자본론』개역의 특징 : 왜 '전면 개역'인가

'비봉'판은 최초 출간된 이후 몇 번에 걸쳐 개역되었다. 『자본론』제1권은 최초 번역된 이후 총 세 차례에 걸쳐 개역되었으며,

---

[12] 1980년대 이후 'Das Kapital' 번역 붐의 물꼬를 튼 '이론과실천'판도 그 제1권에 한해서는 한 차례 개역되긴 했다. 그러나 제2~3권은 최초 번역 이후 한 번도 개역되지 않았고, 그마저도 상당히 오랫동안 절판 상태로 있었다.

제2권과 제3권은 두 번 개역되었다. 이렇게 1권과 2·3권 사이에 차이가 나는 것은, 최초 번역이 진행되는 과정에서 어그러진 용어의 일관성 등을 확보하기 위해 먼저 번역된 제1권을 다듬어야 할 필요가 있었기 때문이다. 가장 먼저 개역된 것은 '상대적으로 쉬운' 제1권(하)이었는데, 그 개역판이 출간된 게 1990년 6월이었으니 아직 전권이 번역되지도 않은 시점이었다.

나는 제1권(상)·(하)를 1989년 3월 번역 출판한 이래 그 번역을 좀 더 알기 쉽게 표현할 수 없을까 하고 고심해 왔다. 특히 그 초판은 내가 누구에게 읽혀 상의할 겨를도 없이 출판되었으므로 용어와 체제에서 제2권과 제3권의 그것과 조금 상이했다. 그리하여 제3권(상)의 번역 출판(1990년 2월) 이후 상대적으로 쉬운 제1권(하)를 개역하기 시작해 1990년 6월에 출판했다. 그리고 제3권(하)의 번역 출판(1990년 11월)을 끝마친 이후 제1권(상)의 개역에 착수한 것이다.[13]

----

13 김수행, 「제1차 개역에 부쳐」, K. 마르크스 지음, 김수행 옮김, 『자본론』 제1권(상), 개역판, 비봉출판사, 1991, iii쪽. 장시복은 한국에서 『자본론』의 번역과 수용을 다루면서, '비봉'판 『자본론』 제1권 (상)·(하)의 제1차 개역이 1991년 11월 5일이라고 밝히고 있는데, 이것은 오류다. 장시복, 「한국에서 『자본론』의 수용과 번역」, 2015. 출간 당시의 초판 서지 사항에 따르면, (하)권의 개역판이 1990년 6월 15일에 먼저 나온 뒤에 (상)권의 개역판이 1991년 11월 15일에 출간되었다. 이러한 혼란은 어디에서 유래한 것일까? 아마도 그것은 2001년에 동시 출간된 제1권의 제2개역판 (상)·(하) 양권에 딸린 서지 사항에, 둘의 제1개역판 출간일이 1991년 11월 5일로 같게 표기된 때문으로 보인다. 왜 이렇게 잘못 표기되었는지는 확인되지 않고 있다.

이를 제외하면, 그동안 '비봉'판 『자본론』은 두 차례에 걸쳐 전면 개역된 셈이다. 1차 전면 개역은 2001~04년 사이에 이루어졌다. 김수행은 가장 대중적 수요가 많은 제1권을 2001년에 내놓은 뒤, 2004년 한 해를 꼬박 2·3권의 개역에 바쳤다.[14] 2차 전면 개역은 강성윤에 따르면,[15] 이미 2011년부터 계획되었고, 개역을 위한 실질적인 작업은 2013년 말부터 이루어진 것으로 보인다. 기존의 판본들에서와는 달리, 이번에는 전체를 완전히 개역한 뒤 제1~3권을 한꺼번에 내놓는다는 결정이 내려졌다. 이에 따라 김수행은 제3권(하)까지 최종 교정을 완료하고 그 교정지를 작업 시작 시점부터 그를 돕던 제자 강성윤에게 맡기고 2015년 여름에 휴가를 떠났다. 그러나 김수행은 휴가지인 미국에서 심장마비로 숨을 거두고 만다. 그야말로 갑작스러운 죽음이었다. 결국 이 '비봉'판 『자본론』의 '2015년 개역판'이 김수행의 '유작'이 된 것이다. 그것은 일련의 후반 작업을 마친 뒤 2015년 11월 20일에 발행되었다.

김수행의 『자본론』 개역은 매우 독특하다. 보통은 최초 번역을 다듬는 경우 자체도 흔치 않거니와, 출판사가 바뀌거나 시간이 오래 흘러 새로운 번역이 요구되는 경우 등이 아니면 옮긴이가 '자발적으로' 개역을, 그것도 '전면' 개역을 하는 일은 거의 없다. 그

---

14 하지만 제1권은 이미 한 번 개역되었기 때문에, 이 2001년 개역판은 '제2개역판'으로 불린다. 2004년에 차례로 나온 제2권 및 제3권(상)·(하)의 개역판은 '제1개역판'으로 표기되어 있다.

15 강성윤, 「『자본론』 2015 개역판 번역 경과보고」, 자본론 출판기념회 자료집, 2015.

런데 김수행은 자신의 번역을 25년 사이에 무려 두 번을 '갈아엎은 것'이다. 왜 그랬을까? 그는 『자본론』 제3권(상)의 최초 번역을 마치던 1990년 1월 "몇 년 동안 번역에 전념하다 보니 시력이 근시와 원시의 혼합물로 변해 버렸"[16]다고 번역의 고됨을 토로한적이 있다. 또한 그는 2001년에 『자본론』 제1권(상)의 제2개역판을 내면서, "『자본론』을 번역한 내가 나 자신에 대해 불만인 것은, 마르크스는 천지를 진동시킬 이론을 발견하는 데 일생을 보냈는데, 나는 왜 마르크스의 책을 번역하고 해설하는 데 일생을 보내고 있는가 하는 것이다"[17]라고 한탄한 적도 있다. 그런데도 김수행은 왜 두 번씩이나 그 힘든 작업을 자초한 것일까?

무엇보다 그것은 우직하게 완벽을 추구해 나간다는 그의 '천성'과도 무관치 않을 것이다. 김수행이 번역한 또 하나의 경제학고전인 애덤 스미스의 『국부론』의 경우를 보자. 애초 이것은 동아출판사를 통해 1992년 9월에 (상)·(하) 두 권으로 출간되었다. 그러나 몇 년 뒤 절판되자 비봉출판사가 김수행에게 재출간을 권유했는데, 이때도 그는 전면 개역이라는 노고를 마다하지 않았다(2003년). 제2인터내셔널 시기 대표적인 이론가였던 루돌프 힐퍼딩Rudolf Hilferding의 대표작 『금융자본론』도, 1994년 3월에 제자김진엽과의 공역으로 '새길' 출판사에서 내놓은 뒤 17년 만에 출

---

16 김수행, 「역자 서문」, K. 마르크스 지음, 김수행 옮김, 『자본론』 제3권(상), 비봉출판사, 1990, iv쪽.
17 김수행, 「제2차 개역에 부쳐」, 칼 마르크스 지음, 김수행 옮김, 『자본론』 제1권(상), 제2개역판, 비봉출판사, 2001, ix쪽.

판사를 '비르투'로 바꾸면서 번역을 완전히 새로 했다.

하지만 이를 그저 '천성'의 문제로만 볼 수는 없다 — 앞의 '한탄'을 떠올리면 더욱 그렇다. 중요한 것은, 더 많은 사람들이 보다 쉽게 『자본론』을 읽을 수 있게 하겠다는 그의 굳은 의지였다. 그는 1989년에 자신의 노고의 최초의 산물인 『자본론』 제1권(상)을 세상에 내놓을 때부터 다음과 같이 밝혔다.

> 나는 이 책이 불후의 명작이므로 모든 사람이 반드시 읽어야 한다고 믿고 있다. 따라서 모든 사람이 손쉽게 읽을 수 있도록 번역에 모든 정력을 쏟았다. 문장을 알기 쉽게 짧게 쓸 것이며, 관계대명사에 의한 수식구가 문장 전체의 의미에 혼란을 일으키지 않도록 할 것이며, 마르크스의 그 박식(성경·문학·과학·역사 등)에 뒤따라가지 못하는 우리들을 위해 역주를 달아야 할 것이며, 마르크스가 잘못 사용한 용어는 앞뒤가 맞게 고쳐야 할 것 등등에 매우 세심한 주의를 쏟았음을 밝혀 둔다.[18]

위 인용문에는, 더 많은 사람들에게 『자본론』을 읽히고자 하는 김수행의 의지가 단순한 그의 '욕심'이 아니라 투철한 '신념'의 발로임이 드러나 있다. 그런 의미에서, 이 신념과 의지가 '전면 개역'으로 나타난 것은, 그것이 이루어진 시기와의 관련 속에서도 이해

---

18 김수행, 「번역자의 말」, 칼 마르크스 지음, 김수행 옮김, 『자본론』 제1권(상), 비봉출판사, 1989, iv쪽.

될 수 있다. 두 전면 개역은 각각 1997년 한국·동아시아 공황과 2007~08년 세계 대공황 이후 '대혼란기'에 힘들어하는 보통 사람들에게 빛을 던져 주고자 하는 옮긴이의 의도를 반영하는 것이다.

[『자본론』제1권의] 제2차 개역판이 지금과 같은 대혼란기에 나오는 것은 큰 의미가 있다. 자본가들을 살리려는 구조 조정 과정에서 노동자들이 실직과 임금 삭감과 고용 불안과 노동3권의 상실과 기아를 경험하고 있으며, 일반 시민들은 자기의 세금이 '공적 자금'이라는 이름으로 깨진 독에 물 붓기 식으로 낭비되고 있는 것을 본다. 이러한 일상생활의 현실이 자본주의의 비합리성·잔인성·폭력성을 그대로 폭로하기 때문에, 『자본론』을 읽으면 금방 "이 이야기가 우리에 대한 이야기다"라는 것을 알아차릴 수 있다. ……

불황과 공황을 겪으면서 모든 사람들은 '주류 경제학'이 엉터리라는 것을 점점 더 느끼게 되었다. …… 이러한 상황에서 『자본론』을 읽으면 전혀 다른 경제관을 가질 뿐 아니라 참신한 진보적인 인생관과 세계관을 가지게 될 것이다.[19]

『자본론』의 이런 내용을 지금 막다른 골목으로 떠밀리고 있는 다수의 사람들에게 알려야 할 긴박한 필요성 때문에, 나는 너무 오래된 옛날 번역을 버리고 다시 번역하게 되었다. 특히 『자본론』 제1권의 출판 150주년이 되는 2017년에 앞서서 나의 정력이 남아

---

19 김수행, 「제2차 개역에 부쳐」, 2001, iv쪽.

있는 지금 미리 축하하려는 의도도 가지고 있다.[20]

물론 위와 같은 의도가 있더라도, 이미 번역되어 있는 책을 굳이 '전면 개역'할 까닭은 없다. 따라서 좀 더 직접적인 이유를 찾아볼 수 있는데, 김수행 자신은 이를 다음과 같이 밝힌 바 있다.

이번의 개역改譯은 책에 있는 한자를 제거하기 위해 시작한 것이다. 왜냐하면 점점 더 독자들이 한자를 모르게 되었기 때문이다. …… 독자들이 읽을 수 없다고 불평하는 이 마당에 한자를 고수하는 것은 『자본론』의 대중화를 가로막는 것[이다.]

물론 한자를 제거하려면 문장 전체를 우리말로 다시 쓸 필요도 있었다. 또한 번역의 정확성을 점검하기 위해 한글판을 영어판과 다시 하나하나 대조하면서 번역을 완전히 다시 하게 되었다. 이 과정에서 책의 내용이 더욱 분명하게 되었고, 문장이 더욱 알기 쉽고 읽기 쉽게 되었다.[21]

본문에 한자가 많았던 『자본론』을 전면 한글화하는 과정에서, 본문 전체를 '한글'에 맞게 뜯어고칠 필요를 느꼈다는 것이다. 그런데 한자를 한글로 바꾸는 것은 단순히 '독자들이 한자를 모르게

---

20 김수행, 「2015년의 개역에 부쳐」, 칼 마르크스 지음, 김수행 옮김, 『자본론』 제1권(상), 2015년 개역판, 비봉출판사, 2015, ix쪽.

21 김수행, 「제2차 개역에 부쳐」, 2001, iii쪽.

되었기 때문'만은 아니다. 그것은 김수행 자신의 문제이기도 했다. 그는 오랜 외국 생활 때문에 자신의 한글 또는 우리말 구사에 다소 부족함이 있다고 늘 생각했다. 그러나 그는 다른 많은 '유학파'들이 그러듯, 영어를 일상생활에 마구 섞어 쓰는 것을 즐기지는 않았다. 오히려 자신의 부족함을 만회하기 위해 많은 애를 썼으며, 그 과정에서 우리말에 대한 각별한 애정도 생긴 것으로 보인다. 바로 그런 의미에서, 『자본론』의 한글화 작업은 그 누구보다도 그 자신의 바람이었던 것이다. 다음은 2004년에 『자본론』 제2·3권의 한글화 작업을 재개하면서 내놓은 말이다.

한자를 아름다운 우리말로 대체하는 것은 아직도 나의 역량에 부쳤다. 우리말로써는 의미가 곧 분명하지 않은 경우에는 한자와 영어를 괄호 속에 넣었다.[22]

초판에는 한자가 너무 많아 한자를 잘 읽지 못하는 독자들에게는 큰 불편을 주었고, 나로서도 그동안의 연구와 한글 연습에 힘입어 새롭고 더욱 정확하게 번역할 필요를 느꼈다.[23]

위와 같은 태도는 2015년에 나온 '제2 전면 개역'판에서 더 진

---

22 김수행, 「역자 서문」, 칼 마르크스 지음, 김수행 옮김, 『자본론』 제2권, 제1개역판, 비봉출판사, 2004, iii쪽.
23 김수행, 「제1개역판 역자 서문」, 칼 마르크스 지음, 김수행 옮김, 『자본론』 제3권 (상), 제1개역판, 비봉출판사, 2004, iii쪽.

전된다.

둘째로 2015년 개역판을 내게 된 것은, 내가 이오덕 선생님이 쓴
『우리 글 바로 쓰기』(전 5권, 2011, 한길사)를 읽으면서 크게 반성했
기 때문이다. 한자나 영어를 쓰는 것이 독자들의 이해를 돕는 것
이 아니라 대중들에게 책을 읽을 기회를 빼앗는다는 점을 절실히
느꼈기 때문에, 이전의 번역을 처음부터 끝까지 하나하나 알기 쉬
운 우리말로 바꾸어 보자고 결심한 것이다.[24]

나이가 좀 덜 먹은 정의감에 넘치는, 연애도 결혼도 포기할 수밖
에 없는 활기찬 젊은 층에게 "자본주의 체제는 바로 이런 것이다."
라고 호소하는 것이 매우 중요하다는 생각에서 될수록 쉬운 우리
글이 되도록 노력했다는 점을 다시 밝힌다.[25]

이런 노력의 일환으로 그는 새로운 판에서는 "외국어가 주는
스트레스를 좀 줄이기 위해"[26] 본문과 주에 나오는 사람이나 책의
이름을 모두 우리글로 적기도 했다. 이것은 분명, 한자나 영어 병
기가 내용 이해도를 높이고 일종의 교육적 효과까지도 내리라는
그의 기존 생각이 변했음을 보여 준다.

---

24 김수행, 「2015년의 개역에 부쳐」, 2015, ix쪽.
25 김수행, 위의 글, ix~x쪽.
26 김수행, 위의 글, x쪽.

요컨대 김수행의 '비봉'판 『자본론』이 길지 않은 시간 동안 두 번이나 '전면 개역'된 것은 옮긴이 자신의 꼼꼼한 성격, 한국과 세계에 닥친 공황의 파고, 좀 더 쉽게 더 많은 독자에게 읽히고자 하는 옮긴이의 의지, 우리말에 대한 옮긴이의 애정 등이 복합된 결과라고 할 수 있다. 더불어, 김수행 곁에는 늘 그가 믿고 협력을 구할 수 있는 뛰어난 제자들이 있었다는 것도 중요한 요인이다. 그는 개역할 때마다 새로 덧붙인 자신의 '서문'에서 이들에 대해 충실히 언급해 두었다.

4. 김수행의 『자본론』 개역의 특징
  : 개역 과정상의 특징들을 중심으로

최초 번역 시점부터 이후에 나온 모든 개역 작업에서 김수행이 가장 역점을 둔 것은 대중이 알기 쉽게 번역하겠다는 것이었다. 한자의 한글화, 나아가 이미 한글화된 번역의 개선이 개역의 중요한 동기였다는 것도 결국 그런 차원에서 보아야 할 것이다.

이 '쉽게'라는 모토는 김수행의 『자본론』 개역 작업을 이해하는 가장 중요한 열쇠다. 무릇 번역의 첫 번째 원칙이라고 할 '정확성'이라는 덕목도, 그에게는 독자들이 쉽게 이해할 수 있게 하기 위한 수단이었을 뿐이다. 그리하여 때때로 둘이 충돌할라치면, 그는 거의 언제나 '쉽게'를 위해 '정확하게'를 포기하곤 했다. 가장 대표적인 예가 저 악명(?) 높은 도량형의 변경이다.

마르크스는 화폐·무게·길이·넓이·부피의 단위를 그 당시 국제적으로 널리 사용되는 것을 이용했기 때문에, 특히 영국의 화폐단위 — £1(파운드 스털링) = 20s.(실링) = 240d.(펜스) — 는 십진법(£1 = 100p.로 바꾼 것은 1971년 2월 15일이었다)이 아니어서 우리에게는 매우 불편했다. 따라서 그 당시의 경제 상황을 알리는 곳에서는 영국의 화폐단위를 그대로 사용하고, 다른 곳에서는 모두 우리 돈 '원'으로 고쳤다. 왜냐하면 5파운드 6실링 6펜스와 7파운드 3실링 6펜스를 5.325원과 7.175원으로 바꾸어 놓아야 두 금액 사이의 차이를 쉽게 알 수 있기 때문이다. 특히 제3권 6편(초과이윤이 지대로 전환)에서는 우리 돈의 사용이 이론을 이해하는 데 큰 도움을 줄 것이다.[27]

위와 같은 변칙은 종종 비판의 대상이 되기도 했지만,[28] 처음부터 일관되게 김수행은 위 변경을 자신의 판본의 주요 장점 중 하나로 꼽았다. 저러한 도량형 변경이 '번역의 정확성'은 해칠지언정 '내용 전달의 정확성'은 증진시키는 효과를 낸다고 보았던 것이다.

현대의 대한민국과는 상이한 시간과 공간을 배경으로 하는 저작을 번역하는 입장에서, 옮긴이가 무엇보다 정확하게 '내용'을 전달하겠다는 생각을 갖는 것은 당연한 일인지도 모른다. 이런 생각은 김수행이 개역 진행 과정에서 'Das Kapital'의 다양한 번역본들

---

27 김수행, 위의 글, x쪽.
28 일례로, 강신준, 앞의 글.

을 참조한 것에서도 잘 드러난다.『자본론』제1권(상) 초판에 실린 "번역자의 말"에 따르면, 김수행이 처음 번역 과정에서 이용한 판본은 네 가지다.[29] ① 펭귄Penguin 출판사의 영어판(Vol. I, 1976; Vol. II, 1978; Vol. III, 1981), ② 소련 당국의 외국어 출판사인 프로그레스Progress 출판사가 펴낸 것(Vol. I, 1954; Vol. II, 1956; Vol. III, 1959)을 로렌스 & 위셔트Lawrence & Wishart사가 재차 내놓은 판(Vol. I, 1970; Vol. II, 1972; Vol. III, 1972), ③ 대월서점大月書店의 일본어 판(1982), ④ 북한 조선로동당출판사의『맑스 엥겔스 전집』제23~25권(각각 1965, 1980, 1984년 출간) 등이 그것이다. 이 중에서 김수행은 자신이 영국에서 유학하면서 주로 보았던 '펭귄'판을 번역의 주 대본으로 삼은 것으로 보이며, 각 판본의 역할에 대해 다음과 같이 밝혔다.

> 『자본론』의 이론적 토대는 주로 영국의 고전파경제학에 대한 비판이며 그것의 현실적 예증은 주로 영국 사회에 근거하고 있기 때문에, 영역판이 번역에 훨씬 유리하다고 생각했으며, 번역자 자신이 영국에서 10년 이상 살면서 연구했다는 사실도 번역에 큰 도움을 주었다. 따라서 이 번역서의 편·장·절의 구성은 엥겔스가 감수한 영어판에 따랐다. 대월서점판과 북한판은 내용의 이해와 문장의 구성 및 단어의 선택에서 나의 노력을 크게 경감시켜 주었다.

---

29 김수행, 「번역자의 말」, 칼 마르크스 지음, 김수행 옮김, 『자본론』 제1권(상), 비봉출판사, 1989, iii쪽.

"후발자의 모든 이익"을 누렸음에 거듭 감사를 표시한다.[30]

위 네 판본 외에 디츠Dietz 출판사에서 간행된 독일어판, 곧 『마르크스-엥겔스 전집』*Marx Engels Werke*에 수록된 독일어판도 참조했다. "펭귄판·프로그레스판·대월서점판·북한판을 항상 참조하였고 그래도 납득이 가지 않는 경우에는 디츠판을 찾아보았다."[31]

최초 출판에서는 위 네 판이 '항상' 참조되었다 해도, 개역 과정에서도 그렇지는 않은 듯하다. 예컨대, 김수행은 2004년에 나온 제2권의 첫 번째 개역판에 붙인 서문에서 "펭귄판과 프로그레스판을 하나하나 보면서 다시 번역했다"[32]라고 밝혔기 때문이다. 하지만 같은 해 나온 제3권(상)·(하)에는 기존의 네 판본 외에 신일본출판사新日本出版社의 또 다른 일본어판 자본론(1982~89년 출간)을 추가로 참조했다고 명시되어 있다. 김수행이 상대적으로 의미가 불분명하고 해석의 여지가 많은 제2·3권의 재번역에 얼마나 공을 들였는지를 엿볼 수 있는 대목이다. 김수행의 유작인 '2015년 개역판'의 의의를 이런 측면에서 평가할 수도 있다. 이 새로운 개역을 위해 그는 크게 두 개의 판본을 더 이용했기 때문이다.

이번 개역에서는 다음 두 책을 특히 많이 이용했다. 하나는 Karl

---

30 김수행, 위의 글, iii쪽.

31 김수행, 「번역을 끝내면서」, K. 마르크스 지음, 김수행 옮김, 『자본론』 제3권(하), 비봉출판사, 1990, iii쪽.

32 김수행, 「역자 서문」, 2004, IV쪽.

Marx & Frederick Engels, *Collected Works*, Vol. 35(1996), 36(1997), 37 (1998)인데, 이것이 가장 최근의 영어판이다. 『자본론』에 인용된 마르크스와 엥겔스의 저작은 모두 *Collected Works*의 쪽수[예: CW29: 269]를 새로 적어 넣어 독자들이 더 연구하기에 편리하게 했다. 다른 하나는 新日本出版社, 『資本論』, I(2003년 인쇄), II(2003년 인쇄), III(2002년 인쇄)이다. 영어판과 일본어판에는 독일어 각 판의 내용 수정이나 불어판, 스페인어판 따위가 지적한 독일어판의 오류·탈자·오자가 잘 지적되어 있다. 따라서 이제는 독어판이나 영어판이나 일본어판 사이의 차이는 마르크스의 이론을 어떻게 제대로 이해하여 독자들에게 알기 쉽게 전달하는가에 있다고 본다.[33]

강성윤에 따르면,[34] 위 두 판본 외에 '2015년 개역판'의 작업에는 불어판(마르크스가 직접 편집한 『자본론』 제1권의 마지막 판본)에 의거한 수정 사항들도 별도로 반영된 것으로 보인다.

거듭된 개역을 통해 '비봉'판이 갖게 된 중요한 학문적 성과는 용어 등에서의 '일관성'이다. 이미 그런 일관성은 2000년대 초반의 제1차 전면 개역을 통해 거의 완전히 달성되었다고 해도 좋다. 나중에 출간된 '길'판에서도 용어의 비일관성이 문제로 지적된 바 있음을 염두에 두면,[35] 이것은 중요한 성과이며, '비봉'판 『자본론』

---

33 김수행, 「2015년의 개역에 부쳐」, 2015, x~xi쪽.
34 강성윤, 앞의 글.
35 김공회, 앞의 글, 2010을 참조.

의 완성도를 높여 주는 핵심 요소다.[36] 이는 향후 '길'판을 포함해 있을 수 있는 모든 새로운 번역들이 반드시 고려해야 할 점이다.[37]

'완성도'라는 측면에서 평가할 수 있는 다른 하나가 색인이다. 두 번에 걸친 전면 개역을 통해 '비봉'판『자본론』은 매우 활용도가 높은 색인을 갖게 되었다. 원래 1989~90년 최초 번역판에는 색인이 제3권(하) 말미에 통합되어 붙어 있었다. 그러나 이 색인은 '제1 전면 개역'을 거치며 각 권으로 분산된다. 즉 "이전에는 제3권 끝에 색인을 모두 모아 두었는데, 이제는 제1권을 하나의 독립된 책으로 간주해 색인을 (하)권 끝에 붙였다".[38] 이런 선택에는 장단점이 분명하다. 색인이 불완전해지는 단점이 있지만, 대부분의 독자들이『자본론』제1권만 보는 현실을 고려하면 장점이기도 하다. 그런 독자들은 과거엔 색인을 아예 이용할 수 없었기 때문이다. 또한 2001년에 제1권의 개역 이후, 그에 대응하는 제2·3권의 개역판이 나오기까지 꼬박 3년이 걸렸다는 점에서, 제1

---

36 물론 '완성도'에는 책의 편집과 제작 측면에서의 완성도도 포함되어야 마땅하다. '비봉'판은 그런 점에서는 아쉬움이 적지 않다. 2004년 제2권과 제3권(상)·(하) 작업의 경우, 출판사는 전문 편집인도 없이 최소한의 기술적인 지원만을 담당했다. 그 결과 번역 자체보다는 구두점이 틀리는 등의 오류가 종종 남아 있었다.

37 예를 들어, 가장 최근에 출간되기 시작한 황선길 번역의 '라움'판은 아직 완간되지는 않았지만 기존에 굳어진 번역어를 그대로 쓰지 않는다는 특징을 보인다. 이를테면 'Gegenständlichkeit'라는 용어를 보통의 경우처럼 '대상성'으로 번역하지 않고 내용적으로 풀어서 쓰는 식이다. 아직 나오진 않은 후속 권들에서 이런 시도가 어떻게 실현될지 지켜볼 만하다.

38 김수행, 「제2차 개역에 부쳐」, 칼 마르크스 지음, 김수행 옮김, 『자본론』 제1권(상), 제2개역판, 비봉출판사, 2001, iv쪽.

권에만 해당하는 별도의 색인을 제1권의 2001년 개역판에 붙인 것은 불가피한 것이기도 했다. 이에 따라 2004년에 잇따라 출간된 제2권과 제3권의 색인도 각 권 말미에 따로 들어갔다.

색인과 관련해 가장 커다란 변화가 나타난 것은 '2015년 개역판'에서다. 여기서는 아예 색인이 별도의 소책자로 분리되었기 때문이다. 여기엔 색인과 더불어 『자본론』 전체에 나오는 참고문헌, 인명 해설, 도량형 환산표 등이 포함되었고, 따라서 과거엔 각 권에 모두 들어갔던 이런 사항들이 거기서 빠짐으로써 책의 부피를 다소간 줄일 수도 있게 됐다. 예컨대, 제1권의 경우, 2001년 판이 1143쪽이었던 데 반해 2015년 판은 1062쪽으로 약 80쪽 줄었다. 결과적으로 '2015년 개역판'『자본론』은 이 저작 전체를 아우르는 가장 충실한 색인을 갖게 되었다. 특히 김수행의 각별한 노력 덕분에, 이 색인에는 표제어만 나오는 것이 아니라 그 표제어의 다양한 쓰임까지 함께 찾아볼 수 있도록 되어 있다는 것이 특기할 만하다. 이상에서 논의된 '비봉'판『자본론』의 초판부터 '2015년 개역판'에 이르기까지 각 판본의 특징은 〈부록 4-2〉에 정리되어 있다.

5. 논쟁적인 지점들

많은 미덕에도 불구하고, 김수행 번역 '비봉'판『자본론』은 몇 가지 한계도 지닌다. 이 한계들은 크게 두 가지 점에서 기인한다. 하나는 그것이 영어판을 주 대본으로 한 중역이라는 사실이고, 다른 하나는 번역 과정에서 유난히도 대중성이 강조되었다는 사실이다. 앞에서도 확인했듯이 김수행은 이런 특징들이 자신의 번역의 장점이기도 함을 강조했으나, 달리 보면 그 과정에서 번역의 과학성 또는 정확성을 훼손했다는 지적도 가능하다.

먼저 영어판 중역이라는 사실과 관련해서 김수행은, 『자본론』은 20년 가까이 영국에 살던 마르크스가 주로 영국의 사회와 경제, 그리고 영국의 고전 경제학을 배경으로 삼아 집필된 것이기 때문에 "영어판이 번역에 훨씬 유리하다"[39]는 생각을 내비친 바있다. 그럼에도 불구하고 그는 거듭된 번역 개선 작업을 통해, 특히 그 과정에서 독일어판의 이용도를 높여 나감으로써, 중역이라는 한계를 극복해 나갔다. 그리고 앞에서도 살펴본 대로 (어떤 의미에선 '원전'[40]이라고 할 수 있을) 독일어판뿐만 아니라 다양한 언어의 번역판들을 두루 — 직접적으로든 간접적으로든 — 참조함으로써, 오히려 원전의 오류들도 바로잡을 수도 있었다. 그리하여 김수행은 2015년 전면 개역판 출간을 앞두고 다음과 같이 쓸 수 있었다. "따라서 이제는 독어판이나 영어판이나 일본어판 사이의 차이는 마르크스의 이론을 어떻게 제대로 이해하여 독자들에게 알기 쉽게 전달하는가에 있다고 본다."[41]

하지만 위와 같은 방법으로 의미상의 정확성은 확보할 수 있더라도, 중역이라는 특성은 김수행의 『자본론』에 숨길 수 없는 흔적

---

39 김수행, 「번역자의 말」, 1989, iii쪽.
40 이 '원전'의 문제에 대해서는, 다음을 참조. 김공회, 앞의 글, 2010.
41 김수행, 「2015년의 개역에 부쳐」, 2015, xi쪽.

을 남겨 놓고 있다. 그 대표적인 사례가 (용어 선택이나 문장 구성 등 '의미'와는 다소 무관한 사항들은 제쳐 두더라도) 제1권의 편·장·절 구성이다. 'Das Kapital' 제1권의 구성은 초판에서 최초로 확정된 다음 독일어 제2판(1873년)과 불어판(1872~75년)에서 거듭 변경되는데(〈그림 4-1〉 참조), 이 셋은 모두 마르크스가 스스로 손을 본 것이므로 제각각 나름의 '권위'를 지닌다. 한편, 마르크스가 죽은 뒤 1887년에 출간된 최초의 영어판은 불어판의 편제를 따랐다. 이 영어판은 새뮤얼 무어Samuel Moore와 에드워드 에이블링Edward Aveling이 공역했고 엥겔스가 감수했기 때문에 역시 그 나름의 '권위'를 갖는데,[42] 그 서문에서 엥겔스는 영어판의 번역 사정을 설명하면서 다음과 같이 밝혔다. "우리 작업의 토대가 된 제3독어판은 1883년에 내가 준비했다. 그 준비에서 나는 제2판의 어떤 부분을 1872~1875년에 발간된 불어판의 것으로 바꾸라는 저자의 비망록을 이용했다."[43] 말하자면, 목차를 포함한 영어판에서의 변경들이 마르크스의 의사에 따른 것이라는 뜻이다.

---

42 이런 권위를 인정받아, 영어판은 불어판과 함께 마르크스-엥겔스의 저작을 총망라한 새로운 전집인 *MEGA*²에도 수록된다. '*MEGA*'란 '마르크스 엥겔스 저작 전집'을 의미하는 'Marx-Engels-Gesamtausgabe'의 약자로, 이 전집은 1975년부터 출간되기 시작해 2025년경 완간을 목표로 하고 있다. 뒤에 숫자 2가 상첨자로 붙는 까닭은 이와 비슷한 전집 출간 시도가 1920~30년대 구소련에서 시행된 이후 두 번째이기 때문이다. *MEGA*²의 역사와 의의에 대해서는 정문길, 『니벨룽의 보물』, 문학과지성사, 2008 참조.

43 프리드리히 엥겔스, 「영어판 서문」, 칼 마르크스 지음, 김수행 옮김, 『자본론』 제1권(상), 2015년 개역판, 비봉출판사, 2015, 28쪽.

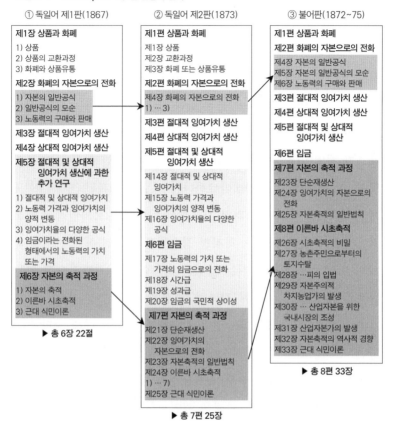

그림 4-1 'Das Kapital' 제1권 편성의 변화

① 독일어 제1판(1867)	② 독일어 제2판(1873)	③ 불어판(1872~75)

① 독일어 제1판(1867)

제1장 상품과 화폐

1) 상품
2) 상품의 교환과정
3) 화폐와 상품유통

제2장 화폐의 자본으로의 전화

1) 자본의 일반공식
2) 일반공식의 모순
3) 노동력의 구매와 판매

제3장 절대적 잉여가치 생산

제4장 상대적 잉여가치 생산

제5장 절대적 및 상대적 잉여가치 생산에 관한 추가 연구

1) 절대적 및 상대적 잉여가치
2) 노동력 가격과 잉여가치의 양적 변동
3) 잉여가치율의 다양한 공식
4) 임금이라는 전화된 형태에서의 노동력의 가치 또는 가격

제6장 자본의 축적 과정

1) 자본의 축적
2) 이른바 시초축적
3) 근대 식민이론

▶ 총 6장 22절

② 독일어 제2판(1873)

제1편 상품과 화폐

제1장 상품
제2장 교환과정
제3장 화폐 또는 상품유통

제2편 화폐의 자본으로의 전화

제4장 화폐의 자본으로의 전화
1) … 3)

제3편 절대적 잉여가치 생산

제4편 상대적 잉여가치 생산

제5편 절대적 및 상대적 잉여가치 생산

제14장 절대적 및 상대적 잉여가치
제15장 노동력 가격과 잉여가치의 양적 변동
제16장 잉여가치율의 다양한 공식

제6편 임금

제17장 노동력의 가치 또는 가격의 임금으로의 전화
제18장 시간급
제19장 성과급
제20장 임금의 국민적 상이성

제7편 자본의 축적 과정

제21장 단순재생산
제22장 잉여가치의 자본으로의 전화
제23장 자본축적의 일반법칙
제24장 이른바 시초축적
1) … 7)
제25장 근대 식민이론

▶ 총 7편 25장

③ 불어판(1872~75)

제1편 상품과 화폐

제2편 화폐의 자본으로의 전화

제4장 자본의 일반공식
제5장 자본의 일반공식의 모순
제6장 노동력의 구매와 판매

제3편 절대적 잉여가치 생산

제4편 상대적 잉여가치 생산

제5편 절대적 및 상대적 잉여가치 생산

제6편 임금

제7편 자본의 축적 과정

제23장 단순재생산
제24장 잉여가치의 자본으로의 전화
제25장 자본축적의 일반법칙

제8편 이른바 시초축적

제26장 시초축적의 비밀
제27장 농촌주민으로부터의 토지수탈
제28장 …피의 입법
제29장 자본주의적 차지농업가의 발생
제30장 … 산업자본을 위한 국내시장의 조성
제31장 산업자본가의 발생
제32장 자본축적의 역사적 경향
제33장 근대 식민이론

▶ 총 8편 33장

그렇다면 우리는 영어판을 당시까지 최신판인 독일어 3판보다 더 업데이트된 것이라고 볼 수 있을까? 그러나 흥미롭게도 엥겔스는 마르크스 사후에 'Das Kapital' 제1권의 독일어 3판과 4판을 펴내면서도 목차를 불어판을 따라 바꾸지는 않았다. 결과적으로 현재 우리는 'Das Kapital' 제1권에 관한 한 각각 나름의 '권위'를 갖는 두 개의 목차를 가지고 있는 셈이다.

그렇다면 어떤 목차를 따를 것인가? '보수적'으로 보면 독일어 제2판의 구성에 가장 큰 권위를 부여해야겠지만, 불어판 — 그리하여 영어판 — 이 마르크스의 최종적인 의견을 담고 있으리라는 점도 무시할 수는 없다. 김수행의 '비봉'판『자본론』제1권은 불어판을 계승한 영어판의 목차를 따랐다. 표면적으로 이는 그가 단순히 영어판을 주로 참조했기 때문으로 보인다. '프로그레스'판은 엥겔스가 책임 편집한 영어판을 거의 그대로 전제한 것이고, 기존의 영어판을 현대적으로 업데이트한다는 의도로 기획된 '펭귄'판[44]도 독일어 제4판을 번역을 위한 저본으로 하면서도 목차만큼은 기존 영어판을 따랐던 것이다. 하지만 김수행은 이런 자신의 선택에 대해 별도의 설명을 내놓지는 않았는데,[45] 어쨌든 결과적으로 그는 논쟁의 여지가 있는 매우 '강력한' 결정을 내린 셈이다.[46]

다음으로, 김수행이 대중성을 강조했다는 점에 대해 살펴보자. 일반적으로 그런 대중성과 실용성은 학술성과 긴장 관계에 있다. 김수행은 처음 번역할 때부터 실용성과 대중성을 내세웠기 때문에, 그에 따른 학술성의 희생은 필연적일 뿐만 아니라 의도적인 것이기도 했다. 앞에서는 도량형, 특히 화폐단위 변경의 문제에

---

44 '펭귄'판 제1권의 옮긴이 서문인, Ben Fawkes, "Translator's Preface", Karl Marx, *Capital*, Vol. I, London: Penguin, 1976 참조.
45 김수행, 앞의 글, 1989, iii쪽.
46 원저자의 의도를 넘어설 수 있는 이런 '강력한' 결정을 편집자나 번역자가 해서는 안 된다는 취지로, *MEGA*[2]에는 마르크스와 엥겔스가 직접 관여한 모든 판본들이 포함되어 있다.

대해 살펴보면서, 그것이 번역의 정확성은 희생시켰을지언정 의미 전달의 정확성은 제고한 측면도 있음을 지적했다. 하지만 김수행이 번역 과정에서 대중성을 위해 개입한 것은 그뿐만이 아니다. 크게 두 가지를 더 들 수 있는데, 대괄호를 이용해 문장을 끊는 것과 옮긴이 주를 본문에 집어넣는 것이 그것이다. 이런 옮긴이의 적극적인 개입은 본문 이해를 쉽게 하는 효과도 있겠지만, 당장 학술 논문에 인용할 때 적지 않은 문제를 야기한다. 특히 대괄호로 문장을 끊는 것은 다른 어디에서도 보기 어려운 '비봉'판『자본론』의 특징이었는데,[47] '과학성'을 표방하는 '길'판『자본』에도 적극적으로 채용된 것은 기이한 일이다.[48] 옮긴이 주를 본문에 넣는 것도,[49] 보통의 번역서에서 종종 볼 수 있는 것이지만,『자본론』

---

47 김수행이 도입한 대괄호는 아마도『자본론』제1권(상)의 옮긴이 서문에서 '관계 대명사에 의한 수식구가 문장 전체의 의미에 혼란을 일으키지 않도록 할 것'이라는 그 자신의 번역 원칙과 관련이 있을 것이다. 이를테면 다음과 같은 식이다.

[독어 원문(제4판)] In der Gesamtheit der verschiedenartigen Gebrauchswerte oder Warenkörper erscheint eine Gesamtheit ebenso mannigfaltiger, nach Gattung, Art, Familie, Unterart, Varietät verschiedner nützlicher Arbeiten — eine gesellschaftliche Teilung der Arbeit.

[김수행 번역(2015년판)] 다양한 사용가치들[상품체들]의 총체는 다양한 유용노동들[유·속·종·변종으로 분류된다]의 총체, 즉 사회적 분업을 반영한다.

카를 마르크스 지음, 김수행 옮김,『자본론: 정치경제학비판』제1권(상), 2015년 개역판, 비봉출판사, 2015, 52쪽.

48 김공회, 앞의 글, 2010, 118쪽. 최근 출간되기 시작한 채만수와 황선길의 번역본에서는 이러한 대괄호가 사라졌다.

49 이를테면 다음과 같은 식이다. 여기서 괄호로 묶인 [……] 부분이 옮긴이인 김수

같은 정도의 '고전'의 번역에서는 지양하는 것도 바람직하다. 가급적 생략하되, 필요한 경우엔 짧은 주라도 본문 하단에 원저자의 주와 별도로 표시해 넣는 것이 낫다. 이제 우리나라에서도 『자본론』 완역의 역사가 30년을 바라보고 있고, 그 사이에 독서 대중의 수준도 많이 높아졌으니, 대괄호를 이용해 문장을 끊는 것이나 사소한 옮긴이 주를 본문에 지나치게 많이 넣는 것은 장기적으로 지양해도 될 것이다. 초보적인 독자의 이해 도모는 옮긴이 주가 아니라 별도의 해설서 등을 통해 추구하는 것이 바람직하다.

끝으로, 거듭된 개역 작업을 통해 본문의 쪽수 또한 끊임없이 변해 왔다는 것도 지적되어야 한다. 더 쉽고 정확하게 번역하고자 하는 옮긴이의 의지가 컸기 때문이긴 하지만, 이런 쪽수 변경은 상이한 판본들을 보는 독자들 간의 소통이나 학술적 인용에 어려움을 준다. 물론 번역자의 사망으로 더 이상 '비봉'판의 쪽수가 바뀌는 일은 없으리라.

행이 본문에 직접 삽입한 구절이다.

　　노동생산물의 유용성이 사라짐과 동시에 노동생산물에 체현된 | 또는 '대상화된', 또는 '구체화된' | 노동의 유용한 성질도 사라지고, 따라서 노동의 상이한 구체적 형태도 사라진다. 이들 노동은 더 이상 서로 구별되지 않는 동일한 종류의 노동 | 인간노동 일반 |, 즉 추상적 인간노동으로 환원된다.

카를 마르크스 지음, 『자본론』 제1권(상), 2015, 47쪽.

6. 맺음말

지금까지 김수행의 『자본론』 번역이 갖는 다양한 성격들을 살펴보았지만, 여기엔 여러모로 한계가 많다. 무엇보다 텍스트 자체, 그리고 그 변천에 대한 분석은 거의 이루어지지 않았는데, 이는 차후의 과제로 남겨 둔다.

끝으로, 향후 마르크스의 'Das Kapital' 번역과 관련된 일반적인 언급을 두 가지만 해둔다. 첫째, 'Das Kapital'의 정본定本 문제다. 김공회가 지적했듯,[50] 마르크스-엥겔스의 새로운 역사적-비판적 전집(MEGA²)의 출간으로 'Das Kapital'이라는 저작이 매우 복합적인 성격을 지님이 드러나고 있다. 제1권의 경우, 앞에서도 살폈듯이 목차가 달라질 정도로 각 판본이 차이가 날 때, 오늘날 우리가 번역할 때 어떤 판본을 핵심 대본으로 삼아야 할까? 그리고 마르크스가 미처 완성하지 못하고 엥겔스가 편집해 내놓은 제2·3권의 경우, 마르크스의 초고와 최종 엥겔스 편집 출판본의 비교를 통해 엥겔스의 개입이 때때로 마르크스의 의도를 훼손하기도 한 것이 밝혀진 지금,[51] 우리는 현행 제2·3권을 마르크스가 기획한 'Das Kapital'의 일부라고 볼 수 있을까? 어쩌면 가장 바람직한 것은 MEGA²가 그렇듯 모든 판본들과 초고들을 공평하게 함께 펴내

---

50 김공회, 앞의 글, 2010.

51 Michael Heinrich, "Das Kapital. Kritic der politischen Ökonomie, Dritter Band", *Historical Materialism* 15(4), 2007, 김재훈 옮김, 「『자본: 정치경제학 비판』 3권 서평」, 『진보평론』 52호, 2012 참조.

는 것일지 모른다. 그러나 현실적으로 그것이 쉽지 않은 우리 상황에서는, 결국 옮긴이의 선택이 중요할 수밖에 없을 것이다. 그러나 어떤 경우에도 옮긴이는 자신과는 다른 선택들이 가능하다는 것, 즉 마르크스 저작의 여러 가지 해석의 가능성을 독자들에게 최대한 환기시켜 줄 의무가 있다.

다음으로, 출판 형태의 문제도 지적해 볼 수 있다. 극심한 실업으로 청년 4명 가운데 1명이 사실상 실업 상태에 있다는 '헬 조선'에서 'Das Kapital'을 보려면 15만 원 정도를 지불해야만 한다는 것을 어떻게 봐야 할까? 인터넷과 모바일이 일반화된 '집단 지성'의 시대에, 인터넷을 통해 누구나 볼 수 있는 한글판 'Das Kapital'을 꿈꿔 볼 수 없을까? 이미 'Das Kapital'은 독어나 영어 등 여러 언어로 인터넷에 공개되어 있지 않은가? 뜻이 맞는 사람들이 힘과 지혜를 모아 볼 법도 하다. 어쩌면 그것이 'Das Kapital'의 번역자로서 가능한 한 많은 독자에게 닿고자 했던 김수행의 의도에도 부합하는 게 아닐까 한다.

참고문헌

강성윤, 「『자본론』2015 개역판 번역 경과보고」, 자본론 출판기념회 자료집, 2015.

강신준, 「마르크스 지음, 『자본』, 강신준 옮김, 길, 2010」, 『교수신문』, 2010/09/24.

김공회, 「Das Kapital의 성격과 그 번역에 대한 몇 가지 이슈: 새로 완역 출판된 『자본』의 서평을 겸하여」, 『마르크스주의 연구』7권 4호, 2010.

_____, 「김수행의 『자본론』번역: 의의와 개역 과정상의 특징」, 『사회경제평론』53호, 2017.

김수행, 「번역자의 말」, K. 마르크스 지음, 김수행 옮김, 『자본론』제1권(상), 비봉출판사, 1989.

_____, 「역자 서문」, K. 마르크스 지음, 김수행 옮김, 『자본론』제3권(상), 비봉출판사, 1990.

_____, 「제1차 개역에 부쳐」, K. 마르크스 지음, 김수행 옮김, 『자본론』제1권(하), 개역판, 비봉출판사, 1990.

_____, 「번역을 끝내면서」, K. 마르크스 지음, 김수행 옮김, 『자본론』제3권(하), 비봉출판사, 1990.

_____, 「제1차 개역에 부쳐」, K. 마르크스 지음, 김수행 옮김, 『자본론』제1권(상), 개역판, 비봉출판사, 1991.

_____, 「제2차 개역에 부쳐」, 칼 마르크스 지음, 김수행 옮김, 『자본론』제1권(상), 제2개역판, 비봉출판사, 2001.

_____, 「역자 서문」, 칼 마르크스 지음, 김수행 옮김, 『자본론』제2권, 제1개역판, 비봉출판사, 2004.

_____, 「제1개역판 역자 서문」, 칼 마르크스 지음, 김수행 옮김, 『자본론』제3권(상), 제1개역판, 비봉출판사, 2004.

_____, 「제1차 개역을 마치면서」, 칼 마르크스 지음, 김수행 옮김, 『자본론』제3권(하), 제1개역판, 비봉출판사, 2004.

_____, 『한국에서 마르크스주의 경제학의 도입과 전개과정』, 서울대학교출판부, 2004.

_____, 「2015년의 개역에 부쳐」, 칼 마르크스 지음, 김수행 옮김, 『자본론』제1권(상), 2015년 개역판, 비봉출판사, 2015.

김언호, 「『자본론』의 번역출간에 생각한다」, 1987, 『책의 탄생』, 한길사, 1997.

류동민, 『기억의 몽타주』, 한겨레출판, 2013.

_____, 「『자본론』번역의 내면 풍경」, 『마르크스주의 연구』13권 1호, 2016.

이두영, 『현대한국출판사 1945~2020』, 문예출판사, 2015.

이재현, 「자본가의 머리로 던져진 솜방망이」, 『황해문화』 69호, 2010.

장만영, 「[1948년 문화계 회고] 출판: 기업화의 전야」, 『경향신문』, 1948/12/28, 3면.

장시복, 「한국에서 『자본론』의 수용과 번역: 일제강점기~1980년대」, 『마르크스주의
　　　연구』 13권 1호, 2015.

정문길, 『한국 마르크스학의 지평: 마르크스-엥겔스 텍스트의 편찬과 연구』,
　　　문학과지성사, 2004.

_____, 『니벨룽의 보물』, 문학과지성사, 2008.

카를 마르크스 지음, 김수행 옮김, 『자본론: 정치경제학비판』 제1권(상), 2015년 개역판,
　　　비봉출판사, 2015.

칼 맑스 지음, 채만수 옮김, 『자본론: 경제학 비판』 제1권 자본의 생산과정(제1분책),
　　　노사과연, 2018.

_____, 채만수 옮김, 『자본론: 경제학 비판』 제1권 자본의 생산과정(제2분책), 노사과연,
　　　2018.

_____, 채만수 옮김, 『자본론: 경제학 비판』 제1권 자본의 생산과정(제3분책), 노사과연,
　　　2019.

칼 맑스 지음, 황선길 옮김, 『자본』 I-상, 라움, 2019.

_____, 황선길 옮김, 『자본』 I-하, 라움, 2019.

프리드리히 엥겔스, 「영어판 서문」, 칼 마르크스 지음, 김수행 옮김, 『자본론』 제1권(상),
　　　2015년 개역판, 비봉출판사, 2015.

Fawkes, Ben, "Translator's Preface", Karl Marx, *Capital*, Vol. I, London: Penguin, 1976.

Heinrich, Michael, "Das Kapital. Kritic der politischen Ökonomie, Dritter Band", *Historical
　　　Materialism* 15(4), 2007, 김재훈 옮김, 「『자본: 정치경제학 비판』 3권 서평」,
　　　『진보평론』 52호, 2012

「마르크스 『자본론』 6년 만에 완역」, 『동아일보』, 1990/12/03.

「'반공금서' 자본론 1세기 만에 완역」, 『한겨레』, 1990/06/05.

부록 4-1 국내에 출간된 바 있는 'Das Kapital'의 한글 번역 판본들(~2015년)

출판사	서울출판사	이론과실천	백의	비봉출판사	도서출판 길
최초 출판 시기	-	1987/09~1990/07	1989/08~1990/05	1989/03~1990/11	2008/05~2010/08
옮긴이	최영철, 전석담, 허동	김영민(1권), 강신준(2~3권)	-	김수행	강신준
저본	•마르크스-엥겔스-베니닌연구소의 독일어 마르크스판(편저자 Adoratski)·엥겔스판, 영어판, 일본어판(개조사판, 일본평론사판) 참조	『마르크스-엥겔스 전집』(MEW, 제13판) 제23~25권	•1~2권은 북한 '조선로동당 출판사' 판(1957)을, 3권은 '과학백과사전출판사' 판(1983)을 거의 그대로 옮김	•영어판을 기본으로 함·'펠리컨 판·프로그레스 판(영어), '메일서점 판(일본어)·북한판(조선로동당출판사 판·『맑스-엥겔스 전집』) 등을 이용함	•『마르크스-엥겔스 전집』(MEW, 제13판) 제23~25권
각 권 출판 사항	•제1권1분책 1947/06/30 •제1권2분책 1947/08/20 •제1권3분책 1947/11/15 •제1권4분책 1948/04/20 •제2권1분책 1948/07/15 •제2권2분책 1948/10/15	•제1권1~3분책 1987/09/01 •제3권1분책 1988/12/23 •제2권1~2분책 1989/04/30 •제2권3분책 1989/07/10 •제3권2분책 1989/05/25 •제3권3분책 1990/07/30 •제1권1분책 1990/05/18 •제1권2~3분책 1990/07/20	•제1권(1) 1989/01/20 •제1권(2) 1990/01/30 •제2권(1) 1989/04/25 •제2권(2) 1989/06/10 •제3권(1) 1989/08/08 •제3권(2) 1990/05/10	•제1권(상)·(하) 1989/03/10 •제2권 1989/05/10 •제3권(상) 1990/02/10 •제1권(하) 1990/06/15 •제1권(하) 1990/11/20 •제1권(상)·(하) 1991/11/15 •제1권(상)·(하) 2001/11/15 •제2권 2004/02/28 •제3권(상) 2004/05/03 •제3권(하) 2004/07/07 •제1~3권 2015/11/20	•제1권1~2분책 2008/05/31 •제2권 2010/05/31 •제3권1~2분책 2010/08/31
특징	▶최초의 우리말 번역 ▶미완의 번역. 옮긴이들의 월북 등으로 중단 ▶다양한 주석(원주, 일본어판 주, 옮긴이의 '발문」, 베니의 주 및 참고 자료(해제, 『자본론에 관한 서한」) 수록	▶많은 이들의 집단 작업 결과로서, 1권 옮긴이 '김영민'은 가명 ▶독일어판. 특히 쉽게도 당시에 세계적으로 '정본'처럼 취급을 받고 있던 MEW판을 저본으로 함	▶남쪽에서 출간된 최초의 우리말 완역	▶미중와의 번역 ▶번역자가 처음부터 방식적으로 드러난 최초의 책임 번역 ▶꾸준한 개역 ▶영어판을 저본으로 한 중역이나, 개역을 통해 그런 한계를 어느 정도 하상 ▶단위를 바꾸는 등 '한국화'에 신경을 많이 씀	▶'이론과실천'판의 주 번역자였던 '강신준'의 기존 번역을 전반 개신 ▶'강신준'으로 명시하고, 옮긴이의 '해제'와 옮긴이의 말' 수록 ▶독일어 완역본

부록 4-2 김수행이 번역한 『비봉』판 『자본론』의 변천

		제1권(상)·(하)	제2권	제3권(상)·(하)
최초 번역	최초 출판일	1989/03/10	1989/05/10	(상) 1990/02/10, (하) 1990/11/20
	특징	•영어판을 저본으로 삼음. 김수행은 '펭귄 판과 『프로그레스』판, 『네월서』판 등을 이용했다'고 밝힘: "펭귄판·프로그레스판·네월서판을 북한판을 항상 참조하였고, 그래도 납득이 가지 않는 경우에는 더즈방을 찾아보았다"(김수행, 『번역을 끝내면서』, 1990) •저자는 『자본론』이 '영국 고전 경제학에 대한 비판인 데다 주로 영국을 예증으로 들고 있기 때문에 영어판이 '번역에 훨씬 유리하다고 생각'한다고 밝힘. 이에 따라 "편·장·절의 구성을 엥겔스가 검수한 영어판에 따랐다"라고 밝힘(김수행, 『번역자의 말』, 1989, ⅲ쪽) •화폐단위를 포함한 각종 도량형을 우리식으로 변형해 표기함 •대중성이 가장 강조됨: '나는 이 책이 불후의 명저이므로 모든 사람이 반드시 읽어야 한다고 믿고 있다'(김수행, 『번역자의 말』, 1989, ⅳ쪽). 옮긴이 자신의 이러한 성격 부여는, 단순히 용어 선택 등에만 영향을 미친 게 아니라, (대물흐름을 이용한) 문장구조 단순화나 다소 학술적이지 않은 옮긴이 주 등으로 이어짐	—	•핀역판 •한글 전용·개역: "그동안의 연구와 한글 연습에 힘입어 새롭고 더욱 정확하게 번역할 필요를 느꼈다"(김수행, 『제1차 개역을 마치면서』, 2004, ⅷ쪽) •3권으로 구성으로 세입 작성 •본문 주의 번호를 '펭귄 판과 일치시킴 •옮긴이 서문에 전체 내용 요약
제1권의 제1개역	최초 출판일	(하) 1990/06/15, (상) 1991/11/15	—	—
	특징	•개역판 •제1권의 중요성을 고려하고, 3권까지 번역이 완료되고 있던 상황에서 용어 통일 등을 위한 개역 •한자를 줄이고, 문장·진행을 더 매끄럽게 함		
제1차 전면 개역	최초 출판일	2001/11/15	2004/02/28	(상) 2004/05/03, (하) 2004/07/07
	특징	•제2개역판 •한글 전용·개역. 이 과정에서 번역을 완전히 다시 하게 됨 •『자본론』에 자주 인용되는 스미스의 『국부론』과 리카도의 『정치경제학 및 과세의 원리』의 한글판이 나옴. 두 저작 인용 시 한글판 쪽수 병기 •3권 2권에 두던 셰잉을 1권(하)에 붙임 •시대상('바훈란기') 강조	•제1개역판 •한글 전용·개역 •2권에 해당하는 셰잉을 따로 작성해 삽입 •'이항다'는 독자 반응을 반영, 옮긴이 서문에 2권 내용 전체를 요약	•제1개역판
제2차 전면 개역	최초 출판일	2015/11/20		
	특징	•2015년 개역판 •개역의 필요성을 음울한 시대상에서 찾고, 옮긴이 서문에 당대의 상황을 자세히 묘사: "『자본론』의 이런 내용을 지금 막다른 골목으로 떠밀리고 있는 다수의 사람들이 얼마나 알아야 할 간박한 필요성 때문에, 나는 너무 오래된 옛날 번역을 버리고 다시 번역하게 되었다"(김수행, 『2015년의 개역에 부쳐』, 2015, ix쪽) •단순히 한자를 한글로 바꾸는 게 아니라 '우리말'을 좀 더 적극적으로 사용: "이오덕 선생님이 쓴 『우리 글 바로 쓰기』를 읽으면서 ..." •영어판 전집(MECW)과 『신일본출판사』판(2002–03)을 새롭게 많이 이용. 특히 마르크스와 엥겔스의 저작이 인용될 때 MECW의 해당 쪽수 표기		

5
MARXISM

김남천 비평의 해명과
'리얼리즘'이라는 기표

1. 비평적 사유의 원천과 칸트의 '경쾌한 비둘기'

김남천은 카프의 제2세대 비평가로서 임화와 더불어 제1세대인 김기진, 박영희의 공과를 계승하고 이를 온전히 체화하고자 각별히 노력했던 인물이다. 그는 임화, 이북만 등과 함께 동경에서 귀국한 1930년경 이후로 프로문학 및 비평사의 전개에 깊이 관여하며 뚜렷한 족적을 남겼다. 특히 임화와는 비슷한 문제의식을 공유하면서도 그와는 분명히 대별되는 비평 세계를 펼쳐 보인 점은 보다 주목할 필요가 있다고 생각한다. 그렇다면 거기에는 나름의 이유와 어떤 내적 필연성의 계기들이 존재하는 것이 아닐까. 그리고 그것의 실체는 무엇으로(부터) 규정될 수 있는 것인가. 본고는 이런 질문과 문제의식에 답하기 위해, 또 가능하다면 하나의 설득력 있는 해명을 마련해 보기 위해 구상되었다. 그리고 그 과정에서 마르크스주의(비평)와의 고유한 접점 또한 식별할 수 있길 기대한다.

김윤식의 비평사 연구 이후 임화와 김남천은 비수평적 관계로 인식되는 것이 학계의 정설로 굳어져 있는 듯하다.[1] 이를테면 둘

---

* 이 글은 한국어문학국제학술포럼, *Journal of Korean Culture* 44호, 2019, 2, 77~127 쪽에 실린 동명의 졸고를 수정·보완한 것이다.

1 대표적인 것으로 다음 논저들을 꼽을 수 있다. 김윤식, 『한국근대문예비평사연구』, 일지사, 1976; 『한국근대문학사상사』, 한길사, 1984; 『임화연구』, 문학사상사, 1989; 김외곤, 「김남천 문학에 나타난 주체 개념의 변모 과정 연구」, 서울대학교 박사 학위논문, 1995; 채호석, 「김남천 문학연구」, 『한국 근대문학과 계몽의 서사』, 소명출판, 1999. 김윤식은 김남천의 비평적 성과에 대해서는 기본적으로 수긍하는 편

의 "불균등한 관계"는 "다소 만만한 후배"이거나 일종의 "스승-제자의 관계"로서 **미달된 우정의 형식**으로 규정되기도 한다.[2] 비

이다. 가령 "김남천의 고발론이 창작 방법론으로서는 비교적 독창적이고, 공감이 가는 것이라 할 수 있다"(『한국근대문예비평사연구』, 270쪽)라거나, "고발에서 모랄·풍속·관찰로 넘어가는 필연성이 다소 명백하지 못한 점이 있음은 사실이나 모색기로의 의의는 깊은 것이라 할 수 있다"(같은 책, 276쪽)라며 그 의미를 인정하고 있는 것이다. 그렇지만 이러한 고평도 어디까지나 김남천은 임화보다 한 수 아래라는 인식을 전제한 것이다. 『임화 연구』의 다음 구절들은 이런 시선을 은연중에 또는 노골적으로 드러내고 있다(이하, 강조는 인용자). "그 뒤에 전개되는 모랄론, 고발론, 로만 개조론 등에 일관되어 있는데, 이 내면 풍경을 **직시할 수 있는 안목을 지닌 당대의 비평가는 오직 임화뿐이었다**"(342쪽).// "임화와 이기영에 대한 핸디캡이 얼마나 그를 계속 괴롭혔는가를 위의 인용이 잘 말해 주고 있어 인상적이다. 성격에의 의욕이 이토록 치열했지만(351쪽) …… 엄격한 자기 고발을 추구하고 그 과제를 계속한 결과, 모랄이란 상대적이고 그 때문에 허무주의에 마주친 결과에 이르러, 임화의 눈빛에 몸 둘 곳을 잃은 형국이었다"(353쪽).// (해방기에서, ―인용자) "임화 쪽이 역사적 고찰에서나 현실적인 고찰에서 한층 유연성 있고 또 체험적인 것이라면 김남천 쪽은 도리어 관념적이라 할 것이다. …… 김남천의 이러한 변신을 두고 볼 때, **결국 임화의 노선이 정당했다는 것을 승인하지 않을 수 없으며**, 그것은 물론 해방 공간이 보증한 것이기에 역사적 성격을 갖는다"(356~357쪽) 등의 단정적 진술들은 이런 위계적 평가를 고착화시키는 데 일조했다. 김윤식은 경쟁적 동지 관계였던 둘의 오랜 문학적 행적을 추적한 뒤, 최종적으로는 '주인공-성격-사상'이라는 임화 노선의 승리를 선언하고 있는 셈이라 하겠다.

채호석은 이런 관점을 고스란히 이어받고 있는 것으로 보인다. 즉 "비평 영역에서는 임화가 훨씬 뛰어나다고 할 수 있고, 소설로서는 이기영이라는 존재가 있기 때문이다. 그러나 바로 김남천이 이들 뛰어난 소설가와 비평가보다는 약간 아래에 있다는 점이 김남천의 독특한 입지를 말해 준다"(채호석, 위의 책, 30쪽)라며 문단 내 위계 구도 속에서 김남천의 입지를 설명하고 있다. 이런 홀대의 정황들은 명실상부 온전한 의미의 김남천 전집이 단 한 차례도 간행된 적이 없다는 사실로도 방증되는 것이라 하겠다.

2 권성우, 「임화와 김남천: 동지, 우정, 고독」, 임화문학연구회 엮음, 『임화문학연구』 3, 소명출판, 2012, 123쪽.

평가로서 두 사람을 직간접적인 대상으로 하는 연구들에서 이와 같은 평가는 하나의 암묵적 전제처럼 통용되는 것이 상례이다. 이런 견해는 일견 타당성을 지니며 따라서 이 자리에서 임화의 문학적 성과를 훼손하고자 하는 뜻은 전혀 없다. 다만 김남천의 비평적 성과 역시 온당하게 자리매김하고 그 위상 또한 재고될 필요가 있다는 점이다. 김남천의 비평적 사유는 결코 임화의 그것에 뒤지지 않으며 어떤 면에서 임화의 사유 지점을 그 극한에까지 밀고 나간 부분도 분명 존재하기 때문이다. 이와 유사한 관점에서 김남천의 비평적 성과를 임화에 버금가는 긍정적인 것으로 평가한 비교적 최근의 사례들이 있다.[3] 한편으로 이상의 문제 제기는 마르

---

3 정명중, 『육체의 사상, 사상의 육체』, 문학들, 2008; 김지형, 『식민지 이성과 마르크스의 방법』, 소명출판, 2013; 김동식, 「텍스트로서의 주체와 ‘리얼리즘의 승리’: 김남천 비평에 관한 몇 개의 주석」, 『한국현대문학연구』 34, 2011; 김민정, 「전략의 기표, 응전의 기의: 김남천 창작방법론의 비평적 성격과 리얼리즘론의 의미 고찰」, 『비교어문연구』 45호, 2017. 정명중은 김남천의 풍속론에 대해 “‘헤겔적인 것’의 대표적 형태인 임화의 이상형 모델을 극복할 수 있는 ‘현실형’의 사유”였나고 규정한다(정명중, 위의 책, 137쪽). 정명중은 김남천의 문학이 확고하고도 일관되게 ‘현실 지향성’을 드러낸다고 파악하여 본고의 관점과도 맞닿아 있다. 하지만 전체적인 구도에서 ‘추상 → 구체’ 및 ‘구체 → 추상’의 변증법적 상호작용을 강조하고 있으며, 마르크스의 원전 해석에 있어서도 본고와는 얼마간의 차이를 내포한다. 또한 김지형은 다음과 같이 적고 있다. “카프 연구에서 김남천은, 말하자면 항상 2인자로 평가되었고 나 역시 이견이 없었다. 그러나 …… 이에 반해 임화는 지나치게 해석되었다는 느낌을 지울 수 없다. 이 책이 이들을 ‘제자리’에 놓는 데 도움이 되었으면 하는 바람이 있다”(「책머리에」, 위의 책). 한편 2000년대 이후 발표된 김남천 관련 논문 중에는 김동식의 것이 김남천의 비평을 가장 풍부하고 창의적으로 해석해 내고 있어 단연 주목된다. 다만 비슷한 시기의 임화 관련 논문(「‘리얼리즘의 승리’와 텍스트의 무의식: 임화의 ‘의도와 작품의 낙차와 비평’에 관한 몇 개의

크스주의 비평으로서 양자의 위상과도 관련된다. 즉 무엇이 참된 의미의 마르크스주의(비평)에 좀 더 가까운 것이었나, 또는 어떤 것이 좀 더 당대의 현실 속에서 논리적 타당성과 정합성을 갖춘 것으로 평가될 수 있느냐, 또한 현재의 문학을 갱신할 수 있는 전통으로서 여전한 유효성을 지닐 수 있는 것은 무엇인가 등의 결코 녹록치 않은 물음들과 연동되는 것이라 하겠다.

김남천의 비평 텍스트들은 그 양에 비해 상당히 많은 정보들과 내용, 이에 따른 꽤나 복잡한 의미망을 거느리고 있어서 이상의 물음들에 적절히 응답하기 위해서는 약간의 에움길과 일부 메타적 접근도 효율적일 것으로 판단된다. 곧 '리얼리즘'이라는 핵심적 기표의 분석에 앞서, 김남천의 비평적 사유와 직결되는 것으로서 그 단초를 이루고 있는 몇 가지 기표들과 명제를 먼저 검토하기로 한다. 이를 위해 다소 길지만 김남천이 수차례 언급했으며 선행 연구들에서도 이미 주목한 바 있는, 칸트의 원텍스트를 살피기로 한다.[4]

주석」, 『민족문학사연구』 38호, 2008) 역시 '리얼리즘의 승리'라는 동일한 개념으로 풀어내고 있어 둘 사이의 차별성이 희석되고 있다는 이의가 제기될 수 있다.

4 칸트의 '경쾌한 비둘기'에 대한 해석과 관련하여 정명중, 김동식, 손유경 등의 논의가 있었다. 정명중은 이를 "김남천의 정신적 문맥에 지대한 영향을 미친 것으로" 보며 "카프의 해산이 낳은 일종의 사유의 극한 상황에서 자신의 사유를 지탱하기 위한 내적 슬로건의 일종"으로 간주한다(정명중, 위의 책, 143쪽). 김동식은 그 의미를 보다 구체적으로 언급하는데, "여기에는 카프가 보여 줬던 관념론적 오류에 대한 자기비판과 현실적 조건을 초월하고자 했던 열정에 대한 자기 긍정이 함께 자리하고 있다"라고 비교적 정확하게 지적하고 있다(김동식, 위의 글, 209쪽). 한편 손유경은 진공의 상태(궁극의 자유)를 강조하며 "주체에 대한 김남천의 사유는 자

경쾌한 비둘기는 공중空中을 자유롭게 헤치고 날아서 공기의 저항을 느끼는 사이에 진공眞空 중에서는 더 잘 날 줄로 생각하겠다. 이와 마찬가지로 플라톤은, 감성계가 오성에 대해서 그다지도 많은 방해를 하기 때문에, 이념의 날개에 의탁하여 감성계를 떠난 피안彼岸에, 즉 순수 오성의 진공 중에 감히 뛰어들어 갔다. 그러나 자기의 이러한 노력이 아무런 전진도 이루지 않은 것을 깨닫지 못했다. 그는 오성을 움직이기 위해서 그 기초가 되는 지점, 즉 자기의 힘을 쓸 수 있도록 하는 지점인 저항을 가지지 않았기 때문이다. 사실 사변적 인식을 되도록 빨리 완성하여 나중에야 그 기초가 잘 마련되었느냐 하는 것을 연구하는 것이, 사변할 무렵의 인간 이성의 흔한 운명이다. …… 이런 분석은 우리에게 많은 인식을 주기는 하되, 그것은 우리의 개념들 중에(아직 불투명한 상태에서이거니와) 이미 생각되어 있는 것의 천명 혹은 해명 이외에 아무것도 아니요, 그럼에도 적어도 형식상으로는 새로운 통찰과 동등하게 여겨진다. 그러나 그런 인식들은 질료상, 즉 내용상으로는 우리가 가지는 개념들을 확장하지 않고 분해할 뿐이다. 그런데 이런 [분석적] 방식이 확실·유용한 진행을 하는 〈선험적 인식〉을 실지로 주기 때문에, 부지중에 이것에 현혹되어 이성은 전혀 딴 종류의 주장을 사취詐取한다.

유라는 가치에 경도되어 있었다"라고 평가하고 있어, 세부적인 해석에 있어서는 본고의 관점과 적지 않은 차이를 보인다(손유경, 「김남천 문학에 나타난 '칸트적'인 것들」, 『프로문학의 감성 구조』, 소명출판, 2012, 243쪽).

분석적 판단과 종합적 판단의 구별

① 모든 판단에 있어서 주어와 객어의 관계가 생각되는데 …… 이 관계는 두 가지가 가능하다. 객어 B가 A라는 주어 중에 (암암리에) 포함되어 있는 것으로서 A개념에 속하거나, 혹은 B는 A와 결합해 있기는 하나 B는 A라는 개념의 전혀 바깥에 있거나 두 가지 중의 어느 것이다. 첫째 경우의 판단을 나는 분석적이라 하고 또 한 경우의 판단을 나는 종합적이라고 한다. 즉 분석적 판단(긍정판단)은 주어와 객어의 결합이 동일성에 의해서 생각되는 것이요, 양자의 결합이 동일성 없이 생각되는 판단은 종합적 판단이라고 칭해야 한다. 전자는 설명적 판단이라고도 말할 수 있고, 후자는 확장적 판단이라고도 말할 수 있다. 왜냐하면, 전자는 객어에 의해서 주어의 개념에 아무런 것도 [새롭게] 보태지 않고, 오직 주어의 개념을 분석하여 이것을 그것 자신 안에서(비록 불투명한 상태에서이지마는) 이미 생각되어 있었던 부분적 개념으로 분해할 뿐이기에 말이다. 이와 반대로 후자는 주어의 개념에서 그것 안에서 전혀 생각되지 않았던 객어를, 따라서 그것을 분석해도 이끌어 내질 수 없었던 객어를 보태는 것이다. 가령 〈모든 물체는 연장되어 있다〉라고 내가 말한다면 이것은 분석적 판단이다. 왜냐하면, 연장성을 물체와 결합해 있는 것으로서 발전하기 위해서 나는 내가 물체라는 단어에 연결시킨 개념 바깥에 나설 필요가 없고 '물체' 개념을 분석하기만 하면 좋기 때문이다. 다시 말하면 이 객어를 '물체' 개념 중에서 발견하기 위해서 '물체'라는 개념에서 항상 생각되는 다양한 것을 내가 의식하기만 하면 좋기 때문이다. 이에 이것은 분석적 판단이다. 이에 반해서 〈모든 물체는 무겁다〉라고 내가 말

한다면 '무겁다'의 객어는 '물체 일반'이라는 한갓 개념 중에서 내가 생각하는 것과는 전혀 딴 것이다. 즉 이러한 객어를 [경험을 통해서] 보태야만 종합적 판단이 성립한다.

② 이상의 진술로부터 명백한 것은 다음과 같다. 1. 분석적 판단에 의해서 우리의 인식은 확장되지 않고 내가 이미 갖고 있는 개념이 분해되어서, 내 자신이 이해하기 쉽게 된다는 것이다[즉 개념에 관한 판단]. 2. 종합적 판단에 있어서는 나는 주어 개념 이외에 딴 어떤 것(X)을 가져야 하고[즉 대상에 관한 판단이고], 주어 개념 안에 있지 않은 객어를 주어 개념에 속하는 것으로 인식하고자 오성은 이 X에 의거하고 있다.[5]

윗글에서 칸트가 설명하고 있는 요지는 이성의 사유 작용으로서 '분석적 판단'(선험적 판단)과 '종합적 판단'(경험적 판단)의 차이, 그 속성과 체계 및 각각에 설정된 고유한 제한성 등이다. 특히 분석적 판단이 갖는 문제점과 필연적인 한계가 깊이 숙고되고 있다. 그리고 그것은 '경쾌한 비둘기'라는 매력적인 비유로서 간명하게 제시되어 있다. 창공을 비상하는 비둘기가 경험하는 '공기의 저항'이란 곧 감성계로 구성된 구체적 현실, **경험적 현실**을 말하는

---

5 임마누엘 칸트 지음, 최재희 옮김, 「[초판의] 들어가는 말」, 『순수이성비판』, 박영사, 1997, 49~50쪽. 물론 이 글의 전체적인 맥락은 **선험적 종합판단**의 원리를 해명하기 위한 예비적 고찰에 해당하는 것으로서 칸트의 궁극적 취지와는 별개라 하겠으나, 그 논리적 얼개를 빌려오는 데에는 큰 무리가 없다고 본다. 강조는 인용자의 것.

것 외에 다른 것이 아니다. 공중의 비둘기가 하늘을 자유롭게 날 수 있는 토대가 되는 것은 여기 언급된 '공기의 저항' 말고도 '지상의 중력'까지를 포함해야 할 것이다. 주지하듯 비행의 원리는 양력揚力과 항력抗力, 중력重力의 상호작용으로 설명된다. 따라서 항력과 중력이 소거된 진공 상태의 비둘기는 스스로의 유적 본질로서 양력을 더 이상 발휘하지 못하는 존재로 전락하고 마는 것이다. 시공을 초월해 있는 플라톤의 이데아Idea 역시 경험적 현실에 대한 감성의 인식 작용을 배제한다는 점에서 진공 속의 비둘기와도 다를 바 없다 할 것이다. 대개 명제의 형태를 취하는 모든 판단의 형식은 '주어(A)'와 '서술어(B)'로 이루어진다. 그리고 주어는 보통 개념의 형태를 띠게 마련이다. 분석적 판단(개념에 관한 판단)은 개념의 분해 작용, 개념의 부분의 구성으로 완성되는 설명적 인식 작용이다. 이에 반해 종합적 판단(대상에 관한 판단)은 개념의 분해 작용만으로는 완수될 수 없고 반드시 경험의 덧붙임으로써만 비로소 완성되는 확장적 인식 작용이다. 여기에서 오성이 의거하고 있는 'X'란 결국 '경험'을 지시하는 것이 아닐 수 없다. 다시 말해 양자는 개념으로서 주어 'A'와, 서술어 'B'와의 〈동일성〉 여부로 판가름 나는 것이라 이해할 수 있는 것이다. 여기까지의 설명을 김남천의 간단한 서술을 통해 점검해 보자.

그러므로 "사회주의자는 정당하다"는 가정의 공식적 개념에서가 아니라 직접 파고들어 가서 그의 진정한 타입을 창조하려고 한다. "노동은 신성하다"는 기정의 격언을 가지고서가 아니라 맨몸으로 노동의 생활과 생산과정에 임하여 그것을 꿰뚫고 흐르는 법칙을 고발하려는 것이다. 모든 것을 그러므로 객관적 현실에서 출발하여 작가의 주관을 이에 종속시키려고 하는 것이다. …… 우리가 신 창작 이론을 가져다가 고발의 문학으로 구체화하려는 것도 실로 사회주의의 일반화된 추상에서 출발하는 것을 거부하고 우리가 살고 있는 이 땅, 이 시대의 현실 속에서 출발하려는 리얼리스트 고유의 성격에 의함에 불외不外한다. 우리는 위선 외지와 이 땅의 문학의 사회적 기능과 임무의 차이를 구체성에 있어서 파악하려고 한다.[6]

우선 예문에서 '사회주의자/노동'은 하나의 개념으로서 '주어(A)'에, '정당하다/신성하다'는 '서술어(B)'에 할당됨을 쉽게 알 수 있다. 그리고 문제는 거의 전적으로 '서술어(B)'에 놓여 있다는 점도 명백할 것이다. 또한 어떤 면에서 카프 문학의 성패가 바로 이 자리에서 결정된다는 것도 지나친 말은 아닐 것이다. 말을 바꾸어 '서술어(B)'가 의심의 여지가 없는 선험적 인식으로서, 즉 '주어(A)'의 관념적 분해 작용으로써 곧장 얻어진다면, 예문의 두 명제는 결코 정당하지도 더 이상 신성하지도 않을 것이다. 따라서 여기서 김남천이 주장하고 있는 바는 명확한 것이다. 그것은 마르크스주의의 값진 명제들이 분석적 판단이 아닌 종합적 판단으로

---

6 김남천, 「창작방법의 신新국면: 고발의 문학에 대한 재론」, 『조선일보』, 1937/07/10~07/15; 정호웅·손정수 엮음, 『김남천 전집 1: 비평』, 박이정, 2000, 242~243쪽. 이하 김남천 텍스트의 인용은 이 책의 것이며, 인용문 말미에 해당 쪽수만 밝히기로 한다.

서 기능해야 하며, 경험적 현실을 통해 귀납적이며 사후적으로 정립돼야 한다는 것으로 요약될 수 있을 것이다.

이와 같이 우리는 칸트의 진술로부터 카프 문학의 역사적 실패에 대해 하나의 핵심적 실마리를 거머쥘 수 있다고 생각한다. 아울러 김남천 비평을 온전히 해명하는 귀한 열쇠 하나까지도 건네받을 수 있다고 나는 생각한다. 사실 김남천 비평이 지닌 풍부한 호소력과 다채로운 빛깔, 눈부신 문장들에서 감지되는 고유한 분위기, 지나치다 싶게 촘촘한 논리적 정합성 등은 직간접적으로 칸트의 명제들과 깊숙이 얽혀 있다고 말해야 할 것이다. 김남천의 텍스트를 반복해서 읽어 보거나 면밀히 살펴본다면, 크게 틀린 말을 하는 경우가 거의 없다는 사실에 재차 놀라게 된다. 그리고 그것이 가지고 있는 힘은 과연 어디에서 오는 것인지 궁금하지 않을 수 없다. 윗글에서도 그 비결을 간파할 수 있듯이, 김남천은 기본적으로 〈진공 속의 비둘기〉이길 거부했으며 언제까지나 〈공중의 비둘기〉이고자 했다는 점이다. 부연하여 그는 지상의 중력과 대기의 항력, 곧 '현실'의 저항을 내면 깊은 곳까지 받아들이고자 시종일관 애썼다. 특히 카프 문학이 프롤레타리아의 계급문학을 표방한 이데올로기로서의 성격을 매우 강하게 띠고 있는 점을 감안한다면, 김남천 개인이나 카프라는 집단 스스로가 하나의 '이데아'가 되지 않으려는 부단한 갱신과 엄중한 경계가 없을 경우 프로문학이 한낱 관념의 분식 작용으로 변질되는 데에는 그리 많은 시간이 필요하지 않을 것이다. 단적으로 카프 문학이 역사적 실패로서 기억돼 있는 것은, 무엇보다 그것이 선험적 인식으로서 '분석적 판단'이 지닌 위험성을 끝내 해결하고 돌파하지 못했던 데 크게 기인하는 것으로 여겨진다. 가령 그 전형적 사례로서 정치와 예술의 간극을 좁히지 못한 채 결국 전향 선언의 당사자가 됐던 박영희의 훼절은 이를 입증하고도 남음이 있다. 그러나 이런 정황들은 김남천이 마르크스주의자로서의 정치적 신념이나, 프로문학의 이념성과 당파성을 포기했다는 말로 곧바로 옮겨져서는 안 될 것이다. 그는 역사의 합목적성에 기여하는 문학의 진보적 가치를 가장 열렬히 옹호했던 사람 가운데 하나였기 때문이다. 그렇다면 겉보기에 이율배반으로 간주되는 이런 모순과 간극을 그는 어떻게 수용했으며 또한 어떤 방식으로 해결해 나갔는지가 관건이 될 것이다. 이상의 논의의 보완을 위해 아래 예문을 검토한다.

여기에 한 가지 사람을 가상하자! 그는 스물이 되기 전, 학생 시대에 "나는 한 개의 적은 정치적 병졸로서 싸워질 때, 모든 예술을 집어던져도 좋다!"하고 외쳤다고 하자. 사실 나는 이런 예술 지원자를 수없이 많이 보았었고 이 열정을 지극히 고귀한 것으로 생각하고 있었다.// 이 청년의 말에는 예술에 대한 경멸이 있는가? 아니었다. 예술을 지극히 사랑하고 자기의 예술을 가공에서 끌어다 현실적인 생활 속에 파묻고 그것과 끝까지 격투시키겠다는 가장 열렬한 불길이 이 속에는 있었다. 지식층으로서의 자기와 위대한 전 실천과를 연결시키고 그 새에 있는 구렁텅이를 급속히 메우려고 하는 열의, 작가이기 전에 우선 사회적 공인으로서 사회적 공인으로서 사회적 현실과 흙투성이가 되어 씨름하고 그 곳에서 예술을 기르고 문학을 생산하자는 성급한 숨결이 이 속에는 있었던 것이다. …… 그리고 작가의 정치욕이 아직 쓰러지지 않고 그의 속에서 고민이 용솟음을 치고 상극과 모순과 갈등이 성급하게 반성되고 뒤범벅을 개는 속에서 "비평과 작품과 작가적 실천을 연결시켜라"는 독단은 모든 파탄을 각오하고 또 모든 논리를 상실하는 위험한 지대에 서서도 오히려 자기의 주장을 고집하였던 것이다. 아! 제한을 모르는 인간의 욕망이여! 그것은 정히 **칸트의 경쾌한 비둘기의 덧없는 몽상일런가!** // 그리고 이 상극과 고민에서 헛되이 자기를 회피하였을 때, 작년 1년간의 박회월의 문학적 업적의 형해形骸가 있다(78~79쪽).[7]

예문에 등장하는 청년들을 당대의 마르크스 보이, 카프의 맹원들이라 상상해 봐도 좋을 것이다. 물론 김남천 역시 그들의 정치적 동지였음에 틀림이 없을 것이다. 하여 그 지극한 열정은 당시 지식 청년들의 양심을 대변하는 것이었으리라. 하지만 그곳에도 불가피한 난제와 걸림돌이 있었으니, 정치와 예술 사이에서의 모순과 갈등, 예술적 가상과 작가적 실천의 유리, 이념의 성채와 낙후된 현실과의 괴리 등이 식민지 조선의 청춘들과 예술혼을 짓누르고 있을 터였다. 김남천은 정치와 예술의 관계에서 '정치의 우위성'을 일단 인정한다. 동시에 그것이 예술의 특수한 지위에 대한 부정을 의미하는 것은 아니라고 강조한다. 따라서 그것은 정치와 예술의 부단한 길항 관계로 파악하는 것이 정당한 것이다. 이

---

7 김남천, 「창작과정에 관한 감상: 작품 이전과 비평」, 『조선일보』, 1935/05/16~05/22. 강조는 인용자의 것이다.

어 예문에서 김남천이 특별히 방점을 두고 있는 단어들은 '현실', '생활', '실천' 등의 개념들로서, 그것들이 궁극적으로 지시하고 있는 것은 **사회적 현실과의 싸움**으로 집약된다 하겠다. 그곳은 "상극과 모순과 갈등"이 항존하는 장소이자 원리로 환원되지 않는 완강한 사실들의 세계이다. 때문에 그곳은 "모든 파탄을 각오하고 또 모든 논리를 상실하는 위험한 지대"이지 않을 수 없다. 그리고 이곳에서 김남천이 떠올리는 것은 바로 칸트의 '경쾌한 비둘기'다. 이상의 맥락에서 전향 선언 이후 박영희의 문학적 행보는 그러한 갈등 상황에 대한 앙상한 자기 회피의 기록으로 간주되어야 할 것이다.

여기에서 칸트의 '경쾌한 비둘기'에 대한 김남천의 인식은 섬세한 독해를 요구한다. '경쾌한 비둘기'에는 "덧없는 몽상"이라는 어구가 잇대어져 있기 때문이다. 이는 그가 '진공 속의 비둘기'를 마냥 거부하거나 전적으로 부정하는 것은 아니라는 뜻이 된다. 즉 그는 정치와 예술의 지속적인 길항 관계에서처럼, 이념과 현실의 교호작용과 삼투 과정을 통한 현실의 지양태로서 이념에의 지향을 고수한다. 그런 점에서 김남천의 사유 체계는 "결론의 이식이 아니라 결론을 얻기까지의 과정을 중요시"(같은 글, 78쪽)하는 일종의 경험적 초월론 혹은 내재적 초월론의 양상을 띠게 된다. 이는 박영희나 임화가 경험적 현실보다는 인간의 주관적 의지나 낭만 정신을 통해 궁극적 지향점으로서 마르크스주의 이념에로의 경사를 보여 주는 외재적 초월론으로서의 면모를 지니고 있는 것과는 사뭇 대별되는 지점이라고 하겠다. 김남천이 보다 강조하고 있는 것은 물론 '현실' 그 자체라 하겠지만 관념적 몽상으로서 '이데아'를 여전히 깊이 갈망하고 있다는 점이 또한 간과되어선 안될 것이다. 하여 그는 손쉬운 양자택일이 아닌 양자 사이에서의 방황과 모색이라는 어렵고도 고단한 길을 걷고자 한다. 김남천의 비평이 기본적으로 모순적인 성격 속에서 이중적·중층적·복합적 의미를 내장하게 되는 것은 곧 이와 같은 사정에서 기인하는 것이다. 계속해서 칸트의 원문을 직접 인용하고 있는 김남천의 글 하나를 보기로 한다.

6. 비약하여 실패할 건가 땅에 머물러 성공할 건가

신고송 작 「임신」(『조선중앙』 7월 중순)

(중략)

칸트의 이 글구를 생각할 때마다 나는 그가 말한바 모든 철학적인 내용을 사거捨去한 뒤에 남는 비유의 매력을 입안으로 섬으면서 이 한정을 모르는 비둘기의 생각을 열정을 가지고 생각하여 본다.// 진공 중에는 나래를 꺾이어 땅 위에 떨어지고 드디어 질식할 것이 사실이지만, 그러나 진공을 날아 보기 건에는 만족하지 않겠다는 상상上翔하려는 욕망, 훌훌 나래를 대공大空에 뻗겠다는 위대한 야심, 이것이 우리들 조선문학의 젊은 세대들에게는 떼어버릴 수 없는 미련과 매력을 가지고 우리는 전 몸을 붙들기 때문이다. …… 이 반대의 면에는 물론 비둘기의 욕망을 상실하고 생활의 속된 일편에 머물러 성공하려는 작가의 일군이 있다. 한 개의 작은 생활의 일점—點을 포착하여 그것을 꾸며서 재간을 부리고 성공하려는 작가들이 그것이다.// 물론 어디에도 그의 좋은 일면이 있고 그릇된 일면이 있다. 소에 머물러 속된 생활의 편린이라든가 애화의 한 가닥지를 쥐고 심경의 술회를 쌓아 놓는 것이 결점이라면, 일방에는 생활과 체험과 땅 위에 붙어 있는 현실을 떠나서 하늘만을 앙모仰慕하여 관념과 작위의 나라에 항해하는 그릇됨이 있을 것이다. 이런 생각을 가지면서 신고송 씨의 「임신」을 읽어본다.// ……그러나 읽고 나서 곧 가질 수 있는 만족은 '그랬으니 대체 어쩌란 말인가'하는 무모(?)한 비둘기의 욕망에 의하여 불만으로 돌아갈는지도 모른다. …… 이것이 드디어 독자에게 일률성으로부터 오는 권태를 낳게 하고 비둘기의 욕망은 이 작가에게 진공 중에의 비상까지를 요구하게 되는 것이다.// 그렇게 해서 이 작가에게는 소에서 만족하여 성공하겠다는 좀된 생각에서 벗어나 대공을 향하여 비상하다 부서져서 실패해도 좋다는 청년적 열정을 가지라고 권하고 싶은 것이다. 요는 어느 쪽에도 있는 것이 아니라 이 두 개의 모순을 훌륭히 극복하라는 데 있으리라(110~111쪽).[8]

예문에서 '중략'된 부분은 칸트가 '경쾌한 비둘기'를 언급하고 있는 대목으로, 맨 처음 인용했던 칸트의 원문에서 강조 표시한 두 개의 문장이다. 실제 비평의 형태를 띠고 있는 이 글에서 김남천의 논지는 비교적 선명하다. 무엇보다 그것은 앞머리에 놓인 소제목에서 확연히 드러나고 있다. 대립된 두 문장의 연속에서 그의 관심이 첫 문장에 기울어져 있음은 간단히 파악된다. 물론 이는 대상 작품의 내용에 따라 그 평가가 달라질 가능성도 있겠으나,

8 김남천, 「최근의 창작」, 『조선중앙일보』, 1935/07/21~08/04.

1935년경 신고송의 작품평을 쓸 때의 김남천만큼은 "비약하여 실패"하는 '진공 중의 비둘기'에 좀 더 이끌리고 있는 것이다. 이는 사실 임화가 지속적으로 주장했던 낭만 정신과도 일맥상통하는 것으로 봐도 무방할 것이다. 아울러 '진공 중의 비둘기'로 표상되는 문학적 경향들이 "현실을 떠나서 하늘만을 앙모仰慕하여 관념과 작위의 나라에 항해하는 그릇됨"을 지닐 수 있음도 분명히 지적한다. 이런 점에서 신고송의 「임신」은 "생활의 일점을 포착"하여 "땅에 머물러 성공"한 사례지만, 한편으로 "비둘기의 욕망을 상실"하고 "소에 머물러" 안주하려는 폐단을 갖고 있음을 덧붙인다. 결론적으로 김남천은 "두 개의 모순을 훌륭히 극복"할 것을 작가들에게 주문하는 것으로 글을 마무리하고 있다.

지금까지의 논의를 정리하면 다음과 같다. 칸트의 '경쾌한 비둘기'라는 기표는 김남천에게 있어 매우 의미심장한 상징물로 원용되고 있으며, 김남천의 비평 전반을 직간접적으로 해명할 수 있는 사유의 원천으로서의 위상을 갖는다. 덧붙여 이는 비단 김남천만이 아니라 카프 문학의 역사적 전개와 관련해서도 설득력 있는 진술의 마련을 위한 핵심적 단초로서 기능할 수 있다. 일차적으로 칸트가 이를 경험적 현실을 포괄하지 못하는 선험적 판단의 맹점을 드러내기 위해 사용했다면, 김남천은 칸트의 문맥을 충실히 따르고 존중하는 한편으로 '진공 속의 비둘기'가 표상하는 이데아로서의 속성 또한 수용하여 자신의 문학적 입장을 개진하는 데 십분 활용했다. 부연하여 「창작 과정에 관한 감상」이 현실에 대한 고려, 즉 '공중의 비둘기'를 보다 강조하는 입장이라면, 「최근의 창작」에서는 상대적으로 현실을 초극하려는 비상에의 욕망, 곧 '진공 속의 비둘기'에 보다 주목하고 있음을 확인할 수 있다. 김남천의 사유 체계가 기본적으로 경험적 초월론으로서의 성격을 갖는다는 말의 진의 또한 거기에 있는 것이다. 다음으로 본 기표가 함축하고 있는 현실과 이념의 괴리, 경험적 사실과 추상적 관념과의 거리는 가령, 차후 김남천이 창작 방법의 기본항으로서 '아이디얼리즘'과 '리얼리즘'을 설정하고 이를 정의하는 데 사실상 모태가 되었다고 해도 과언이 아니다. 이는 엄밀히 말해 이데아Idea와 현실Reality의 구분을 문학적으로 번안하여 세부적으로 재정의한 이본異本과 다름없다. 끝으로 해당 기표는 김남천의 문학적 사유 체계가 통시적으로 어떻게 변모해 가는지, 그 미시적 차이를 규명하는 데 있어 중요한 출발점이자 뚜렷한 기원으로서 자리매김할 수 있을 것이다.

이상의 논의와 관련하여 한 가지 췌언을 더한다면, 김남천의 사유 체계가 지닌 이런 기본적 속성들은 현실과 대면하는 그의 일련의 태도와도 결부된다는 점이다. 앞서 말한바, 모순된 양자 사이에서 끊임없이 갈등하고 번민하는 부동浮動의 정신은 어떤 상황에서도 (초월적) 대상에 몸을 의탁하지 않는 도저한 '비결정성'의 태도로 현상한다. 한마디로 그것은 "방황하는 마음"(164쪽)[9]으로 규정되며 정의될 수 있는 것이다. 주지하듯 라캉은 '속지 않는 자가 방황한다'[10]라는 명제를 제출한 바 있는데, 이는 대타자로서

9 김남천, 「춘원 이광수 씨를 말함: 주로 정치와 문학과의 관련에 기#하여」, 『조선중앙일보』, 1936/05/06~05/08.

'아버지의 이름'the Name-of-the Father에 귀속되지 않는 삶의 주체적 태도를 일컫는다. 라캉은 이를 가리켜 미지의 낯선 땅을 여행하는 '나그네'viator의 삶과도 같은 것이라 말한다.[11] 즉 그것은 대타자로서 '상징계'the Symbolic의 질서와의 '상상적'the Imaginary 동일시를 거부한 채 '실재'the Real를 순례하는 주체의 고행과 그 실존적 태도 외에 다른 것이 아니다. 이는 김남천의 문학적 행정에 대한 또 하나의 적절한 비유가 될 수 있다고 나는 생각한다. 당대 프로문학에서 카프와 마르크스주의의 이념은 문자 그대로 '대타자'로서, 주체에게 직접적으로 현현하는 것이기 때문이다. 하여 김남천은 "길 잃은 사나이"(157쪽)[12]로서 '방황하는 자', '속지 않는 자'일 것

---

10 라캉이 세미나 제21권의 제목(Seminar XXI, Les non-dupes errent[1973~74])으로 삼은 명제이다. 해당 프랑스어 발음의 유사성에 근거한 다음의 세 가지 의미 차원을 지시한다. "les non-dupes errent(the unduped wander/are mistaken)// le nom du père(the Name-of-the-Father)-le non du père(the no of the father)"이다. 기원적으로 '아버지의 이름'은 라캉이 상징계에서의 아버지의 역할을 다루기 위해 자신의 세미나 제3권(Seminar III, The Psychoses[1955~56])에서 고안한 개념이다. 제21권에서 '아버지의 이름' 및 '아버지의 부정/부재'라는 개념은 아버지의 입법적·금지적 기능을 강조하기 위해 사용된 반면에, '속지 않는 자가 방황한다'라는 명제는 상징계의 허구와 눈속임에 사로잡히지 않고 자신의 시야를 믿으며 고수하는 사람은 방황하게 마련이라는 뜻을 함축하고 있다. 현재 세미나 제21권은 프랑스어원본·영어본 모두 공식적으로는 미출간 상태로, 강연 음성 파일을 채록한 프랑스어본과 이를 번역한 영어본을 라캉 관련 국제 인터넷 사이트에서 PDF 형태로 제공하고 있다. 관련 웹주소는 다음과 같다. ① http://www.lacanianworks.net ② http://www.lacaninireland.com

11 J. Lacan, "Seminar 1: Wednesday 13 November 1973", Seminar XXI: Les non-dupes errent(1973~74), trans. by Cormac Gallagher, not published, p. 14. (http://www.lacaninireland.com)

이다. 이제 본격적인 논의로서, 그가 이와 같이 '길 없는 길' 속에서 어떻게 스스로의 길을 발견해 내는지, 그리하여 마침내 자신만의 지도를 완성해 나가는지를 추적해 보고자 한다.

2. '리얼리즘'에 이르는 도정 혹은 기표의 분화 과정

미리 말해 두어 김남천의 비평을 설명하는, 설명할 수 있는, 오직 단 하나의 유일의 기표를 찾는다면, 그것은 **리얼리즘**이라 말하지 않을 수 없다. 따라서 이하에서는 '리얼리즘'이라는 기표를 중심으로 그 역사적 전개의 양상 혹은 기표의 분화 과정을 살피고자 한다. 그 구체적인 역사의 국면들의 고찰에 앞서 그가 인식하고 있었던 리얼리즘의 개념과 정의, 그 내포와 함의를 검토하기로 한다.

여기에서 나는 창작 방법의 기본적 방향으로서 리얼리즘과 아이디얼리즘의 두 개만을 단정하고 싶다. 이 두 가지 외에 또 다른 기본적인 창작 방법은 있을 수 없는 것이다. 로맨티시즘은 그러므로 이것과 병립될 수 있는 기본적인 창작 방법이 아니라 특정한 역사적 시대에 하나의 실제상의 유파이거나 또는 기본적 창작 방법의 계기로서밖에는 불리어질 수가 없는 것이다. 왜냐하면 리얼리즘

---

12 김남천, 「고리끼에 관한 단상: 그의 탄생일에 제際하여」, 『조선중앙일보』, 1936/03/13~03/16.

과 아이디얼리즘의 분류는 객관적 현실과 주관적 관념이라는 두 개의 대립하는 관계로서 성립될 것이요, 그러므로 이 양자는 단순한 정도의 차이가 아니라 질적인 원리적인 차이이기 때문이다. 이것은 혼란을 방지하기 위하여 꼭 필요한 개념 규정이 아닐 수 없다.// 그러면 리얼리즘이란 무엇이며, 아이디얼리즘이란 무엇이냐. 리얼리즘은 객관적 현실을 주로 해서 주관을 그에 종속시키는 것이요, 아이디얼리즘은 그 반대로 주관적 관념을 주로 해서 객관적 현실을 이에 종속시키는 것이라고 말할 수 있다. 그러므로 창작 방법의 기본 방향은 둘 중의 하나만일 수도 없으며 둘 이상이 될 수도 없을 것이다. 이때에 있어 주관이란, 혹은 객관이란 것은 상대적 의미로서 사용되는 것이요, 그렇기 때문에 아무리 객관적이라 생각되는 관념일지라도 그것이 만약 창조상 실제에 있어서 현실을 재단하는 선입견으로 사용된다면 그것은 역시 주관적 관념으로 불려질 수 있는 것이다. 그러므로 오해되고 혼란스러워지기 쉬운 주관, 객관의 용어를 피한다면 현실을 선입견을 가지지 않고 현실의 있는 그대로를 그리려고 하는 태도가 리얼리즘이요, 현실에 선입견을 가지고 임하여 그것으로써 현실을 재단하려는 창작 태도가, 즉 아이디얼리즘이라고 말할 수 있을까 한다(758~759쪽).[13]

리얼리즘과 관련해서는 김남천은 지면을 아끼지 않아서, 그에게 있어 가장 많이 제일 빈번하게 등장하는 개념임을 곧바로 알

---

[13] 김남천, 「새로운 창작방법에 관하여」, 『중앙신문』, 1946/02/13~02/16.

수 있다. 예문과 비슷한 논지로 아이디얼리즘과의 연관하에 리얼리즘의 개념을 설명하고 있는 대표적인 글들로, 「창작 방법의 신국면: 고발의 문학에 대한 재론」(1937), 일련의 「발자크 연구 노트」 1~4(1939~40), 그리고 "주인공 = 성격 = 사상" 및 "세태 = 사실 = 생활"이라는 양 명제가 제출된 「토픽 중심으로 본 기묘년의 산문 문학」(1939), 마지막으로 「대중투쟁과 창조적 실천의 문제」(1947)를 꼽을 수 있다. 여기에서 상기해야 할 것은 임화가 리얼리즘과의 대척점으로 '낭만주의' 혹은 '낭만 정신'을 상정하는 것과는 달리, 김남천은 '로맨티시즘'을 '리얼리즘'과 "병립될 수 있는 기본적인 창작 방법"이 아니라 문예사조의 한 유파로서 기본적 창작 방법의 "계기로서"만 인식하고 있다는 점이다. 아울러 임화의 문학적 사유가 궁극적으로 '낭만주의'로 회귀함에 반해 김남천의 그것은 최종적으로 '리얼리즘'으로 귀결된다는 점이다. 이는 프로문학 비평사의 전개에 있어 하나의 마디점으로서 결정적 중요성을 갖는다(이에 대해서는 후술하기로 한다). 이어 김남천은 리얼리즘과 아이디얼리즘의 분류가 "객관적 현실과 주관적 관념"이라는 대립 관계에서 발생하며, 이는 "정도의 차이가 아니라 질적인 원리적인 차이"임을 역설한다. 전술한바, 그것은 이데아Idea와 현실Reality의 차이를 기반으로 한 것이다. 또한 이는 현실과 관념의 대립항과 함께 객관과 주관이라는 짝 개념을 내포한다. 결국 객관적 현실과 주관적 관념의 '주종'主從 여하에 따라 리얼리즘과 아이디얼리즘은 나뉜다고 김남천은 설명한다. 이때 물론 주관과 객관이란 "상대적 의미"로 사용되는 것이며, 창작 주체의 "선입견" 유무에 따라서도 아이디얼리즘과 리얼리즘은 구별될 수 있다는 것이 그의 주장의 요체이다.

이상의 분류 체계는 다소 도식적인 인상을 주기도 하지만 창작 방법의 두 가지 경향으로서, 그리고 김남천을 비롯한 프로문학을 이해하는 유효한 준거로서 대체로 그 타당성을 인정할 수 있다. 한편 리얼리즘과 아이디얼디즘의 분류 체계는 김남천에게 있어, 엥겔스의 명명을 따라 "셰익스피어적인 것"과 "쉴러적인 것" 혹은 레닌의 호명 속에서[14] "발자크적인 것"과 "톨스토이적인 것", 또는 자신의 표현대로 "벽초적인 것"과 "춘원적인 것"(603쪽) 내지 궁극적으로는 "관찰적인 것"과 "체험적인 것" 등으로 다양하게 변주되고 있음을 알 수 있다. 그리고 그 방점은 전자에 놓여 있는 것 또한 쉽게 간파된다. 더불어 이는 앞 절에서 언급한바, 구체적 '현실'을 충실히 고려하려는 김남천의 기본적 태도와 문학적 입장에서 직접적으로 배태된 것임을 놓쳐서는 안 될 것이다. 한편으로 그것은 1935년 5월 20일 카프 해산 이전 상대적으로 이데아로서 '진공 속의 비둘기'에 보다 경사되었던 김남천의 사유의 축이, 이후 시간의 경과에 따라 점진적으로 현실의 저항을 감지하는 '공중의 비둘기' 쪽으로 이동해 갔음을 간접적으로 예증하는 것이라 평가할 수도 있겠다. 이런 경향과 방향성은 카프 해산 이후 김남천의 문학적 사유를 일관되게, 객관적 현실에 기반한 리얼

---

14 V. I. 레닌 지음, 김탁 옮김, 「러시아혁명의 거울로서 레오 톨스토이(1908)」, 『레닌저작집 4-3(1907/06~1909/12)』, 전진출판사, 1991, 236~240쪽을 참고할 수 있다.

리즘으로서(써) 굳건히 정초하는 데 크게 이바지했던 것으로 판단된다. 그와 같은 정황은 문학적 주체의 외부 조건으로서 카프 해산이라는 계기와 함께, 추후 주체 내부의 조건으로서 내면적 동기까지가 해명되어야 그 온전한 실상이 드러날 것이다. 그렇다면 리얼리즘의 창작 방법을 통해 그가 구현하고자 했던 '리얼리티'reality의 모습은 얼마큼의 수용력, 어느 정도의 넓이와 깊이를 내장하고 있었던 걸까.

2. 허구

무영의 창작집 『취향』 속에 있는 「나는 보아 잘 안다」를 읽으며 나는 반년 전에 본 르네 크렐의 〈서쪽으로 가는 유령〉이라는 영화를 연상하였다.// 주지하는 바와 같이 「나는 보아 잘 안다」는 죽어서 공동묘지에 간 지 석 달이나 되는 남편이 그의 아내의 행장을 기록하는 것으로 되어 있고 크렐의 영화는 성 속의 유령이 영국으로부터 미국으로 달려가는 것이 그려져 있다.// 소박한 유물론자는 흔히 이것을 가지고 그의 예술적 가치판단에 이르기 전에 엉터리없는 헛소리라는 단정을 내리기 쉽다. 죽은 송장이 말을 하고 산 사람이 뒤를 따른다면 그것은 영혼의 불멸을 시인함이요 유령이 매매되는 것 역시 이것의 존재를 전제치 않고는 있을 수 없는 일이다. 따라서 이것은 비유물론적이요 동시에 민중에게 해독을 주는 작품이므로 예술적인 작품이 못된다고 한다.// …… 요는 예술적 진실이란 허구에 의하여 구현된다는 것을 이해하면 족하다. 그러므로 유령이 매매된다는 것이 문제가 아니라 이 허구 위에 폭로되는 영미 자본주의의 리얼리스틱한 양자樣姿만이 문제로 될 수 있는 것이다. 죽은 송장이 혼이 있어서 세상에 남아 있는 처자의 뒤를 따를 수 있느냐가 문제가 아니라 이 허구 위에서 재다보는 '눈'이 객관적 진실을 파고들어 갔는가, 그리고 그의 '눈'이 독자 앞에 펼쳐 놓아 주는 아내의 행장이 리얼한가 아닌가가 문제인 것이다(198~199쪽).[15]

예문에서 보이는 김남천의 리얼리티 개념은 1930년대라는 시간의 격차를 염두에 둘 때 매우 신선하고 흥미로운 관점으로 여겨진다. 사실 이는 현재의 시각에서도 충분히 통할 수 있을 만큼 확장적이며 심층적인 개념으로 평가해도 무방할 듯하다. 가령, 그것은 2000년대 박민규 소설의 소위 '무중력의 상상력', 비현실적·환상적 요소를 거침없이 활용하는 양상까지도 포용할 수 있는 폭과 심도를 갖춘 것으로 보인다. 즉 그것은 '개연성'蓋然性, probability 보다는 "예술적 진실"로서의 '핍진성'逼眞性, verisimilitude[16]에 가까운 것으로 간주되어야 마땅할 것이다. 이 지점에서 김남천은 인식론

---

15 김남천, 「문장·허구·기타」, 『조선문학』, 1937/04.
16 "핍진성逼眞性, VERISIMILITUDE: 라틴어구 베리 시밀리스very similis('진실 같은'이라는 의미)에서 나온 핍진성은 실물감lifelikeness, 즉 텍스트가 행위, 인물, 언어 및 그 밖의 요소를 신뢰할 만하고 개연성이 있다고 독자에게 납득시키는 정도이다. 이 용어는 때때로 리얼리즘과 동의어로 쓰인다. 하지만 보다 많은 경우 텍스트 외부의 현실에 대해서가 아니라 텍스트가 스스로 정립하거나 그 텍스트의 장르 안에 존재하는 현실에 대해서 얼마나 진실한가를 가리킨다. 바꿔 말해 초자연적 요소 내지 공상적 요소를 함유하고 있는 설화도 그 나름대로 정립한 현실에 합치되는 한 고도의 핍진성을 가질 수 있다"(조셉 칠더즈·게리 헨치 엮음, 황종연 옮김, 『현대문학·문화 비평 용어사전』, 문학동네, 1999, 432쪽 참고).

적 입장에서 표면의 사실성에만 묶여 있는 "소박한 유물론"과도 결별한다. 하여 예문은 가상假像으로서의 예술의 성격을 그가 깊숙이 천착했음을 알려 준다. 김남천이 생각했던 리얼리즘이 과연 그러하였고, 또한 리얼리티가 딴은 그러하였다.

1) '물' 논쟁과 '주체화'의 난경難境

이 자리에서 소위 '물' 논쟁을 상론할 생각은 없다. 다만 본고의 논의와 관련하여 따져 볼 만한 대목만을 언급하고자 한다. 임화는 김남천의 「물」을 두고 "'침후한 경험주의', '심각한 생물학적 심리주의'의 부양물"이라 평가하며 "계급성-당파적 견지의 결여"[17]를 지적한다. 이에 대해 김남천은 "우익적 편향의 원인의 해명은 전혀 그 작가의 실천 속에서 찾아"(44쪽)[18]내야 한다고 응수한다. 이에 다시 임화는 "문학이 표현하는 것은 경험주의적 의미의 개인의 실천이 아니라 그 시대의 사회 계급의 객관적 실천"[19]이라며 개인적 실천에 대한 계급적 실천의 우위성을 강조한다. 여기서 나는 논쟁의 시비보다는 두 사람의 관점의 차이에 보다 주목하려 한다. 즉 임화 사유의 관념적·추상적·낭만적 속성 및 김남천 사유의 경험적·실천적·현실적 속성이 '물' 논쟁을 통해 확연히 드

---

17 임화, 「6월 중의 창작」, 『조선일보』, 1933/07/12~07/19.

18 김남천, 「임화적 창작평과 자기비판」, 『조선일보』, 1933/07/29~08/04.

19 임화, 「비평에 있어 작가와 그 실천의 문제: N에게 주는 편지를 대신하여」, 『동아일보』, 1933/12/19~12/21.

러나고 있다는 점이다. 그리고 바로 그 김남천의 입장에는 이후 전개되는 '주체화'라는 문제틀의 단초들이 이미 마련되고 있다는 점이다. 그렇다면 '주체화'의 문제란 무엇이었던가.

작가는 항상 문제를 주체성에 있어서 제출한다는 사실은 확실히 주목할 만한 명제의 하나이다. 그가 어떠한 높고 넓은 인류의 문제를 제출할 때에도 작가는 그것을 주체성에 있어서 파악한다. 작가에게 있어서는 국가·사회·민족·계급·인류에 대한 사상과 신념의 문제가 여하한 것일런가? 하는 국면으로서 제출되는 것이 아니라 이러한 높은 문제가 얼마나 작가 자신의 문제로서 호흡되고 있고 그것이 어느 정도로 그 자신의 심장을 통과하여 작품으로서 제기되고 있는가 하는 문제이다. 작가에게 있어서는 그가 파악하고 있는 세계관이 그대로 개념으로 표명되는 것이 아니라 작가의 주체를 통과한 것으로써 표시된다.// …… 이러한 마당에서 비로소 주체의 재건이나 혹은 완성의 문제가 제기되는 것이다. 그러므로 임화 씨가 주체의 재건이란 결코 문학자가 이러저러한 세계관을 이론적으로 해득하는 것으로 해결되는 것이 아니라고 말한 것은 정당하다. 그러나 임화 씨가 그 뒤의 논의 속에서 수행數行의 이론적 해명으로 이 문제를 해결해 버리려고 할 때에 곧바로 모피할 수 없는 공혈空穴을 직감하게 되는 것은 무슨 까닭일까? 그것은 정히 임씨가 작가의 주체 재건을 획책하면서 반드시 한 번은 통과하여야 할 작가 자신의 문제, 그러므로 정히 주체되는 자신의 문제를 이미 해명되어 버린 문제처럼 살강(그릇 따위를 얹어 놓기 위하여 부엌의 벽 중턱에 드린 선반 -인용자) 위에 얹어 버린 곳에 있지 않으

면 안 될 것이다. 임화 씨는 주체의 재건을 기도하는 마당에서 작
가의 문제를 작가 일반의 문제로 추상하여 그것을 그대로 들고 문
학의 세계로 직행한다. 작가 일반이 추상화된 개념으로 파악되어
버릴 때 문제의 해결은 지극히 용이할지 모르나 주체의 재건과 완
성은 해명의 뒤에서 전혀 방기되어 버릴 것이다(306~307쪽).[20]

그것은 한마디로 창작 과정에 있어 '주체화'의 문제이다.[21] 김
남천에 따르면 '작가의 사회적 실천'이란 **문학적·예술적 실천** 외
에 다른 것이 있을 수 없다고 단언한다.[22] 따라서 '물' 논쟁에서 제
기한 작가의 실천이란 작품의 창작 과정과 불가분의 관계를 맺는
다. 다시 말해 아무리 자명한 이치나 숭고한 이념 또는 과학적 개
념의 '합리적 핵심'이라도, 작가에게 있어서 그것은 주체화의 과
정을 통과한 '일신상—身上의 진리'[23]로서(써)만 표명될 수 있으며,
그래야만 문학적 진실로서 가치를 갖는다는 것이다. 이는 카프 해

---

20 김남천, 「유다적인 것과 문학: 소시민 출신 작가의 최초 모랄」, 『조선일보』, 1937/
   12/14~12/18.
21 이에 관해서는 졸고, 「창작과정에 있어 '주체화'의 문제: 김남천의 '일신상—身上의
   진리' 개념을 중심으로」, 『한국학연구』 36호, 2011의 논의를 참고할 수 있다. 하지만
   이는 본 논제를 보편적·일반적 차원에서 다루고 있어, 리얼리즘 전개 과정의 구체적
   인 역사적 국면들에 보다 주목하려는 본고의 관점과는 적지 않은 차이를 지닌다.
22 김남천, 「자기 분열의 초극: 문학에 있어서의 주체와 객체」, 『조선일보』, 1938/
   01/26~02/02.
23 김남천, 「일신상—身上 진리와 모랄: '자기'의 성찰과 개념의 주체화」, 『조선일보』,
   1938/04/17~04/24.

산 후의 문학적 동향을 사회적 계기로 하며 또한 **주체의 재건과 완성**이라는 명제와 직접적으로 결부되는 것이다. 예문에서 임화를 언급하는 것은 바로 이런 맥락 속에 놓여 있다. 여기에서 한 가지 흥미로운 것은 본 논제들과 관련해 김남천과 임화는 '물' 논쟁에서 보여 줬던 주체의 포지션을 그대로 유지하고 있어서, 이는 곧 '물' 논쟁의 연장선에서 파악될 수 있다는 점이다. 김남천은 작가적 실천이라는 경험적 구체성을 여전히 강조하고 있으며, 임화는 마찬가지로 이를 개별적 독자성의 국면에서 파악하는 것이 아니라 "작가 일반의 문제로 추상"하고 있는 것이다. 따라서 이는 '물' 논쟁 이후 두 사람의 견해가 좀처럼 좁혀지지 않고 팽팽한 평행선을 달리고 있음을 방증하는 것이라 할 것이다. 그럼에도 김남천은 "세계관이 작가 자신의 입을 그대로 통과해 버리고 심장의 부근에서 콧김 하나 얼른하지 않은 곳에 어떠한 주체와 어떠한 사상의 건립이 가능할런가?"(312쪽)라고 재차 반문한다. 그렇다면 주체화의 '과정'을 완강히 고수하는 김남천의 태도에는 어떤 인식이 자리 잡고 있는 것일까.

> 그러므로 이상과 같은 원리의 위에 서서 우리는 위선 이 땅의 문학하는 사람들이 소시민 지식층이라는 것을 성찰한다. 이러한 성찰의 결과 우리는 그가 처하여 있는 역사적 지위를 과학적으로 인식함에 이른다. 이렇게 인식된 것이 현재의 순간에 있어서 구체적으로 설정된 문학의 주체다.// 그러기 때문에 우리들에게 있어서는 객관세계의 모순이나 분열인 것보다도 주체 자신의 타고난 운명에 의한 동요와 자기 분열이 중심이 되어 우리의 앞에 대사大寫

되었다. 아니 객관세계의 모순을 극복하느라고 자기 자신을 돌보지 않았던 주체가 한번 뼈아프게 차질을 맛보는 순간 비로소 자기의 속에서 분열과 모순을 발견하게 되었던 것이며 이것의 정립과 재건 없이는 객관세계와 호흡을 같이할 수 없으리라는 자각이 그의 마음을 혼란케 하는 과정으로 정시呈示되었다는 것이 보다 정확한 관찰일 것이다.// 자기의 운명을 거대한 집단의 운명에 종속시키고 불이 이는 듯한 열의를 그 속에서 발견하면서 그곳에서 혼연히 융합되는 객관과 주체의 통일을 현현하던 고귀한 순간은 그러나 한번 물결이 지난 뒤에 가슴에 손을 얹고 자기를 주시해 볼 때에 그것은 실로 관념적인 작위의 여행 계절이 아니었던가 하는 적막한 자기 성찰을 가짐에 이른다. …… 우리는 지난날의 일체의 문학적 실천의 과오와 일탈을 소시민적 동요에 기인한 것이라고 개괄해 본다. 주관주의적 내지는 관조주의적인 창작상의 제 결함을 주체의 소시민성에 귀납시켜 본다. 이러한 때에 어찌하여 「주체의 재건과 문학세계」의 논자(임화 -인용자)는 주체 그 자신의 속에서 분열과 모순을 발견하려 하지 않는가! 주체 자신의 소시민성을 어찌하여 뚜껑을 덮은 채 홀홀히 지나치려 하는가! …… 그러므로 우리는 이 순간에 있어서의 문학의 주체를 구체적으로 성찰함에 결코 인색하여서는 아니 된다. 이것의 성찰을 회피하는 마당에서 논의되는 주관과 객관의 통일의 문제란 한낱 추상적인 문학적 유희일 따름이다(324~325쪽).[24]

----

24 김남천, 「자기분열의 초극: 문학에 있어서의 주체와 객체」.

예문은 카프 시대 작가들의 내면 풍경을 여실히 보여 주는 바가 있다. 그들은 "객관세계의 모순을 극복하느라 자신을 돌보지 않았던 주체"로서 "소시민 지식층"이다. 그들에게 카프 시대란 "자기의 운명을 거대한 집단에 종속"시키던 시절로서 "객관과 주체의 통일을 현현하던 고귀한 순간"으로 기억되지만, 다른 한편으로 그것은 "관념적인 작위의 여행 계절"이라 하지 않을 수 없다. 환언하자면 이때 "한정을 모르는 비둘기와 같이 비상하였다가 가책 없는 현실에 부딪혀서 뼈아픈 패배를 경험"했다는 사실이다. 여기 다시 '칸트의 비둘기'가 등장하고 있거니와, 전술한 바와 같이 이와 관련한 그의 입장이 선회하고 있음을 분명히 확인할 수 있다. 그것은 이제 진정한 리얼리즘의 길 밖에는 아닐 수 없는데, 객관적 현실로 나아가려는 순간 최초로 맞닥뜨리는 것이 '주체화'의 과정이라는 것은 일견 아이러니한 부분이 있다. '주체화'란 어떤 면에서 '객관적 현실'이 아닌 '주관적 관념'의 세계와 맞닿아 있는 것이기 때문이다. 따라서 그것은 주체의 입장에서도 새삼 곤혹스러운 난경難境이 아닐 수 없다는 점에서 더욱 섬세한 독해와 신중한 판단이 전제되어야 할 것이다.

김남천은 현재(1938년)의 순간에 구체적으로 설정된 문학의 주체로서 "소시민 지식층"을 지목한다. 그리고 과거의 창작상의 제결함을 바로 "주체의 소시민성"에서 귀납하고자 한다. 이는 그냥 지나쳐 버릴 수도 있는 문제지만 나는 이 부분이 매우 중요한 의미를 담고 있다고 생각한다. 왜냐하면 카프 시대 작가들이 계급적으로 소시민에 속하면서도 프롤레타리아의 계급문학을 표방했기 때문이다. 이는 사실 "사회적 존재가 의식을 규정한다"[25]라는 마르크스의 명제와 명백히 배치되는 것이다. 과거 노동운동에 헌신하기를 주저하는 대학생들에게 건네는 경구로서 '의식으로서의 노동자'라는 말도 실은 유물론의 명제와 전혀 배치되는 것이 아닐 수 없었다. 김남천은 철저히 유물론적으로 사유하려고 한다. 그래서 자신의 계급적 한계를 정직하게 인정하고 있는 것이다. 이와 같은 유물론적 입장은 얼핏 주관적 관념에 속해 보이는 작가의 '주체화' 문제와 어떻게 결속되는 것일까. 김남천이 이를 통해 말하려던 진의는, 창작 주체로서 작가의 주관적·경험적 '현실'로서 현상하는 **심리적 사실**과 이를 통해 구현되는 **문학적 진실**을 가리키는 것과 다름없다. 이는 김남천의 리얼리티 개념이 매우 심층적인 차원에서 구사되고 있으며, 따라서 그가 지향했던 리얼리즘의 개념과도 배치되는 것이 아니었다는 것이다. 그런 의미에서 그것은 결국 리얼리즘에 이르는 주체의 도정, 자기 갱신의 문학적 행정으로 기록되어야 마땅한 것이다. 즉 심내心內의 '유다적인 것'을 결코 "유다가 돈을 받고 그의 선생을 매각해 버렸다는 표면적 사실"에서가 아니라 "자기 자신의 매각이라는 고도의 성찰과 더불어" 제출되어야 한다고 했던 김남천의 진의는 바로 거기에 있는

---

25 K. Marx, *Zur Kritik der Politischen Ökonomie*(1859); 칼 마르크스 지음, 김호균 옮김, 「서문」, 『정치경제학 비판을 위하여』, 중원문화, 1988. 7쪽. 원문은 다음과 같다. "Es ist nicht das Bewußtsein der Menschen, das ihr Sein, sondern umgekehrt ihr gesellschaftliches Sein, das ihr Bewußtsein bestimmt"(독일어 원문). "It is not the consciousness of men that determines their existence, but their social existence that determines their consciousness"(영어). "인간의 의식이 그들의 존재를 규정하는 것이 아니라, 반대로 그들의 사회적 존재가 그들의 의식을 규정하는 것이다"(우리말).

196

것이다. 그러므로 김남천에게 있어 문학적으로 파악된 도덕, 자기 윤리로서 '모랄'이란 "과학적 진리가 작가의 주체를 통과하는 과정-이곳에 설정된 것"(347쪽)[26]으로 규정된다. 하여 작가가 체현體現한 일신상의 진리란, "과학이 갖는 보편성이나 사회성을 일신상 각도로써 높이 획득했다는 것을 말하는 것"(360쪽)[27]이다. 이는 곧 '보편적 개별성'universal singularity의 차원을 지시하는 것으로, 추상적 개념이 창작 주체를 관통하여 예술적 가상이라는 구체적 형상으로 구현됨을 일컫는 것이라 하겠다. 따라서 이는 보편적·추상적·일반적 개념을 포기하는 것과는 전혀 무연한 것이다. 이상의 험난한 길목들을 '주체화'의 과정은 내포하고 있는 것이다.

2) 지양과 통일로서의 리얼리즘

주체화의 과정을 관통한 김남천이 이제 다다를 곳, 마침내 도달하게 된 최후의 행선지는 리얼리즘이라는 너른 들판과, 또 그것을 조감하는 넓은 시야였다. 그것은 이제까지의 모든 것을 지양한 통일체로서 그에게 도래한다. 다음은 1940년경, 이제까지의 리얼리즘에의 도정을 총결산하는 문학적 자기 고백이다.

---

26 김남천, 「도덕의 문학적 파악 = 과학·문학과 모랄 개념」, 『조선일보』, 1938/03/08~03/12.

27 김남천, 「일신상—身上 진리와 모랄」.

이렇게 생각하여 보면 필자 왕년의 자기 고발 문학은 일종의 체험 적인 문학이었다. 그것은 주체 재건(자기 개조)을 꾀하는 내부 성찰 의 문학이었으니까. 이러한 과정은 여하히 하여 나와 같은 작가에 게는 필연적인 과정이었던가. 추상적으로 배운 이데, 현실 속에서 배우지 않은 사상의 눈이 현실을 도식화하는 데 대하여, 자기 자 신의 눈을 통하여 현실 속에서 사상을 배우고, 이것에 의하여 자 기를 현실적인 것으로서 인식하자는 필요에 응하여서였다. 자아 와 자의식의 상실이 리얼리즘을 오히려 그 반대의 경향에 몰아넣 어 돌아보지 않는 문학 정신의 추락을 구출하기 위하여서였다. 그 러나 나는 아무러한 경계나 용의가 없이 이것에 시종始終한 것은 아니었다. 자의식 자체가 문학의 목적이 되는 것, 자의식의 관념 적 발전이 문학적 자아를 건질 수 없는 자기 혼미 속에 몰아넣는 것 ― 이것은 내가 극도로 경계한 바이다. 자기 검토의 뒤에 합리 적인 인간 정신을 두어야만 비로소 자기 성찰이 이루어지리라는 것, 모랄 탐구의 뒤에는 과학적인 합리적 핵심을 두어야 한다는 것 ― **이런 것들은 문학상으로는 리얼리즘을 언제나 나의 뒤에다 지니고 있었다는 것 이외의 아무것도 아닐 것이다.** …… 그러므로 **자기 고발-모랄론-도덕론-풍속론-장편소설 개조론-관찰 문학론 에 이르는 나의 문학적 행정**行程**은,** 나에게 있어서는 적어도 필연 적인 과정이었다. 그렇기 때문에 체험적인 것은 어느 때에나 관찰 적인 것 가운데 혈액의 한 덩어리가 되어 있을 것을 믿는다. 이렇 게 보아 올 때에는 체험과 관찰을 대립되는 개념으로 보기보다는, 체험의 양기揚棄된 것으로 관찰을 상정하는 것이 오히려 정당할는 지도 알 수 없다(609~610쪽).**28**

이 글에서 김남천은 '체험적인 것'과 '관찰적인 것'을 직접적으로 조응시킨다. 전반부의 문장들에서 우리는 직전 논의의 대강과 요지를 간추릴 수 있을 것이다. 그 과정을 그는 "필연적인 과정"으로 간주한다. 그것은 "추상적인 이데, 현실 속에서 배우지 않은 사상의 눈"을 경험적이고 구체적인 '현실' 속에서 단련시키는 과정이라고도 부를 수 있을 것이다. 그것의 직접적 계기는 카프 조직의 해산이라는 외적인 것으로서 주어졌지만, 소시민 출신 작가로서의 내적 계기로부터도 촉발되는 것이기 때문이다. 여기서 주목할 것은 모럴 탐구의 과정 속에서도 과학의 합리적 인간 정신을 간직해 두고자 했다는 것, 즉 '리얼리즘'을 존재의 핵심이자 문학적 배수진의 최후의 보루로서 지니고 있었다는 점일 것이다. 최종적으로 '관찰적인 것'은 '체험적인 것'이 양기楊岐된 것으로, 즉 변증법적으로 지양된 것으로서의 통일체이자 완미한 종합으로 김남천에게 인식된다. 주지하듯 변증법적 지양止揚, Aufheben의 개념에는 상승을 통한 '부정'과 '보존'이라는 양가적 의미가 포함돼 있다. 즉 "체험적인 것"이 언제나 "관찰적인 것" 속에서 "혈액의 한 덩어리"로 녹아들어 있을 것이라는 표현은 바로 이를 환기하는 것이다. 이제 김남천의 문학적 사유는 아이디얼리즘과 리얼리즘이라는 피상적 이분법과 표면적 대립 구도에서도 벗어나 한층 원숙한 시선을 확보하게 된다. 그것은 해방기 혁명적 로맨티시즘을 계

---

28 김남천, 「체험적인 것과 관찰적인 것(발자크 연구 노트 4)-속·관찰 문학 소론」, 『인문평론』, 1940/05. 강조는 인용자의 것.

기로 하는 진보적 리얼리즘으로 구체화되기에 이른다.

한편 이는 임화의 비평적 사유가 「낭만적 정신의 현실적 구조」(1934), 「위대한 낭만적 정신」(1936), 「주체의 재건과 문학의 세계」(1937), 「사실주의의 재인식」(1937), 「현대문학의 정신적 기축: 주체의 재건과 현실의 의의」(1938), 「사실의 재인식」(1938) 등에서 보인 낭만주의와 사실주의 사이에서의 길항이 결국 "고차의 리얼리즘"으로 귀착된 것과도 비교가 필요할 것이다. 그것을 임화는 "객관적 인식에서 비롯하여 실천에 있어 자기를 증명하고 다시 객관적 현실 그것을 개변해 가는 주체화의 대규모적 방법"[29]으로 정의하는데, 여기에서 가장 중요한 방점은 '주체화'라는 단어에 놓여 있음을 알 수 있다. 그리고 그것은 창작 주체의 주관적 구상력構想力, 궁극적으로는 인간의 주관적 의지를 가리킴에 다른 것이 아니라는 점에서, 임화의 비평적 사유는 아이디얼리즘을 기반으로 한 리얼리즘과의 종합이었다는 점을 확인케 한다. 이와 같은 임화 사유의 추상적·관념적 성격은 김남천의 그것과는 근본적으로 다른, 전혀 이질적인 것이었음을 다시금 상기할 필요가 있다고 본다.

---

29 임화, 「사실주의의 재인식: 새로운 문학적 탐구에 기惡하여」, 『동아일보』, 1937/10/08~10/14.

3) 전환기와 리얼리즘의 변질

1940년경을 전후로 일제강점기 말기에 접어들면서 김남천의 문학적 사유는 더 이상 진전을 보이지 못하고 기존의 인식을 되풀이하는 선에서 연장된다. 특히 1940년 11월, 「소설의 운명」을 기점으로 1942년 10월, 해방 전 마지막 글로서 「두 의사의 소설」을 쓰기까지는 낯 뜨거운 부일 협력의 징후들을 암암리에 드러내게 된다. 이후 해방 전까지 그의 비평 텍스트들이 그 이전에 비해 그다지 깊은 감명을 주지 못하는 이유도 바로 거기에서 찾아져야 할 것이다. 이는 김남천이 이즈음 이른바 '사실 수리론'에 입각해 객관적 사실로서 '신체제'를 얼마간 용인하지 않을 수 없었다는 점을 증명하는 것이다. 한편으로 그는 이와 같은 상황의 변화를 어느 선까지는 수용하는 모양새를 취하고는 있지만, 그렇다고 해서 완전한 자발적 친일에까지 타락하거나 최소한의 양심까지는 팔아넘기지 않는다. 그래서 이 시기의 텍스트들의 저변에는 미묘한 긴장감, 내면의 기예를 펼치는 곡예사의 아슬아슬함이 묻어난다. 그리고 이는 무엇보다 김남천 자신의 난처한 입장, 곤혹스러운 표정을 대변하고 있다.

이 시기를 대표하는 「소설의 운명」은 시종일관 매우 장중한 톤과 어조를 유지하고 있어서 일견 종교적 색채까지를 풍기고 있다. 실제로 마지막에서는 예수의 승천과 재림의 장소인 "감람산"을 언급하고 있기도 하다. 문제는 그것이 곧이곧대로만 들리지 않는다는 점일 것이다. 많이는 헤겔 적게는 루카치의 논의에 기대면서 김남천은 장편소설을 부르주아 자본주의 시대, 시민사회의 서사

시로 규정한다. 물론 이는 원환적 총체성이 지배했던 그리스 시대의 서사시를 염두에 둔 것이다. 이어 장르로서 소설의 운명을 결정할 방향으로서, 제임스 조이스로 대표되는 소설 형식 붕괴의 방향과, 시민사회의 타락상으로서 "인식된 개인주의"(662쪽)의 모순을 그대로 묘사하는 막심 고리키의 방향을 통한 고대 서사시와의 형식적 접근과 복귀를 꼽는다. 아래 예문은 그다음 대목이다.

전환기란 낡은 사회적·경제적·문화적 질서의 몰락을 의미하는 동시에, 그것과 대신할 만한 새로운 질서의 계단으로 세계사가 비약하려는 것도 의미하는 시기였다 아메리카의 뉴딜, 이태리와 독일의 파시즘, 소련의 시험, 이러한 모든 것은 자본주의의 황혼에 처하여 각 민족이 새로운 역사의 계단으로 넘어서려는 간과치 못할 몸 자세姿勢라고 보지 않을 수 없다(667쪽). // …… 그러면 구체적으로 우리 소설이 위기를 극복하여 써 새로운 세계 문화에 공헌할 길은 어디 있는 것일까. …… 우리에게 가당하고 그리고 가능한 일은 개인주의가 남겨 놓은 모든 부패한 잔재를 소탕하는 일이 아닐 수 없다. 왜곡된 인간성과 인간 의식의 청소, ― 이것을 통하여서만 종차로 우리는 완미한 인간성을 창조할 새로운 양식의 문학을 가질 수 있을 것이다. 그러나 피안彼岸에 대한 뚜렷한 구상을 가지고 있지 못한 우리가 무엇으로써 이것을 행할 수 있을 것인가. 작자의 사상이나 주관 여하에 불구하고 나타날 수 있는 단 하나의 길, 리얼리즘을 배우는 데 의하여서만 그것은 가능하리라고 나는 대담한다(668쪽). // …… 왕왕 리얼리즘엔 이상이 결여되었다고 말한다. 좋은 경고이다. 그러나 정당한 이론은 아니다. 문학이 이상을 가지는 길은 이상을 표방하는 데 열려 있는 것이 아니라, 진실을 그리고 진리를 표상화하는 데 열려 있었다. 현실에 발을 붙이지 않은 어떠한 문학이 진실의 문을 두드릴 수 있을 것인가. 전환기를 감시하지 못하고, 시민사회가 남겨 놓은 가지각색의 왜곡된 인간성과 인간 의식과 인간 생활에 눈을 가리면서 어떠한 천국의 문을 그는 두드리려 하는 것일까. 자기 고발에 침잠했던 전환기의 일 작가가 안티테제로서 관찰 문학을 가지려 하였다고 하여도, 그가 상망想望코자 한 것은 의연히 소설의 운명을 지니고 감람산橄欖山으로 향하려는 것임에 다름은 없었던 것이다. 소설은 리얼리즘을 거쳐서만 자기의 위기를 극복할 수 있고, 나아가 전환기의 초극에도 공헌할 수 있을 것이다(669~670쪽).[30]

예문의 요지는 '전환기'를 맞이하여 조선의 소설이 세계사에 기여할 수 있는 길을 찾아보자는 것이다. 그리고 그것은 "개인주의가 남겨 놓은 모든 부패한 잔재를 소탕하는 일", 한마디로 "왜곡된 인간성과 인간 의식의 청소"를 통해 가능할 것이라는 예견이다. 그것의 구체적인 방법은 오직 "리얼리즘"의 길로써만 가능하다고 김남천은 답한다. 다시 말해 전환기의 문학적 극복을 위한 도구로서 '리얼리즘'이 다시 호출되고 있는 것이다. 그리고 얼마간 그것은 리얼리즘의 변형과 왜곡을 수반하고 있다. 전집 '669쪽'부터 글의 마지막까지는 제법 감동적인 문구들로 채워져 있으

---

30 김남천, 「소설의 운명」, 『인문평론』 13호, 1940/11.

나, 그것이 전환기의 문맥과 연결되면서 그 진정성은 현저히 감소하는 형편이다. 이때 리얼리즘이란 "전환기의 초극"을 위한 문학적 실천 전략으로 모색되는 것이기 때문이다. 아직 여기까지에는 노골적인 친일의 민낯이 드리워져 있지는 않다. 그것은 '전환기'의 구체적 개념이 명시되지 않은 채로이기 때문이다. 하지만 다음 예문에서는 김남천의 변명이 더 이상 통하지 않을 듯하다.

하여 신질서와 구질서 간에서 전환기를 이해하고 있다. 일찍이는 소화昭和 14년(1939) 2월, 조선일보 지상에서 서인식 씨가 지나사변의 역사적 의의와 현대 일본의 세계사적 사명에 대해서 언급하면서, 「현대의 과제」라는 논문 중에서 그것을 동양의 서양에서의 해방과 캐피탈리즘의 지양으로써 이해하려고 하던 것을 본 것 같은 기억이 남아 있다(680~681쪽).// …… 이러한 서양의 지성들에 대항하여 동양의 지성들이 반성을 거쳐서 건설과 조직에 자資하려는 기도 밑에 비범한 노력을 보인 것은 이미 오래전부터의 일이라고 생각되어진다. 최근 암파岩波 서점 『사상』思想지의 '동양과 서양' 특집호나 '구주 문명의 장래' 특집호를 일독하여도 그러한 것을 규지할 수가 있었다. 그의 전형적인 것을 우리는 고산암남高山岩男 씨의 『세계사의 이념』에서도 볼 수 있을까 한다. 씨는 우선 세계사의 기초 이념의 확립에 있어, 구라파의 사학이 건설한 일원사관의 거부를 선언한다. 다시 말하면 역사의 물줄기를 하나의 흐름으로 보는 서양 사학의 문화적 신앙을 깨뜨려 버리고, 세계의 역사를 다원 사관에 있어서 보려고 한다. 그러므로 씨에 있어서는 동양은 서양의 뒷물을 따라오고 있는 것이 아니라, 동양은 동양

자체로 하나의 완결된 세계사를 가지고 있다고 이해한다. 이러한 다원 사관의 입장에 서서 현대의 세계사의 문화 이념을 세워 보자는 것이다(687~688쪽).// …… 나는 「소설의 운명」의 졸고 중에서, 장편소설을 시민사회의 서사시라고 보면서, 시민사회의 발생과 발전과 쇠퇴衰退와 상응시켜서 장편소설의 발전의 제 계단을 더듬어 본 뒤에, 시민사회가 하나의 전환기를 맞이한 현대에 있어서는, 소설이 전환기의 극복과 피안의 구성에 참여할 수 있는 길은 오직 리얼리즘에 의해서만 열려질 수 있을 것이라고 결론하여 보았다. 생각건대 소설이 전환기의 극복에 참여하여 새로운 피안의 발견에 협력하여야 할 것임은 자명한 일이나, 문학이 이 길을 닦아 나가는 걸음걸이는 다른 문화와 스스로 다를 것으로, 그것은 언제나 전환기가 내포하고 있는 가지각색의 생활감정의 관찰 속에서만 발전과 비약의 계기를 포착할 수 있을 것이기 때문이다. …… 진지한 리얼리즘에 의하여서만 소설의 새로운 양식은 획득되어질 수 있을 것이며, 자유주의와 개인주의가 남겨 놓은 부채한 개인의식과 왜곡된 인간성의 소탕을 거쳐서 완미完美한 인간성을 다시금 찾는 날도 맞이해 올 수가 있을 것이다(688~689쪽).[31]

예문이 말하고 있는 바는 더 이상 은폐되어 있지 않아서 굳이 이를 풀어 쓸 필요도 없겠지만, 가령 "소화昭和 14년"이라는 일왕의 연호가 직접 등장하는 것을 정치적 압력의 강화의 표지로 읽을

---

31 김남천, 「전환기와 작가: 문단과 신체제」, 『조광』, 1941/01.

수는 있을 것이다. 이어 "지나사변의 역사적 의의와 현대 일본의 세계사적 사명"을 "동양의 서양에서의 해방과 캐피탈리즘의 지양"으로 본 서인식의 논의를 끌어들인 의도도 명백해 보인다. 하물며 고산암남高山岩男의 『세계사의 이념』을 인용하며 "다원 사관"을 바탕으로 동양 및 서양 세계사의 재구성을 언급할 때, 김남천의 내면이 어떠했을지는 족히 짐작되고도 남음이 있을 것이다. 나머지 뒷부분은 「소설의 운명」을 요약하는 내용으로, 여기까지 오게 되면 「소설의 운명」과 '전환기'의 부끄러운 유착 관계가 낱낱이 드러나고 만다. 요컨대 그것은 '신체제'하에 문학의 도구화, 곧 리얼리즘의 변질로서 친일매문의 길이었다.[32] 이후 1945년 8월

---

32 다음은 일제강점기 말기 김남천의 마지막 텍스트로서, 『매일신보』라는 발표 지면이 그 내용을 규정하고 있음은 쉽게 파악된다. "그것은 이 소설을 짜내고 엮어 내는 데 움직일 수 없는 기저가 된 것이 **나치스적인 정책적 관점**, 특히 영국에 대한 독일의 학문상 우월감과 인류적 정의관의 선양과 고취에 있다는 것을 알 수 있다. …… 예컨대 영국인은 모두 이윤의 추구에만 급급하는 자본가 기업가이요, 독일인은 모두가 인류 구제와 힉문의 연구에만 몰두하는 과학자 인도주의자다(720~721쪽).// …… 이리하여 필자는 지리한 해설 끝에 하나의 간단한 문학적 결론을 갖고자 한다. **애국사상, 애국심, 애국혼**(기타 어떠한 관념이든 간)**의 문학적 표현**(이상, 강조는 인용자)의 성공률은 문학적 형식과 표현 양식의 순수도의 높이에 정비례한다는 초보적인 상식의 상기가 즉 이것이다. 다시 말하면 한가지로 센칭가와 카로사가 민족에 대한 극진한 사랑을 가졌는지 모르되 이국의 독자들이 느끼는 바는 「아니린」은 도저히 「의사 기온」의 류가 될 수는 없다. 그러므로 여기서도 다시금 문학의 문제에서는 무엇보다도 형식이 사상을 결정한다는 상식이 되풀이되어야 하는 것이다(725쪽)"(김남천, 「두 의사醫師의 소설: 「아니린」과 「의사 기온」 독후감」, 『매일신보』, 1942/10/16~10/20).
    그러나 다행스러운 것은 김남천이 자신의 친일 행적을 숨기거나 변명하려 들지는 않았다는 점이다. 그는 해방 후 이에 대한 엄중한 책임을 친일 문인과 스스로에

15일까지, 김남천의 비평은 사유의 정지기[33] 속에서 오랜 침묵을

게 물어 가며 성실한 자기비판과 자기반성을 촉구한다. 이는 어떤 면에서 채만식의 「민족의 죄인」(1948)에 견줄 만한 친일 문제의 언급이자 자기반성의 기록이라 하겠다. 1946년 새해 첫날 발표된 다음 문장들을 본다. "말하자면 소극적인 최저 저항선을 찾아서 우리는 일본 제국주의를 반대하는 과감한 제일선에서 후퇴하고만 것이다. 이리하여 8월 15일을 전소히 타력他力에 의하여 창황蒼黃히 맞이하게 된 것이다. 이러는 동안 문학자는 시민으로서 또 문학 하는 사람으로서 시국에 협력하는 태도까지도 취하게 되는 과오를 범하였다.// 8월 15일 이후의 국내의 사태는 이러하였던 문학자의 앞에 광대廣大하고도 무거운 활동 무대와 투쟁 임무를 부과하기에 이르렀다. …… 그러므로 문학자는 그가 요청되는 여하한 임무 앞에서도 이를 기피하고 거부할 권리를 가지지 못하였다 할 것이다. 이리하여 자기비판을 거치지 못한 채 그것을 성실성 있게 성실되게 시행할 겨를도 없이 붓을 가다듬고 일선으로 나섰다. 이것은 불가피한 일이었고 또 사태의 중대성에 조照하여 당연한 일이기도 하였다.// 그러나 여기에 의연依然히(전과 다름이 없이 -인용자) 간과치 못할 것은 과거의 신상身上 문제에 대한 합리화를 거쳐서 발생하는 문학자의 비성실성의 문제다. 자기반성의 결여의 문제다. 만약 이대로 방치해 둔다면 문학과 문학 운동의 위에 다시 돌이킬 수 없는 커다란 비진실성을 남긴 채 혁명적 앙양의 물결 위에 안이하게 몸을 실음에 이를 것이다"(748~749쪽)(김남천, 「문학자의 성실성 문제」, 『서울신문』, 1946/01/01).

33 물론 김남천은 이를 '공백'으로 처리할 수는 없었다. 해방 이후 다음의 글에서 그 생각의 일단을 엿볼 수 있는데, 이를 통해서도 김남천이 현실과 대면하는 태도가 여실히 드러난다. 즉 그것은 일종의 '메마름을 견디는 힘'으로서 그것이 실존적인 것이든 역사적인 것이든, 주어진 어떠한 '현실'에서라도 눈감지 않으려는 자세이다. 그것은 암흑까지도 견뎌 내는 충실성의 힘, 어둠을 응시하는 힘으로서 자신의 시야를 끝까지 포기하지 않으려는 자의 것이다. 해방 이후 창작 부진의 원인을 짚어 가며 김남천은 말한다. "작가들은 8·15 이전의 암흑기를 문학자적 성실성에 의하여 살아왔다는 아무러한 증거도 제시하지 못하고 있다. …… 암흑기에 있어서의 침묵이 이런 의미에서 일종의 사색의 정지로 결과했다는 것은 당연스러운 일일는지 알 수 없다. 그러나 문제는 한 사람의 조선의 지식인으로서 이 시기를 얼마나 심화된 체험의 정신을 가지고 살아왔는가 하는 데 있는 것 같다. …… 우리는 붓을 가지고 현실을 재구성하는 어려운 사업의 담당자로서 암흑기가 우리 정신생활 위

거듭한다.

4) 해방기 진보적 리얼리즘의 의의 혹은 총결산으로서
「대중투쟁과 창조적 실천의 문제」[34]

　해방 이후 자주 눈에 띄는 단어는 무엇보다 '인민'people이라는
기표다.[35] 김남천은 역사 인식의 중요성을 역설하며 "국수주의적
인 조선 역사가 아니고 실로 인민적인 인민의 역사를 짜는 사업"
(736쪽)[36]을 역사학계에 당부하기도 한다. 아울러 조선 장편소설
의 진로와 방향으로서 "인민의 역사"를 언급한다. 인민의 '착취'
와 '해방'과 '수난'의 역사를 장편소설로 완성해야 한다는 것이다.
예를 들어 「건국과 문화 건설: 해방과 문화 건설」(1945)에서도
'인민'이라는 단어는 수차례 반복되며 누차 강조된다. 계속되는
요지는 조선 문화 건설 사업의 기본 성격으로서, 민족적 '형식'에
국제주의적·인민적 '내용'의 민족문화를 창조할 것을 주문하고
있다. 여기 '인민'의 쓰임새는 뒷부분에서 보완하기로 하고, 이상

에 아무러한 플러스도 남겨 주지 못하는 공백 기간이라고는 믿고 싶지가 않은 것
이다"(790~792쪽)(김남천, 「창조적 사업의 전진을 위하여: 해방후의 창작계」, 『문학』
창간호, 1946/07).

34 김남천, 「대중투쟁과 창조적 실천의 문제」, 『문학』 3호, 1947/04(글 말미에는 1946
년 12월 28일 탈고된 것으로 부기돼 있음).

35 이에 관한 최근 유럽의 사유로서 다음 책을 참고할 수 있다. 알랭 바디우 외 지음,
서용순 외 옮김, 『인민이란 무엇인가』, 현실문화, 2014.

36 김남천, 「문학의 교육적 임무」, 『문화전선』 1호, 1945/11.

의 맥락과 함께 해방기 김남천이 다시 들고 나온 테제는 '진보적 리얼리즘'이었다는 것을 기억해 두자. 해방 이전의 리얼리즘에 '진보적'이라는 수식어가 덧붙여진 것이다. 그것이 의미하는 바를 지금부터 고찰하기로 한다.

이러한 리얼리즘이 현실적으로 진보적 리얼리즘이어야 하는 까닭은 어디에 있으며 또 그것이 혁명적 로맨티시즘을 계기로서 내포하지 않으면 안 되는 까닭은 어디에 있는 것일까. 그것은 첫째로 우리가 거족적으로 총역량을 집결해서 싸우고 승리적으로 해결해야 할 민족적·역사적 과제가 진보적 민주주의의 건설이라는 데 있지 않으면 안 되겠다. 다시 말하면 현재의 조선 혁명의 성질이 진보적 민주주의 혁명의 단계라는 데서 오는 것이 아니면 안 되겠다. …… 둘째로 그것은 과학적 유물론, 더 명확하게는 유물변증법과 맞붙는 리얼리즘이 아니면 안 되겠다. …… 우리는 현실을 유동성과 발전성에 있어서 파악하는 과학적 유물론의 무장 없이 진정한 진보적 리얼리즘을 이해할 수 없다고 생각한다.// 셋째로 그것이 혁명적 로맨티시즘을 커다란 계기로 하여야 하는 이유는 무엇일까. 도대체 로맨티시즘의 토대가 되는 것은 현실에 만족하지 않고 명일과 미래에로의 부단한 전진, 다시 말하면 현실적인 몽상, 미래를 위한 의지, 가능을 위한·치열한 꿈 등인 것인데 …… 현재의 민족적 과제야말로 이것을 위하여 싸우는 민족의 거대한 꿈과 영웅적인 정신과 함께 정히 민족의 위대한 로맨티시즘이 아닐 수 없기 때문이다.// 그러므로 한마디로 말하여 혁명적 로맨티시즘을 계기로 내포한 진보적 리얼리즘이란 하나의 종합적인 스타일을

갖추는 민족 문학 수립의 커다란 기본적 창작 태도라 말할 수 있을 것이다(760~761쪽).[37]

김남천의 설명을 따라 해방기의 리얼리즘이 진보적 리얼리즘이어야 하는 이유는 다음과 같다. 먼저 그것은 조선 혁명의 현 단계가 진보적 민주주의 혁명의 단계라는 인식에서 나온다. 보다 정확하게는 "부르주아민주주의혁명"(799쪽)[38]의 단계라는 것이다. 다음으로 그것은 변증법적 유물론과 결합된 것으로서 사적 유물론의 입장을 지향하기 때문이라는 것이다. 끝으로 그것이 '혁명적 로맨티시즘'을 계기로 하는 이유는, "현재의 민족적 과제"가 미래에의 "꿈"과 그 실현을 위한 "영웅적 정신"을 정신적 동력으로 삼고 있기 때문이라는 것이다. 결론적으로 진보적 리얼리즘이란 "혁명적 로맨티시즘을 계기로 내포한 종합적 스타일"로서 민족 문학 수립의 기본적 창작 태도라는 것이 김남천의 논리이다. 이는 별반 이견이 없을 만한 타당하고 설득력 있는 논리로 보인다. 그리고 해방 이전 고수했던 리얼리즘의 관점과도 큰 차이를 발견하기는 어렵다. 다만 해방기라는 역사적 상황에서 구체적으로 명명된 것이 '진보적 리얼리즘'이란 사실만 유념해 두기로 하자. 그것은 다른 무엇보다 '역사적' 테제로서 제출된 것이며 해방기의 정치적·문학적 열망을 고스란히 반영한 것이었다. 하지만 이런 희망과 기대는

---

37 김남천, 「새로운 창작방법에 관하여」, 『중앙신문』, 1946/02/13~02/16.
38 김남천, 「민족문화 건설의 태도 정비」, 『신천지』, 1946/08.

그리 오래 지속되지 못했다. 미군정이 일본 제국주의를 완벽하게 대체했기 때문이었다. 그것은 김남천의 텍스트에서 일제강점기의 '재생'과 '재현' 등으로 묘사됐는데, 당시 미군정하 남조선의 문화적 위기와 반동적·식민지적 상황은 「문화 정책의 동향」(1947)[39] 과, 특히 「남조선의 현정세와 문화 예술의 위기」(1947)[40]에 그대로 담겼다. 특히 후자는 당시 김남천을 위시한 지식인들의 위기감을 호소력 짙은 경어체의 문장으로 매우 절박하며 상세하게 기록하고 있다.

이제 본론의 마지막 순서로서 해방기의 실질적인 마지막 텍스트를 살피고자 한다. 에둘러 말해 그것은 김남천의 비평적 사유의 최종 결산이며 집대성이자 총화總和로서의 지위를 갖는다. 그것은 직접적으로는 1946년 9월 24일부터 3개월여 지속된 역사적 사건으로서, '10월 인민항쟁'을 모티프로 하고 있다.[41]

그러므로 1946년 9월 24일에서 시작된 이른바 10월 인민항쟁을

---

39 김남천, 「문화 정책의 동향: 흥행 문제에 관한 고시告示를 보고」, 『문학평론』 3호, 1947/04.

40 김남천, 「남조선의 현정세와 문화 예술의 위기」, 『문학』 3호, 1947/04.

41 실제로 김남천은 이를 형상화한 소설 『시월』十月을 『광명일보』에 1947년 7월 1일부터 8월 14일까지 연재했으나 해당 신문의 휴간으로 중단되었다. 연재를 앞둔 6월 27일 『광명일보』 기사에는 이에 대한 「작가의 말」이 게재되기도 했다. 이후 『광명일보』는 『제일신문』으로 제목을 바꾸고 복간되었지만 이후 『시월』은 끝내 연재되지 않았다. 이에 관해서는 김남천의 『1945년 8·15』(작가들, 2007)에 '해설'로 수록된 글, 이희환, 「8·15해방과 좌·우·중간파의 장편소설: 김남천 장편 『1945년 8·15』의 역사적 의미」에 그 과정이 설명되어 있다.

창조적 대상으로 할 때엔 …… 대체로 10월 인민항쟁에 대한 견해
는 두 개로 개괄해 버려도 좋지 않을까 하는 생각을 나는 가지고
있다. 아니 본질적으로 확실히 두 개의, 그리고 두 개만의 대립된
견해가 존재해 있고 또 존재할 수 있다고 확언해도 좋지 않을까
생각한다. 실로 이러한 모든 견해는 인민이 역사 위에서 노는 역
할과 인민의 행동과 그 역량과 역사적 임무에 대해서 전혀 그릇된
평가를 가지고 있던가 또는 온전한 무시와 부정 위에 그들의 견해
를 세우고 있다는 점에서 본질적으로는 아무런 차이가 없는 때문
이다. 일부 소수 악질분자의 선동설도 인민과 인민의 힘과 인민의
역사적 사명에 대해서 아무런 관심도 가지고 있지 못하다는 것을
여실히 폭로하였고 …… 다른 또 하나는 말할 것도 없이 이것을
인민 자신의 항쟁이라고 규정하는 전혀 대척적인 견해이다(841~
842쪽).// …… 요컨대 사회적 발전의 원동력을 광범한 대중 속에
서 보지 못하고 계급투쟁의 역사적 성격을 바르게 평가하지 못하
는 반면, 윤리적이요 주관적이요 양심적인 것 가운데 그 출구를
구하려는 모든 사상이 결과에 있어서는 부르주아지의 견지에 서
게 된다는 것은 언제나 교훈적이 되는 것이다. 인민항쟁에 있어
인민의 힘을 그리고 그의 역사적 사명을 정당히 인식치 못하는 일
체의 인민 과소평가의 도배徒輩들이 궁극에 있어 인민의 편에서가
아니라 그의 적의 이익을 위하여 지껄이고 있는 사실은, 마르크스
와 엥겔스의 남겨 놓은 교훈에 있어 일층 그 본질을 명료하게 하
는 바 없지 않다 할 것이다(847쪽).// …… 계급투쟁의 객관적 진향
을 최대한도로 왜곡하는 주관주의적 이상화의 방법으로가 아니라
머릿속에서 제멋대로 날조된 사건에서가 아니라 현실의 원동력과

역사적, 계급적 충돌과를 해명할 수 있는 광범한 민중의 역사적 투쟁을 표현할 수 있는 그러한 방법을 요구하고 있는 것이다. 이 것을 마르크스와 엥겔스는 '실러적 방법'에 대립되는 것으로 특히 '셰익스피어적 방법'이라고 호칭하고 있거니와 우리가 일찍이 창 작 방법 논의에서 본바 '리얼리즘'의 방법이란 곧 이것을 말하는 것이었다. 그리고 이것은 인민에 대한, 계급투쟁에 대한, 마르크스 와 엥겔스의 정치적·역사적 평가와 상응해 있는 것이다. 인민항쟁 은 인민이 그 자신의 자유와 생존을 위하여 전개하는, 반동 지주와 친일 재벌과 국제 반동의 연합 세력에 대한 항쟁인 것이오, 이의 창조적인 묘사는 추상적인, 주관적인 일체의 기만적 교설을 박탈 하는 강력한 리얼리즘에 의하여서만 가능할 것이다(848~849쪽).

이 글은 여러모로 매우 흥미로운 텍스트이다. 우선적으로 그것 은 작가로서 김남천 자신의 '창작 노트'로서의 성격을 갖는다. 이 글은 소위 '이도류'二刀流, 즉 **작가-비평가**로서의 그의 문학적 자 의식이 짙게 배어 있다.[42] 즉 현실을 어떻게 볼 것인가라는 '인식'

---

42 이에 대해서는 다음 글들을 참고할 수 있으며, 이에 대한 주석은 추후로 미뤄 두 고자 한다. "누군가는 나를 가리켜 '검술로 이를테면 이도류二刀流'라고 말한 적이 있었다. 이만만 해두고 말았으면 괜찮았겠는데 박태원 군이 설명을 붙여서 '남천은 남의 작품을 디리 갈길 때면 비평가의 입장, 제 작품 욕한 놈 반격할 때엔 작가의 입장' 이래서 이중 악덕가요 이도류라는 말의 내용이 명백해졌다(463쪽). …… 지 론이란 별것이 아니다. 창작 논쟁엔 작가가 참여함이 필요하다는 오래전부터의 전 통이 나에게 남아 있는 때문이고, 또 문화인의 자격으로서 문화사상 전반에 대하여 충분한 관심과 적극적인 정신적挺身的(앞장서 나가는 -인용자) 태도를 취함이 떳떳

의 문제로부터 출발하는 **역사적 사건의 예술적 형상화**의 문제이
다. 그것은 보다 일반적인 개념적 표현으로는 세계관과 창작 방법
의 문제라 할 것이다. 결론을 앞서 말한다면 그것은 '민중적 관점'
과 '리얼리즘의 방법'의 결합으로 얘기할 수 있겠고, 이를 더 축약
한다면 그것은 **진보적 리얼리즘**이라는 보다 간명한 표현을 얻게
될 것이다. 또 이를 다른 말로 푼다면, 그것은 내용과 형식이라는
한층 진부한 어휘를 동원하게 될 것이다. 그것이 무엇이 됐든 이
글이 지닌 독자성은 세계관과 창작 방법을 더 이상 이론이 아닌,
라살레의 작품『지킹엔』에 관한 대립적 견해들을 통해, 그리고 다

하다는 생각과, 작가란 본래 비평가만 못지않게 분석의 정신과 비판의 정신을 날카
롭게 갖고 있어야 한다는 생각이 있는 때문이다(464~465쪽)"(김남천, 「작가의 정
조貞操: 비평가의 생리를 살펴보자」, 『조선문학』, 1939/01). "비평가 처놓고 내 작품
처럼 비평하기 쉬운 것은 없을 것이다. 내가 쓰는 평론이라는 것을 읽는 이는 그
평론이라는 것이 대부분 문학적 주장이나 창작상 고백인 때문에 작품을 보는 데
여러 가지로 참고가 될 것이라고 나는 생각하고 있다. 주장하는 것과 떠나서 내가
작품을 제작한 적은 거의 흔 번도 없었고 또 나의 주장이나 고백을 가지고 설명하
지 못할 작품을 써본 적도 퍽 드물다. 그러므로 나의 주장하는 바가 어느 정도로
작품으로서 구상화되었는가 하는 부면部面을 검토하는 것도 비평가로서는 하나의
일거리가 될 수 있을 것이요, 대체 그 주장하는 것 자체가 어느 정도를 현대문학의
중심 문제일 수 있는가 하는 것을 나의 실험된 작품의 성과를 보면서 분석해 보는
것도 비평가들이 할 수 있는 일일 것이다.// 나의 우인友人 비평가들이나 평론가들
이 이상과 같은 관점에서 나의 작품을 검토하는 것을 나는 흔히 보아 왔고 또 그렇
게 해주는 것이 나 자신의 본의에도 적합하다는 것이 미상불 사실이었다.// 이러한
사정은 작자인 나에게는 반갑기도 한 일이나 섭섭키도 할 일이고 또 이롭기도 하
나 해롭기도 한 결과를 낳는다는 것을 나는 잘 알고 있다. …… 평론이나 비평을
하는 한편, 작품도 쓰는, 이른바 '양도류'兩刀流의 곤란한 이해타산이 여기에 있다"
(511~512쪽)(김남천, 「양도류兩刀流의 도량道場」, 『조광』, 1939/07).

시 그것을 1946년 10월 인민항쟁이라는 해방기 조선의 구체적인 역사적 실례를 통해서 설명하고 논증하고 있다는 데 기인하는 것이다. 이 글의 배경에는 라살레의 작품 『지킹엔』을 둘러싼 논쟁으로서 라살레 자신과 마르크스-엥겔스의 유명한 1859년의 편지 글들이 자리하고 있다. 김남천은 묻는다. "역사적 관점과 정치적 견해는 창조적 실천에 있어서 필연적으로 어떠한 미학상 관념을 결과하게 되는 것일까?"(843쪽). 그리고 엥겔스의 견해를 따라, 라살레가 "객관적, 계급적 제 조건으로부터 출발"하고 있는 것이 아니라, 주인공의 대화를 통한 "주관적·추상적 사상"으로부터 출발하고 있다고 평가한다. 그것은 리얼리즘과는 대척점에 있는 아이디얼리즘에 귀속되는 관점이다. 또한 그가 혁명의 모든 문제를 "프롤레타리아의 견해로서가 아니라 부르주아지의 견지에서 설정"하고 있다고 간주한다. 따라서 라살레는 그 본질에 있어서는 "인민항쟁을 팔아 넘"긴 것과 진배없다고 몰아세운다. 한마디로 그는 역사를 민중의 관점에서 파악하지 못한 것이다. 이에 반해 마르크스-엥겔스는 철저히 민중적 관점에서, 그리고 리얼리즘의 방법으로써 이를 관철시킬 것을 주장했던 것이다. 그러므로 그것은 민중적 관점과 리얼리즘의 결합으로 규정되며 해명되는 것이다. 아울러 리얼리즘이라는 창작 방법은 "인민에 대한, 계급투쟁에 대한, 마르크스와 엥겔스의 정치적·역사적 평가와 상응해" 있다는 점이다. 결론적으로 그것은 "인민과 인민의 힘과 인민의 역사적 사명"에 대한 정당한 인식과 함께 "추상적인, 주관적인 일체의 기만적 교설을 박탈하는 강력한 리얼리즘"에 의해서만 비로소 가능해질 것이다. 덧붙여 해방기 김남천이 주창한 '진보적 리얼리즘'의 의의 또한 실로 거기에 있다 할 것이다. 하여 이곳에 이르러 "역사적 전환기-낡은 것과 새로운 것의 격렬한 싸움의 시기"(842 쪽)의 치욕스러운 이름은 드디어 온전하며 명실상부한 제 명명을 되찾는다.

한편 해방기 진보적 리얼리즘의 의의는 '진보적'이라는 수식어의 구체적 의미가 해명돼야 비로소 그 실체가 드러날 것으로 생각한다. 그리고 이는 과거 카프 문학에 대한 김남천 자신의 평가와도 깊이 연관된다. 사실 '진보적'이라는 어사는 매우 포괄적이고 추상적인 말이어서, 이를 통해 김남천이 지시하고자 했던 내용이 구체적으로 드러나 있지는 않다. 다만 '인민'이라는 기표, 그리고 이에 따른 민중적 관점이라는 것의 세부적 함의를 밝혀야 그 실상이 모습을 드러낼 것이다. 먼저 그것은 프롤레타리아계급의 지위 혹은 카프 문학의 역사적 의미에 대한 상대적 평가 및 제한적 부정과 연동된 것이라 할 것이다. 김남천은 「조선문학의 재건再建」(1946)[43]에서 카프 문학에 대한 역사적 평가를 시도하는데, 이는 비교적 간단치 않은 맥락을 포함하고 있다. 그것은 일종의 어떤 중립적 입장으로서 사실상 긍정도 부정도 아닌 **제한적 부정**으로서의 성격과 효과를 지니고 있는 것으로 판단된다. 이는 상당히 중요한 뜻을 내포하는 것인데, 프로문학이 표방했던 계급 이념이라는, 어떤 면에서는 거의 치명적인 판단과 해석과 직결되는 것이

---

43 김남천, 「조선문학의 재건再建: 민족문학의 표어標語에 관한 성찰」, 『민성』民聲 6호, 1946/04.

기 때문이다. 해방기 계급문학을 기치로 한 문학적 동향과 집단적 움직임들에 대해 김남천은 의외로 꽤 부정적인 평가로 일관하고 있다. 일차적으로 그것은 해방기 조선의 사회구성체에 대한 규정에서 근본적으로 김남천은 그들과 입장을 달리했기 때문으로 보인다. 김남천은 그것을 '부르주아민주주의혁명'의 단계로 규정한다. 따라서 이때 혁명의 전위로서 프롤레타리아계급의 영도성은 제한적 의미만을 갖게 된다.[44] 동시에 일제강점기 변혁의 구상에서 배제됐던 계급으로서 민족부르주아는 그 진보적 역할의 가능성을 부여받게 된다. 물론 이후 미군정하에서 부르주아지는 그 반동적 성격을 즉각 드러내고 말았지만 해방 직후 사회구성체의 규정과 이에 따른 변혁의 구상에 있어 담당 주체의 범주와 스펙트럼은 상당히 광범위하게 확장되고 있었던 것이다. 아울러 진보적 세계관을 담지할 '인민'의 범위 역시 정의되어야 할 것이다. 기본적으로 그것은 노동자·농민 등 직접적 피지배계급뿐만 아니라 학생을 포함한 양심적 소시민 계층을 두루 아우르는 것이다. 그들은 "민중의 기본적 생활의 욕구"(772쪽)를 반영한 존재로서 규정된다.

---

44 다음과 같은 대목은 이러한 김남천의 입장을 분명히 드러낸다. "물론 금일에 있어도 민족 문학 수립의 영도권은 프롤레타리아트에 있다. 그것이 곧 프롤레타리아혁명이 아니듯이 민족 문학의 수립의 영도자가 프롤레타리아트로되 그것이 곧 프롤레타리아문학은 아닌 것이다. 그것은 또한 민족 문학의 수립에 있으되 민족주의적인 혹은 민족주의자의 문학은 아닌 것이요, 더구나 일부 민족 재벌의 문학은 더욱 아닌 것이다. 그것은 어디까지나 민족의 해방과 국가의 완전 독립과 토지문제의 평민적 해결의 기초 위에서 통일된 민주주의적 민족 문학이어야 하는 것이다"(773~774쪽).

이와 같은 맥락에서 김남천은 카프 시기의 "프롤레타리아문학의 표어는 반反일본 제국주의와 반反봉건성을 기본 임무"로 했던 당대 "민족 문학의 구체적인 표어"였다고 규정한다. 이는 어떤 면에서 상당히 의외라 봐야 할 것이다. 다시 말해 카프 문학이 내걸었던 '계급'문학으로서의 위상과 그 이념의 역사적 정당성을 전적으로 인정하는 것이 아니기 때문이다. 그는 당시의 프로문학의 의의를 계급 이념의 정당성에서가 아닌 **민족 문학**으로서의 그 역사적 위상과 성격에서 도출하고 있는 것이다. 이는 얼핏 그가 마르크스주의의 이념과 계급투쟁의 당위성을 **부정**否定하는 것으로도 비칠 수 있다. 따라서 이는 매우 신중한 판단과 엄격한 해석이 따라야 하는 것이다. 그럼 이 위험할 수 있는 추론의 나머지를 마저 진행해 보기로 하자. 김남천은 "1925년 결성 이래의 조선프롤레타리아예술동맹(약칭 카프)의 일제하의 투쟁을 어떻게 평가하느냐, 하나의 과오와 편향만의 역사냐 아니냐에 대한 역사적·과학적 평가"(766쪽)가 필요하다면서, "카프의 결성과 그 운동"을 "일률—律로 극좌적 과오의 역사라고 단안斷案하는 자를 가리켜 역사적 평가에 있어 구체성을 망각한 기계주의자라고 반대하는 바"라고 분명히 밝힌다. 이후부터는 논리가 다소 꼬여 있어서 그 의미가 명료하게 이해되지는 않는다. 즉 이와 같은 부당한 평가에는 "8월 15일이라고 하는 중대한 혁명적 계기가 정당히 평가되어 있지 않은 까닭"이라고 말하고 있기 때문이다. 이 말의 핵심적 의미는 "반일反日 문학이라는 면이 그 비중에 있어 확실히 달라진 것"이라는 부분 속에 있어 보인다. 그렇다면 카프 문학의 역사적 정당성은 반일 문학에, 즉 항일 민족 문학으로서의 성격에 있다는 말이 되는 것이다. 따라서 이 말의 함의는, 계급문학으로서의 카프 문학의 역사적 정당성은 부분적으로 부정된다는 것이 아닐 수 없다. 카프 문학의 슬로건은 '민족 모순'이 아닌 '계급 모순'을 토대로 제출된 것이기 때문이다. 카프 문학을 "민족 문학의 구체적인 표어"로서 규정하고 있는 김남천의 논리의 배면에는 바로 이런 점이 가려져 있는 것이다. 그리고 이를 직접적인 언표로서(써) 구체화하는 데는 김남천 자신도 얼마간 망설이고 주저하는 형편이어서 그 미묘한 긴장감이 약간의 논리적 균열로서 나타나고 있는 것이 아닐까 한다. 결론적으로 해방기 '진보적' 리얼리즘이라는 명제 속에는, '계급문학'에 대한 **제한적 부정**과 함께 일종의 그것의 지양으로서 전면화되고 있는 **민족 문학**으로의, 보다 정확히는 변혁 주체의 범주의 확산을 통한 리얼리즘 개념의 확대와 확장이라는 숨은 뜻이 담겨져 있다는 점을 명확히 할 필요가 있는 것이다.

3. 마르크스주의 비평으로서 김남천 비평의 위상

먼저 지금까지의 논의를 간략히 정리하기로 한다. 김남천에게 있어 칸트의 '경쾌한 비둘기'는 하나의 중핵적 기표로서 그의 비평적 사유의 원천이자 논리적 준거점으로 이해할 수 있다. 김남천은 카프 해산을 기점으로 이에 대한 해석의 방점을 옮겨간 것으로 보이며, 이는 그의 내적 동기와도 깊이 결부된 것이었다. 아울러 이는 카프 비평사의 성패를 가늠하는 거시적 지표로서도 기능할 수 있다고 판단된다. 김남천의 비평을 해명하는 열쇠이자 가장 적합한 단어는 '리얼리즘'이라 해야 온당할 것이다. 그의 비평 세계는 궁극적으로 '리얼리즘'에 이르는 도정이라 명명할 수 있으며, '리얼리즘'이라는 기표는 그 역사적 전개를 따라 의미의 분화 과정을 겪는다. 최종적으로 그것이 도달한 지점은 해방기 진보적 리얼리즘으로서 그 범주 및 개념이 한층 확산되고 또한 심화된 것이었다.

20세기 전반기 비평사에서 마르크스주의 비평의 진경眞景/進境을 보여 준 공로는 마땅히 김남천에게로 돌아가야 한다고 나는 생각한다. 그 이유를 아래에서 밝히고자 한다. 이는 김남천 비평이 여러모로 잘못 이해되거나 왜곡되어 온 그간의 사정과도 무관하지 않을 것이다. 마르크스의 과학적 방법론은 **추상에서 구체로 진입**하는 것이다.[45] 달리 말해 구체에서 추상으로 향하거나(전자), 추상에서 구체로 '상승'하는(후자: 헤겔의 『정신현상학』의 방법론) 것이 아니다. 마르크스의 원전 해석에 있어 전자나 후자로 곡해되는 경우가 적지 않은데, 그 사유의 집대성이자 대표작 『자본』의 체계를 살핀다면 이는 선명하게 드러나는 점이다. 『자본』 1권이 잉여가치의 '생산' 과정을 다룬다면, 2권은 자본의 순환과 '유통' 과정을 다룬다. 3권은 잉여가치의 현상 형태인 이윤, 이자, 지대를 중

---

45 Karl Marx, *Outlines of the Critique of Political Economy*; *Marx-Engels Collected Works* (*MECW*) Vol. 28, trans. by Ernst Wangermann, London: Lawrence & Wishart, 1986, pp. 37~39; 칼 마르크스 지음, 김호균 옮김, 「정치경제학의 방법」, 『정치경제학 비판 요강』, 백의, 2000, 70~72쪽.

심으로 다룬다.『자본』의 핵심 논리가 잉여가치의 생산에 있으므로, 1권은 그 추상적 **원리론**에 해당한다 할 수 있다. 또한 '유통'의 과정은 '생산'이라는 본질적 계기가 실현되는 구체적 양상들로 간주할 수 있다. 덧붙여 '생산'과 '유통'이라는 자본의 총순환 과정이 전도된 외양이자 일종의 이데올로기로서 현상하는 것이 각각 이윤, 이자, 지대라 할 것이다. 따라서 1, 2, 3권의 논리 전개의 방향은 명백히 추상에서 구체로 향해 있는 것이다. 아울러 마르크스는 구체적인 것의 추상으로서, 어떤 '원리' 같은 것이 별도로 존재하는 것으로 생각하지도 않았다. 현상을 떠난 본질은 있을 수 없으며 현상은 결코 주관적인 것이 아니라는 그의 지적은 이를 잘 뒷받침해 준다.

이와 같은 점들을 참고할 때 김남천 비평의 사유 전개 과정이 마르크스의 그것과 상당히 닮아 있음을 확인할 수 있다. 그가 '진공 중의 비둘기'에서 '공중의 비둘기'로 사유의 방점을 이동해 간 것은, 그의 비평 세계가 추상에서 구체로 옮아갔음을 말해 주는 단적인 증거일 것이다. 그것은 추상적 관념 체계로서 카프의 역사적 실패와 공속 관계를 이룬다. 또한 일련의 주체화 논제들 역시 보편적·추상적 원리로부터 경험의 물질성, 삶의 구체성을 복원하려는 시도로 읽을 수 있을 것이다. 한편으로 풍속론에서 언급되는 '인물로 된 이데'라는 개념은 추상에서 구체로 향하는 김남천의 일관된 입장과 함께, 현상 분석을 통해 본질에 육박하려는 그의 태도가 그대로 반영된 것으로 평가할 수 있다. 해방기 '진보적 리얼리즘'의 구상과 관련하여 카프의 문학사적 평가에 있어, 일종의 **제한적 부정**의 태도를 표명한 것도 이와 관련된다고 할 것이다.

카프가 지향했던 이념 형태는 식민지 조선에 뿌리박은 '현실형'이 아닌 가상의 '관념형'에 가까운 것이었기 때문이다.[46] 끝으로 리얼리즘에 관한 김남천의 문학적 사유가 집대성된 글, 「대중투쟁과 창조적 실천의 문제」에서 더 이상 외국 이론의 사변적 검토가 아닌 당대의 구체적인 역사적 사건으로서 '10월 인민항쟁'을 모티프로 삼고 있다는 점 역시 특기할 만하다.

이상의 논점들을 모두 관통하는 최후의 명제로 사유 형태로서의 유물론을 검토한다. 유물론자로서 마르크스가 궁극적으로 도달하고자 했던 지점은 역사적 유물론의 구성이었다. 그리고 그것은 인간적 의지의 개입이나 주관의 인식 작용과는 무관하게 객관 법칙과 내적 필연성에 따라 움직이는 인류의 보편사의 전개였다. 『1844년의 경제학-철학 수고』에서 "역사는 인간의 진정한 자연사이다"History is the true natural history of man라고 갈파했던 마르크스의 진의는 바로 여기에 있다. 그런 점에서 현실의 '객관적 존재'보다는 인간의 '주관적 의지'에 더 많이 의거했던 박영희(목적의식)나 임화(낭만 정신)는 본래적 의미의 유물론자라 부르기에는 어려운

---

[46] 한국 공산주의 운동사상 가장 중요한 문건의 하나로, 1928년 12월 10일 코민테른이 채택한 「12월 테제: 조선 문제에 대한 코민테른 집행위원회의 결의(조선농민 및 노동자의 임무에 관한 결의)」를 꼽을 수 있는데, 여기에서도 "조선에서의 혁명은 토지혁명이 되어야만 한다. 이처럼 제국주의의 타도와 토지문제의 해결은, 그 발전의 첫 번째 단계로서 조선 혁명이 지니는 주요한 객관적·역사적 실질이다. 이 의미에서 조선 혁명은 부르주아민주주의혁명이 될 것이다"라고 밝히고 있는 것을 감안하면 역사의 아이러니가 아닐 수 없다(「12월 테제」는 임영태 엮음, 『식민지시대 한국사회와 운동』, 사계절, 1985에 수록돼 있으며, 서대숙의 영역본도 함께 참고할 수 있다).

측면들이 있다. 가령 임화가 「신문학사의 방법」(1940)에서 목표로 삼고 있는 것은 '보편적 정신사'의 기술이며, 이는 헤겔의 객관적 관념론과도 상통하는 것이라 하겠다. 그런 맥락에서 박영희와 임화는 **형이상학적 유물론**(마르크스가 『독일 이데올로기』에서 비판한 바 있는)의 사유 형태를 지닌 것으로 판단할 수 있다. 반면 김남천이 리얼리즘의 최종형으로 제시한 '관찰 문학', 지속적으로 강조했던 발자크의 '리얼리즘의 승리' 개념 등은 작가의 주관을 가능한 한 최소화하여 객관세계에 종속시키려는 시도라는 점에서, 유물론자로서 마르크스의 입장에 보다 근사한 태도라 여길 수 있을 법하다. 마르크스의 유물론적 입장 역시 하나의 관념 형태임을 부인할 수 없으며, 창작 주체로서 작가의 구성 의지를 배제하는 것 또한 마찬가지로 원천적으로 불가능한 것이겠지만, 김남천이 진정한 리얼리스트 작가가 견지할 유일한 자세로서 '몰아성'沒我性을 지목한 것은, 다름 아닌 **'신체의 강렬도 = 0'** 상태로서 텅 빈 주체, 마치 남을 위해 기꺼이 제 몸을 내어 주는 무당과도 진배없는, 참된 시인의 길을 넌지시 암시하고 있는 것은 아닐까 한다. 하여 김남천의 비평 텍스트는 여전한 호소력을 지닌 문학적 전통으로서 풍부한 해석 가능성을 열어 놓은 채 역사적 현재의 부름을 기다리고 있다.

참고문헌

권성우, 「임화와 김남천: 동지, 우정, 고독」, 임화문학연구회 엮음, 『임화 문학 연구』 3, 소명출판, 2012, 101~140쪽.

김남천, 정호웅·손정수 엮음, 『김남천 전집』 1·2, 박이정, 2000.

김동식, 「리얼리즘의 승리와 텍스트의 무의식」, 『민족문학사연구』 38호, 2008.

_____, 「텍스트로서의 주체와 '리얼리즘의 승리': 김남천 비평에 관한 몇 개의 주석」, 『한국현대문학연구』 34호, 2011.

김민정, 「전략의 기표, 응전의 기의: 김남천 창작방법론의 비평적 성격과 리얼리즘론의 의미 고찰」, 『비교어문연구』 45호, 2017.

김윤식, 『한국근대문예비평사연구』, 일지사, 1976.

_____, 『한국근대문학사상사』, 한길사, 1984.

_____, 『임화연구』, 문학사상사, 1989, 337~359쪽.

김영민, 『한국근대문학비평사』, 소명출판, 1999.

김외곤, 「김남천 문학에 나타난 주체 개념의 변모 과정 연구」, 서울대학교 박사 학위논문, 1995.

김지형, 『식민지 이성과 마르크스의 방법』, 소명출판, 2013.

손유경, 『프로문학의 감성 구조』, 소명출판, 2012, 227~257쪽.

알랭 바디우 지음, 서용순 외 옮김, 『인민이란 무엇인가』, 현실문화, 2014.

이도연, 「창작과정에 있어 '주체화'의 문제: 김남천의 '일신상—身上의 진리' 개념을 중심으로」, 『한국학연구』 36호, 2011.

이희환, 「8·15해방과 좌·우·중간파의 장편소설: 김남천 장편 『1945년 8·15』의 역사적 의미」, 『1945년 8·15』(김남천 작), 작가들, 2007, 332~359쪽.

임규찬·한기형 엮음, 『카프비평자료총서』 I~VIII, 태학사, 1990.

임마누엘 칸트, 최재희 옮김, 「[초판의] 들어가는 말」, 『순수이성비판』, 박영사, 1997, 49~50쪽.

임영태 엮음, 『식민지시대 한국사회와 운동』, 사계절, 1985.

임화문학예술전집 편찬위원회 엮음, 『임화문학예술전집』 1~5, 소명출판, 2009.

정명중, 『육체의 사상, 사상의 육체』, 문학들, 2008.

조셉 칠더즈·게리 헨치 엮음, 황종연 옮김, 『현대문학·문화 비평 용어사전』, 문학동네, 1999, 432쪽.

채호석, 「김남천 문학연구」, 『한국 근대문학과 계몽의 서사』, 소명출판, 1999, 15~110쪽.

칼 마르크스 지음, 김호균 옮김, 『정치경제학 비판을 위하여』, 중원문화, 1988, 7쪽.

_____, 김호균 옮김, 『정치경제학 비판 요강』 1, 백의, 2000, 70~72쪽.

_____, 강신준 옮김, 『자본』 I~III, 도서출판 길, 2008.

_____, 김태경 옮김, 『1844년의 경제학-철학 수고』, 이론과실천, 1987, 132쪽.

Lacan, J., "Seminar 1: Wednesday 13 November 1973", Seminar XXI: Les non-dupes errent(1973~1974), trans. by Cormac Gallagher, not published, p. 14. http://www.lacaninireland.com

Marx, K. & F. Engels, *Marx-Engels Collected Works(MECW)* Vol. 28, trans. by Ernst Wangermann, London: Lawrence & Wishart, 2001, pp. 37~39.

6
MARXISM

전시체제 전환기
한일 마르크스주의자의
'풍속' 비판 담론

: 도사카 준(戶坂潤)과 김남천의
'풍속' 담론에 대한 재론

1. 전시체제 전환기 일상의 재편과 마르크스주의자의
   '풍속' 담론

　1900년대를 전후로 동아시아 사회에는 역사적 운동과 연관된 '~주의(= ism)' 관련 용어들이 유통되기 시작했다. 야마무로 신이치山室信一는 『러일전쟁의 세기』에서 1905년 전후의 시대를 "전쟁과 혁명이 긴밀한 연관성을 가지고 움직"였던 시기이자 사회주의를 비롯한 사상들이 세계적으로 확대된 때로 서술하고 있다.[1] 이 무렵에는 새로운 시대 경험을 강조하기 위해 제시된 '혁명', '진보', '발전' 등의 표현 역시 유행하게 되었다. 라인하르트 코젤렉Reinhart Koselleck이 이야기했듯이 이런 개념들은 역사적 운동과 연관된 행동을 정당화하려 했으며, 그 운동을 미래로 고양하는 역할을 담당했다.[2]

　그러나 1930년대에 이르면 그런 역사적 운동의 유효성에 대한

---

* 이 글의 초고는 2014년 하반기 기획되었고, 2015년 4월 한림과학원 HK사업단 심포지엄 "동아시아, 교차하는 개념들"에서 「공통 감각과 일상 영역의 비판적 재구축: 도사카 준과 1930년대 식민지 조선의 비평가들이 사용한 '상식/통속' 및 '풍속' 개념」이라는 제목으로 발표되었다. 2017년에는 그 초고를 수정해 「전시체제 이행기의 풍속 비판 담론: 김남천과 도사카 준戶坂潤의 풍속 담론에 대한 재론」이라는 제목으로 국제한국문학문화학회에서 발간하는 『사이間SAI』(23권)에 발표했다. 단행본에 이 글을 재수록하며 기존 원고의 내용을 여러 부분 수정했다는 점, 특히 '도사카 준'과 관련된 논의는 새로운 내용이 상당 부분 추가되었다는 점을 밝힌다.
1 야마무로 신이치 지음, 정재정 옮김, 『러일전쟁의 세기: 연쇄 시점으로 보는 일본과 세계』, 소화, 2010, 200쪽.
2 코젤렉은 그러한 운동 개념의 형성 과정에 주목하여 개념사 연구를 정립해 낸 것이다. 라인하르트 코젤렉 지음, 한철 옮김, 「근대-현대적 운동 개념의 의미론」, 『지나간 미래』, 문학동네, 1998.

회의감과 위기의식이 전면화된다. 이 무렵에 활동했던 비평가 백철은 해방 이후『신문학사조사』에서 1932~33년을 전후로 '불안사조'不安思潮가 세계를 지배하게 되었다고 회고한다. 그 불안은 경제적으로는 세계 대공황의 심화에, 정치적으로는 제국주의의 위기와 파시즘의 도래에 영향을 받은 것이다.[3] 이 시기는 일본이 1931년에 만주사변을 일으킨 직후였으며, 만주사변은 1937년에 일어나게 될 중일전쟁의 전초를 이루는 것이기도 했다. 만주사변의 영향은 곧 일본 공산당 간부인 사노 마나부佐野學의 전향 성명으로 이어졌고, 그 전향은 일본 사회주의자뿐만 아니라 조선 사회주의자의 대량 전향을 초래했다.[4]

최근의 연구에서는 제국 일본이 전시 사회체제[5]로 전환해 갔던 시기, 사상 및 출판 통제의 양상이 변화하기 시작했음을 지적한다. 정근식에 따르면, 청년 장교들이 일으켰던 2·26 사건이 진압

---

3 백철,『신문학사조사』, 신구문화사, 2003, 417~418쪽.

4 요네타니 마사후미 지음, 조은미 옮김,『아시아/일본: 사이에서 근대의 폭력을 생각한다』, 그린비, 2010, 160~161쪽.

5 1930년대 출현하기 시작했고 중일전쟁이 발발한 1937년 이후 본격적으로 형성된 전시 사회체제는 2000년대 이후의 연구에서는 '총력전 체제'로 지칭되기도 한다. 나카노 도시오中野敏男는 전시의 체제가 "다양한 사회조직에 전시 변혁을 가함으로써 사람들의 생활 과정에 개입"했던 방식을 문제 삼고 있다. 나카노 도시오 지음, 이종호·임미진·정실비 옮김,「총력전 체제와 지식인: 미키 기요시와 제국의 주체 형성」, 사카이 나오키 외 지음,『총력전하의 앎과 제도』, 소명출판, 2014, 200~201쪽. 이에 대한 비판으로는 방기중·전상숙,「일본 파시즘 인식의 혼돈과 재인식의 방향: 최근 일본 학계의 동향을 중심으로」,『식민지 파시즘의 유산과 극복의 과제』, 혜안, 2006. 이 글에서는 중일전쟁 발발 전후의 시기를 '전시체제 전환기'로 지칭하여 이 시기의 특수성을 만들어 낸 정세적인 변화에 주목하려고 한다.

된 후인 1936년 7월 일본에서는 '불온문서임시취제법'이, 조선과 대만에서는 이에 상응하는 '불온문서임시취제령'이 제정되었으며, 이는 "제국적 차원에서 거의 동시적으로" 정보 통제가 이루어졌음을 의미했다.[6] 기존 연구에서는 이런 통제 정책이 중일전쟁이 발발한 1937년 7월 이후 '국민정신총동원연맹'의 건설과 함께 새로운 단계로 심화되었으며, "일본보다 1년 늦게" 조직된 '국민정신총동원조선연맹'이 조선인들의 일상을 전면적으로 재편했음을 분석하고 있다.[7] 그 재편은 곧 오락 문화와 유흥 장소 등의 공간을 중심으로 풍속 통제가 심화된 과정과도 맞물려 있었다.[8]

바로 이 시기 일본의 사상가 도사카 준戸坂潤과 식민지 조선의 비평가 김남천은 '풍속' 개념을 새롭게 조망했다. 도사카 준이 제국/식민지 차원에서 통제 체제가 동시적으로 형성되기 시작한 1936년 '풍속' 개념을 문제 삼았다면, 김남천은 총동원 체제가 구축된 1938년 이후 '풍속'에 관한 담론들을 지속적으로 발표했다. 그들은 '풍속'이라는 용어 속에 내재되어 있는 다층적 의미 연관

---

6 정근식, 「식민지 전시체제하에서의 검열과 선전, 그리고 동원」, 『상허학보』 38집, 2013, 243쪽.

7 진필수, 「일제 총동원 체제의 기원과 특징에 대한 재검토」, 『비교문화연구』 22권 2호, 2016, 443~455쪽; 오미일, 「총동원 체제하 생활개선 캠페인과 조선인의 일상」, 『한국독립운동사연구』 39호, 2011, 245쪽. 오미일은 앞의 글에서 국민정신총동원연맹이 일본보다 늦게 조직되었지만, "1936년 가을부터 국민정신작흥주간이 시작"되었다는 점에서 조선의 총동원 운동이 먼저 시작되었음을 지적한다. 또한 조선에서는 "황국신민화를 통한 내선일체"가 그 운동의 핵심 목표였음을 강조하고 있다.

8 권명아, 『음란과 혁명』, 책세상, 2013, 110, 368쪽.

들을 새롭게 문제시했으며, 그 결과 '풍속'은 때로는 '도덕'과 연관된 개념으로, 때로는 소설 창작 방법론을 갱신할 지점으로 규정되기도 했다. 그러나 '풍속' 개념을 재조명한 도사카 준과 김남천의 관점에는 당대의 풍속 통제 상황을 비판적으로 바라보려고 한 시각 또한 내재되어 있었다. 이 논문은 바로 그 지점에 초점을 맞춰 전시체제 이행기 풍속 개념을 탐색했던 도사카 준과 김남천의 문제의식을 규명하려고 한다.

이 논문에서 주되게 다루고 있는 도사카 준과 김남천은 모두 마르크스주의의 자장하에 있었다는 공통점이 있다. 도사카 준은 미키 기요시三木淸와 함께 전쟁 전 일본 마르크스주의의 도달점을 보여 준 사상가[9]로 평가되고 있지만, 한편으로는 니시다 기타로西田幾多郎로 대표되는 '교토학파'의 영향을 받았던 철학자이기도 하다. 도사카 준은 1921년 교토 대학 철학과에 진학해 니시다 기타로와 다나베 하지메田辺元 등에게 교육을 받았지만, 훗날 이들을 '교토학파'로 규정하며 비판하게 된다.[10] 임마누엘 칸트의 공간론을 연구하다 유물론자가 된 도사카 준은 1930년대 '유물론연구회'를 이끌며 마르크스주의의 대중화를 모색해 갔다.[11] 이 논문에서 다루려고 하는 『일본 이데올로기론』日本イデオロギー論(1935), 『사

9 平子友長, 「戰前日本マルクス哲學の到達點: 三木淸と戶坂潤」, 『'帝國'日本の學知 8: 空間形成と世界認識』, 東京: 岩波書店, 2006.

10 吉田傑俊, 『「京都學派」の哲學: 西田·三木·戶坂を中心に』, 大月書店, 2011.

11 미야카와 토루 외 지음, 이수정 옮김, 『일본근대철학사』, 생각의나무, 2001, 271~276쪽.

상과 풍속』思想と風俗(1936), 『도덕의 관념』道德の觀念(1936) 등은 모두 이런 모색을 담고 있는 저작이다.

도사카 준은 1931년 일본 호세이法政 대학의 교수로 부임하는데, 그 무렵 김남천은 호세이 대학에 유학생으로 와있었다. 김남천은 1929년 호세이 대학에 입학했으나, 호세이 대학의 좌익 단체에 가입했다가 1931년 제적된 후 귀국한다.[12] 이 시기 발표한 「경제적 파업에 관한 멘셰비키적 견해」에서 김남천은 마르크스주의를 "전 세계의 프롤레타리아트의 자본에 대한 투쟁" 경험에 의해 발전된 과학적 인식이자 "프롤레타리아트의 실천"적 지침으로 규정하고 있다.[13] 훗날 김남천은 일본 유학 시절을 회고하며 미키 기요시 등 학교에 스승으로 여길 만한 교수가 많았다고 말한다.[14] 김남천은 그 글에서 호세이 대학 시절 도사카 준과의 인연을 밝히고 있지는 않지만, 1930년대 후반 발표된 평론에서는 도사카 준의 『사상과 풍속』, 『사상으로서의 문학』思想として文學(1936) 등을 직접 인용하고 있다.[15]

12 김남천, 정호웅·손정수 엮음, 「김남천 생애 연보」, 『김남천 전집』 2, 박이정, 2000, 598쪽.

13 김남천, 앞의 책, 303쪽.

14 김남천, 「스승 무용기」, 앞의 책, 165쪽.

15 도사카 준, 그리고 그가 주되게 활동했던 유물론연구회의 연구는 호세이 대학의 유학생뿐만 아니라 조선의 젊은 연구자들에게도 수용되고 있었다. 신남철이 「최근 세계사조의 동향」에서 일본의 사상적 조류를 두 가지 방향, 즉 니시다 기타로로 대표되는 교토학과 철학과 유물론연구회로 요약하고 있는 점, 니시다 기타로를 비판하고 있는 도사카 준의 논의를 인용하고 있는 점에서 이를 확인할 수 있다. 신남철,

도사카 준과 김남천의 문제의식은 여러 지점에서 교차하고 있었지만, 선행 연구들은 도사카 준과 김남천이 관계 맺는 양상을 김남천 연구에 대한 논의의 작은 부분으로만 언급했다.[16] 그 결과 도사카 준이 제기한 풍속 담론이 어떤 사회·문화적 맥락에서 제기되었는지 충분히 검토되지 않았고, 그 맥락이 식민지 지식인 김남천이 처한 상황들과 어떻게 교차되고 있는지 역시 불충분하게 논의되었다. 특히 도사카 준의 『사상과 풍속』의 경우, 그 책에서 비판하고 있는 당대의 풍속 통제 상황이 1939년 『조선일보』에 연재되었던 김남천의 「풍속시평」風俗時評에도 유사하게 서술되고 있지만, 기존의 연구에서는 이를 논의하지 않았다. 또한 「풍속시평」은 김남천의 관찰 문학론 및 『대하』, 『사랑의 수족관』의 서사 내용과 긴

「최근 세계사조의 동향」, 정종현 엮음, 『신남철 문장선집』, 성균관대학교 출판부, 2013, 193~195쪽.

16 양자의 관련성을 분석한 선구적 논의로는 채호석, 『한국 근대문학과 계몽의 서사』, 소명출판, 1999; 차승기, 「임화와 김남천, 또는 '세태'와 '풍속'의 거리」, 『현대문학의 연구』 25호, 2005. 이 논문의 초고가 발표된 2015년 4월과 유사한 시기인, 2015년 1월 반교어문학회 학술대회에 박형진, 「풍속과 과학, 도사카 준과 김남천」이라는 원고가 발표되었다. 반교어문학회 발표문이 미완성 상태라서 온전히 판단하긴 어렵지만, 도사카 준이 '풍속'의 문제를 제기한 원인을 당대의 풍속 통제 상황과 연결시켜 고찰하지 않은 점, 도사카 준과 김남천이 동시에 주목했던 '풍속시평'이라는 비평적 글쓰기에 대해 주목하지 않았다는 점에서, 그 발표문은 이 논문과 상당 부분 문제의식을 달리한다. 김남천 등의 식민지 조선 지식인들에 영향을 미쳤던 도사카 준에 대한 논의는, 미키 기요시 및 교토학파의 역사 철학자들에 대한 논의가 전향의 문제 및 '동아협동체'론을 중심으로 활발하게 진행되었던 것과 대비될 정도로 부족하다. 반면 가라타니 고진柄谷行人은 쇼와 비평의 문제를 논하는 좌담에서 도사카 준의 유물론에 대한 이해와 '자신'自身을 담론화하는 방식을 고평하고 있다. 가라타니 고진 외 지음, 송태욱 옮김, 『현대 일본의 비평: 1868~1989』, 소명출판, 2003, 247~248쪽.

밀하게 연결된 글임에도 그 의미가 충분하게 검토되지 않았다.[17]

이 연구는 김남천 창작 방법론의 변화 양상에 초점을 맞춰 도사카 준과 김남천의 '풍속' 담론을 논의했던 기존 연구와 방향을 달리하여, 두 비평가의 '풍속' 담론에 당대의 풍속 통제 상황을 비판적으로 검토하려고 한 공통의 문제의식이 담겨 있음을 부각하려 한다. 이를 위해 우선 도사카 준이 어떤 사회·문화적 맥락에서 '풍속' 개념에 주목했는지 살펴본 후, 김남천의 비평이 도사카 준의 문제의식과 조우하는 지점, 그리고 그 문제의식을 변주한 지점을 살펴보려고 한다.[18]

---

17 김동식 역시 김남천의 「풍속시평」 및 이후 『조선일보』에 연재된 「풍속수감」風俗隨感이 뛰어난 문화론임을 지적하고 있다. 김남천 비평 전반에 대한 탁월한 연구인 이 논문에서도 김남천의 창작 방법론과 도사카 준 담론의 연관성이 강조되고 있지만, 「풍속시평」이 도사카 준의 『사상과 풍속』과 맺고 있는 관계는 분석되지 않았다. 김동식, 「텍스트로서의 주체와 '리얼리즘의 승리'」, 『한국현대문학연구』 34호, 2011.
18 2000년대 전후 발표된 김남천 연구는 별도의 논문으로 정리되어야 할 만큼 양적으로도, 질적으로도 큰 성과를 남겼다. 이 연구들은 김남천의 소설 및 비평을 예리하게 분석했지만, 도사카 준 등의 일본 비평과 김남천 담론이 관계 맺는 양상, 그리고 김남천의 담론이 당대 식민지 조선의 공론장과 형성한 긴장 관계 등을 충분하게 분석해 내지는 못했다. 채호석, 앞의 책, 1999; 김철, 「근대의 초극」, 『낭비』 그리고 베네치아Venetia: 김남천과 근대초극론」, 『민족문학사연구』 18호, 2001; 서영인, 「김남천 문학 연구: 리얼리즘의 주체적 재구성 과정을 중심으로」, 경북대학교 박사 학위논문, 2003; 정종현, 「식민지 후반기(1937~1945) 한국 문학에 나타난 동양론 연구」, 동국대학교 박사 학위논문, 2005; 차승기, 앞의 글, 2005; 장성규, 「김남천의 발자크 수용과 '관찰 문학론'의 문학사적 의미」, 『비교문학』 45호, 2008; 이진형, 「1930년대 후반 소설론 연구: 임화, 최재서, 김남천을 중심으로」, 연세대학교 박사 학위논문, 2011; 김동식, 앞의 글, 2011; 손유경, 「프로문학의 정치적 상상력: 김남천 문학에 나타난 '칸트적인 것'들」, 『민족문학사연구』 45호, 2011; 장문석,

최종적으로 이 연구는 1930년대 중·후반 제국 일본과 식민지 조선의 마르크스주의자들[19]이 '풍속' 개념을 새롭게 규정하게 된 과정을 재조명하려고 한다. 그 재조명의 과정은 '이데올로기' 개념이 동아시아 마르크스주의자들에게 수용된 양상의 특이성과 맞물려 있다. 발리바르가 강조했듯이 마르크스는 『독일 이데올로기』에서 '이데올로기' 개념을 제기하며 "지배적 이데올로기가 현실의 전도"임을 지적한 후 "관념들의 실제 기원의 흔적"이 말소되고 '지적 생산물'들의 자율화"가 생겨나는 과정을 비판했다.[20] 그러나 마르크스에게는 "환상으로서의 이데올로기 개념과 양립 불가능한"이해, 즉 『정치경제학 비판을 위하여』(1859)「서문」에 나타난 "계급 투쟁의 장 또는 요소"로 '이데올로기적 형태'를 규정하는 이해가 있으며, 훗날 알튀세르는 후자에 입각해 '이데올로기적 국가 장치'에 대한 일련의 작업들을 수행해 냈다.[21]

「소설의 알바이트화, 장편소설이라는 (미완의) 기투: 1940년을 전후한 시기의 김남천과 『인문평론』이라는 아카데미, 그 실천의 임계」, 『민족문학사연구』 46호, 2011; 김지형, 『식민지 이성과 마르크스의 방법: 김남천과 임화의 창작 방법론 연구』, 소명출판, 2013; 황지영, 「김남천 소설의 통치성 대응 양상: 전시 총동원 체제와 정치적 내면의 형성을 중심으로」, 『어문연구』 43호, 2015; 류수연, 「김남천 소설과 '성천'成川」, 『한국학연구』 59호, 2016; 차승기, 「폐허로부터의 비전: 일제 말기 김남천의 소설론과 탈식민의 계기」, 『민족문학사연구』 61호, 2016. 그 외 이 논문의 문제의식과 연결되는, 김남천 선행 연구에 대해서는 본론에서 다시 언급하려고 한다.

19 이 글은 제목에서는 오늘날의 시각을 반영하여 도사카 준과 김남천을 "한일 마르크스주의자"로 지칭했지만, 실제 집필 과정에서는 1930년대 중·후반 제국/식민지의 불평등한 상황을 부각시키기 위해 "제국 일본과 식민지 조선의 마르크스주의자들"이라는 표현을 사용하려고 한다.

20 에티엔 발리바르 지음, 배세진 옮김, 『마르크스의 철학』, 오월의봄, 2018, 117쪽.

이 연구에서 주목하고 있는 1930년대 중·후반은『독일 이데올로기』의 전모가 드러난 직후였고 일본에서 그 저작의 전부가 막 번역되기 시작하던 무렵이었다.[22] 동시에 그 시기는 전시체제의 통제가 강화되고 마르크스주의자들의 대대적 전향이 일어났던 때이기도 하다. 도사카 준은 이때『독일 이데올로기』를 주도적으로 번역했던 유물론연구회에서 활동했고 1935년『일본 이데올로기론』을 발표하며 마르크스의 논의들을 전시체제로 전환되는 일본 사회의 정세 변화와 결합시키려 했다.[23] 이 연구는 이 같은 도사카 준의 문제틀이 1936년『사상과 풍속』등에서 '풍속 비판 담론'으로 변화해 간 과정을 추적하는 동시에, 식민지 조선의 김남천이 그 논의들을 창조적으로 변용해 내며 전시체제 전환기 제국/식민지의 공론장에 발생시킨 수행적 효과를 분석하려고 한다.[24]

---

21 이상의 내용은 서관모, 「알튀세르에게서 발리바르에게로」,『알튀세르 효과』, 그린비, 2011, 591~592쪽.

22 정문길,『독일 이데올로기의 문헌학적 연구』, 문학과지성사, 2011, 29 및 228~233쪽. 정문길에 따르면 마르크스와 엥겔스의 미발간 원고인『독일 이데올로기』는 부분적으로 출판되었지만, 그 전모가 드러난 것은 1932년 제1『마르크스-엥겔스 전집』*MEGA*이 발간되면서부터였고, 일본에서 이 책은 발간과 거의 동시에 수용·번역되었다.

23 그런 점에서 도사카 준의 논의는 비슷한 시기 파시즘 체제로 변화해 가던 독일과 이탈리아 사회를, 마르크스주의의 창조적 변용을 통해 규명하려 했던 발터 벤야민, 안토니오 그람시의 이론들과 여러 지점에서 비교해 볼 수 있다.

24 이 글에서 사용하는 '담론' 개념은 미셸 푸코의 문제틀과 연결된다. 푸코는 "담론의 계열들이 어떻게 형성"되었으며, "이들 각자의 특이한 규범은 무엇"이었는지, 그리고 "그들의 출현, 성장, 변이의 조건들은 무엇"이었는지를 분석하려고 했다. 미셸 푸코 지음, 이정우 옮김,『담론의 질서』, 새길아카데미, 2011, 43쪽. 이 논문

2. 도덕의 감각적 징표로서의 '풍속'과 문화 통제의 중층성

1) '일본 이데올로기' 분석에서 풍속 비판 담론으로

도사카 준은 전시체제로 변해 가는 일본의 사회 분위기를 '일본 이데올로기'로 규정하고 비판하며 "독자적인 유물론적 사유"를 펼쳐 나갔다. 그 과정에서 도사카 준은 "'주체'로서의 '대중'"을 부각시키며 정치·사회·문화 전 분야에 걸친 비평 활동을 수행했다. 1935년에 출판된 『일본 이데올로기론』을 통해 도사카 준은 일본 사회의 이데올로기를 유물론적으로 분석했고, "유물론연구

은 이런 방법론에 영감을 얻어 1930년대 후반 제국 일본과 식민지 조선에서 풍속 비판 담론이 나타난 양상을 재조명하려고 한다. 그 과정에서 이 논문은 담론 연구의 방법과 개념사 연구의 문제의식을 접합시키려 한다. 디트리히 부세Dietrich Busse는 푸코의 '담론' 개념을 "공통적인 하나의 형성 체계에 속하는 진술들Aussagen의 집합"으로 규정하며 "이론적으로나 방법론적으로나 개념사와 담론 분석은 서로 날카롭게 대립하는 게 아니라, 오히려 경합하는 목표 설정에 비추어 동일한 대상 영역을 조명하는 상이한 원근법들로 간주될 수" 있음을 강조한다. 디트리히 부세, 「개념 사인가 또는 담론사인가: 역사의미론적 인식론의 이론적 토대와 방법론적 쟁점」, 『언어와 소통: 의미론의 쟁점들』, 소화, 2016, 137~139쪽.

또한 '담론' 개념은 알튀세르의 '이데올로기'론과 연결될 수 있는 문제의식을 내포하고 있다. 미셸 페쇠Michel Pêcheux는 푸코로부터 빌려왔음을 밝힌 '담론 구성체'라는 개념을 통해 "사회 속에서 존재하는 담론들 사이의 관계, 한 담론에서의 의미 체계 안에서 말해질 수 있는 것이 다른 담론에 대해 갖는 지배적인 관계를 파악"하려고 했다. 최근의 연구에서는 페쇠의 논의에서 "담론 투쟁은 언어의 의미 차원에서 벌어지는 이데올로기 투쟁"으로 규정될 수 있음을 강조하고 있다. 김도형, 「이데올로기-담론 투쟁으로서의 정치: 알튀세르와 페쇠의 이데올로기론」, 『문화과학』 97호, 2019, 452쪽 및 456쪽. 알튀세르와 푸코의 논의 간에 비판적 상호 토론이 필요함을 강조한 연구로는 진태원, 「마르크스와 알튀세르 사이의 푸코」, 『철학사상』 68집, 2018 참조.

회 사건으로 검거되는 1938년" 이전에 발표된 『사상과 풍속』 등을 통해 도사카 준은 자신의 비평 활동이 문화 전 분야에까지 확장되고 있음을 보여 주었다.[25]

1935년 도사카 준이 『일본 이데올로기론』을 발표하게 된 것은 두 가지 맥락에서 이해할 필요가 있다. 첫 번째는 마르크스의 『독일 이데올로기』가 일본에서 번역된 양상과 맞물려 이를 검토할 필요가 있다. 정문길에 따르면 부분적으로 출판되던 마르크스와 엥겔스의 미발간 원고인 『독일 이데올로기』의 전모가 드러난 것은 1932년 제1 『마르크스-엥겔스 전집』*MEGA*이 발간되면서부터였다. 일본에서 이 책은 발간과 거의 동시에 수용·번역되었는데 "1936년 모리 코이치森宏一가 대표하는 '유물론연구회'의 『독일 이데올로기』 번역"이 그 대표적 성과였다.[26] 도사카 준 역시 '유물론연구회'의 주요 구성원이었기에 이런 『독일 이데올로기』 번역과 밀접한 관련을 맺고 있었던 것으로 추정된다.

두 번째는 1935년 전후로 일본의 사상적 지형이 변화하고 있었던 점을 주목할 필요가 있다. 『독일 이데올로기』는 마르크스주의 사상 형성의 핵심적 문제의식을 담고 있는 저작이기도 하지만, 그 부제 가운데 일부 구절인 "최근 독일 철학의 대표자 포이어바흐, 바우어, 슈티르너에 대한 비판"[27]에서 확인할 수 있듯, 그 시

---

25 吉田傑俊, 앞의 책, 2011, 135~136 및 155~156쪽.

26 정문길, 앞의 책, 2011, 29, 228~233쪽.

27 카를 마르크스·프리드리히 엥겔스 지음, 이병창 옮김, 『독일 이데올로기 1권』, 먼 빛으로, 2019.

기 독일에서 유행하고 있던 대표적 철학적 경향과의 논쟁을 주된 내용으로 담고 있다. 도사카 준의『일본 이데올로기론』역시 유물론적 사유에 기반하고 있지만, 그 초점은 당대 일본의 담론 지형에 비판적으로 개입하는 것에 맞추어져 있었다.

도사카 준은『일본 이데올로기론』의「서문」에서 자유주의가 근대 일본 사상의 기저를 이루고 있다고 보고 이를 '해석 철학'과 연결시킨다. 도사카 준에 따르면, 해석 철학은 "고전 연구를 이용해 현재의 실제 문제를 풀 수 있는 것처럼" 바꾸어 놓는 문헌학주의와 연결되며 '문헌학주의'가 국사國史에 적용될 때 "일본주의"가 생겨난다. 그는 "일본 정신주의, 일본 농본주의, 나아가 일본 아시아주의"가 일본주의의 내용을 이루고 있음을 지적한다.[28] 도사카 준의 일본 이데올로기 비판은 표면적으로는 자본주의사회의 근간을 이루는 자유주의에 맞추어져 있지만, 그 이면에는 자유주의적 사회 상식에 비추어 볼 때도 비상식적인 일본주의를 자유주의가 은밀하게 용인하고 있는 것에 대한 비판이 담겨 있다.

'일본주의'를 비상식적인 것으로 규정하고 일본주의의 근저를 이루는 '일본 정신주의'와 '일본 농본주의'가 "일본 정신이 무엇인지"를 과학적으로 설명하지 않았다고 비판한 데에서 확인할 수 있듯『일본 이데올로기론』은『독일 이데올로기』와 유사하게 환상

---

[28] 도사카 준의 이런 비판은 "가장 리버럴한 외모를 갖춘 모던 철학"이면서도 "전형적인 일본주의 철학"으로 평가된 와쓰지 데쓰로和辻哲郎의『인간의 학으로서의 윤리학』로까지 향하고 있다. 이상의 내용은 戶坂潤,『日本イデオロギ一論』,『戶坂潤全集』2, 東京: 勁草書房, 1966, 227~235쪽.

또는 허위로서의 '이데올로기' 이해에 기반을 두고 당대 일본의 담론 지형을 문제 삼고 있다.[29] 그러나 『일본 이데올로기론』의 1부 9장인 「문화 통제의 본질: 현대 일본의 문화 통제의 모든 상태를 분석하다」에서 이데올로기는 국가권력에 의해 '통제'되어 '국민' 주체를 형성하는 영역으로 인식되기 시작한다.

이때 도사카 준은 "국가를 단위 또는 기준으로 하는 지배 수단"을 '통제'로 규정하며 그 대표적 예로 초등교육부터 대학 교육까지 점차 그 영역을 확대하고 있는 교육 통제를 들고 있다. 중등학교의 검정 교과서가 국정교과서로 대체되고 있는 상황, 대학령이 개혁되면서 관공사립 대학의 강의 내용과 강의 목적이 사실상 또는 명목상 결정된 상황을 도사카 준은 비판적 시선으로 바라보며 이 같은 통제가 학술 영역과 언론 영역까지 확장될 수 있음을 우려하고 있다.[30]

---

29 戸坂潤, 『日本イデオロギ_論』, 앞의 책, 287~298쪽. 도사카 준이 문제 삼고 있는 '일본 이데올로기', 그리고 그에 대한 도사카 준의 비판적 시각은 이 글에서 정리한 것보다 더 복합적인 논의들을 담고 있다. 또한 『독일 이데올로기』의 전모가 드러나기 전인 1930년에도 도사카 준은 『이데올로기와 논리학』을 발표했고, 1932년에도 『이데올로기 개론』을 발표한 바 있다. 그렇기에 이러한 저작에서 도사카 준이 '이데올로기' 개념을 이해한 방식이 『독일 이데올로기』의 전모가 드러난 후 발간된 『일본 이데올로기론』의 이해 방식과 어떻게 다른지를 분석하는 작업 또한 진행될 필요가 있다. 그러나 이 글에서는 도사카 준의 '풍속' 담론에 초점을 맞추어 논지를 전개하고 있기에 이에 대한 상세한 논의는 후속 연구에서 수행하려고 한다. 戸坂潤, 「イデオロギ_の論理學」, 『戸坂潤全集』 2, 東京: 勁草書房, 1966. 戸坂潤, 「イデオロギ_概論」, 앞의 책, 1966.

30 戸坂潤, 『日本イデオロギ_論』, 앞의 책, 1966, 316~322쪽. 이 같은 도사카 준의 문제틀은 엄밀한 개념적 정립 과정을 통해 마르크스주의의 변화를 모색하고 있지는

『일본 이데올로기론』의 1부 9장에서 도사카 준은 '문화통제'에 초점을 맞추어 일본 사회의 변화를 비판적으로 논하고 있지만, 『일본 이데올로기론』의 내용 대부분은 어디까지나 '자유주의'와 '일본주의'로 대표되는 당대 일본의 이데올로기 지형을 분석하는 것에 맞추어져 있다. 『일본 이데올로기론』에 담겨 있던 '문화 통제'에 대한 문제의식이 좀 더 확대된 것은 1936년 발표된 『사상과 풍속』에서였다.

도사카 준은 『사상과 풍속』에서 풍속이 사회적 관습 또는 습속과 밀접하게 연결되어 있음을 상기시킨다. 그런 관습/습속은 생산관계에 의해 규정되고 있으며, 그 관계를 표현하는 "사회적 질서로서의 정치, 법제"에 의해 유지·발전되기에 『사상과 풍속』에서는 '풍속'을 "상부구조로서의 이데올로기에 해당한다"고 말한다.[31] 도사카 준이 '풍속'을 바라보는 시각은 기본적으로는 생산양식이 상부구조를 규정한다는 역사 유물론적 관점에 입각해 있지만, 동시에 '풍속'은 상부구조, 즉 정치사회 및 법적 영역이 생산양식과 맺고 있는 관계를 재구축할 수 있게 해주는 영역으로 개념화된다.

도사카 준은 '풍속' 개념을 통해 대중이 사회적 관습을 감각하는 방식에 관심을 기울이며 이를 도덕과 연결시킨다. 대중이 사회적 관계의 영향하에 있는 관습을 '편안하고 쾌적'[安易快適]하게 감

않았다는 점에서 한계를 지니지만, 그럼에도 여러 면에서 '이데올로기적 국가 장치'를 '억압적 국가 장치'와 구분하며 '이데올로기론'을 재편한 알튀세르의 문제의식을 연상하게 만든다. 루이 알튀세르 지음, 이진수 옮김, 『레닌과 철학』, 백의, 1991.

31 戶坂潤, 「思想と風俗」, 『戶坂潤全集』 4, 東京: 勁草書房, 1966, 273~274쪽.

각하면, 이때의 감각은 대중이 사회적 강제력을 지닌 도덕적·윤리적 권위를 받아들이는 방식으로 연결된다. 그렇기에 도사카 준은 풍속을 대중의 '제도制度 습득감習得感'과 연결시키는 동시에, '풍속'은 '도덕'에 속해 있다고 말하고 있다.[32]

'풍속'에 대한 도사카 준의 개념화 방식은 '풍속'이 동아시아 사회에서 사용되던 일상적 용법과도 긴밀하게 관련을 맺고 있었다. 1881년 발간된 『한불자전』을 보면, '풍속'은 관습을 의미하는 'usage', 'habitude', 'coutume'뿐만 아니라 규범을 의미하는 'loi', 유행을 의미하는 'mode', 도덕 및 풍습과 연결되는 'mœurs' 등으로 번역되고 있었다.[33]

이처럼 20세기 이전에도 '풍속'이라는 말은 사회적 관습, 또는 오늘날 도덕으로 지칭되는 영역과 긴밀하게 연결되고 있었다. 도사카 준 논의의 독특한 지점은 '풍속'의 일상적 용법을 역사 유물론적 문제틀과 결합해 '풍속'을 '도덕'의 감각적·물적物的 표현물로 개념화하고 있는 데 있다. 이는 도사카 준이 '풍속'을 사회생활의 '임상적臨床的 징후徵候'라고 규정한 후 '풍속'이 한 사회의 도덕적 증상을 감각적으로 드러내 주며, 이를 통해 그 사회의 변화 지점들을 예감할 수 있게 만든다고 한 것에서도 확인된다.[34]

---

32 戶坂潤, 앞의 책, 273~277쪽.

33 황호덕 외 엮음, 『한국어의 근대와 이중어사전 1: 리델, 『한불자뎐』*Dictionnaire coreen-francais*(1880)』, 박문사, 2012, 365쪽.

34 이 점은 『사상과 풍속』이 풍속 고찰의 첫 사례로 의상을 들고 있는 것에서도 확인된다. 『사상과 풍속』은 프랑스대혁명 시기 귀족들과 구별되는 의상을 착용했던 '상

도사카 준은 한 걸음 더 나아가 '풍속'과 연관되어 있는 '도덕'의 관념을 유형화했고, 이를 통해 '풍속' 및 '도덕'을 '자기 자신'과 연결된 문제로 부각시킨다. 『사상과 풍속』이 발표되기 이전 도사카 준은 『도덕의 관념』에서 '도덕관념'의 유형들을 정립한 바 있다. 그에 따르면, '도덕의 상식적 관념'과 '도덕에 관한 윤리학적 관념'은 도덕이 다른 사회적 영역으로부터 독립되어 있으며 고정 불변된 것이라는 견해를 보여 준다.[35] 고정되고 독립된 영역으로 도덕을 생각하는 관념에 입각했을 때는 풍속과 연결된 도덕의 문제를 과학적·비판적으로 검토하는 문제틀이 마련될 수 없다. 반면 도덕에 대한 사회과학적 관념을 정립시킨 이론가인 헤겔과 마르크스는 도덕을 자율적 영역으로 인식하는 견해와 결별하고 있다. 그러나 도사카 준은 사회과학적 관념이 자칫 풍속과 도덕을 사회구조의 수동적 반영으로 간주하는 한계를 드러낼 수 있다고 우려한다.[36]

퀼로트'sans-culotte로부터 논의를 시작한다. 상퀼로트의 의상은 감각적으로 드러난 풍속이 사회적 관습의 혁명적 변화와 연결되어 있음을 상징적으로 보여 준다. 도사카 준이 '영화 예술'과 풍속성을 연결시키고 있는 부분에서도 동일한 문제의식이 확인된다. 도사카 준은 영화 예술이 시각의 작용에 활동성을 부여하고 있다고 말하며 이때 드러나는 실제성actuality을 풍속과 연결시킨다. 즉 영화 예술과 마찬가지로 풍속은 사회적 현상의 변화하고 있는 양상을, 의상이나 건축 등을 통해 눈에 보일 수 있게 만들어 준다. 이상의 내용은 戸坂潤, 앞의 책, 272, 282~288쪽.

35 戸坂潤, 「道德の觀念」, 앞의 책, 213~239쪽. 앞의 책에서 도사카 준은 도덕의 상식적 관념이 도덕에 관한 윤리학적 관념과 연결된다고 말하며 그 관념을 서양 윤리학의 계보와 연결시킨 후 칸트의 '실천이성비판'을 그 계보의 정점에 위치시킨다. 반면 '선'善이라는 가치에서만 '도덕'을 인정하려는 관념, 일정한 덕목에 근거하여 도덕의 내용을 고정화시키는 수신修身 관념 등은 '통속 상식적 도덕관념'에 속한다.

36 戸坂潤, 「道德の觀念」, 앞의 책, 240~254쪽 및 戸坂潤, 「思想と風俗」, 앞의 책,

그렇기에 윤리학적 도덕관념과 사회과학적 도덕관념으로 환원되지 않는 영역, 즉 '문학적 도덕관념'이 강조된다. 문학적 도덕은 "이미 부여된 기성의 도덕에 구애되지 않는 것"이야말로 도덕적이라고 보는 견해를 내포하고 있으며, 상식적 도덕에 대립해 이를 지양하는 역할을 수행하고 있다. 도사카 준에 따르면, (사회)과학적인 도덕관념이 역사 유물론을 매개로 사회와 개인 사이의 관계를 문제 삼는 것과 달리, 문학적 도덕관념은 일반적 개인으로 환원될 수 없는 자신, 즉 "최후의 특수적인 것"과 연관되어 있다.[37]

　사회과학적 도덕관념으로 온전히 규정되지 않는 문학적 모럴을 부각시킨 것에서 확인할 수 있듯이 도사카 준은 마르크스주의만으로는 사회적 상식이 되어 버린 도덕의 문제를 온전히 해명할 수 없다고 보았다. 그렇기에 도사카 준은 사회적 개인으로 환원될 수 없는 '자신'自身, '자기'自己의 영역을 부각시키며 이를 '문학적 표상'과 연결시킨다. 그러나 도사카 준은 '마르크스주의'로 대표되는 과학적 개념과의 연관 없이 '문학적 표상'만을 강조하는 견해들 역시 '문학주의'로 비판한다. 도사카 준에게 중요한 것은 과학적 개념과 문학적 표상 사이의 연결 지점을 모색하는 작업이며, 이때 부각되고 있는 것이 "일신상—身上의 진리"라는 개념이다.

280~281쪽.

37 戶坂潤, 「道德の觀念」, 앞의 책, 260~261쪽. 도사카 준은 타인과 교환 가능한 개인을 '특수자'로 보았고, '특수성'을 가지는 개체는 곧 일반성을 지닌다고 말한다. 그러나 개인과 구별되는 '자신'은 타인과 교환될 수 없다고 말하며 이를 '최후의 특수적인 것'으로 지칭한다.

이 개념을 통해 도사카 준은 문학적 모럴이 '사회과학적 진리에 대한 인식'과 연결되어 있음을 강조했으며, 그 연결 지점을 이론의 영역이 아니라 일신, 즉 '자신의 몸'이라는 장소로 상정해 냈다.[38] 과학적 개념이 '자신'의 신체에 붙어 감각화된 상태가 '모럴'로 규정되고 있는 것이다. 도사카 준은 '풍속'을 논할 때에도 '풍속'이 '자기 자신'과 만나는 지점, 즉 사회적 습속이 자기 자신의 행동 및 신체와 접속되는 지점을 문제시하고 있다. 그 영역은 도덕에 속하면서도 사상적인 본질을 지니는 것이다.[39] 도사카 준의 문제틀에서 '풍속'은 생산양식의 규정하에 있는 '이데올로기' 영역의 일부이지만, 다른 한편으로는 자기 자신의 모럴이 표현되는 지점이 되는 것이다.

'이데올로기'가 아니라 '풍속' 개념을 부각시키며 도사카 준은 일본의 사상 공간을 지배하고 있는 담론뿐만 아니라, 대중들 각자의 도덕 및 신체가 사회적 관습과 관계 맺는 양상까지 응시하게 되었다. 이를 통해 도사카 준은 사회적 관습과 자기 자신의 도덕이 조응하는 지점인 '풍속'에 국가권력의 통제가 개입하고 있음을 적극적으로 비판할 수 있게 된 것이다.

---

38 戸坂潤, 「道德の觀念」, 앞의 책, 266쪽. 도사카 준에 따르면, 사회적 관계는 자신의 신체에 부착되어 있는 형태로 드러나며 '도덕'은 이를 문제 삼고 있기에, 사회적 문제인 동시에, '일신상의 문제'가 된다.

39 戸坂潤, 「思想と風俗」, 앞의 책, 281쪽. 도사카 준에게 "풍속은 타인의 풍속이라기보다 우선 자기 자신의 풍속"이며 '자기'를 표현하는 장소라는 점에서 '문학적 도덕관념'과 연결된다.

2) 경찰권의 도덕화와 풍속 통제의 영역

도사카 준의 '일신상의 진리', 그리고 '풍속' 및 '모럴' 개념은 김남천의 창작 방법론 정립에 적지 않은 영향을 미쳤고, 이에 대해서는 기존의 김남천 연구에서도 일정 부분 해석된 바 있다.[40] 그러나 도사카 준으로 하여금 '풍속' 개념을 본격적으로 탐색하게 만든 사회·문화적 요인에 대한 연구는 아직 충분히 수행되지 않았다.

도사카 준이 '자기 자신'이라는 문제틀을 거점으로 '풍속'과 '도덕'의 관계를 새롭게 개념화하려고 한 데에는 풍속 통제가 강화되고 있던 사회적 배경이 놓여 있었다. 『사상과 풍속』의 1부 마지막 부분인 9장 「풍속경찰과 문화경찰」, 10장 「의상과 문화」에서는 이 같은 사회적 맥락이 잘 드러나며, 이 글의 3절에서 더 자세히 분석하겠지만, 그 부분은 김남천이 1939년 『조선일보』에 발표한 「풍속시평」과도 긴밀히 연관된다.

도사카 준은 「풍속경찰과 문화경찰」에서 경찰권이 사적인 생활 영역을 한계 없이 지배하게 된 상황을 비판하고 있다. 도사카 준에 따르면 경찰권은 사회적 생산관계의 근저를 유지하는 역할을 담당하고 있으며, 생산관계에 입각한 풍속을 보존하는 역할 또한 수행한다. 일반적으로 경찰권의 지배는 공적인 것에 한해 있는

---

40 앞에서 언급한 채호석(앞의 책, 1999), 차승기(앞의 글, 2005), 김동식(앞의 글, 2011) 등의 논의가 그 대표적 예다. 최근에는 박형진 역시 이에 대한 분석을 수행하고 있다. 박형진, 「과학, 모랄, 문학: 1930년대 중반 김남천 문학에서의 '침묵'의 문제」, 『상허학보』 48집, 2016.

것으로 간주되지만, 당대의 경찰권은 "공적 생활 단속이라는 이름으로 사적 생활 영역"을 지배하기 시작했고, 도사카 준은 이를 강도 높게 비판한다. 불량소년, 유한마담의 풍기 문란, 명류 문사의 도박 등이 경찰에게 임의적으로 단속되고 있는 것이 그 대표적 예이다. 도사카 준은 그런 통제를 전향자의 사적 생활을 구속하는 전향 서약서와 연결시키며 이를 '경찰권의 도덕화道德化', 혹은 '수신화'修身化로 명명한다.[41]

즉 도사카 준은 도덕과 연결되어 있는 '풍속'의 영역에 경찰권이 과잉 개입하고 있는 양상을 문제 삼고 있는 것이다. 그러한 문제의식이 의미가 있는 것은 전시체제로 전환해 가던 일본 사회의 파시즘적 분위기를 전향의 문제로 환원시키지 않았다는 데 있다. 사상 통제를 여타의 사회적 상황과 연결시켜 바라보지 않을 때 전향의 문제는 자칫하면 마르크스주의를 받아들였던 지식인의 윤리적 태도 문제, 또는 지식인의 태도 변화를 초래한 사상적 요인에 대한 분석으로만 의미화될 수 있다.

도사카 준은 '경찰권의 도덕화'라는 명명을 통해 당대의 사회·문화적 통제가 특정 유형의 지식인에게만 가해진 것이 아니라는 점, 일반 대중들 역시 직면한 공통의 문제라는 점을 환기시키고 있다. 특히 도사카 준은 희곡 〈겐지 모노가타리〉가 상연 금지된 점을 예로 들며 사상 검열과 풍속 검열이 복잡한 메커니즘에 의해 결합되고 있다는 점에 주목한다.[42] 야마무로 신이치 역시 최근의

---

41 戶坂潤, 「思想と風俗」, 앞의 책, 325~329쪽.

연구에서 도사카 준의 이런 논의에 주목하며 "통제나 취체의 대상으로서는 명백하게 나뉘어져 있을 법한 사상과 풍속이란 것이 과연 정말로 나뉘어져 있는 것인가, 그리고 나눠지지 않기 때문에 실제로 억압이 양자의 경계를 넘어 확대되어 갔던 것은 아닌가" 하는 문제를 제기하고 있다.[43]

도사카 준은 풍속 통제의 영역 확장이 대중의 신체에까지 영향을 미치고 있는 점에 주목했다. 의상은 바로 그런 영향을 보여 주는 사례다. 상퀼로트의 의상 혁명을 예로 들며 『사상과 풍속』의 첫 장을 시작했던 도사카 준은 1부의 마지막 장 「의상과 문화」에서 유니폼을 입는 풍속이 파시스트 당원들을 중심으로 유행하고

---

42 도사카 준이 〈겐지 모노가타리〉의 상연 금지에 주목한 것은 이 문제가 사상 검열의 형태를 취하지 않았기 때문이다. 경시청 보안부는 〈겐지 모노가타리〉의 간통 연애 이야기가 저급하고 일반 관중에게 해롭기 때문에 고전에 대한 이해가 있는 자만을 입장시킬 경우에만 공연을 허용하겠다고 말한다. 극단이 이에 불응하자 상연이 금지되었다. 〈겐지 모노가타리〉의 간통 연애 이야기는 풍기 문제에 결부되었지만, 문제가 된 것은 이 연극이 상류 인사, 혹은 궁정의 음행을 연상하게 한다는 점이었다. 연극 〈겐지 모노가타리〉의 상연 금지는 풍속의 문제와 연결되었지만, 동시에 일왕 관련 문제에 대한 과잉 검열과 연결되어 있다는 점에서 사상의 문제이기도 했다. 도사카 준은 〈겐지 모노가타리〉의 상연 중단이 "검열 당국 자신의 호색 수준과 사회 인식 수준"에 따라 자의적으로 이루어졌음에 주목하여 이를 "경찰권의 주관화"로 규정한다. 戶坂潤, 「思想と風俗」, 앞의 책, 325~329쪽.

43 야마무로 신이치 지음, 검열연구회 엮음, 「출판·검열의 양태와 그 천이遷移」, 『식민지 검열: 제도·텍스트·실천』, 소명출판, 2011, 620~621쪽. 권명아 역시 식민지 조선의 풍속 통제 상황을 분석하며 풍속 통제의 기본 이념이 "청소년의 건전한 육성, 그리고 사회 정화와 행복한 가정의 이념을 내포하고 있었"지만 "전시 동원 체제에서는 사회의 말단 세포까지 국가의 통제의 범위에 포함"되었음을 지적한다. 권명아, 앞의 책, 2013, 95, 110쪽.

있음을 환기시킨다. 이는 곧 일본 경찰 당국이 근로 대중뿐만 아니라 학생들에까지 유니폼을 입히려고 장려하는 것과도 맞닿아 있다. 도사카 준은 유니폼이라는 의상이 군대적 조직, 군사 체제를 필요로 하는 곳에 권장되고 있음을 지적한다.

그러나 유니폼을 분석하는 부분에서 도사카 준은 그 의상이 대중의 신체에 억압적 권력만을 행사하고 있다고 간주하지 않았다. 그에 따르면, 룸펜프롤레타리아트에게 유니폼은 자신을 일정한 질서 내의 떳떳한 위치에 두게 하는 마법의 옷인 것이다. 유니폼은 그 옷을 입는 사람들 사이를 인간적으로 비교하지 않게 만들며, 이를 통해 상관과 '유니폼을 입은 이등병' 사이의 위계를 문제 삼지 않는, "거짓된 평등주의"를 만들어 낸다. 그렇기에 도사카 준은 유니폼이 착용자의 도덕적 자신감을 손상시킬 만큼 너무 초라하지는 않게 생산되고 있으며 그 결과 룸펜프롤레타리아트에게 사회적 소속감을 불러일으키는 역할을 수행하고 있다고 분석한다. 동시에 유니폼은 그 옷을 입은 사람들의 사회적 야망을 과도하게 선동할 만큼 두드러지지는 않은 모양으로 생산되기에 유니폼이 만들어내는 사회적 소속감은 근본적 평등으로 나아갈 수 없는 한계를 드러내게 된다.[44]

이상의 논의에서 확인할 수 있듯 도사카 준은 사회체제의 변동이 비교적 안정화된 경우에는 풍속이 일상적인 생활 의식으로 나타나며 사상적 가치를 지니고 있지 않다고 보았다. 그러나 사회변

---

[44] 이상의 논의는 戶坂潤, 「思想と風俗」, 앞의 책, 330~335쪽.

동기에 풍속은 사상의 변화에 압박을 가하는 요소로 작동하게 된다.[45] 도사카 준은 경찰권의 통제가 '사적 영역'으로까지 확대되고 있었던 사회적 변화를 비판하며 풍속을 도덕과 연결시켜 새롭게 개념화하려 했다. '풍속'이라는 장소에서 '도덕화된 경찰권'과 '자기 자신의 모럴'이 충돌하고 있음을, 도사카 준은 부각하려 한 것이다. '풍속' 개념에 주목한 도사카 준의 문제의식은 식민지 조선의 지식인 김남천이 지니고 있었던 고민과도 조우하고 있다. 3절에서는 김남천의 '로만 개조론', 그리고 당대의 풍속을 비판한 김남천과 도사카 준의 유사한 문제의식에 초점을 맞추어 그 마주침의 양상을 서술하려고 한다.

3. 단독적 자신의 계보화와 '풍속시평'風俗時評의 수행성

1) '풍속' 개념의 재인식과 문학적 모럴의 탐색

앞에서 이야기했듯 김남천은 1938년에 발표된 「도덕의 문학적 파악: 과학·문학과 모랄 개념」에서 도사카 준의 논의를 직접 인용하며 '도덕'과 관련된 논의를 전개하고 있다. 「도덕의 문학적 파악: 과학·문학과 모랄 개념」은 연이어 발표된 「일신상 진리와 모랄: '자기'의 성찰과 개념의 주체화」, 「세태·풍속 묘사 기타: 채

---

45 戶坂潤, 「現下に於ける進歩と反動との意義」, 『日本イデオロギ論』, 『戶坂潤全集』 2, 東京: 勁草書房, 1966.

만식『탁류』와 안회남의 단편」,「현대 조선소설의 이념」,「세태와 풍속: 장편소설 개조론에 기함」 등의 글들과 긴밀하게 연결된다. 이 글들은 김남천 스스로가 말했던 자신의 문학적 행적, "자기 고발 – 모랄론 – 도덕론 – 풍속론 – 장편소설 개조론 – 관찰 문학론"[46] 중에 '자기 고발론'과 '관찰 문학론'을 연결하는 매개 고리에 해당한다.

1937년 '자기 고발론'의 문제의식을 드러내기 시작한 김남천 은「고발의 정신과 작가: 신 창작이론의 구체화를 위하여」와「창 작방법의 신국면: 고발의 문학에 대한 재론」을 발표한다.[47] 글의 제목에서도 확인할 수 있듯 김남천은 새로운 창작 방법론을 모색 하는 과정에서 자기의 분열된 측면을 폭로하고 고발하는 방식을 탐색했던 것이다.「유다적인 것과 문학」에 이르면 이런 고발은 "창 작적 실천"을 통해 "작가의 자기 개조"가 유도되는 과정이자 소시 민 출신 작가의 모럴 문제가 제기되는 활동으로 인식된다.[48] '자기 고발론'에 담겨 있던 '문학적 실천' 및 '작가의 모럴 문제'에 대한 문제의식을 심화시키는 과정에서 김남천은 도사카 준의 논의와 조우했고, 그 마주침은 김남천이 '장편소설 개조론' 및 '관찰 문학 론'으로 나아가는 데 일정 부분 영향을 미쳤다.

김남천과 도사카 준의 마주침이 가장 잘 나타난 글은「도덕의 문학적 파악: 과학·문학과 모랄 개념」,「일신상 진리와 모랄: '자

---

46 김남천,「체험적인 것과 관찰적인 것」,『김남천 전집』1, 박이정, 2000.『김남천 전집』은 이하『전집』으로 표기함.

47『전집』1, 220~244쪽.

48『전집』1, 311쪽.

기'의 성찰과 개념의 주체화」다. 이 글들의 서두에서 김남천은 주체의 자기 분열을 극복하려 했던 '자기 고발론'의 문제의식을 다시 한 번 부각시킨다. 김남천은 그 극복의 과정을 엄밀하게 정립하기 위해 '모럴' 개념을 재정립하려 한다. "'과학'과 '문학'의 인식 목적"을 명확히 구별한 후 '모럴'의 위치를 양자가 교섭하는 국면 중 어디에 설정하는 것이 정당한지를 논하고 있는 것이다.[49]

김남천은 개념과 표상(또는 형상)을 각각 "과학과 문학의 본질"(344)로 규정한 후 "문학적 표상의 핵심"은 과학과 구별되지만, "이론적 범주의 합리성과 직접적인 관계"(345)를 가져야 함을 강조한다. 이 문제를 김남천은 "문학에 있어서의 주체의 문제", 혹은 "작가에 있어서의 주체적인 입장"(347)의 문제와 동일하게 생각했으며, 그 문제는 "과학적 진리가 작가의 주체를 통과하는 과정"(347)으로 규정되고 있다. 바로 그 과정에 "문학적 모럴"의 위치가 설정되어 있음을 부각시키며 김남천은 이에 대한 논의를 심화시키기 위해 도사카 준이 개념화한 '일신상의 진리'를 차용하고 있다.

가) 사회를 특수화하면 '개인'이 된다. 이곳까지는 확실히 과학의 영역이다. 그러나 '개인'을 아무리 특수화하여도 '자기'로는 안 된다. 이 '개인'이 '자기'로 되는 과정, 다시 말하면 과학적 개념의 기

---

49 김남천, 「도덕의 문학적 파악」, 앞의 책, 340쪽. 이하 이 글과 관련된 인용은 쪽수만 표시함.

능이라 하여 문학적 표상 앞에 자리를 물려줄 때 모랄은 제기된다.

도사카 준 씨는 그의 『도덕론』에서 이것을 다음과 같이 말한다.

"과학적 개념이 문학적 표상에까지 확대 비약한다는 것은 이 과학적 개념이 모럴라이즈되고 도덕화되고 휴머니즘화된다는 것을 말함이다. 이 개념이 일신화하여 자기의 몸에 붙고, 감능화되고 감각화되는 것을 말함이다. 드디어 자기 = 모랄 = 문학은 하나의 연속된 개념이 된다. 사회의 문제가 몸에 붙은 형태로서 제출되고 자기 일신상의 독특한 형태로서 해결되지 않으면 안 된다는 것이 문학적 모랄을 사회과학적 이론으로부터 구별하는 소이이다."

이리하여 문학의 대상은 도덕 '모랄'이다. 진리의 탐구를 대상으로 한 과학의 성과를 지나서 과제를 일신상의 진리로 새롭게 한 것이 문학이다. 그러므로 문학적 모랄은 반드시 과학적 개념을 핵심으로 가져야 할 것을 절대적인 전제로 한다.
__「도덕의 문학적 파악」, 『전집』 1, 348쪽

나) 실천이나 행동을 거쳐서 물질적 논증을 얻은 과학적 범주와 개념을 **작가 자신의 것**으로 완전히 **주체화**하여 이것을 일신상의 진리로써 파악하고 이것에다 **상상력이나 과장이나 시사, 상징 등등의 성원을 동원시켜 육체화**시킴으로써 궁극적으로 문학적 표상에 이르는 것이다.
__「일신상 진리와 모랄」, 『전집』 1, 354쪽

첫 번째 인용문에서 확인할 수 있듯이 김남천은 '개인'으로 환원될 수 없는 '자기 자신', 즉 일신에 문학적 모럴의 자리를 설정한 도사카 준의 논의를 차용하고 있다. 앞의 절에서 서술했듯이 도사카 준은 문학적 모럴이 과학적 개념과 연결되어 있어야 함을 강조했는데, 김남천 역시 문학적 모럴은 과학적 개념을 핵심으로 가져야 함을 부각시키며 양자의 연결 지점은 바로 자기의 신체에 있다고 말한다.[50]

두 번째 인용문은 그러한 견해가 김남천의 창작 방법론으로 변주되고 있는 지점을 보여 준다. 김남천은 과학적 범주와 개념을 '일신상의 진리'로써 파악하는 주체를 '작가 자신'으로 상정한다. 도사카 준은 과학적 개념과 문학적 표상을 연결해야 한다는 점을 강조했지만, 그 연결을 가능하게 할 특정 주체를 상정하고 있지

---

50 김남천은 도사카 준의 『도덕론』을 거론하며 직접 인용하고 있는데, 직접 인용하고 있는 부분 앞의 논의(인용문 가)의 밑줄 친 부분도 도사카 준이 공동 집필한 『도덕의 관념』 논의를 부분적으로 차용하고 있다. 그 부분은 『도덕의 관념』에서 다음과 같이 서술되고 있다. "사회를 특수화시키면 개인이 된다. 여기까지는 명백하게 사회과학의 영역이다. 그러나 이 개인을 아무리 특수화해도 '자신'이 되지는 않는다. 도대체 더 이상 특수화할 수 없는 분할 불가능하다는 점이 개인 내지 개체In-Dividuum의 의미였으니, 이것은 오히려 당연하다고 하겠다"(戶坂潤,「道德の觀念」, 앞의 책, 262쪽). "개인에서 자신으로의 다리를 놓기 위해서는 그러한 논리적 공작이 필요한 것이다. 모럴이란 이 논리적 공작 속에 필연적으로 나타나는 것이다"(戶坂潤,「道德の觀念」, 앞의 책, 264쪽). 도사카 준이 논한 '개인'과 '자기 일신'自分一身에 대해서는 2절에서 분석했고, 도사카 준의 『도덕의 관념』이 김남천에 미친 영향은 채호석(앞의 책, 1999)과 차승기(앞의 글, 2005)가 이미 언급한 바 있다. 이 논문에서는 그 영향 관계를 재론하며 김남천이 도사카 준의 논의를 변주한 양상에 주목하려고 한다.

않다. 김남천은 '작가 자신'이라는 표현을 사용하며 도사카 준의 논의를 '창작 주체'가 수행해야 할 방법론으로 전유하고 있다.[51] '일신상의 진리'를 "상상력이나 시사, 상징" 등의 방법을 통해 육체화할 수 있는 주체, 즉 문학적 표상의 창조 주체에 논의의 초점을 맞추고 있는 것이다. 같은 글에서도 김남천은 과학적 개념과 문학적 표상의 교섭 문제를 "세계관과 창작 방법의 상호 침투"[52] 문제와 연결시키고 있다.

김남천은 '일신상의 진리' 개념을 매개로 문학적 도덕과 과학적 개념의 관계를 재정립하며 자신의 창작 방법론을 갱신했다. 그러한 갱신의 거점으로 상정되고 있는 것이 바로 '풍속'이다. 「일신상 진리와 모랄」에서 김남천은 '도덕'이 '풍속'을 통해 구현되고 있음을 강조한다. 이 지점에서 김남천은 도사카 준의『사상과 풍속』의 논의를 수용해 풍속이 도덕 및 사회적 습관과 밀접한 관계를 맺고 있으며, 그 습속은 "제도 내에서 배양된 인간의 의식인 제도의 습득감(예컨대 가족의 감정, 가족적 윤리 의식)까지를 지칭"한

---

51 인용문의 강조 부분과 도사카 준의 아래 논의를 비교하면, 도사카 준이 과학적 개념과 문학적 표상을 연결할 특정 주체를 상정하고 있지 않다는 점을 확인할 수 있다. "존재 체계의 제 설정을 나타내는 제 범주는 실험적·기술적인 검증성을 갖는 기술적인 과학적 개념이다. 하지만 이것만으로는 의미 세계를 포함하는 체계를 구축하는 카테고리가 되지는 않는다. 그래서 이 과학적 범주를 의미 세계와의 연결로 나타낼 수 있는 카테고리로까지 개조해야 한다. …… **그리하여 이 과학적 개념은 여러 뉘앙스를 얻고, 일종의 유동성을 얻고, 그 갭을 비약할 자유를 얻는 것이다. 이 기능은 공상력**(상상력·구상력) **또는 상징력이나 과장력이나 액센트 기능 등이다"**(戸坂潤, 「道德の觀念」, 앞의 책, 265쪽).

52 김남천, 「일신상 진리와 모랄」, 앞의 책, 354쪽.

다고 말했다.[53] 역사 유물론으로 대표되는 과학적 세계관과 문학적 모럴이 '풍속'이라는 영역을 매개로 결합되고 있는 것이다.[54]

'작가 자신의 모럴'과 '과학적 개념'의 결합이 '풍속' 묘사를 통해 이루어질 수 있다는 견해는 김남천의 창작 방법론에 큰 영향을 미쳤을 뿐만 아니라 김남천의 실제 작품 비평에도 반영되었다. 김남천은 『천변풍경』을 "시정 신변의 속물과 풍속 세태를 파노라마 식으로 묘사"하는 데 그쳤음을 비판했고, 『탁류』의 승재와 계봉과 같은 인물에 대해서는 "고도의 모럴"이 나타나 있음을 높이 평가했지만, 그런 모럴이 소설의 후반부에까지 지속되고 있지 못함을 비판한다.[55] 이를 극복하기 위한 창작 방법론으로 김남천은 '풍속 묘사'를 가족사 및 연대기와 결합시키는 것을 강조하고 있다. 바로 그것이 「현대 조선소설의 이념」에서 부각되고 있는 '로만 개조론'이다.

풍속을 가족사로 들고 들어가면 우리 작가가 협착하게 살펴보지

---

53 김남천, 「일신상 진리와 모럴」, 앞의 책, 358~359쪽. 김남천이 수용한 도사카 준의 풍속 논의는 戸坂潤, 「思想と風俗」, 앞의 책, 273~277쪽. 이와 관련된 분석은 이 글의 2절 참조.

54 이런 분석은 기존 논의에서도 일정 부분 서술되었는데, 김지형의 논의는 그 대표적 예다. 필자의 글은 도사카 준의 논의가 김남천에게 수용되고 변주된 양상, 로만 개조론이 『대하』 창작 및 「풍속시평」과 연결되는 지점에 초점을 맞추려 했다는 점에서 기존 논의와는 변별점을 지닌다. 김지형, 『식민지 이성과 마르크스의 방법』, 2013, 230~243쪽.

55 김남천, 「세태·풍속 묘사 기타」, 앞의 책, 363쪽.

못하면 넓은 전형적 정황의 묘사가 가능할 수 있으리라고 생각한 때문이고 그것을 다시 연대기로서 파악하자는 생각은 우리의 정황의 묘사를 전형화하고 그 묘사의 핵심에 엄밀한 합리성과 과학적 정신을 보장하겠다는 심사다. 한편 우리가 현 순간에서 발견하지 못하였던 발랄한 생기 있는 인물로 된 이데를 현세인의 형성 내지는 생성과정에서 잡아 보려는 야심을 일으키어 현세인 그 자체에 대한 새로운 발견이 가능하지는 않을까.

__「현대 조선소설의 이념」,『전집』1, 405쪽

「현대 조선소설의 이념」의 앞부분에서 김남천은 "전형적 정황 속에서의 전형적 성격의 창조"를 강조한 엥겔스의 발자크론을 환기시키며 논의를 전개한다.[56] 인용문에서 확인할 수 있듯 '풍속' 묘사와 가족사 및 연대기를 결합시키는 방식은 전형적 정황 묘사와 긴밀하게 연결되는 작업인 동시에, 그 묘사에 과학적 정신을 부여하는 방법으로 규정된다. 김남천은 가족제도를 둘러싼 풍속을 연대기적 서술 방식, 즉 "사회와 인물을 발생과 생장과 소멸" 과정부터 추상해 내는 (역사 유물론적) 방법과 결합함으로써 '풍속

---

56 김남천은 1936년 발표된 「비판하는 것과 합리화하는 것과: 박영희 씨의 문장을 독讀함」(『전집』1, 168~188쪽)에서부터 발자크에 대한 엥겔스의 논의를 부각시키고 있었고, 1937년 발표된 「창작방법의 신新국면: 고발의 문학에 대한 재론」에서는 개조사改造社판으로 나온 마르크스와 엥겔스의 예술론과 "게오르그 루카치의 평석評釋이 붙은"(『전집』1, 239쪽) 이와나미岩波 문고판을 참조했음을 밝히고 있다. 마르크스와 엥겔스의 예술론이 김남천의 비평 및 창작에 미친 영향을 부각시킨 논의로는 김동식, 앞의 글, 2011 참조.

묘사'의 핵심에 과학적 정신을 상정할 수 있다고 본 것이다.[57]

이러한 김남천의 문제의식은 '풍속 묘사'로부터 "인물로 된 이데"로 확장된다. 발자크에게서 차용한 "인물로 된 이데"라는 용어를 사용하며 김남천은 "사상과 이념과 세계관이 그대로 인물"에게 구현되기를 바라는 창작자의 희망을 드러낸다.[58] 그러나 김남천은 '인물로 된 이데'가 필요함을 인정하지만, 동시에 "전체주의를 경계하면서 생기발랄한 통일된 적극적 성격을 창조하기는 우리들로서 지극히 힘든 일이 아닐 수 없"다고 서술한다. 김남천은 「현대 조선소설의 이념」을 발표한 1938년이 '시민사회의 상향기'나 '산업자본주의의 상승기'와 다른 시기, 즉 전체주의를 경계해야 하는 시대라고 생각하고 있었던 것이다. 전시체제로 이행해 가던 시기 적극적이고 통일된 성격의 인물을 창조하는 작업은 자칫 잘못하면 동시대의 전체주의적 분위기에 편승할 수 있다고 김남천은 우려하고 있었다.[59]

---

57 『전집』 1, 406쪽. 다음의 구절도 이런 문제의식을 압축적으로 보여 준다. "다시 말하면 풍속이라는 개념을 문학적 관념으로서 정착시키고 그것을 들고 가족사로 들어가되 그 가운데 연대기를 현현시켜 보자는 것이다."『전집』 1, 403쪽.

58 김남천, 「현대 조선소설의 이념」, 앞의 책, 397쪽.

59 이진형 역시 이와 유사한 지적을 서술하고 있다. 이진형은 이러한 논의를 임화와 최재서의 소설 이론과 김남천의 소설 이론이 어떻게 변별되는지에 초점을 맞추어 전개하고 있다. 필자의 글에서는 방향을 달리하여 김남천의 '로만 개조론'이 김남천의 『대하』에 형상화된 '단독적 개인' 및 김남천의 산문 「풍속시평」과 연결되는 지점을 부각시키려고 한다. 이는 이 글이 김남천 소설 이론의 정립 양상을 세밀하게 탐색하는 점보다는, 김남천의 '풍속' 관련 담론이 당대의 공론장과 맺고 있는 긴장 관계를 분석하는 데 초점을 맞추고 있는 것과 맥락을 같이한다. 이진형, 『1930

김남천이 "인물로 된 이데"를 당대의 인간형이 아니라 "현세인의 형성 내지는 생성 과정"에서 찾아보려 하고 있는 이유 또한 여기에서 찾을 수 있다. '현세인', 즉 근대적 주체가 형성된 시기로 거슬러 올라가 인물형을 창조하려 한 김남천의 시도에는 동시대의 사회적 분위기 및 동시대의 전형적 인간형들과 거리를 유지하려는 태도가 깔려 있었다.

주지하다시피 이런 김남천의 창작 방법론이 구현된 작품은 장편소설『대하』의 1부였다. 김남천은 근대 초기의 풍속 묘사를 가족사 연대기와 결합하여 당대 소설을 재구성하려고 한 자신의 기획 의도를 구현해 냈다.『대하』는 근대 초기 풍속을 효과적으로 재현[60]하고 있지만, 당대 마르크스주의 이론가들 사이에서 제기되었던 조선 사회 성격 논쟁과도 밀접하게 연결[61]되어 있다. 이를 잘 보여 주는 것이 '막서리'라는 어휘이며, 그 어휘는 김남천이『대하』에서 '풍속'을 형상화하고 있는 방식을 상징적으로 보여 준다.

년대 후반 식민지 조선의 소설이론』, 소명출판, 2013, 221쪽.

60 이에 대한 분석은 정여울,「'풍속'의 재발견을 통한 '계몽'의 재인식: 김남천의『대하』론」,『한국현대문학연구』14호, 2003; 김종욱,「김남천의『대하』에 나타난 개화 풍경」,『국어국문학』147호, 2007.

61 이는 채호석(앞의 책, 1999, 79쪽)부터 이미 언급되었고 최근에는 장문석(앞의 글, 2011) 역시 제기한 바 있다. 이를 좀 더 상세하게 분석한 논문으로는 장성규,『1930년대 후반기 소설 장르 인식 연구』, 서울대학교 박사 학위논문, 2012, 118쪽. 김남천 스스로도『대하』의 창작 과정에 대해 쓴「작품의 제작 과정」(『전집』1, 499쪽)에서 자신이 인정식의『조선 농촌 기구 분석』, 백남운의『조선사회경제사』, 이청원의『조선역사독본』등 조선 사회의 성격을 분석한 담론들을 참고하며 근대 형성기 풍속을 형상화했음을 밝히고 있다.

김남천은 「절계·막서리·기타: 『대하』 집필 일기」(1939)에서 막서리를 "사회성을 띤 어휘"로 규정한다. 이 글에서 김남천은 막서리, 혹은 평남에 잔존하는 막인 제도를 거론한 예로 인정식의 「조선의 농촌 기구 분석」을 인용하고 있다. 주지하다시피 인정식은 조선 사회가 여전히 봉건적 질곡에서 자유롭지 못한 '식민지 반봉건 상태'에 있음을 분석하며 식민지 사회 성격 논쟁을 주도한 이론가다.[62] 김남천은 인정식 등 당대의 마르크스주의자들이 식민지 사회를 과학적으로 분석하려고 한 논의를 참조했지만 동시에 그 논의들의 한계를 지적하고 있다. 그 한계는 곧 김남천이 문학을 통해 '풍속'을 이야기하려고 한 이유이기도 했다.

김남천은 평안남도의 막인 제도를 머슴과 같은 것이자 낡은 노예제의 유물로 본 인정식의 견해를 비판하며 '머슴과 비슷한 것'은 '절계'이지 '막서리'가 아니라고 말한다. 대신 김남천은 '막서

62 인정식은 식민지 농촌이 지닌 반봉건적 성격을 부각시키며 "봉건성과 더불어 자본주의적 요소를 강조"한 박문병과 논쟁을 벌였다. 인정식은 논쟁 때 발표한 글들을 중심으로 『朝鮮の農業機構分析』을 발간했다. 이 책에서 인정식은 "독점자본과 결합된 반봉건적 수탈 구조 속"에 조선의 농촌 사회가 양극으로 분화되고 있으며 조선 농촌 사회의 "자본주의적 발전은 완전히 봉쇄되어" 있음을 강조했다. 인정식과 관련된 연구로는 다음을 참조. 이수일, 「맑스주의 농업 경제학을 위하여: 『朝鮮の農業機構分析』(印貞植, 白揚社, 1937)」, 『역사와 현실』 18호, 1995, 259~206, 269쪽. 이 외에도 김인수, 「일제하 조선의 농정 입법과 통계에 대한 지식 국가론적 해석: 제국 지식 체계의 이식과 변용을 중심으로」, 서울대학교 박사 학위논문, 2013. 식민지 시기 '아시아적 생산양식'에 대한 논의와 이청원을 연결시킨 논문으로는 박형진, 「1930년대 아시아적 생산양식 논쟁과 과학적 조선학 연구: 이청원의 식민지기 학술 활동과 논쟁을 중심으로」, 성균관대학교 석사 학위논문, 2012.

리'가 평안도에 고유한 제도이며 "신분 관계에 완전히 얽매였지만 외형상으로나마 독자의 생활을 자주적 경영에 의하여 영위"하고 있는 신분으로 규정한다.[63] 김남천에게 '막서리'는 식민지 사회의 반봉건적 성격을 드러내는 개념으로 인식되었지만, 다른 한편으로 평남 지방의 특수한 풍속을 드러내는 어휘로도 간주되었다. 그렇기에 김남천은 이를 '행랑살이'와 같은 서울말로 대체할 수 없음을 강조한 것이다.

'막서리'를 '노예제도'와 같은 사회과학적 개념으로 환원시키지 않는 대신, 김남천은 '막서리'를 둘러싼 풍속을 보여 주며 이와 연관된 인물들의 '모럴' 문제를 제기하고 있다. 『대하』의 독특함은 '막서리'와 같은 전근대적 풍속과 '개화 풍경'을 함께 형상화하며 이를 문학적 '모럴'과 연결시키고 있다는 점에서 나온다.

> 더구나 종간나보다 막서리의 처가 얼마나 훌륭한 지원지, 절게보다 막서리가 얼마나 월등한 지벌인지, 쌍네에게는 알 수 없는 일이었다. 막서리가 된다 해도 하는 일, 당하는 일은 매한가지가 아닐 거냐. 그럴 바엔 마음에나 내키는 사나이와 한세상 살아보고 싶은 것만이 단 한 가지의 소원이었다.
> __『대하』, 108쪽

그러나 가슴에 솟구쳐 오르는 지향 없는 울분을 또한 어떻게 처치

---

63 김남천, 앞의 책, 484쪽.

할 길이 없었다. 그 울분을 억눌러서 삭발로 인도해 놓은 것만 지극히 온당한 행동이었다고 아니할 수 없을 것이다.

　머리는 깎아 버렸다. 어떻게 되었건 이왕 머리는 깎아 버린 게다. 사실 장가를 들 때 머리를 깎았으면 어떻고, 또 상투를 틀었으면 어떨 게냐. 사모, 단령에 각대와 목화를 몸에 안 붙이고, 그대로 사포와 두루마기래도 그만이 아니냐. 언제 갈지도 모를 장가를 기다리면서 오래잖아 오월 단오가 오면, 대운동회가 있어, 각처에서 많은 학도가 모여들 텐데, 그때까지 귀찮게 머리꽁지를 달고 다니는 것만이 더한층 창피한 일이 아닐 수 없다. 그러나 그건 그렇다 치고 어머니의 슬픔은 어떻게 생각해야 할 게냐.

　_『대하』, 75쪽

『대하』에서 '막서리'의 특성을 잘 드러내 주는 인물은 두칠이지만, '막서리'라는 신분과 관련된 자기 삶의 모순을 효과적으로 드러낸 인물은 쌍네다.[64] 머슴과 다를 바 없는 '절게'였다가 부분적으로는 자유로운 신분 '막서리'가 된 후 두칠은 쌍네를 아내로

---

64 『대하』는 한편으로는 주인공인 서자 박형걸과 그의 가족들을 형상화하고 있으며, 다른 한편으로는 박형걸과 연애 관계에 있는 쌍네 및 그의 남편 두칠을 형상화하고 있다. 박형걸의 아버지 박성권은 신분이 높지 않은 양반이지만, 돈의 위력을 빨리 깨달은 냉혹한 고리대금업자로 그려지고 있다. 그렇지만 김남천은 박성권이 여관업이나 잡화점 경영에 적극적으로 참여하지 않는 모습을 보여 주며 그의 고리대금업이 큰 규모의 자본축적으로 이어지고 있지 않았음을 드러낸다. 근대 형성기 조선 사회의 불충분한 자본축적과 대응하고 있는 것이 바로 두칠이와 쌍네가 처해 있는 '절게', '막서리' 등의 신분적 질서다. 김남천, 『대하』, 푸른사상, 2013.

맞을 수 있게 되었지만, 이는 쌍네 자신의 주체적 선택과는 아무 상관이 없는 것이었다. 절게와 막서리는 여성 인물 쌍네에게는 모두 신분적 종속을 상징하는 풍속이었던 것이다. 결혼조차 마음대로 할 수 없는 상황에 처해 있는 쌍네의 마음은 뒤의 문장에서 인용된 형걸의 울분과 만나고 있다. 형걸 역시 자신과의 결혼 이야기가 오갔던 정보부가 이복형 형선과 결혼하게 된 것에 불만을 품고 머리를 자르고 있다. 이때 형걸의 삭발은 정해진 혼례와 함께 상투를 틀어야 하는 기존의 도덕에 반하는 행위이자 개화를 상징하는 풍속인 것이다.

이런 형걸의 행동이 지닌 의미를 김남천은 1939년 발표한 「풍속시평」이라는 글에서 다시 한 번 강조하고 있다. 김남천은 근대 전환기 청소년들이 상투나 긴 머리를 삭발했던 풍속을 환기시키며 그 과정에서 그들이 대면해야 했던 수많은 장애에 대해 이야기한다. 김남천은 신여성의 파마머리가 상투를 짠 영감님의 머리와 공존할 수 있는 데에서 "시민적 진보의 가장 특수적인 현상"을 찾고 있으며, 장발이나 미술가의 머리 등 특이한 자부심을 표현한 두발에 관심을 드러내고 있다. 김남천은 중일전쟁 이후 삭발이 학생층을 중심으로 일반에까지 장려되고 있는 상황을 주시하고 있다. 명시적으로 드러나 있지 않지만, 「풍속시평」에는 그러한 분위기에서 벗어나 새로운 풍속 변화를 만들어 낼 수 있는 단독적 선택의 중요성이 암시되고 있는 것이다.[65]

---

65 김남천, 「풍속시평」, 『전집』 2, 박이정, 2000, 144쪽.

김남천은 「도덕의 문학적 파악」에서 더 이상 분할될 수 없는 것으로 '자신'을 규정하며 '최후의 특수적인' 자신과 문학이 연관되었음을 강조했는데, 이때의 자신은 '단독적'單獨的 성격을 지닌다고 규정할 수 있다.[66] '단독적 자신'이라는 문제틀은 곧 신체의 통제가 확산되고 있던 사회적 분위기와 맞물려 이해될 필요가 있다. 김남천에게서 신체는 자기의 단독성이 표현되는 장소이자 사회적 권력의 통제가 가해지는 지점이었던 것이다. 김남천은 전시체제 이행기의 풍속에서 그 단독성이 위협받을 수 있음을 우려했던 것

---

[66] 김남천의 '자신'이 지니는 단독적 성격은 선행 연구에서 이미 분석된 바 있다. 차승기, 앞의 글, 2005; 손유경, 「프로문학의 정치적 상상력」, 2011. 앞의 논의가 이를 '단독성'singularity으로 규정했다면, 이도연은 알랭 바디우의 문제의식을 차용해 김남천 비평이 '보편적 개별자'universal singularity로서의 위상을 부각시키고 있음을 강조한다. 이도연, 「창작 과정에 있어 '주체화'의 문제: 김남천의 '일신상의 진리' 개념을 중심으로」, 『한국학연구』 36호, 2011.

그 성격을 지칭한 개념은 '단독성'과 '보편적 개별자'로 각기 다르며 일정 부분 문제의식의 차이는 있지만 이 개념들이 모두 singularity와의 연관성하에 있다는 점에서 세 논의는 유사성을 지닌다. 이 논문에서는 이러한 김남천의 서술이 도사카 준의 「도덕의 관념」에 서술된 내용과 일정 부분 유사하다는 점, 또한 도사카 준이 도덕적 자신을 설명하는 방식은 가라타니 고진의 '단독성' 논의와도 상당 부분 유사하다는 점을 덧붙이고 싶다. 그 유사성은 도사카 준과 마찬가지로 가라타니 고진 역시 막스 슈티르너가 제기한 '유일자'로서의 '자신'을 염두에 논의하며 논의를 전개했다는 데 기인한다. 주지하다시피 막스 슈티르너가 제기한 '자신' 개념은 이후 마르크스의 『독일 이데올로기』에서 비판되었으며 도사카 준 역시 이 점을 환기시키고 있다. 그러나 도사카 준은 슈티르너가 '자신'을 '사회적 개인'의 문제로 환원시켰다는 것을 주로 비판하고 있을 뿐, 슈티르너의 '유일자' 개념 자체가 지니는 문제성을 부정하고 있지는 않다. 이는 가라타니 고진이 『탐구2』(새물결, 1998)와 『트랜스크리틱』(한길사, 2005)에서 마르크스와 슈티르너의 관계를 논의하고 있는 문제틀과 상당 부분 닮아 있다.

이다. 로만 개조론, 그리고 그 창작적 구현물인『대하』를 통해 김
남천은 단독적 자신이 형성되던 시기로 거슬러 올라갔으며 그 시
기를 형상화하기 위해 식민지 사회의 성격을 과학적으로 분석한
논의들을 참조했다. 그러나 김남천은 개화기의 풍속을 형성해 낸
원리를 단일한 것으로 형상화하지 않았고, 개화기의 풍속 묘사를
매개로 1930년대 후반의 풍속에까지 지속되고 있던 단독성을 계
보화[67]하여 드러내려 했다.

　김남천의 풍속 묘사가 지니는 의미는 전작 장편소설『대하』를
발표한 후 김남천이 발표했던「풍속시평」에서도 잘 드러난다. 창
작 방법론의 갱신을 모색하던 '창작자'로서의 김남천이 장편소설
『대하』를 집필하며 근대 형성기의 풍속을 탐색했다면, '비평가'로
서의 김남천은 비슷한 시기인 1939년 '풍속시평'이라는 글쓰기를
시도하며 동시대의 풍속을 비판하고 있다. 유사한 시기 발표된『대
하』와「풍속시평」은 각각 근대 초기의 풍속과 1930년대 후반의
풍속을 다루고 있지만 여러 지점에서 마주친다.

---

67 여기에서 말하는 '계보화'는 푸코가 강조한 "다양한 계보들을 중압적이고 원리적
인 단일한 원인으로 통일하려는 발생학에 대립하는 계보학"의 문제의식과 연결된
다. 계보학에서 중요한 것은 "다양한 결정 요소들에 입각해 특이성의 출현 조건을
복원"하는 것이다. 미셸 푸코 지음, 심세광·오트르망·전혜리 옮김,『비판이란 무엇
인가?/자기수양』, 동녘, 2016, 70쪽. 개화기의 풍속을 재현하는 김남천의 시선은
당대의 풍속을 탄생하게 만든 단일한 원리를 찾는 데 맞추어져 있지 않다. 인정식
등의 논의에 영향을 받긴 했지만, 김남천은『대하』에서 식민지 반봉건론을 개념적
으로 재현하는 작업 못지않게, '형걸', '쌍네'와 같은 단독성을 지닌 인간형을 형상
화하는 일에도 초점을 맞췄다.

2) '민속의 풍속화'와 '풍속시평'의 수행적 효과

김남천은 1939년 7월 6일부터 11일까지 『조선일보』에 「풍속시평」을 연재했으며 1940년 5월 28일부터 30일까지 『조선일보』에 「풍속수감」을 연재했다. 「풍속시평」의 1절에서 김남천은 "이 시대의 특수한 형상을 관찰하려는 자"로 스스로를 규정했던 것을 다시 한 번 환기시킨다. 김남천은 이때 사용한 '관찰'이라는 말이 '비판'을 배제한 것은 아니라는 점을 강조하며 '관찰'이 필연적으로 내포하게 되는 '선택'의 행동 가운데 이미 비판적 태도가 깃들어 있음을 밝히고 있다. 그렇기에 김남천은 스스로를 풍속의 관찰자이자 동시에 비판자로 규정한다. 즉 풍속을 대하는 김남천의 태도에는 당대 풍속의 존립 근거 자체를 비판하며 풍속의 변화 가능성을 모색하려는 지향이 담겨 있었다. 그 지향은 「풍속시평」에서 선명하게 표출되었다.

「풍속시평」에서 김남천은 '의상', '두발', '신발'과 관련된 당대의 풍속을 비판적으로 묘사하고 있다. 「풍속시평」의 연재분 중 김남천의 문제의식이 가장 잘 드러난 곳은 「의상」이며 이 부분은 앞의 2절에서 분석한 도사카 준의 『사상과 풍속』의 10장 「의상」 내용을 부분적으로 수용한 것이다. 김남천은 「풍속시평」에서 제복이나 유니폼 모양의 의상이 정치적 내지는 신분적·직업적 의의를 지니게 됨을 지적하며, 유니폼은 위계를 드러내는 옷이지만 평등주의 또한 내포하고 있다고 말한다.[68]

유니폼이란 인간의 계층성이나 사회질서를 가장 노골적으로 나타낸 것으로 군대나 학생이나 경관, 사법관 혹은 어떤 산업의 노동자나 간호부, 인력거부 등에 현저하였는데 **최근의 국민복은 어떤의미에서나 의상 풍속사상 특필대서할 일이라고 생각한다. 이러한 경우에는 심미적인 만족감이나 그런 것은 물론 고려할 여지조차 없어진다.**

__『전집』 2, 141쪽

김남천은 유니폼의 사회적 역할을 분석한 도사카 준의 논의를 식민지 조선의 맥락에서 변용하고 있다. 이 시기 조선에서 착용이 강요되기 시작했던 '국민복'을 '유니폼' 등의 의상과 함께 논하고 있는 것에서 이를 확인할 수 있다. 공제욱의 연구에 따르면, 일본에서 국민복은 1937년 내각정보부에 의해 제안되었으나 그 제안은 실현되지 않았고, 1940년 1월에 이르러야 본격적으로 국민복이 제정된다. 반면 조선에서는 1938년 8월경 관리들과 보통학교 교원들의 제복을 만드는 과정에서 국민복이 탄생했고, 이 옷은 일반 시민들에게도 권장되기 시작했다.[69]

---

68 이상의 내용은 김남천, 「풍속시평」, 『전집』 2, 139~143쪽. 김남천은 이 글의 첫머리에서 문학자들은 '교육 풍속'이나 '종교 풍속'에 관심을 가져야 한다고 말한다. 여기에서 언급되고 있는 '교육 풍속'과 '종교 풍속'은 도사카 준의 『사상과 풍속』의 2부 「敎育風俗」과 3부 「宗敎風俗」의 제목과 일치한다. 이를 통해 김남천이 『사상과 풍속』의 1부 1장에서 제시된 '풍속' 개념만을 표면적으로 차용한 것이 아니라, 그 개념을 매개로 당대 일본의 풍속을 비판하고 있는 도사카 준의 비평 활동 전반에 관심을 가지고 있었음을 추정할 수 있다.

도사카 준이 『사상과 풍속』을 집필했던 1936년 일본에서 전면적으로 시행되지는 않았던 '국민복' 착용의 문제가 1939년 식민지 조선의 풍속을 비판적으로 탐색했던 김남천에게는 발견되고 있는 것이다. 도사카 준과 김남천이 동시에 강조했던 '유니폼'이 일본과 조선에 공통적으로 나타난 풍속 변화를 보여 준다면, 김남천이 발견한 '국민복'의 문제는 그 변화가 조선에서 변주된 양상들을 환기시켜 준다. 이때 김남천은 국민복이 심미적 만족감을 사라지게 만든다고 이야기했는데 그 표현은 같은 글에서 한 번 더 반복되고 있다.

이런 때마다 내가 항상 머리에 그려 보는 것은 하나는 **자기 자신의 심미적인 만족감**과 또 하나는 **자기 자신의 풍속상 안전감**이다. 어떤 사람이 **어떤 새로운 양식의 의상을 몸에 붙일 때**에 우선 고려하게 되는 것은 이상과 같은 것은 아닐런가. 최근 서울의 가두에서 가끔 눈부시는 색채와 파격적인 의상을 발견하게 되는데, **남이야 어떻게 보든** 우선 저의 심미안에 대하여 **풍속상으로 불안을 느끼지 않으니까** 그런 것을 몸에 붙이게 되는 것이요 그러니까 **그런 것을 전혀 고려하지 않은** 복장을 아무리 장려하여도 그다지 유행하지 않는 것이 또한 이곳에서 원인이 있지 않은가 한다.
__『전집』 2, 141쪽

---

69 공제욱, 「일제의 의복 통제와 '국민' 만들기: 백의 탄압 및 국민복 장려를 중심으로」, 『사회와 역사』 69호, 2005, 67~71쪽.

김남천은 "새로운 양식의 의상"을 입을 때 사람들은 심미적인 만족감과 풍속상의 안전감을 동시에 고려하게 된다고 말한다. 의상은 개인의 심미적인 감각을 표현하지만, 그 감각이 가시화될 때 의상은 풍속의 자리에 위치하게 된다. 이때 김남천은 풍속을 규제하는 사회적 시선과 그 시선에 규정되지 않은 채 특정 의상을 입는 '자기 자신'을 동시에 부각시킨다. 바로 그 '자신'은 바로 김남천과 도사카 준이 강조했던 '일신' 개념의 사회적 함의를 효과적으로 드러내 준다. 김남천은 새로운 양식의 의상을 스스로의 몸에 부착하는 행위가 '풍속상의 불안감'을 수반하게 됨을 환기시키고 있는 것이다. 「풍속시평」의 후반부에 당대의 시민 대중이 보고 느끼는 것은 "전시하 통제에 의하여 완전히 제약된 요즘의 유행"(앞의 책, 145)이라고 서술된 것처럼, 이 시기에는 '무엇을 입을 것인가'를 결정하는 문제마저 풍속 통제의 영역에 자리하고 있었다.[70]

---

70 김남천이 『사랑의 수족관』(인문사, 1940) 등의 작품에서 인물들의 의상을 반복적으로 묘사한 원인도 이 같은 상황과 연관된 것으로 해석될 수 있다. 이 작품의 중심인물이자 '대흥 콘체른'이라는 재벌가의 딸 경희는 소설의 첫머리에서부터 "푸른 무늬를 뿌린 듯한 가벼운 「뿌라우스」와, 어깨와 목뒤를 덮은 까만 「파-마넨트」와 그리고는 희고 커-다란 모자의 뒷모양"(25쪽)과 같은 시각적 형상과 연결되고 있다. 『사랑의 수족관』에 나타난 패션에 대해서는 "근대 자본주의 문화의 정수를 향유하는 소수 계급을 대변"하며 "속물적인 남녀의 경박하고 사치스런 유희"(김주리, 「연애와 건축」, 『한민족문화연구』 37호, 2011, 150~151쪽)로 간주되기도 했지만, 다른 한편으로 "매순간 현상하는 유행과 패션과 육체와 감각의 현란함"에 집중한 김남천의 미학관을 보여 준다고 평가(송효정, 「1930년대 후반기 장편소설에 나타난 두 가지 미학적 양상」, 『어문논집』 56호, 2007, 249쪽)되기도 했다. 이 논문은 소설 속 인물들의 패션이 김남천의 미학관 및 세계관을 드러내 주고 있다는 후자의 분석에 동의하지만, 「풍속시평」에 나타난 김남천의 문제의식을 참조할 때 그 의상

묘사는 당대의 풍속에 대한 김남천의 불만과 연결될 수 있음을 덧붙이려고 한다.

『사랑의 수족관』은 경희의 개성적 의상을 통해 '국민복'으로 대표되는 당대 의상 풍속의 가장된 평등주의와 불화를 만들고 있다. 동시에 김남천은 풍속상의 불안감 없이 심미적 패션을 추구할 수 있었던 인물을 경희와 같은 자본가계급으로 제한한 반면 이와 대비되는 유형의 의상을 입는 일하는 여성 현순을 묘사하며 의상이 구현하는 계급적 변별성 또한 형상화하고 있다. 의상뿐만 아니라 간헐적으로 묘사되어 있는 인물들의 두발에서도 『사랑의 수족관』이 풍속을 다루는 방식은 잘 드러나 있다.

『사랑의 수족관』은 이경희와 토목 기술자 광호 사이의 연애 관계를 주된 소재로 삼지만, 중심 서사가 진행되는 가운데 광호의 형 광준과 동생 광신의 이야기가 삽입되어 있다. 여기에서 주목할 인물은 동생 광신이다. 광신은, 전향한 사회주의자이며 "생명의 낭비자"(52쪽)처럼 살다 죽은 형 광준, 그리고 그와 동거한 카페 여급 양자를 "습관과 세대에 역행해서 하나의 시대적인 항거"(62쪽)를 벌인 자들로 규정하기도 한다. 그런 광신은 소설의 중반부에 퇴학의 위기를 겪는데, 이는 요시찰 대상이었던 양자와 함께 길을 걷다 보도연맹에 붙잡혔기 때문이다. 광호는 이를 항의하기 위해 학교에 찾아가지만 사회주의 전력을 가진 형 광준을 경멸하는 담임교사의 태도에 감정의 폭발을 느낀다.

그때 광호가 감정을 다스리기 위해 했던 행동이 바로 만주로 가는 철도 부설을 위한 지도를 기술하는 작업이었고 그로 인해 『사랑의 수족관』은 기술 이성, 혹은 기술적 주체가 부각된 작품으로 해석되어 왔다(차승기, 앞의 글, 2005; 정종현, 앞의 글, 2005). 그런 해석은 상당 부분 타당성을 지니지만, '광신'이라는 인물은 기술의 사회적 사용 문제에 대한 고민을 회피하는 토목 기술자 광호와 자본가의 딸 경희의 연애 이야기에 서사적 잉여를 남겨 놓는다. 소설의 결말 부분에서 광호를 찾아 만주로 갔다 다시 조선으로 돌아온 경희는 광호의 집에서 "머리를 듬뿍이 길은, 중학생 같으나, 또 반듯이 그렇지도 않아 보이는 그런 생도"(532쪽)와 마주친다. 그 부분에서 김남천은 퇴학을 당한 후 장발을 하고 있는 광신의 모습을 담아내고 있다. 광신의 두발은 이 시기 학생들의 일반적 풍속인 '삭발'로부터 이탈한 것이며, 그런 점에서 광신의 두발은 앞의 장에서 분석한 『대하』의 주인공 형걸의 단발 행위와도 겹쳐지고 있다.

물론 형걸이 『대하』의 핵심 서사를 이끄는 인물인 데 반해 광신은 『사랑의 수족관』에서 부분적으로만 등장하고 있다. 그러나 작가는 소설을 끝맺는 부분에 광신이

1절에서 언급했듯 중일전쟁이 발발한 지 1년 후인 1938년 7월에는 '국민정신총동원조선연맹'이 발족되었다. 이 단체는 '비상시국민생활개선위원회'를 개최하여 국민복을 권장하고 양주를 금하는 내용 등의 개선안을 마련했으며, 김남천이 「풍속시평」을 연재했던 1939년에는 '국민 생활 개선안'을 채택했다. 그 개선안에는 여자들의 '파마넨트, 웨이브' 등을 절제하게 하는 내용 등이 포함되어 있었다.[71] 당대의 의상 풍속과 두발 풍속을 논한 「풍속시평」은 그런 풍속 통제 상황을 문제 삼고 있었던 것이다.

　이상을 통해 확인할 수 있듯 「풍속시평」은 '두발', '의상', '신발' 등 당대의 풍속이 지니는 의미를 비판적으로 관찰하고 있으며 그 시각은 김남천의 '관찰 문학론'과 여러 지점에서 겹치고 있다.[72] 또한 「풍속시평」은 "유행 현상이나 습관, 습속 풍속"(앞의 책, 145)

만주로 떠나는 양자와 현순을 배웅하는 모습을 한 번 더 배치하고 있다. 최근의 연구에서는 『사랑의 수족관』에 형상화된 만주 공간을 재해석하며 현순과 양자가 미지의 땅 길림으로 떠나고 있는 장면이 이 작품에 서사적 잉여를 남겨 놓았다고 분석한다(최현식, 「'모던 만주', 이상과 파국의 임계 지대: 김남천의 『사랑의 수족관』을 가로질러」, 『한국학연구』 45호, 2017). 만주로 떠나고 있는 현순과 양자뿐만 아니라, 그들을 배웅한 후 서울을 떠나 시골 학교에 입학하는 광신의 형상 또한 『사랑의 수족관』에 다층적 해석 지점을 남겨 놓고 있다. 『사랑의 수족관』의 일상성과 전시체제의 상황을 연결시킨 논의로는 최혜림, 「『사랑의 수족관』에 나타난 '일상성'의 의미 고찰」, 『민족문학사연구』 25호, 2004 참조.

71 이상의 내용은 이송순, 「일제말 전시체제하 '국민생활'의 강제와 그 실태」, 『한국사학보』 44호, 2011, 314~316쪽.

72 김남천 관찰 문학론의 의의를 논하는 연구들의 상당수가 '관찰'과 '비판'을 연결시킨 「풍속시평」의 앞부분을 인용하고 있는 데에서 이를 확인할 수 있다. 대표적 연구로는 이진형, 「김남천의 소설 정치학」, 『현대문학의 연구』 31호, 2007, 31쪽.

이 생산관계와 밀접한 관계가 있다는 점, 일반 대중의 몸에 감각되고 있다는 점을 서술하고 있다는 점에서는 앞에서 언급한 도사카 준의 풍속 담론, 김남천의 '로만 개조론'과 연속되는 문제의식을 드러내고 있다.

도사카 준에 따르면, '풍속시평'이라는 글쓰기는 1930년대 후반 일본의 키시다 쿠니오岸田國士 등도 시도하고 있었으며, 풍속을 다루는 시평時評 형식의 글들에는 일종의 사회적 판단이 내포되어 있었다.[73] 김남천 역시 풍속시평을 통해 당대 풍속에 드러난 의상이나 두발 등을 재현하는 동시에, 그 풍속을 비판적으로 판단하고 있다. 비판 가능한 것으로 '풍속'을 다루는 김남천의 방식은 당대 식민지 조선의 매체에 나타난 '풍속' 개념과 비교했을 때 그 의의를 더 선명하게 확인할 수 있다.

『동아일보』의 경우 식민지 시기에 실린 기사 중 제목에 '풍속'을 사용한 경우는 약 165건인데, 이 가운데 대다수는 '내 고장의 풍속 습관'이라는 제목하에 지역적 특성을 서술하거나, '세계 여자 풍속', '세계 육아 풍속'과 같이 세계 각국의 다양한 풍물을 소개하는 글들이었다. '풍속'에 관한 개념적 접근은 1938년에 이르러서야 본격적으로 시도되었으며, 그중 하나가 김남천의 「세태와 풍속」이었다면 다른 하나는 송석하의 「민속에서 풍속으로: 인멸하는 민속에 새 호흡을」[74]이었다.[75]

---

73 戸坂潤, 「文藝と風俗」, 『思想と風俗』, 289~290쪽.

74 송석하, 「민속에서 풍속으로: 인멸하는 민속에 새 호흡을」, 『동아일보』, 1938/06/

이 글에서 송석하는 '민속'을 영어 folk-lore와 연결시킨 후 이를, 과거 민간층에 향유되던 문화 가운데 오늘날 잔존하고 있는 것으로 의미화한다. 반면 '풍속'은 현대에 유행하고 있는 것으로 '민속학'의 대상이 될 수 없다고 말한다. 송석하는 민속을 "흙과 환경과 민족성"에서 양성된 것으로 보며, 이를 토대로 문화를 재건해야 함을 강조했다. 그렇기에 송석하는 민속을 새로운 풍속으로 재생할 것, 즉 '민속의 풍속화風俗化'를 주장하게 된다.[76] 남근우의 연구에 따르면 이런 '민속' 개념은 1930년대 손진태와 송석하 등의 민속학자에 의해 본격적으로 정립되었는데, 이 중 송석하는 1930년대 후반 "민족 예술의 모태로서 향토예술"을 재음미하는 일이 필요하다는 주장을 적극적으로 펼친다. 송석하가 추구한 향토 오락 부흥 운동은 곧 총력전 체제하의 조선에 건전 오락을 선도하려 했던 총독부의 정책과도 연동되기에 이른다.[77]

이 시기 '풍속' 개념을 전유하며 '풍속시평'을 써나갔던 김남천

10~06/14.

75 이상 관련된 자료의 검색은 '네이버 뉴스 라이브러리'를 활용했으며 검색된 자료는 모두 검토했으나 지면 분량의 한계로 인해 이 글에서는 정리하여 제출하지 않았다. 『조선일보』역시 식민지 시기 약 192번의 '풍속' 관련 제목의 기사가 실렸지만, 『동아일보』와 유사하게 현상을 소개하는 기사가 대다수였으며 1939년 김남천의 「풍속시평」에 이르러 본격적으로 '풍속'에 관한 개념적 접근이 시도되었다.

76 송석하, 앞의 글.

77 이상의 논의는 남근우, 「민속 개념 재고」, 『실천민속학연구』21호, 2013; 「'조선 민속학'과 식민주의: 송석하의 문화 민족주의를 중심으로」, 『한국문화인류학』35호, 2002, 119쪽; 「'조선 민속학'과 식민주의: 조선 민속학회론을 중심으로」, 『아시아문화』22호, 2006.

은 당대 '민속' 개념이 부각되고 있는 상황을 명증하게 인식하고 있었다. 김남천은 1939년 『동아일보』에 실린 「민속의 문학적 개념」[78]에서 민속적인 것이 환영을 받고 있는 당대의 상황을 두 가지 방향에서 분석하고 있다. 그중 하나가 전통 부흥 사상에 근거하고 있다면, 다른 하나는 선진 외국인의 이국적인 것에 대한 호기심에 근거를 두고 있다. 김남천은 민속적 취미를 문학에 차용하려고 하는 예로 김동리를 거론하며 '민속'이 아니라 '풍속'이 문학의 대상이 되어야 함을 환기시킨다.

이후 김남천은 1940년 『조선일보』에 연재한 「풍속수감」에서도 "토속, 민속 서화, 골동 같은 것들이 현대인의 기호나 취미로 보급화되는 경향"을 비판하고 있다. 김남천은 이를 "선진 외국인의 외국적인 것에 대한 기호벽"이자 "고전 부흥열과 고전 발굴열"이 만든 "자기 문화의 애호열" 및 복고 취미로 규정하며 이를 사회사상의 퇴조기에 나타난 현상으로 판단한다.[79]

김남천은 '민속'의 경우 '풍속'과는 달리 당대의 도덕 및 사회적 관습과 직접적으로 연결되어 있지 않다고 보았다. 김남천의 문제의식에 입각했을 때 '민속'을 문학적으로 재현하는 작업은 문학자 자신의 모럴 및 당대의 사회적 관습에 비판적 문제 제기를 가하는 일로 발전되기 어렵다. 김남천은 사라져 가는 '민속'을 부흥시키는 작업보다는, '풍속'을 매개로 통치 권력의 통제가 식민지 대중의

---

78 김남천, 「민속의 문학적 개념」, 『전집』 2, 294~295쪽.
79 김남천, 「풍속수감」, 앞의 책, 191~192쪽.

신체로 확장되는 지점들을 관찰/비판하는 일에 더 관심을 가졌던 것이다. 「풍속시평」의 당대적 의의는 여기에서 찾을 수 있다.

4. 풍속 비판의 (불)가능성과 압축할 수 없는 '최소'

이 글은 1930년대 도사카 준과 김남천의 풍속 관련들을 분석하며 그들의 문제의식이 교차하는 양상을 추적했다. 도사카 준과 김남천이 '풍속' 개념을 주목한 배경에는 제국 일본과 식민지 조선이 처해 있던 사회적 조건이 자리하고 있었다. 이 시기 일본과 조선에는 의상, 두발 등의 영역뿐만 아니라 다층적 영역에 풍속 통제가 가해지고 있었고, 대중들은 그런 통제를 만들어 내는 사회적 분위기를 상식으로 받아들이기 시작했다. 도사카 준과 김남천은 '풍속'을 새롭게 개념화하며 전시체제의 통제하에 있던 일상적 관습을 비판하려 했다. 그 비판의 이면에는 한 사회의 '풍속'과 '도덕'을 변화 가능한 것으로 만들려는 지향이 깃들어 있었다.

김남천의 경우에는 도사카 준과 유사한 문제의식을 공유하며 '풍속' 개념을 사용했지만, 그 개념들은 식민지 조선의 상황, 그리고 자신의 구체적 창작 경험과의 관련 속에서 발화되고 있었다. 김남천은 '민속' 개념이 유행하기 시작한 당대의 상황을 염두에 두며 '풍속'에 대해 논했다. 김남천은 사라져 가는 '민속'을 부흥시키는 작업보다는 '풍속'을 통해 자기 자신, 더 나아가 한 사회의 습속을 문제 삼는 일에 관심을 기울였다. '풍속' 개념의 재인식 작업은 로만 개조론 및 이를 구현한 『대하』 창작으로 이어졌으며 김남천은

『대하』를 통해 1930년대 후반 풍속에서 위협받고 있던 단독적 자신을 계보화해 드러내려 했다. 『대하』의 문제의식은 당대의 풍속을 비판적으로 평가한 「풍속시평」과 밀접하게 연결되어 있으며, 이와 같은 풍속 비판 담론은 민속적이거나 이국적인 풍습으로 '풍속'을 사유했던 당대 공론장의 논의들과 충돌하고 있었다.

물론 이런 풍속 비판의 가능성은 1940년대로 갈수록 현저하게 위축되고 있었다. 1936년에 창간되었고 『문장』과 『인문평론』이 폐간된 이후인 1944년까지 발간되었던 대중잡지 『조광』[80]을 살펴보면, 1941년 7월부터 1941년 11월까지 「풍속시평」, 「풍속월평」이 실렸으며, 이 글들은 김남천의 「풍속시평」, 「풍속수감」과 유사하게 당대의 풍속을 사회적이고 역사적 맥락에서 고찰하려고 시도한다.[81] 『조광』의 '풍속시평'이 연재되었던 1941년 7~11월은 『인문평론』과 『문장』으로 대표되는 조선어 잡지가 폐간된 직후였고, 이로 인해 월평류月評類 비평과 같이 동시대의 분위기에 비판적으

---

80 『조광』의 기사 중 '풍속'이 배치된 제목을 살펴보면 1938년부터 중국, 조선 및 만주와 관련된 특집이 배치되었으며 그 지역의 풍속이 소개되고 있음을 확인할 수 있다. 이는 1937년 중일전쟁이 발발해 중국 및 만주에 대한 관심이 증대된 상황과도 맞물려 있다. 주목할 것은 그런 풍속 관련 기사 가운데 조선 민속의 전승 놀이를 소개하는 송석하의 글이 배치되고 있다는 점, 그 글이 전승 놀이를 '조선 풍속'으로 규정하고 있다는 점이다. 김남천이 「민속의 문학적 개념」에서 지적했듯이 이 시기는 조선의 전통에 대한 관심과 이국적인 것에 대한 호기심이 동시에 증대되었다. 정리된 기사의 제목을 보면 이때 발견된 조선적 전통과 이국적 풍습은 '민속'이 아니라 '풍속'으로 지칭되기 시작했음을 확인할 수 있다. 1938년 이후의 『조광』에서 '풍속'은 김남천이 정리한 '민속' 개념과 유사한 의미로도 사용되고 있었던 것이다.

로 개입하는 글쓰기가 위축된 시기였다. 이때 『조광』에는 「동시 대인」과 같이 기존의 월평을 대체하는 글이 비실명으로 실렸고, 그 글들에는 조선어 잡지와 신문이 폐간되어 월평 대상이 될 문학 작품이 사라지고 있음을 안타까워하는 목소리가 담겨 있다.

흥미롭게도 이 시기 연재된 「풍속시평」과 「동시대인」은 모두 필자를 밝히고 있지 않으며, 이는 같은 시기 『조광』에 실린 「악단 월평樂壇月評」(1941/09)이 필자를 인정식으로 밝히고 있는 것과는

발행 연월	기사 제목	지은이
1938년 2월	지나 풍속 특집 : 지나인의 민족성	이청산
	지나 풍속 특집 : 지나민족과 아편	강경향
	지나 풍속 특집 : 지나의 혼례	왕주평
	지나 풍속 특집 : 지나인과 요리	우승규
1938년 6월	조선 풍속 특집 : 전승 노리의 유례	송석하
	조선 풍속 특집 : 조선의 단오 풍속	청오
1941년 6월	만주 특집 : 만주의 풍속	조현경
1941년 7월	풍속시평 : 유행	무호동인
1941년 9월	풍속시평 : 인기	무호동인
1941년 11월	풍속월평 : 복식	무호동인
1941년 11월	선인국조선여인풍속기	W. E 그립피스(인정식 옮김)
1942년 3월	남방공영권 풍속점묘	탁철
1942년 4월	남방공영권의 풍속과 문화	좌담회

81 「풍속시평」 혹은 「풍속월평」이라는 제명하에 『조광』에 연재되었던 마지막 글 「복식」(1941/11)은 여러 면에서 김남천의 「풍속시평」을 연상하게 한다. 이 글은 "의복과 거기에 따르는 장식을 일괄해서 지칭하는" 말로 '복식'을 규정하며 '복식' 안에 "동양인이 존중하는 윤리적 의미와 서양인이 중시하는 심미적 의미"가 종합되어 있음을 지적한다. 「풍속월평: 복식」은 전쟁 상태가 되면서 의복의 심미적 요구는 제한되고 윤리적 의미가 강조되었음을 분석하고 있지만, 그러한 변화를 매개로 동양적 가치의 의의를 강조하고 있지 않다.

오히려 이 글은 '복식'을 실용화하려는 분위기를 경계하며 복식이 고도의 문화적 산물임을 강조하는 것으로 끝나고 있다. 그런 점에서 이 글들은 '의상'을 통해 당대의 풍속을 비판적으로 바라보려고 했던 김남천의 태도와 부분적으로 맥락을 같이하고 있다.

구분된다. 물론 『조광』에 실린 '풍속시평'은 김남천의 「풍속시평」처럼 '풍속'에 대한 비판적 태도를 전면화하고 있지는 않지만, 풍속을 변화하고 있는 것으로 묘사하고 있다는 점에서 제국의 시선에 종속되어 인종적 호기심을 표출했던 여타의 풍속 관련 글들과는 변별점을 지니고 있다.[82] 그러나 대중지 『조광』에 실린 「풍속시평」 역시 『인문평론』과 『문장』이 폐간된 직후인 1941년에만 일시적으로 연재되었고, 김남천이 소설과 시평을 통해 드러낸 풍속 비판도 기존 연구에 따르면 전시체제가 강화되는 1941년 무렵에는 벽에 부딪혔다.[83]

그럼에도 1941년 『조광』의 '풍속시평'이 인정식이 집필했던 '음악 비평' 등과는 달리 실명을 거론하지 않은 채 발표되었다는 점을 생각해 보면, 그 비판을 불가능하게 만든 것은 풍속 관찰자의 불충분한 전술, 무기력한 태도로만 규정될 수는 없을 것이다.[84] '풍속'의 영역에 가시화된 의상 및 두발이 통제의 대상이 되기 시작한 것과 마찬가지로, 이 시기 매체를 통해 발표된 비판적 글쓰

---

82 비실명의 형태로 『조광』에 연재된 「풍속시평」, 그리고 김남천이 발표한 「풍속시평」과 「풍속수감」은 전시체제로 전환해 가던 상황에도 '풍속'을 바라보는 식민지 조선인의 태도 안에 미묘한 균열들이 자리하고 있었음을 드러내 준다.

83 차승기, 「'세태'인가 '풍속'인가」, 『비상시의 문/법』, 그린비, 2016, 177쪽.

84 차승기는 앞의 책(2016)에서 "총체적인 동원이 일상화된 현실에서 관찰자를 관찰 대상에 종속시키는 전술은, '현대의 풍속'에 대한 비판을 기술의 미메시스 아래 무기력하게" 만들었다고 분석한다. 그러나 차승기 역시 최근의 연구에서, 김남천의 기술주의적 성격을 비판했던 기존의 견해가 "'관찰'과 미메시스적 전략의 의의를 퇴색하게 만들었던 1941년 태평양전쟁 발발 이후의 조건의 변화에 입각한 판단"이었음을 강조한다. 차승기, 앞의 글, 2016, 142쪽.

기는 다층적 검열을 의식하지 않을 수 없었다. 풍속 통제와 사상 통제가 중첩되고 있던, 그리하여 제국의 통치가 미시적 영역으로 확산되고 있던 상황, 그 상황 속에서 과학기술적 중립성에 매혹되기 시작한 김남천이 그 매혹에 온전히 포섭되지 않은 채 분열된 상태를 견지할 수 있던 것은 그의 풍속 비판적 태도가 가지고 있는 어떤 가능성 때문으로 해석될 필요가 있다.[85]

김남천은 도사카 준과 마찬가지로 자본주의 체제의 내적 모순과 위기를 비판한 마르크스주의적 사유[86]의 자장 아래에 있었다. 1930년대 후반까지 그들이 '과학'에 대한 고민의 끈을 놓지 않았던 것, 즉 자본주의의 위기를 과학적으로 비판하는 작업에 대한 고민의 끈을 부여잡고 있었던 것에서 이를 확인할 수 있다. 그러나 정보 통제 및 문화 통제가 제국적 차원에서 전면적으로 수행된 1936년 이후 그들은 '풍속'을 비판적으로 문제 삼으며, 이를 '자기 자신의 도덕 및 신체'와 연결시킨다. 이러한 김남천과 도사카 준의 태도에서는 마르크스주의적 사유의 근본적 틀인 '생산양식'과 조응하지만 일정 부분 변별되는 문제틀을 고민한 흔적이 발견

---

85 정종현은 김남천이 서인식과 미키 기요시 등의 영향을 받아 과학기술적 합리성에 포섭되었다고 분석한다. 동시에 정종현은 『낭비』 이후의 김남천 문학에 나타난 분열적 측면을 강조하며 이를 "새로운 보편, 제국 주체의 자리를 약속했던 동양론의 매혹과 식민지의 자의식 사이 분열된 부재 의식 속에서 자신의 정체성을 확립하려 한" 고투로 해석한다. 정종현, 『동양론과 식민지 조선문학: 제국적 주체를 향한 욕망과 분열』, 창비, 2011, 283쪽.

86 세일라 벤하비브 지음, 정대성 옮김, 「위기 이론으로서의 비판: 자율성과 자본주의」, 『비판, 규범, 유토피아』, 울력, 2008, 153쪽.

된다. 그 고민은 훗날 발리바르가 "주체화/복종 양식"을 통해 부각시켰던 문제의식과도 연결된다.[87]

1935년 『일본 이데올로기론』을 집필하던 도사카 준은 발리바르의 스승인 알튀세르와 마찬가지로 마르크스의 '이데올로기' 개념에 관심을 기울였다. 반면 1936년 『사상과 풍속』에서 도사카 준은 '이데올로기' 개념이 아니라, 동아시아의 일상어인 '풍속'을 부각시킨다. 이때의 '풍속'은 오늘날 발리바르의 관점에서 보면 도덕적 관습의 틀로 특정 유형의 주체들을 구성해 내는 '주체화/복종 양식'의 한 양태로 볼 수 있다. 도사카 준은 '전시체제'로 전환되고 있는 정세에서 그 '풍속'의 영역에 '억압적 국가 장치'인 경찰권이 개입해 들어오고 있음을 응시하고 있었다.[88] 도사카 준은 '풍속'을 '사회 관습적 도덕'과 '자기 자신의 신체'가 관계 맺는 장소로 개념화하며 전시체제의 통치 권력이 '도덕'을 매개로 '대중

---

[87] 발리바르는 '생산양식'과 '주체화/복종 양식'mode de sujétion이 "양립 불가능한 동시에 분리 불가능한 설명의 두 "토대들" 또는 두 결정들의 결합으로 기능하는 두 토대들"임을 강조한다. 인용한 부분의 각주에서 번역자인 배세진은 서관모의 논의를 인용하며 'sujétion'이 "'복종'과 '주체화'(주체로 되기)라는 이중의 의미를 가짐에 유의"해야 함을 강조한다. 에티엔 발리바르, 배세진 옮김, 「무한한 모순」, 『문화과학』 93호, 2018, 361쪽; 서관모, 「반폭력의 문제설정과 인간학적 차이들」, 『마르크스주의 연구』 5권 2호, 2008, 271쪽(배세진, 앞의 글, 361쪽에서 재인용).

[88] 기존의 논의들이 정리한 것처럼 알튀세르는 "국가 장치를 억압적 국가 장치와 이데올로기적 국가 장치"로 구분했으며 이는 국가가 "계급 지배를 재생산하기 위해 강제와 폭력만이 아니라 이데올로기적인 헤게모니를 동원"함을 부각하려는 의도를 내포하고 있다. 진태원, 「과잉결정, 이데올로기, 마주침: 알튀세르와 변증법의 문제」, 진태원 엮음, 『알튀세르 효과』, 그린비, 2011, 89쪽.

들 각자의 신체'에 개입하는 과정, 그리하여 새로운 주체를 형성해 내는 과정을 본격적으로 비판할 수 있게 된 것이다.

도사카 준의 비판 활동이 중일전쟁이 발발하고 총력전 체제가 확립되기 직전인 1936년 진행되었다면, 김남천은 총력전 체제가 형성되고 있던 1938년부터 본격적으로 '풍속' 비판 작업을 수행하게 된다. 김남천은 도사카 준의 문제틀을 '문학적 실천'의 문제로 변용시키며 전시체제의 변화된 정세에서 풍속 비판적 글쓰기가 지니는 (불)가능성을 탐색해 나갔다. 이들은 제국 일본의 통치 권력 확대에 대응해 "개체성의 압축 불가능한 최소값",[89] 즉 더 압축될 수 없는 '최소한의 개체성individualité'을 고민하기 시작했으며 일련의 글쓰기 활동을 통해 그들이 비판한 '풍속'의 영역 안에 그

-----

[89] 에티엔 발리바르는 "견해들을 절대적으로 획일화하고 개체성을 압축하려는 모든 시도"들이 불가능하다고 본 스피노자의 견해를 부각하며, 개체성을 압축하려는 시도들을 "전복하는 것으로 귀결되는 부분들, 관계들, 동요들의 불확정적 다중성이 항상 존속"함을 강조한다. 발리바르는 이러한 스피노자의 견해에서 "개체성의 압축 불가능한 최소값"과 "압축 불가능한 사회적인, 심지어 정치적인 관계의 최소값"을 동시에 읽어 내며 "대중에 의한 개인성의 절대적 축소나, 또는 권력을 쥔 개인성으로의 흡수에 의한 대중의 절대적 축소"가 모두 스피노자에게는 생각될 수 없는 것이었음을 강조한다.

『대중들의 공포』의 역자인 최원은 '역자 해제'인 「이론의 전화, 정치의 전화」에서 '압축 불가능한 최소'가 "대중에 대한 지배자들의 억압이 오히려 대중의 반발을 불러일으킴으로써 지배자들의 자신의 파괴가 초래되는 '억압의 한계'"를 가리키며, 더 일반적으로는 "타자의 개체성을 동일자의 개체성과 완전히 분리하려는 시도가, 타자와의 '관계'의 파괴를 통한 동일자 자신의 파괴로 연결되는" 문턱을 가리킨다고 말한다. 에티엔 발리바르 지음, 최원 옮김, 『대중들의 공포』, 도서출판b, 2007, 123~125 및 583쪽.

고민의 흔적을 기입한 것이다.

1938년 감옥에 갇힌 도사카 준은 전시 사회체제로 전환해 가던 일본의 사회적 분위기에 비판적으로 대응할 수 없게 된 반면, 일본보다 "세밀하게 일상을 규제"[90]당했던, 식민지 조선의 비평가 김남천은 이전보다 빈번하게 풍속을 문제 삼아야 했다. 도사카 준의 부재, 그리고 김남천 또는 익명의 필자가 수행했던 풍속 비판 담론은 1938년 전후로 구축된 제국/식민지의 통제 시스템에 미세한 균열 지점이 존재했음을 환기시킨다.

풍속 비판 담론을 수행한 시기, 수행한 공간에 다소 차이가 있음에도, 1938년 이후의 김남천을 도사카 준과 함께 논한 것은 전시체제 전환기의 일본과 조선 양자에 제각기 표출되었던 비판의 흔적을 구제하기 위해서다. 전시체제 전환기의 어떤 지식인들, 또는 어떤 대중들이 비판적 태도로 드러내고 있던 개체성, 즉 전시체제로 변해가는 사회 분위기 속에서도 더 이상 압축할 수 없었던 최소한의 개체성이 그 개체성에 삼투되었던 제국의 통치 권력과 함께 기억될 수 있기를 기대해 본다.

---

90 오미일, 앞의 글, 249쪽.

참고문헌

가라타니 고진 지음, 권기돈 옮김, 『탐구2』, 새물결, 1998.

_____, 송태욱 옮김, 『트랜스크리틱』, 한길사, 2005.

가라타니 고진 외 지음, 송태욱 옮김, 『현대 일본의 비평: 1868~1989』, 소명출판, 2003.

공제욱, 「일제의 의복 통제와 '국민' 만들기: 백의 탄압 및 국민복 장려를 중심으로」,
    『사회와 역사』 69호, 2005.

권명아, 『역사적 파시즘: 제국의 판타지와 젠더 정치』, 책세상, 2005.

_____, 『음란과 혁명』, 책세상, 2013.

김남천, 『사랑의 수족관』, 인문사, 1940.

_____, 정호웅·손정수 엮음, 『김남천 전집』 1·2, 박이정, 2000.

_____, 『대하』, 푸른사상, 2013.

김도형, 「이데올로기-담론 투쟁으로서의 정치: 알튀세르와 페쇠의 이데올로기론」,
    『문화과학』 97호, 2019.

김동식, 「텍스트로서의 주체와 '리얼리즘의 승리'」, 『한국현대문학연구』 34호, 2011.

김인수, 「일제하 조선의 농정 입법과 통계에 대한 지식 국가론적 해석: 제국 지식 체계의
    이식과 변용을 중심으로」, 서울대학교 박사 학위논문, 2013.

김종욱, 「김남천의 『대하』에 나타난 개화 풍경」, 『국어국문학』 147호, 2007.

김주리, 「연애와 건축」, 『한민족문화연구』 37호, 2011.

김지형, 『식민지 이성과 마르크스의 방법: 김남천과 임화의 창작 방법론 연구』, 소명출판,
    2013.

김철, 「'근대의 초극', 『낭비』 그리고 베네치아Venetia: 김남천과 근대초극론」,
    『민족문학사연구』 18호, 2001.

나카노 도시오 지음, 이종호·임미진·정실비 옮김, 「총력전 체제와 지식인: 미키 기요시와
    제국의 주체 형성」, 사카이 나오키 외 지음, 『총력전하의 앎과 제도』, 소명출판,
    2014.

남근우, 「민속 개념 재고」, 『실천민속학연구』 21호, 2013.

_____, 「'조선 민속학'과 식민주의: 송석하의 문화 민족주의를 중심으로」,
    『한국문화인류학』 35호, 2002.

_____, 「'조선 민속학'과 식민주의: 조선 민속학회론을 중심으로」, 『아시아문화』 22호,
    2006.

디트리히 부세, 「개념사인가 또는 담론사인가: 역사의미론적 인식론의 이론적 토대와

　　　　　방법론적 쟁점」,『언어와 소통: 의미론의 쟁점들』, 소화, 2016.

라인하르트 코젤렉 지음, 한철 옮김,『지나간 미래』, 문학동네, 1998.

루이 알튀세르 지음, 이진수 옮김,『레닌과 철학』, 백의, 1991.

류수연,「김남천 소설과 '성천'成川」,『한국학연구』59호, 2016.

미셸 푸코 지음, 이정우 옮김,『담론의 질서』, 새길아카데미, 2011.

＿＿＿＿, 심세광·오트르망·전혜리 옮김,『비판이란 무엇인가?/자기수양』, 동녘, 2016.

미야카와 토루 외 지음, 이수정 옮김,『일본근대철학사』, 생각의 나무, 2001.

박근갑 외,『언어와 소통: 의미론의 쟁점들』, 소화, 2016.

박형진,「1930년대 아시아적 생산양식 논쟁과 과학적 조선학 연구: 이청원의 식민지기
　　　　　학술 활동과 논쟁을 중심으로」, 성균관대학교 석사 학위논문, 2012.

＿＿＿＿,「풍속과 과학, 도사카 준과 김남천」, 반교어문학회 학술대회 자료집, 2015.

＿＿＿＿,「과학, 모랄, 문학: 1930년대 중반 김남천 문학에서의 '침묵'의 문제」,『상허학보』
　　　　　48집, 2016.

방기중 외,『식민지 파시즘의 유산과 극복의 과제』, 혜안, 2006.

백철,『신문학사조사』, 신구문화사, 2003.

서관모,「반폭력의 문제설정과 인간학적 차이들」,『마르크스주의 연구』5권 2호, 2008.

서영인,「김남천 문학 연구: 리얼리즘의 주체적 재구성 과정을 중심으로」, 경북대학교
　　　　　박사 학위논문, 2003.

세일라 벤하비브 지음, 정대성 옮김,「위기 이론으로서의 비판: 자율성과 자본주의」,
　　　　　『비판, 규범, 유토피아』, 울력, 2008.

손유경,「프로문학의 정치적 상상력: 김남천 문학에 나타난 '칸트적인 것'들」,
　　　　　『민족문학사연구』45호, 2011.

송석하,「민속에서 풍속으로: 인멸하는 민속에 새 호흡을」,『동아일보』,
　　　　　1938/06/10~06/14.

송효정,「1930년대 후반기 장편소설에 나타난 두 가지 미학적 양상」,『어문논집』56호,
　　　　　2007.

신남철,「최근 세계사조의 동향」, 정종현 엮음,『신남철 문장선집』, 성균관대학교 출판부,
　　　　　2013.

야마무로 신이치 지음, 정재정 옮김,『러일전쟁의 세기: 연쇄 시점으로 보는 일본과 세계』,
　　　　　소화, 2010.

＿＿＿＿, 검열연구회 엮음,「출판·검열의 양태와 그 천이遷移」,『식민지 검열:
　　　　　제도·텍스트·실천』, 소명출판, 2011.

에티엔 발리바르 지음, 최원 옮김,『대중들의 공포』, 도서출판b, 2007.

＿＿＿＿, 배세진 옮김,『마르크스의 철학』, 오월의봄, 2018.

_____, 배세진 옮김, 「무한한 모순」, 『문화과학』 93호, 2018.

오미일, 「총동원 체제하 생활개선 캠페인과 조선인의 일상」, 『한국독립운동사연구』 39호, 2011.

요네타니 마사후미 지음, 조은미 옮김, 『아시아/일본: 사이에서 근대의 폭력을 생각한다』, 그린비, 2010.

이도연, 「창작 과정에 있어 '주체화'의 문제: 김남천의 '일신상의 진리' 개념을 중심으로」, 『한국학연구』 36호, 2011.

이송순, 「일제말 전시체제하 '국민생활'의 강제와 그 실태」, 『한국사학보』 44호, 2011.

이수일, 「맑스주의 농업 경제학을 위하여: 『朝鮮の農業機構分析』(印貞植, 白揚社, 1937)」, 『역사와 현실』 18호, 1995.

이진형, 「김남천의 소설 정치학」, 『현대문학의 연구』 31호, 2007.

_____, 「1930년대 후반 소설론 연구: 임화, 최재서, 김남천을 중심으로」, 연세대학교 박사 학위논문, 2011.

_____, 『1930년대 후반 식민지 조선의 소설이론』, 소명출판, 2013.

이철호, 「동양, 제국, 식민주체의 신생: 1930년대 후반 김남천과 김사량 소설을 중심으로」, 『한국문학연구』 26호, 2003.

장문석, 「소설의 알바이트화, 장편소설이라는 (미완의) 기투: 1940년을 전후한 시기의 김남천과 『인문평론』이라는 아카데미, 그 실천의 임계」, 『민족문학사연구』 46호, 2011.

장성규, 「김남천의 발자크 수용과 '관찰 문학론'의 문학사적 의미」, 『비교문학』 45호, 2008.

_____, 「1930년대 후반기 소설 장르 인식 연구」, 서울대학교 박사 학위논문, 2012.

정근식, 「식민지 전시체제하에서의 검열과 선전, 그리고 동원」, 『상허학보』 38집, 2013.

정문길, 『독일 이데올로기의 문헌학적 연구』, 문학과지성사, 2011.

정여울, 「'풍속'의 재발견을 통한 '계몽'의 재인식: 김남천의 『대하』론」, 『한국현대문학연구』 14호, 2003.

정종현, 「식민지 후반기(1937~1945) 한국 문학에 나타난 동양론 연구」, 동국대학교 박사 학위논문, 2005.

_____, 『동양론과 식민지 조선문학: 제국적 주체를 향한 욕망과 분열』, 창비, 2011.

조선일보사, 『조광』, 1935/11~1944/12.

진태원, 「마르크스와 알튀세르 사이의 푸코」, 『철학사상』 68집, 2018.

진태원 엮음, 『알튀세르 효과』, 그린비, 2011.

진필수, 「일제 총동원 체제의 기원과 특징에 대한 재검토」, 『비교문화연구』 22권 2호, 2016.

차승기, 「임화와 김남천, 또는 '세태'와 '풍속'의 거리」, 『현대문학의 연구』 25호, 2005.

_____, 「폐허로부터의 비전: 일제 말기 김남천의 소설론과 탈식민의 계기」,
    『민족문학사연구』 61호, 2016.

_____, 『비상시의 문/법』, 그린비, 2016.

최현식, 「'모던 만주', 이상과 파국의 임계 지대: 김남천의 『사랑의 수족관』을 가로질러」,
    『한국학연구』 45호, 2017.

최혜림, 「『사랑의 수족관』에 나타난 '일상성'의 의미 고찰」, 『민족문학사연구』 25호,
    2004.

채호석, 『한국 근대문학과 계몽의 서사』, 소명출판, 1999.

카를 마르크스·프리드리히 엥겔스 지음, 이병창 옮김, 『독일 이데올로기』 1권, 먼빛으로,
    2019.

황지영, 「김남천 소설의 통치성 대응 양상: 전시 총동원 체제와 정치적 내면의 형성을
    중심으로」, 『어문연구』 43호, 2015.

황호덕 외 엮음, 『한국어의 근대와 이중어사전 1: 리델, 『한불자뎐』*Dictionnaire coreen-francais*
    (1880)』, 박문사, 2012.

吉田傑俊, 『「京都學派」の哲學: 西田·三木·戶坂を中心に』, 大月書店, 2011.

平子友長, 「戰前日本マルクス哲學の到達點: 三木淸と戶坂潤」, 『「帝國」日本の學知 8:
    空間形成と世界認識』, 岩波書店, 2006.

戶坂潤, 『日本イデオロギ_論』, 『戶坂潤全集』 2, 東京: 勁草書房, 1966.

_____, 「思想と風俗」, 『戶坂潤全集』 4, 東京: 勁草書房, 1966.

_____, 「道德の觀念」, 『戶坂潤全集』 4, 東京: 勁草書房, 1966.

7

MARXISM

프롤레타리아화 과정의
비참과 투지

: 마르크스적 변증법의 서사로서
『난장이가 쏘아올린 작은 공』

1. 들어가며

고용 불안에 시달리는 노동의 처지와 프롤레타리아 관념을 결합해 만든 신조어 '프레카리아트'를 통해서도 알 수 있듯, 테크놀로지가 소통조차 지배하는 오늘날에도 '프롤레타리아'는 자본주의 이해와 극복에 핵심적 관념이다. 다만 우리가 더 깊이 생각해야 할 것은 프롤레타리아가 "동종적이고 변치 않는 분류군이 아니며, 단번에 명백하게 기입되고 누가 봐도 알도록 새겨진 이름과 숙명을 품은 그런 집단이 아니"라는 사실이다.[1] 프롤레타리아라는 말이, 인구조사가 통계적으로 기술하고 추적하는 고정된 분류군이 아니라, 오늘날 세계에서 스스로 생산한 것들에 대한 소유권을 잃기만 하는 사람들 전체를 가리킨다면, "프롤레타리아화는 일종의 동역학이자 과정이다".[2] 자본주의는 언제나 프롤레타리아화 과정proletarianization을 통해 자신에게 필요한 노동자들을 생산하고 소모한 뒤 폐기한다.

조세희의 연작소설 『난장이가 쏘아올린 작은 공』[3]은 산업화 시

---

1 Étienne Balibar, *On the Dictatorship of the Proletariat*, pp. 83~84; 조디 딘 지음, 염인수 옮김, 『공산주의의 지평』, 현실문화, 2019, 86쪽에서 재인용. 딘이 인용한 맥락과는 달리 1990년대 이후 발리바르는 공산주의 주체를 프롤레타리아 관념에 한정 짓지 않는 입장을 취하지만, 이 글에서는 발리바르로부터 프롤레타리아를 산업 노동자와 무매개적으로 동일시하지 않으려는 시야와 문구를 참조한다.

2 조디 딘, 『공산주의의 지평』, 86쪽.

3 조세희, 『난장이가 쏘아올린 작은 공』, 문학과지성사, 1991(재판 33쇄). 작품집 『난장이가 쏘아올린 작은 공』에 실린 각 단편 텍스트들은 연작의 성격을 띠고 있다.

기 한국의 프롤레타리아화 과정을 소설로 구현한 대표적인 작품이라고 할 수 있다. 이 글에서는 『난장이가 쏘아올린 작은 공』을 더 풍부하게 해석하는 일에 프롤레타리아화 과정에 대한 마르크스의 논의가 결정적으로 필요하며, 서술 화법과 연계해 이 소설을 해석할 때 마르크스가 『1857~1858년 수고』[4]에서부터 『자본』[5]에 이르기까지 약간씩 다르게 고찰한 본원적 축적 관념의 의미를 재구성해 볼 수 있다는 점을 보여 주려고 한다. 현대소설novel이란 서술 화법을 통해 성립한 갈래이다. 사건 순서의 조정에 그쳤던 이전의 서사 갈래보다 더 나아가 '누구의 말인가', '누구의 행위인가'조차 조정함으로써, 현대소설은 말(생각)의 임자, 행위의 임자의 입체적 구현을 갈래의 고유한 형식 요소로 삼는다. 그런데 정치경제학 비판 기간 동안 마르크스가 서술방법Darstellungsweise에 주

책 뒤의 해설을 쓴 김병익부터가 이 소설집을 하나의 장편인 양 간주하며, 프롤로그의 성격을 띠는 「뫼비우스의 띠」와 「에필로그」가 전체 단편을 둘러싸고 있으므로, 이 글에서도 『난장이가 쏘아올린 작은 공』에 실린 각 단편 텍스트들을 연쇄된 하나의 서사로 지칭하도록 하겠다. 단편 텍스트 중 하나인 「난장이가 쏘아올린 작은 공」은 낫표를 사용함으로써 전체 연작을 가리키는 『난장이가 쏘아올린 작은 공』과 구별한다.

4 마르크스가 1857년에서 1858년에 걸쳐 쓴 수고로서, 그룬트리세Grundrisse 혹은 『정치경제학 비판 요강』으로 알려진 원고 뭉치를 가리킨다. 뒤의 "추상에서 구체로 향하는"이라는 구절은 마르크스가 자신의 정치경제학 비판 기획의 체계를 정리한 '서론'에 나온다. 이 글에서 인용한 『1857~1858년 수고』의 문장은 한국어 번역 『정치경제학 비판 요강』 2를 저본으로 하되, 영어판 *MECW* Vol. 28과 일본어판 『マルクス資本論草稿集』 2-上을 참고하여 수정했다.

5 이 글은 강신준 옮김, 『자본』 1권을 저본으로 삼았다. 『자본』 인용문에 이어진 괄호 안의 숫자는 이 책의 쪽수를 가리킨다.

의했던 일은 잘 알려져 있다. 다만 과학Wissenschaft을 진술하기 위해 마르크스가 남긴 저술들에서 개념의 전개는 선형적 문장으로 표현될 수밖에 없고, 이로 인해 그 전개는 애매해진다. 현대소설은 그 형식 요소를 입체적으로 구현하는 과정을 통해, 과학의 진술에 있을 법한 개념 전개의 애매성을 줄일 잠재력을 띤다.

2. "이른바 본원적 축적"과 프롤레타리아화 과정의 동시대성

마르크스가 『자본』에서 논의를 전개하는 방식은 구체적 현실로부터 개념을 추상하는 순서로 이루어지지 않는다. 마르크스는 자본주의 생산양식에서 겉으로 드러난 현실의 모습이 상품 물신으로 인한 가상Schein이라고 간주했고, 스미스와 리카도를 비롯한 이전 정치경제학자들이 자신들의 개념을 이런 가상으로부터 추출함으로써 역사의 산물인 저 생산양식의 본질을 해명하지 못한 채 옹호론에 머물게 되었다고 설명했다. 따라서 『자본』은 — 그뿐만 아니라 엄청난 분량의 수고를 포함하는 마르크스의 정치경제학 비판 기획 전체는 — 현실을 이해하기 위한 개념의 해명으로부터 시작한다. 『1857~1858년 수고』에서 밝혔다시피 마르크스는 추상에서 구체로 향하는 순서로, 그러나 헤겔식의 관념적 변증법과는 전혀 다른 목적을 갖고서 비판을 수행한다.[6]

----

6 엔리케 두셀은 마르크스의 이와 같은 논의 순서의 의미를 설명한다. 그는 『1857~1858

『자본』에서 개념이 등장하는 순서와 실제 현상이 나타나는 순
서가 이처럼 역전되는 양상은 「이른바 본원적 축적」을 논하는 1권

년 수고』(1857~1858)와 『자본』 1권(1867) 사이, 마르크스가 1861년부터 1863년
까지 23권의 노트로 남긴 수고들을 주석한 책(*Towards an Unknown Marx: A Comment-
ary on the Manuscripts of 1861~1863*, London: Routledge, 2001. 이 책은 두셀이 스페인어
로 쓴 *Hacia un Marx desconocido. Un comentario de los Manuscritos del 61~63*, México: Siglo
XXI, 1988의 영어 번역본이다)에서 경제학 비판을 위한 마르크스의 방법론이 현상
형태와 핵심, 가상과 본질을 구별하며 개념과 범주들의 논리적(변증법적) 전개 과
정 전반을 포착하려는 기획에 있다고 역설한다. 두셀은 『자본』 3권에 가서야 등장
하는 절대 지대에 대한 해명을 일례로 든다. 지대 문제에서 마르크스는 차액 지대
의 발생뿐만 아니라 절대 지대의 발생에 주의를 기울인다. 차액 지대의 경우 스미
스와 리카도가 이미 설명한 바와 같이 토지들의 비옥도 및 위치 등의 차이로 말미
암아 각 토지에서 발생하는 초과이윤 사이의 차이로 설명하는 일이 가능하다. 그러
나 이렇게 보면 가장 열등한 토지에서는 상대적인 초과이윤이 발생하지 않을 것이
고, 따라서 토지 사이의 차이가 설정될 수 없는데도 최열등지에조차 지대가 부과되
는 이유를 해명할 수 없다. 이런 식으로 다른 토지와의 차이와는 별개의 논리로 부
과되는 지대, 즉 절대 지대의 부과 이유를 해명하기 위해서는 토지와 얽혀 있는 현
상 형태(가장 쉽게 눈에 띄는 것이 토지의 비옥도와 위치일 것이다)만을 보아서는 안
된다. 『자본』 3권의 마지막에 가서야 다뤄진 절대 지대를 설명하기 위해서는 『자
본』 1권과 2권 및 3권의 내용이 모두 전제되어야 한다. 요컨대, 절대 지대를 해명하
기 위해서는 생산 가격(C + V + 평균이윤)과 생산물 가격(C + V + 평균이윤 + 지대) 사
이의 구별이 드러나야 하고, 이를 구별하기 위해서는 생산 가격 개념이 밝혀져야 하
며, 생산 가격 개념을 밝히기 위해서는 평균 이윤율 개념이 필요하고(『자본』 3권),
또한 평균 이윤율을 규정하려면 생산 영역별로 가치량이 달리 유통되는 과정을 통
합한 총 잉여가치 개념이 요구되며(『자본』 2권), 결국 자본의 생산에서 잉여가치가
산출되는 양상을 이해하지 않으면 안 된다(『자본』 1권). 이런 식으로, 현상과 본질
을 구별하고 개념과 범주의 전개 절차를 빠뜨리지 않으려는 게 마르크스의 경제학
비판에서 핵심 논리이자 방법론임을 이해할 때, 프롤레타리아화 과정에서 발생하
는 노동의 성격 변화 — 이 글 주제와 관련해서는 한 주± 인물의 성격 변화 — 를
포착하고 서술하는 게 가능할 것이다.

7편 24장에서도 마찬가지다. 본원적 축적을 해명하기 위해서는 '축적'이라는 자본주의 생산양식의 특성을 우선 설명해야만 한다. 그리고 축적을 설명하기 위해서는 잉여가치, 자본, 화폐, 가치 각 개념이 전제되어야 하므로 가치부터 순서대로 해명할 필요가 있다. 개념들의 논리적 순서를 이처럼 해부한 후에 출발한[7] 24장에서 본원적 축적의 의미를 밝히기 위해 다뤄야 할 문제는 개념들의 순서가 아니다. "자본의 축적은 잉여가치를 전제로 하고 잉여가치는 자본주의적 생산을 전제로 하며, 또 자본주의적 생산은 대량의 자본과 노동력이 상품 생산자들의 수중에 있다는 것을 전제로 한다"(『자본』 I-2, 961쪽). 이럴 때 관건은 잉여가치의 자본주의적 축적을 가능케 할 소유관계가 애초에 어떻게 성립했는지를 밝히는 일이 될 것이고, 이 문제의식은 자본주의 생산양식의 전사前史 기술이라는 양상으로 드러났다.

최초로 생산과정에 투하할 자본축적에 대해 마르크스 이전 경제학자들은 한편의 근면하고 검소한 사람들과 대비되는 다른 편의 게으름뱅이들과 이들의 '원죄'를 상정했다. 경제적으로 불성실했던 조상들의 원죄가 지금 있는 프롤레타리아들의 비참을 낳았다는 것이다. 이런 식의 풀이에 대해 『자본』에서 마르크스는 본원적 축적이 역사적으로 볼 적에 경제 외적 폭력[8]으로부터 이루어졌

---

7 "우리는 지금까지 어떻게 해서 화폐가 자본으로 전화하고 자본을 통해서 잉여가치가 만들어지며, 또 잉여가치에서 더 많은 자본이 만들어지는지를 살펴보았다"(『자본』 I-2, 961쪽).

8 이 글에서는 원문에서 강조된 단어 및 구절을 볼드체로 구별했고, 필자가 강조한

다는 결론을 내린다. "현실의 역사에서는 정복과 압제, 살인강도가(한마디로 말해 폭력이) 중요한 역할을 수행한다"(『자본』 I-2, 962쪽). 자본주의 생산양식에서 노동자들은 노예나 농노와 달리 자유롭지만, 이 자유는 이들이 생산수단으로부터 분리되어 있음을 의미한다는 점에서 이중적 의미의 자유다. "자본 관계는 노동의 실현 조건의 소유와 노동자 사이의 **분리**를 전제로 한다. 자본주의적 생산이 일단 자신의 발로 서게 되면 그것은 이런 분리를 유지시킬 뿐만 아니라 이를 **지속적으로 확대재생산**하게 된다"(『자본』 I-2, 963쪽). "본원적 축적이란 바로 생산자와 생산수단의 역사적 분리 과정"이며, 봉건적 생산 체제의 [『난장이가 쏘아올린 작은 공』 연작에서는 중간에 '나'(영수)가 인쇄공 일을 하면서 발견한 노비 문서와 엮인] 인신 구속으로부터 해방된 사람들이 모든 생산수단을 강탈당하고, 생존 보장을 위해 부여받았던 모든 권리를 강탈당한 뒤에, 이들이 자기 자신의 판매자가 되는 과정이다. 바꿔 말해 프롤레타리아화 과정이다. 마르크스에 의하면 "이러한 수탈의 역사는 피로 얼룩지고 불길에 타오르는 문자로 인류의 연대기에 기록되어 있다"(『자본』 I-2, 964쪽).

『난장이가 쏘아올린 작은 공』의 서사는 마르크스가 말하는 본원적 축적 및 프롤레타리아화 과정의 역사를 그대로 투영하고 있는 것처럼 보인다. 물론 이 연작을 통해 형상화된 난장이 가족의 생활 형식이 마르크스가 『자본』 1권 23장(「자본주의 생산의 일반 법

곳에는 드러냄표를 썼다.

칙」)에서 그려내었듯 죄수보다도 못한 수준의 완전한 궁핍을 보여
주는 것은 아니다.⁹ 이뿐만 아니라 「잘못은 신에게도 있다」에는
"자기 차를 몰고 공장에 나가"는 1970년대 당시 서구 노동자들을
의식하는 장면이 있다. 서로 다른 시간대와 지역 사이의 프롤레타
리아를 비교하는 시야가 여기에 작동하는 것이다. 이에 대해 '나'
(영수)는 19세기 유럽과 1970년대의 한국 노동자들의 처지 비교
는 "자가 없어서 재볼 수가 없"다고 말한다.¹⁰

수입과 지출을 적는 가계부는 어느 쪽 프롤레타리아의 처지가
나은지 재는 일이 요령부득임을 계시한다. 프롤레타리아화 과정
이란, 생산수단을 강탈당한 빈자들이 빈곤을 벗어나지 못하는 반
면 잉여가치를 거듭 전유한 자본가들은 더 많이 축적할 조건을 형

---

9 "매질을 하는 공장주도 없고, 이를 줄로 갈아 버리는 공장장도 없었다. 우리 공원
들에게는 결코 한 공기의 죽을 얻어먹기 위해 싸울 필요가 없었다. 아편 주사를 맞
는 사람도 없었다"(「잘못은 신에게도 있다」, 165쪽).

10 「잘못은 신에게도 있다」, 167쪽.『난장이가 쏘아올린 작은 공』의 동시대적 의의는
'자가 없어서 재볼 수 없다'는 이 문장 속에도 담겨 있다. 현상 수준에서 노동자들의
처지가 시간적으로 또 공간적으로 비교 가능하다고 해도, 그래서 19세기 유럽 노동
자와 1970년대 한국 노동자의 처지가 다르고 나아가 2010년대 한국 노동자의 처
지가 다르다고 해도, 그 각각 노동자들은 각자의 지금-여기에서 엄연히 프롤레타
리아다. 자본주의가 축적을 또 생산성 제고만을 목표로 삼고 끊임없이 움직이며 변
동하는 와중에 노동자들의 처지가 200년 가까운 기간 동안 그때 그곳과 동일할 수
는 없을 것이다. 21세기의 쇠사슬은 19세기의 쇠사슬과 다르다. 강철의 순도에서
19세기와 21세기가 차이 나듯, 19세기의 시점에서 보기에 혁명 이후에야 받아 낼
수 있을 것 같은 몫을 21세기의 사람들이 차지하고 있다고 해서, 손에 들고 있는
것이 쇠사슬이 아니고 필요에 따라 분배된 빵과 펜과 악기라 할 수는 없다. 『난장
이가 쏘아올린 작은 공』은 서구 자본주의 생성기와 시공간적으로 차이 나는 한국
산업화 초기의 텍스트이기 때문에, 지속되는 이 진실을 인물의 말로써 재현했다.

성하는 과정이라고 이해할 수 있다. 이렇다면『난장이가 쏘아올린 작은 공』에서 난장이네 가계부는 상품 목록과 화폐량 수치만을 통해 프롤레타리아화 과정이 강탈과 축적의 동시적 작용임을 보인다. 한편으로 가계부는 난장이네가 살기 위해 벌어들인 가치 대부분이 생존을 위한 다른 생산물과의 교환에 지출된다는 사실을 기록한다. 이들은 궁핍에 시달린다. 다른 한편 이 가계부에서 우리는 프롤레타리아가 노동을 수행하고 받은 임금을 교환의 대가로 삼아 다른 곳에서 다른 프롤레타리아가 생산한 잉여가치를 전유하는 자본(건물주와 공장주)의 발전을 확인할 수 있다. 마르크스가 언급했듯 "농민 대중의 일부를 수탈, 축출하는 것은 노동자뿐만 아니라 그들의 생활 수단과 노동 재료까지도 산업자본을 위해 유리시키는 것이면서, 동시에 국내시장을 창출하는 것이기도 하다" (『자본』 I-2, 1003쪽). 마르크스주의 지리학자 데이비드 하비는 마르크스의 관점을 따라, 축적이 언제나 강탈과 함께한다고 본다. 따라서 그는 "강탈로 이루어진 축적"accumulation with dispossession이라는 용어를 사용한다.[11] "도시 공간을 변형함으로써 잉여가치를 흡수하는 일은 훨씬 어두운 측면을 갖는다. 이 짓거리는 '창조적 파

---

[11] 하비는 도시권과 관련된 글에서 개별자의 권리, (사적인) 재산 소유권에 우리를 머물게 하는 (따라서 현재의 체제와 은밀히 결탁하는) 인권 개념을 고집하기보다는, 보다 집단주의적(이고 공산주의적)인 시야를 열어 줄 수 있는 '도시에 대한 권리'를 강조한다("The Right to the City", *New Left Review* 53, 2008). 하비는 이 글에서 자본주의의 축적 과정과 결부된 도시 내 강탈 과정의 사례로 전 세계의 다른 여러 도시와 더불어 1990년대 서울을 분석하기도 한다.

괴'를 통한 도시 공간의 재구축을 주기적으로 되풀이하며, 거의 언제나 계급적 차원을 가진다. 이 과정으로부터 가장 먼저 그리고 가장 많이 고통 받는 자들이 가난하고 혜택 받지 못한 이들이며, 정치적 권력에서 주변화된 사람들이기 때문이다. 옛것의 잔해 위에 새로운 도시 세계를 건설하기 위해서는 폭력이 요구된다."[12]

그러나 프롤레타리아화 과정의 또 다른 면모도 있다. 자본주의는 "강탈로 이루어진 축적"의 현상을 내내 반복하는 데 그치지 않는다. 『1857~1858년 수고』의 표현대로 자본은 "움직이는 모순"이기 때문이다. 조반니 아리기는 1990년대 중국과 19세기 일본의 자본주의적 축적 과정을 분석하면서, 이런 동아시아 경우를 하비와는 반대로 "강탈 없는 축적"accumulation without dispossession이라는 용어로 표현한다. 아리기의 주장에 따르자면, 마르크스가 『자본』에서 제시한 본원적 축적의 과정, 즉 '산업 자본가들에게 노동력을 제공하기 위해 농민을 그들의 생산 도구인 토지로부터 분리하는 폭력적 강탈 과정'이 모든 대륙에서 이루어진 것은 아니다. 그는 동아시아의 경우, 토지로부터 생산자의 축출이 이루어진 것이 아니라, 도시화를 통해 프롤레타리아화가 이루어졌다고 본다. 강탈 없는 축적 및 이와 연계된 '도시 발전 및 산업화' 과정이 동아시아 지역 대부분에서 발생했다는 것이다.[13]

---

12 하비, 위의 글.

13 Tom Reifer, "Capital's Cartographer", *New Left Review* 60, 2009를 참조. 아리기가 강탈 없는 축적의 현대적 사례로 생각하고 있는 지역은 중국이다. 아리기의 분석에 따르면, 1990년대 이후 중국은 사회주의 이념을 유지하면서도 자본축적의 과정을

흔히 노동 집약적 방식으로 설명되는 동아시아의 산업화 방식은 토지, 자원(원료), 기계(기술), 노동력 가운데 현존하는 노동력의 우수성에 주목하면서, 서구 자본주의가 겪었던 노동력의 완전한 비인간화(완전한 프롤레타리아화)와는 다른 경로를 따라갔다. 한 세대 안에서, 비교적 교육 수준이 높은 사회에서 진행되는 이런 식의 축적 과정은 아리기가 분석한 일본이나 중국뿐만 아니라 한국에서도 마찬가지였을 것이다. 하비와 아리기의 축적 해명을 동시에 고려하되 마르크스 자신의 본원적 축적 개념의 전개를 참고할 때, 『난장이가 쏘아올린 작은 공』을 프롤레타리아화 과정이라는 맥락에서 더 풍부하게 읽어 낼 수 있다. 이렇게 하지 않고 『난장이가 쏘아올린 작은 공』에서 난장이 가족이 겪는 고통을 마르크스가 『자본』에서 표현한 "피로 얼룩지고 불길에 타오르는 문자로 인류의 연대기에 기록"된 참혹함과만 연결 짓는 일은 이 연작을 다른 관점에서 읽어 낼 가능성을 닫아 버릴 수 있다. 「잘못은 신에게도 있다」에 기록된 노동자와 사용자 사이의 대화와, 『자본』 1권 23장에 기록된 노동자와 노동 감독관 사이의 대화[14]를 비교

거쳤다는 것이다. 아리기는 중국 향진기업의 역할에 주목하면서 민간 기업, 국영기업, 그 사이에 지역 기업이 들어가서 중국에서는 "박탈 없는 축적"이 가능해졌다고 본다(조반니 아리기 지음, 강진아 옮김, 『베이징의 애덤 스미스』, 도서출판 길, 2009). 이뿐만 아니라 일본에서도 19세기 말 일본이 근대화를 추진하는 과정(자본주의 생산양식을 받아들이는 과정)에서 서구와는 다른 자본주의 발전 양식을 채택했다고 아리기는 본다.

14 『자본』 1권 7편 23장 「자본주의 축적의 일반 법칙」에서 마르크스가 당대의 수많은 보고서와 증언들을 인용해 보이다시피, 프롤레타리아의 처지는 참혹하다. 노동

해 보면, 한국의 노동자들은 언어조차 잃어버릴 정도로 모든 것을 박탈당했다고 볼 수 없기 때문이기도 하다. 프롤레타리아화 과정은 단지 강탈만을 내포하는 게 아니라 다른 잠재력을 품고 있어야 한다.

3. 『난장이가 쏘아올린 작은 공』 연작의 비체계성과 프롤레타리아화 과정의 구현

이 글에서는 마르크스의 시야로 『난장이가 쏘아올린 작은 공』을 읽어 보고자 한다. 다만 이 연작이 산업화 시기 한국의 빈곤과 비참을 고발한 데 그친 게 아니라, 당시 진행된 프롤레타리아화 과정을 독특한 차원에서 재현한 서사라고 볼 것이다.

일차적 근거는 프롤레타리아화 과정의 핵심 계기들과 『난장이가 쏘아올린 작은 공』의 이야기 줄거리 사이에서 직접 대응이 가능하다는 점에 있다. 마르크스 자신의 사태 분석은 다음과 같다. "역사적으로 보아 본원적 축적의 역사에서 획기적인 사건 — 이

갱단을 따라다니는 아동의 교육 수준에 관한 증언들을 보면, 이들은 거의 말할 능력이 없는 자들이었다. 고대식으로 인간을 말하는 동물로 정의할 경우 인간이라 할 수 없을 정도로 로고스를 박탈당한 존재들이 바로 이들이다. 자기 서술 상황의 '나'로 표상됨으로써 스스로 말하고 사유하는 『난장이가 쏘아올린 작은 공』의 인물들은 확실히 이 존재들과는 구별된다. 그러나 다시 한 번, 두 존재 사이의 격차는 "자가 없어서 재볼 수" 없다.

미 스스로 형성되어 가고 있던 자본가계급에게 지렛대 구실을 하게 되는 **모든 변혁 중에서도 특히 획기적인 사건** — 은 대량의 인간이 갑자기 폭력적으로 자신의 생존 수단에서 분리되어 보호받을 길 없는 프롤레타리아로서 노동시장에 내던져진 그 사건이다"(『자본』I-2, 965쪽). 보다시피 본원적 축적의 과정은 프롤레타리아 형성을 그 본질적 계기로 삼는다. 이 인용문으로부터, 프롤레타리아화 과정의 몇 가지 핵심 항목을 추출할 수 있다. (1) 대량의 인간, (2) 갑작스러운 폭력, (3) 생존 수단으로부터 분리, (4) 프롤레타리아화, (5) 노동시장에 투입이 그것이다. 각각에『난장이가 쏘아올린 작은 공』의 이야기 줄거리상 몇몇 핵심 사건을 쉽게 대응시켜 볼 수 있으므로, 이 연작 서사가 프롤레타리아화 과정을 구현했다고 간주하기는 어렵지 않다.

(1) 대량의 인간 — 난장이 가족을 비롯한 행복동의 빈민가 사람들에게

(2) 갑자기 폭력적으로 — 날아온 철거 계고장. "그들 옆엔 법이 있다."

(3) 생존 수단에서 분리되어 — 행복동 빈민가 사람들은 살던 집에서 쫓겨나고, 난장이 가족의 경우, 아버지가 자기 공구를 메고 다녔던 것과는 달리 자식들은 기계에 종속된다[특히 유사하게 손도구를 사용하는 '나'(영수)의 경우가 이를 두드러지게 보여 준다].

(4) 프롤레타리아로서 — 은강 노동 가족의 임금은 그들의 생계비보다 적다. 그들은 생존을 위해 일하는 아무것도 갖지

않은 사람들[15]이다.

(5) 노동시장에 내던져진─난장이 가족의 노동력은 수요와 공
급이 가격을 결정하는 시장에 내맡겨진다.

난장이네 가족을 비롯한 은강의 노동자들은 항상 해고의 위협
에 시달린다. 노동법을 위반한 부당해고를 감행해도 사용자 측엔
부담이 적다. 이처럼 부담 없이 해고할 수 있는 근본 이유는 은강
으로 찾아드는 노동자 예비군이다. 은강 노동시장에서 공급은 언제
나 수요보다 많다. 갑자기 폭력적으로 자기의 생활 터전에서 밀려
난 사람들이 끊임없이 농촌에서 도시에서 생겨나 은강으로 찾아
들기 때문에 공급은 언제나 수요보다 많다. 「은강 노동 가족의 생
계비」에서 난장이네 가계부가 잉여가치 생산과 유통의 확산을 보
여 줄 수 있는 것과 마찬가지로, 서울의 대단위 주거지역 건설을
위해 쫓겨난 사람들은 소수 부동산업자의 배만 불리고 마는 게 아
니라, 고급 주택가에 모여 사는 율사부터 기업 회장님과 서울의
아파트 단지에 들어와 살게 될 왕년의 반항적 대학생에 이르기까
지 부르주아 모두의 안락한 삶에 도움을 주었다. 개별 자본가들의
축적 경쟁이 아니라 나라nation 규모의 본원적 축적, 다시 말해 정
초적 폭력이 선행함으로써 현재 고도성장이라고 일컬어지는 확대
재생산이 실현되었던 것이다. 이처럼 마르크스 문장의 각 항목에

---

15 프롤레타리아라는 명칭은 로마 시대의 proletarius, 즉 아무런 소유도 없기에 아이
를 낳아 기르는 일만 할 뿐인 사람들에서 비롯되었다.

『난장이가 쏘아올린 작은 공』의 이야기 줄거리를 대응시켜 이 서사를 프롤레타리아화 과정의 소설적 구현으로 규정하고, 이 서사의 주제 의식을 두 계급 간의 분할이라고 부각해 볼 수 있다.

그런데 사회가 변화하는 이야기를 보고서나 수기로 직접 제시하지 않고 이를 소설이라는 작품 형태로 제시하기 위해서는 특정 형식을 구사할 필요가 있다. 그리고 이제까지 수많은 논자가 입을 모아 지적했듯 『난장이가 쏘아올린 작은 공』은 소설의 서술 형식을 몹시 강하게 의식한 텍스트이다. 특히 『난장이가 쏘아올린 작은 공』의 서술화법에는 첫째, 시간의 측면과, 둘째, 서술 상황 측면에서 공히 비체계적 서술을 수행한다는 독특함이 있다.[16] 먼저 시간의 측면에서 『난장이가 쏘아올린 작은 공』은 서술된 언표들이 각기 다른 이야기 시간을 재현한다. 연작을 이루는 대부분 텍스트에서 이야기 시간이 교란되어 있다는 것이다. 서술의 한 형식 단위로서 단락을 기준 삼아 이 이야기 시간과 저 이야기 시간이 분할되는 것이 아니라, 한 단락 안에서 혹은 서술자가 직접 인용한 대화가 진행되는 중에도 서사는 서로 다른 이야기 시간 사이를 오간다. 다음으로 서술 상황 측면에서 이 연작을 이룬 각 단편 텍

---

[16] 시간 교란 측면의 한 사례로서 뒤의 각주 25번 같은 경우를 참조할 수 있다. 그런데 이 글에서는 이야기 시간에서의 비체계성보다는 각 단편 텍스트들이 타자 서술과 자기 서술로 상이한 서술 상황을 구성한다는 점에만 집중해서 논의하겠다. 타자 서술이란 언술을 수행하는 서술자와 언술 대상(이자 문장의 주어 자리에 오는) 인물이 동일하지 않은 서술 상황을 가리키는 말이며, 자기 서술이란 서술자와 언술 대상 인물이 동일한 서술 상황을 가리키는 말로 쓴다.

스트들은 일관되지 않다. 이를 소설 주인공의 인칭 혹은 서술 시점이 3인칭과 1인칭으로 서로 다르다고 정리할 수도 있겠으나,[17] 이 글에서는 『난장이가 쏘아올린 작은 공』 연작을 이루는 텍스트들이 타자 서술 상황의 텍스트와 자기 서술 상황의 텍스트로 상이하게 나뉜다고 정리하고, 이는 서술의 주체와 대상 사이 관계 양상의 상이함을 통해 계급 분할을 재현하려는 목적을 띤다고 간주하겠다. 서술 상황의 상이함에도 불구하고 텍스트별 서술 상황의 선택에는 일정한 규칙성이 있기 때문이다. 자기 서술 텍스트에서 '나'로 표상된 인물은 난장이의 자식들이며, 타자 서술 텍스트에서 주主 인물[18]은 난장이 가족 외의 인물이라는 것이 그 규칙성이다. 다만 이 경우 연작 서사를 이루는 마지막 단편인 「내 그물로 오는 가시고기」는 서술 상황과 관련해서 하나의 수수께끼를 제기하는 텍스트가 된다. 연작을 구성하는 각 단편 텍스트들의 서술 상황을 주 인물의 계급에 따라 구별할 수 있는 데 비해, 「내 그물로 오는 가시고기」는 연작 마지막에 배치되어 계급과 서술 상황

---

17 박영준의 논문(「『난장이가 쏘아올린 작은 공』의 인칭변화에 관한 연구」, 『현대소설연구』 41호, 2009, 103~132쪽)은 연작을 이루는 단편 텍스트들의 인칭변화에 주목함으로써 이 글과 동일한 문제의식에서 출발했다. 해당 논문에서는 3인칭 소설(이 글에서는 '타자 서술 텍스트')들이 영수 편에 있는 중간자의 삶을 그린 것으로 읽어 냈으나, 이 글에서는 타자 서술 텍스트에서 계급 간의 분할이 선명하게 나타나는 것으로 해석한다.

18 이 글에서는 단편 텍스트의 서사를 이끌어 가는 주요 인물을 "주 인물"이라고 부르겠다. "초점 인물"은 focalizer로서 그때그때의 언술 상황에서 그 생각이 개방됨으로써 초점이 맞추어진 인물을 가리키며, "주 인물"과 동일할 때도 있고 다를 때도 있다.

표 7-1 **첫째 단계 : 계급 분할을 드러내는 타자 서술-자기 서술-타자 서술의 상황**

단편 텍스트	서술 상황	주 인물
「칼날」	타자 서술	신애
「우주 여행」	타자 서술	윤호
「난장이가 쏘아올린 작은 공」	자기 서술	'나'(영수)
		'나'(영호)
		'나'(영희)
「육교 위에서」	타자서술	신애
「궤도 회전」	타자 서술	윤호
「기계 도시」	타자 서술	윤호

표 7-2 **둘째 단계 : 프롤레타리아의 자기 서술 상황**

단편 텍스트	서술 상황	주 인물
「은강 노동 가족의 생계비」	자기 서술	'나'(영수)
「잘못은 신에게도 있다」	자기 서술	'나'(영수)
「클라인씨의 병」	자기 서술	'나'(영수)

표 7-3 **셋째 단계 : 부르주아의 자기 서술 상황**

단편 텍스트	서술 상황	주 인물
「내 그물로 오는 가시고기」	자기 서술	'나'(경훈)

사이 관계를 역전시킨 채 ― 주 인물이 은강 회장의 아들인데도 '나'로 표상됨으로써 ― 질서를 흩트리기 때문이다.

이상의 예비적 고찰에 기초할 때 우리는 『난장이가 쏘아올린 작은 공』 각 텍스트의 서술 상황을 기준 삼아 연작 전체에 걸친 프롤레타리아화 과정을 순차적으로 재구성할 수 있다. 〈표 7-1〉~ 〈표 7-3〉은 프롤로그와 에필로그를 제외한 단편들을 세 단계로 분류한 결과물이다.

이하에서는, 첫째, '계급 사이의 분할'에 대해, 둘째, '산 노동과 죽은 노동의 주체 대상 관계의 일차적 전도'에 대해, 셋째, '주체 대상 관계의 이차적 전도'에 대해, 마지막으로 넷째, '「내 그물로 오는 가시고기」에서 서술 상황 전환의 이유'에 대해 논의하도록 하겠다. 이후에 이 논의를 마르크스 자신이 『1857~1858년 수고』에서 수행한 프롤레타리아화 과정의 개념 전개와 대응시킬 수 있을지 알아보자.

1) 『난장이가 쏘아올린 작은 공』 서술 상황을 통한 계급 분할

첫 번째 단편 텍스트 「칼날」의 첫 장면은 연작에 특징적인 비체계적 서술을 전형적으로 보인다.

> 처음부터 부엌에서 쓰도록 만들어진 칼 같지 않다. 칼자루를 갈아보면 정말 무서운 생각이 든다. 지난봄에 그녀의 남편 현우가 사온 칼이다. 그는 왜 이런 칼을 사왔을까?
> 알 수 없는 일이다. 신애는 저 자신과 남편을 난장이에 비유하고는 했다. (a) 우리는 아주 작은 난장이야, 난장이.
> "그렇죠?"
> (b) 직장에서 돌아온 남편에게 그녀는 물었다(26쪽).

타자 서술의 대상인 신애가, 이야기 시간의 한 지점을 특정할 수 없이, 마치 자기 서술에서 그러하듯 자기 생각을 개방한 언표 "우리는 아주 작은 난장이야, 난장이"가 삽입되었다가, 갑작스레, "직장에서 돌아온 남편에게 그녀는 물었다"라고 과거 시제 선어말어미를 사용한 언표가 서술되었다. 앞의 언표 (a)와 뒤의 언표

(b)를 비교해 보면 (a)의 언술의 임자는 "우리"라고 자기를 포함시킨 인물 신애일 것이고, (b)의 임자는 타자 서술을 수행하는 서술자일 것이다. 이 텍스트의 주 인물은 "신애"이며, 전반적으로 타자 서술 상황이라고 규정할 수밖에 없겠으나, 인용문에서 보다시피 인물의 생각은 인용 표지 없이 자유롭게 개방된다. 이 텍스트에서 이처럼 생각이 개방된 인물은 신애와 현우, 신애의 딸, 뒷집 여자이다. 서술자는 이 인물들 모두에게 개입하여 인물이 자기 서술을 하듯 생각과 느낌을 언술하게 만들 때가 있다.

「칼날」에는 수도 공사를 맡아 하는 잡역 노동자들이 나오고 또 난장이도 나오지만, 위의 경우와 달리 이들의 생각은 개방되지 않는다. 여러 초점 인물이 등장하는 중에도 이들은 초점 인물이 되지 못한 채 완전한 대상으로 남는다. 바로 이어진 텍스트 「우주여행」은 서술 화법을 기준으로 할 때의 계급 분할을 더 확실히 보여 준다. 주 인물인 윤호의 생각이 개방되는 것과는 달리 난장이와 그 가족들은 서술에서 그 생각이 개방되지 않고 대상의 지위에만 머물기 때문이다.

물론 계급 분할에 대해 좀 다른 계기가 될 수 있는 장면이 「칼날」에 있다. 수도 공사를 둘러싼 한바탕 사건이 벌어진 후, 신애는 수도꼭지를 고쳐 다는 난장이에게 "우리는 한편이에요"(45쪽)라고 말했다. 중간계급이라 할 수 있는 신애와 프롤레타리아 난장이는 과연 한편이 될 수 있을까? 이 물음에 답하기 위해서는 「칼날」 이후로 이어지는 연작의 이야기 줄거리와 서술 상황을 보아야 한다. 신애와 윤호가 주 인물인 두 단편이 지나가고, 다음 단편인 「난장이가 쏘아올린 작은 공」에서 난장이네 가족은 행복동으로부터 분리된다. 이 텍스트는 3절로 구성되어 각 절마다 영수, 영호, 영희를 자기 서술 상황의 서술자 '나'로 삼음으로써 신애 및 윤호와 이들 사이의 계급 분할을 서술 화법을 통해 구현한다. 이제 두 계급 사이의 분할이 구체화되었기 때문에, 그다음 텍스트 「육교 위에서」는 다시금 신애를 주 인물로 삼은 타자 서술로 돌아왔으나 「칼날」과 달리 중간계급과 프롤레타리아가 한편이 되기는 어렵다는 사실을 보인다.

> 동생과 동생의 친구는 저희 스스로를 물 위에 떠있는 기름으로 보았다. 기름은 물에 섞이지 않는다. 그러나 이러한 비유도 합당한 것은 못 된다. 정말 무서운 것은 두 사람이 인정하든 안 하든 하나의 큰 덩어리에 묻혀 굴러간다는 사실이었다(112쪽).

자기네를 큰 덩어리에 섞일 수 없다고 본 학생들 집단은 진압 기계(산업화의 산물!)의 등장과 더불어 깨지고 부서졌다. 산업화는 한편에서는 다수 도시 빈민을 프롤레타리아로 만들고, 다른 한편에서는 자본을 축적한다. 프롤레타리아들이 늘어난다는 사실은 경제가 성장 중이라는 사실의 다른 측면에 불과하다. 프롤레타리아가 되지 않을 기회를 가진 대학생은 기계의 운동과 유통 가운데서 "인정하든 안 하든 하나의 큰 덩어리에 묻혀 굴러"가고, 그 결과 「육교 위에서」 결말에서 신애의 동생은 정신병원에 입원하고 동생 친구는, 신애의 짐작에, 편리한 승용차와 안온한 아파트의 삶으로 나아갈 것이다. 「칼날」에서 주 인물 신애는 "우리는 같은 편"임을 말했었다. 신애는 「육교 위에서」에서도 동일하게 주 인물이다. 그러나 이 단편 텍스트가 분명히 나타내듯 중간계급에 속한 인물들은 "엉뚱한 때 엉뚱한 곳에 서있는" 시대착오적인 존재들이다. 시대착오의 핵심적 이유 중 하나는 프롤레타리아화가 진행되고 계급 간의 투쟁으로 정리될 수밖에 없는 생산양식 속에서 노동 현장에 도달하지 않고 프롤레타리아와 한편이 될 수 있음을 꿈꾸었던 데에서 비롯되었을 수 있다. 「육교 위에서」의 마무리 언표가 이런 해석을 뒷받침한다. "동생은 병실 침대 위에서 잠을 자고 있었다. 간호원이 나가면서 손을 입에 대었다. 동생 머리맡에 사진 한 장이 놓여 있었다. 아내가 갖다 놓은 것이다. 동생의 아이들이 사진 속에서 웃고 있었다. 사람을 제일 약하게 하는 것들이 아무것도 모르는 채 웃고 있었다"(121쪽).

다른 한편, 「궤도 회전」과 「기계 도시」는 법률가의 아들 윤호를 주 인물로 삼은 타자 서술 텍스트이다. 윤호는 난장이 식구들과 노동자들에 공감하는 인물 중 하나지만, 이 두 텍스트에는 두 계급 사이의 공간적 분할이 분명하게 나타난다. 윤호가 사는 곳과 난장이 식구가 사는 곳은 다르다. 난장이네가 기계 도시 은강으로 이사한 것과 반대로, 윤호 가족은 북악산 아래 울타리가 쳐진 주택가로 이사했다. 윤호는 이웃집 은강 창업주가 죽은 날, 그 집 딸 경애를 만나 "십대 공원"에 대한 소년소녀들의 토론회에 참석한다. 토론회장은 성당이다. 부르주아의 자식들과 신은 한패다.[19] 어린 학자 윤호는 은강시에 관해 생각하고, 서술자는 윤호의 생각을

---

19 이 구도는 당연히 「잘못은 신에게도 있다」를 예비한다.

개방하듯 '은강 사람들'에 관해 서술한다. 은강 사람들도 공장 노동자들과 그렇지 않은 사람들로 분할된다. 「기계 도시」에서 은강시 사람들 사이의 분할은 공장 지대가 발생시킨 대기오염을 통해서야 선명하게 드러난다.[20] 요컨대 산업화 자체의 산물이 이제까지 바람의 방향을 통해 자연적으로 덮어졌던 공장 노동자들의 처지와 두 계급 사이의 분할을 밝혀 보이는 셈이다.

> 은희를 안고 있는 윤호의 머릿속에 까만 기계들이 들어차 있는 은강시가 떠올랐다.
>
> 〈단체를 만들자. 그 사람[영수 ─인용자의 첨언, 이하 "─인용자"로 표기] 혼자의 힘으로는 안 되는 일야.〉
>
> 그날 [은희와 하룻밤을 보낸 뒤 ─인용자] 호텔을 나서면서 윤호는 생각했다(149쪽).

『난장이가 쏘아올린 작은 공』에서 윤호의 등장은 여기서 끝나고, 이 연작 이야기 속에서 윤호는 단체를 만들지 않는다. 아마 윤호는 되돌아가 신애의 동생과 비슷한 처지가 될 것이다. 윤호들의

---

20 "그 바람이 공장 지대의 유독 개스와 매연을 바다와 내륙으로만 몰아갔다. 그런데 오월 어느 날 밤, 은강 사람들은 바람이 갑자기 방향을 바꾸었다는 사실을 알았다. 바람은 바다로 안 불고, 내륙으로도 안 불고, 공장 지대의 상공에 머물렀다가 곧바로 주거지를 향해 불었다. …… 막 잠이 들려던 어린 아이들이 바람이 방향을 바꾼 사실을 제일 먼저 알았다. 어른들은 아이들이 갑자기 호흡 장애를 일으키는 것을 보았다"(143쪽).

이야기에서 중요한 것은 '결혼'이기 때문이다. "사람을 가장 약하게 만드는 것들"이 결혼에 잇따른다.

2) "산 노동"과 "죽은 노동" 관계의 일차적 전환
: 프롤레타리아의 재생산

난장이가 세상을 떠나고 남은 식구들은 생존을 위해 은강으로 왔다. 「은강 노동 가족의 생계비」에서 진술되길, "은강은 릴리푸트읍과는 전혀 다른 도시였다. …… 모든 생명체가 고통을 받는 땅이었다. [그런데도] 우리는 살기 위해 은강에 왔다"(152쪽). 은강은 모순의 도시다. 프롤레타리아화 과정이 다 그렇듯이 생존을 위해 생존이 위협받는 곳으로 프롤레타리아는 모일 수밖에 없다.[21] 그런데 영수가 '나'로서 언술하는 「은강 노동 가족의 생계비」와 「잘못은 신에게도 있다」 그리고 「클라인씨의 병」에는 난장이 자식들의 노동 조건이 아버지인 난장이의 조건과는 다르다는 사실이 몇 번이나 진술된다.

권총 모양의 손드릴을 받은 "나는 운이 좋았다"(155쪽). 그러나 "일을 하면서 처음으로 기계에 의한 속박을 받았다. 난장이의 아

---

21 "죽은 난장이의 아들딸이 어두운 표면 부분에서 짜낸 생활 수단은 기계가 있는 작업장에서 땀을 흘려 일하는 것이었다. 그들은 쉽게 일을 얻었다. 우수한 기술을 갖고 있어서가 아니었다. 그곳 기계도 사람의 도움을 받지 않고서는 일을 할 수 없었다"(138쪽). 「기계 도시」에는 노동 도구에 종속된 노동의 상황과 노동의 결합이 도구의 작동에 필수적임을 드러내는 언표가 있다.

들에게 이것은 아주 놀라운 체험이었다"(155쪽). 기계가 거인으로 '나'를 내리누르기 때문이기도 하지만, 이뿐이라면 난장이라는 표현만으로 충분했을 것이다. 「기계 도시」에서나 「은강 노동 가족의 생계비」에서나 영수를 굳이 "난장이의 아들"이라고 지칭한 이유는 '나'가 그의 "돌아간 아버지와는 전혀 다른 일"을 시작했기 때문이다. 돌아간 아버지는 공구를 자기가 메고 다녔다. 그의 아버지가 잠들 때는 쇠로 만든 도구들도 잠들었다.[22] 그런데 '나'와 도구의 관계는 다르다. "돌아간 아버지와는 전혀 다른 일을 우리는 시작했다. 우리는 큰 공장 안에서 기계를 돌려 일하는 수많은 공원들 중의 하나에 불과했다. 그것도, 아직 기술을 익히지 못한 훈련공이었다. 우리는 그 집단 속에서도 최하 계급에 속했다"(154쪽). "조립 라인의 조립공들은 나를 또 하나의 보조 기계로 보았다. 공장장에게는 공원 전체가 기계였다"(154쪽). 기계는 죽은 노동, 외화되고 대상화된 노동이다. 노동자가 기계가 될 수 있는 것은 노동자와 기계가 동등하게 '생산을 위한 사용가치'를 갖기 때문이다. 자본의 눈으로 보자면 둘 다 화폐를 통해 교환되어야 할 가치라는 점에서 기계와 노동자는 같다. 노동자가 기계이듯 기계

---

22 「칼날」에 이미 이런 언급이 있었다. "쇠로 된 것들뿐이었다. 모두 난장이를 닮아 보였다. 난장이를 닮은 이 도구들도 난장이가 잠잘 시간에는 벽돌 공장의 굴뚝 밑에 놓여 숨을 죽일 것이다"(42쪽). 그리고 「기계 도시」에도 이런 맥락이 포함되어 있다. "죽은 난장이도 쇠로 된 공구들을 사용했었다"(138쪽). 다만, 난장이의 노동 도구는 똑같이 쇠로 되어 있다고 해도, 그가 사용하는 보조 수단이었다. "부대에 넣어 메고 다녔다"(138쪽).

가 노동자다. 비교의 순서는 뒤집혔지만 자본의 이런 시각은 노동
자에게 유사하게 재현된다.[23] '나'(영수)는 기계를 마치 생명을 가
진 존재인 양 지각한다. "내가 본 선반은 그때 타이어 공기 밸브
나사를 깎고 있었다. …… 내가 그 앞에 서있을 때, 주축대에서 흐
른 기계기름이 오일 팬에 흘러내렸다. 나에게는 그것이 땀으로 보
였다"(154쪽).

　살아 있는 노동자의 시간과 죽은 기계의 시간이 공히 가치로서
동일시되는 조건에서 현상 수준에서 차이 나는 과거 시간과 현재
시간은 뒤섞여 그 구별이 모호해진다. 「잘못은 신에게도 있다」의
언표들에는 일관되게 과거 시제 선어말어미가 사용된다. 그러나
이야기 시간은 은강시에서 노동하고 조직 활동을 하는 시간과 과
거 삼남매가 어린 시절 희망 없던 시간 사이를 오간다. 죽은 것과
대비되는 산 것의 의미도 모호해진다. 이 가족의 절약은 아무것도
축적하지 못했고 앞으로도 축적할 수 없으니, 이들의 절약은 다만
생존을 위해 생명의 양을 줄이는 것이었다. "아버지는 자식들을
잘 먹일 수 없었다. 학교에도 제대로 보낼 수 없었다"(163쪽). "그
러나, 은강에서 나는 일만 할 수 없었다. 우리 삼남매는 공장에 나

---

23 그러나 마르크스에게서 항목들의 논리가 그러하듯이, 유사한 시각이더라도 '노동
　자가 기계와 같다'는 진술과 '기계가 사람 같다'는 진술은 그 함의가 전혀 다르다.
　기계는 불불 노동이 외화된 대상이라는 자각이 그 속에 숨어 있기 때문이다. 기계
　에게조차 연민을 느낄 수 있는, 그리하여 언제나 강렬하게 폭발할 수 있는 이 감정
　affect이란 것은 자본이 축적하려면 죽은 노동에 산 노동을 결합시켜야만 한다는 근
　본 조건에서 비롯된 것으로 자본의 축적 과정 혹은 프롤레타리아화 과정 내부에
　함입된 외부성이다.

가 죽어라 일했으나 방세 내고, 먹고 …… 남는 것은 없었다. 우리가 땀을 흘려 벌어 온 돈은 다시 생존비로 다 나가 버렸다. 우리만 그런 것이 아니었다. 은강 노동자들이 똑같은 생활을 했다"(167쪽). 이들은 산업화 시기의 공장 노동자가 되었으나 이 시기 공장 노동은 현실의 지옥에 가까운 것(소설 속에 등장하듯 19세기 유럽 노동자들의 형편과 크게 다르지 않은 것)이었다. 산 것과 죽은 것이 구별되지 않는다. "은강시는 머릿속 이상 사회와 너무나 달랐다. 우리는 참고 살았다. 쾌적한 생활환경을 찾아 은강에 온 것이 아니다. 공장 주변의 생물체가 서서히 죽어 가는 것을 나는 목격하고는 했다"(164쪽). 그래도 19세기 프랑스와 영국 노동자들의 "상태에 비하면 우리 은강 노동자들은 더없이 좋은 환경에서 일하는"것이었기에 영희는 "우리는 어느 쪽에 가깝"냐고, "그들의 백 육십 년 전 상태에 가까와, 아니면 현재의 상태에 가까와?"(166쪽)라고 물었다. 중간에 중학교도 가지 못한 자기 남매들의 어린 시절에 대한 회상이 나오고, 또 지금 은강시에서 공장에 나가는 아이들의 건강에 대한 언급이 나온 뒤, 영희의 질문에 대한 영수의 답은 "자가 없어서 재볼 수가 없"(167쪽)다는 것이다. 이들이 겪는 고통을 측정할 수 있는 규준이란 없다. 어느 쪽이든 "생존을 위해 생명의 양을" 줄여야 한다는 점에서는 동일하기 때문이다.

'나'(영수)를 주 인물로 삼은 이 텍스트들은 일터에서 사람과 기계가 구별되지 않는 상황임을 보여 준다. 또한 프롤레타리아는 생존을 위해 생명의 양을 줄여야 하는 처지이기에, 일터를 나와서야 '나'(영수)가 기계와는 달리 사람임을 지각한다는 사실을 보여 준다. '나'는 아버지가 했던 일과 다르게 노동하며, 따라서 '나'는 아버지가 도달했던 해결책으로서 '사랑'을 믿지 않는다.

> 아버지는 사랑을 갖지 않은 사람을 벌하기 위해 법을 제정해야 한
> 다고 믿었다. 나는 그것이 못마땅했었다. 그러나 그날 밤 나는 나
> 의 생각을 수정하기로 했다. 아버지가 옳았다(180쪽).

「잘못은 신에게도 있다」의 이 문장을 오독하면, 『난장이가 쏘
아올린 작은 공』의 주제 의식을 대립의 '종합' 혹은 '조화로운' 사
랑으로 읽을 우려가 있다. 하지만 여기에서 사랑에 초점을 맞춰
이 서사를 읽을 수는 없다. 사랑을 위해 법을 제정해야 한다는 아
버지의 말에서, 이 자기 서술자는 사랑을 가지는 데 대해가 아니
라 법을 강제해야 한다는 데 대해 "아버지가 옳았다"고 말했다.
이전 텍스트인 「은강 노동 가족의 생계비」의 초반부 릴리푸트읍
과 은강시를 비교하는 부분부터 '나'는 법이 무서운 것임을 알고
있다.[24] 법의 폭력으로 인해 살던 터전에서 분리되고 아버지의 죽
음을 보게 되었던 '나'의 입장에서는 사랑을 강제하기 위해서 '법
이 필요하다'는 아버지의 믿음에 동의할 수 없었을 것이다. 내버
려야 할 무서운 법이 사랑이라는 외피를 둘러쓰고 뒷문으로 다시
들어오는 것을 용인할 수 없었을 것이다. 그런데 지금 와서 "아버

---

24 "[릴리푸트읍에는] 난장이의 생활을 위협하는 어떤 종류의 억압, 공포, 불공평, 폭
력도 없다. 권력을 추종자에게 조금씩 나누어 주고 무서운 법을 만드는 사람도 없
다"(150쪽).

지가 옳았다"고 '나'가 진술한다면 이는 법의 제정에 대한 아버지의 생각이 옳았다는 뜻이 되어야 한다. 이뿐만 아니라 단편 텍스트 전체를 통해 서술되었다시피, "모두 잘못을 저지르고 있었다. 예외란 있을 수 없었다. 은강에서는 신도 예외가 아니었다"(180쪽). 그러니 모두를 벌하기 위한 법을 제정할 필요가 있다. 모든 권위를 가진 것에 맞서, 모두의 잘못에 맞서 서술자-작가의 매개조차 없이 자기 이름으로 말해야 하는 자들이 여기에 있다. 이들은 잘못을 "벌하기 위한 법"을 스스로 세우고자 한다. 신에게조차 호소하지 않은 채.

3) "산 노동"과 "죽은 노동" 관계의 이차적 전환
   : 프롤레타리아의 계급의식

은강에서 삼남매가 겪는 고통이 심화되는 「잘못은 신에게도 있다」와 「클라인씨의 병」을 거치며 노동자와 사용자 사이의 대립 또한 강화된다. 다만 이 대립은 없는 자와 가진 자 사이의 대립, 무와 유 사이의 대립, 프롤레타리아(아무것도 갖지 못한 자)와 부르주아(성안에 사는 자) 사이의 대립이 주어진 상태대로 유지됨으로써가 아니라, 가진 자의 권위(와 법과 자본)에 맞서 없는 자에게 무엇인가 생겨남으로써 생겨나고 강화된다.

사용자는 아이들이 무엇을 급히 원한다든가 시위를 하지 않지만, [아이들이] 전혀 새로운 모습으로 움터 간다는 사실을 몰랐다. […] 꼭 말을 해야 한다면 그것은 어떤 힘이다. 권위에 대해 아주 회의적인 힘이다(170쪽).

이렇게 강화된 힘이 증언록 같은 대화 장면을 낳는다.

사용자 4 : "무슨 얘기야? 영이가 말해 봐."
근로자 1 : "이런 상태에선 말씀드릴 수가 없습니다."
사용자 4 : "왜?"
근로자 1 : "저희는 천오백 명의 근로자를 대표해서 이 자리에 나
왔습니다."
사용자 3 : "그렇지. 그런데?"
근로자 1 : "저희는 존대말을 쓰는데 부공장장님도 부장님들도 반
말을 쓰십니다"(172쪽).

이제 노동자들은 영수의 매개 없이, 서술자의 매개 없이, 그 자
신의 이름[25]으로 말한다. 서술하는 존재는 지워지고 다만 기록자
가 있다. 오고 간 두 집단 사이의 말이 서술자를 통한 직접 인용을
초과한 방식으로, 소설이라는 갈래조차 초과한 방식으로 기록되

---

25 여기에서 '이름'은 각각의 개별자가 자기의 고유명(가령 "영이")을 밝혔다는 뜻이
아니라, 이 사람들이 집단이자 계급으로서 "사용자"와 대비될 "근로자"라는 명칭
을 획득했음을 가리킨다. 영수의 테러가 개별자로서 회장을 빗나갔지만 계급으로
서 은강그룹의 사용자 전체를 충격에 빠뜨렸듯이, 또한 인물인 "목사"나 "과학자"
가 그들의 고유명이 아니라 직업으로 지칭되듯이, 『난장이가 쏘아올린 작은 공』에
서 명칭의 임자는 집단이다.

었다. 서술자의 흔적은 어머니와 영희, 아이들과 영호, 아버지와 어머니와 영희의 말 기록에 아직 남아 있고, 따옴표의 유무를 통해 이들의 말은 '나'의 생각 속을 스치는 기억이라는 점이 형식적으로 표지되긴 한다.[26] 마치 의식의 흐름처럼, 옷핀, 제외하기, 파괴자, 책임, 가두기 같은 말들이 자기 서술자의 기억을 불러낸다. 하지만 이는 소설과 기사記事 어느 쪽으로든 치우치지 않으면서 양쪽을 초과하는 화법이라고 보아야 할 것이다. 어느 편 언표에서건 간에 인물들은 인용이라는 매개 없이, 즉 서술자 없이 그 자신의 이름으로 허구-현실 속에서 말한다. 이럼으로써 형식적 조화와 존중에 감춰져 있던 두 집단 사이의 대립은 완전히 드러났고, 형식적 공평함에 감춰져 있던 잘못이 누구의 탓인지도 완전히 드러났다.

---

[26] 근로자 1 : "임금 25% 인상, 상여금 200% 지급, 부당해고자의 무조건 복직 — 이상입니다."

사용자 5 : "얘들이!"

사용자 4 : "더 이상 이야기할 필요 없어요. 뒤에서 얘들을 조정하는 파괴자가 있어요."

영희 : 엄마, 큰오빠가 저 아래 큰 집 유리를 깨버렸어.

어머니 : 알아. 아버지가 가셨어.

영희 : 그 집 아이가 아버지를 난장이라고 놀려서 그런 거야. 그런데 왜 아버지가 가지?

어머니 : 너희들이 뭘 잘못하면 그 책임을 아버지가 지셔야 된단다.

영희 : 언제까지?

어머니 : 너희들이 클 때까지(178쪽).

근로자 1 : "아녜요. [···] 설혹 무슨 일이 일어난다고 해도 저희들
은 하나를 잘못하게 되는 겁니다. 그러나 사용자는 달라요. 저
희가 어쩌다 하나인 데 비해 사용자는 날마다 열 조항의 법을
어기고 있습니다"(178~179쪽).

『난장이가 쏘아올린 작은 공』은 당대가 단순한 ─ 문학적 ─
자기 세대 의식의 면에서가 아니라 생산양식의 면에서 특별한 전
환기임을 의식한 텍스트였다. 「기계 도시」부터 「클라인씨의 병」
까지의 단편 텍스트에서 계속 반복되는 내용 중 하나는 아버지와
자식들 사이의 차이점이다. "목사는 대량 생산 체제를 갖춘 공장
에서의 생활이 비인간적이라면 그 요소들을 찾아 개조하지 않으
면 안 된다고 말했다. 우리의 어른들은 그렇게 큰 공장에서 일해
본 경험이 없다는 점을 그는 강조했다. 그는 전혀 새로운 환경에
서 희생만 강요당하는 세대에 우리를 넣었다"(187쪽). 아버지 세
대와 '우리' 사이의 차이는 큰 공장, 새로운 환경에서의 노동이라
는 상황 차이 때문에 나타나는 것만은 아니다. 여기에서 일하는
노동자들은 이전에도 프롤레타리아였고, 현재도 프롤레타리아이
며, 이들 다음 세대도 계속해서 프롤레타리아가 되어야 할 사람들
이다. 한국 산업화 시기의 프롤레타리아화 과정에서 두드러진 점
가운데 하나는 해방 이전 세대들과 달리, 제국의 강압이 있고 그
래서 민족nation 사이의 대립이라는 주요 전선이 눈에 띄던 시기는
지나갔지만, 한 나라nation 안에서 공간적으로(행복동의 방죽을 사이
에 둔 두 공간, 은강과 북악산 자락, 은강시 내의 주거지와 공장지대 등등)
또한 시간적으로(노비 문서에 속한 가계와 그렇지 않은 가계), 나아가

서사로 구현될 적에 서술 상황의 차이로(자기 서술과 타자 서술), 서로 분할된 두 계급 사이의 대립이 선명해지게 된다는 점이다.

　프롤레타리아화 과정은 노동을 통해 "열심히 부를 생산하는"(186쪽) 사람들을 생존의 위기에 빠뜨리는 과정이기도 하지만, 다른 한편으로 은강시에 있는 1000개 작업장 중 한 공장 1500명의 노동자들이 조직하여 투쟁에 나서는 과정이기도 하다. "그에게서 교육받은 열네 명이 공장으로 돌아가 어려운 일을 해냈다. 여섯 명은 조합을 만드는 데 성공했다"(187쪽). 권위에 대해 회의적인 힘은 자연 발생적 성격을 띠게 마련이다. 반란의 불변항 가운데 하나는 강자의 권위에 맞서는 약자의 권위이므로 그렇다. 하지만 자본주의 생산양식에서 산 노동이 갖게 되는 이와 같은 힘은 프롤레타리아화 과정에서 필연적으로 도출되는 것이기도 하다는 게 마르크스적 변증법의 핵심이다.

　마르크스가 『자본』 기획을 통해 풀어헤쳐 보여 주는 자본주의 생산양식은 이러하다. 불불 노동의 강탈과 잉여가치의 전유는 자본주의 생산양식의 정상적 기능 과정이다. 절약을 통해서가 아니라 국가 폭력을 통해서 이루어진 본원적 축적 이후, 재생산을 위해 되풀이되는 프롤레타리아화 과정은 축적의 정상적 메커니즘이다. 개별 생산 영역에서 잉여가치율을 높이기 위해 불변자본의 비중을 높이면 더 심한 노동강도와 더 많아진 산업예비군이 프롤레타리아화 과정을 촉진한다. "그[과학자]에 의하면 기술 과학의 발전이 숙련 노동자를 실직시켰고, 공장 내의 단순 노동은 어린 근로자들의 장시간 저임금의 노동으로 충당되었다. 그리하여 공장을 중심으로 인구가 집중하고, 도시에는 빈민굴이 생겼다"(188쪽). 불불 노동의 외화, 대상화, 전유를 통한 이런 식의 프롤레타리아화 과정은 오늘날의 소통 자본주의[27]에서도 꼭 같이 진행 중이다. 이 과정을 그려내는 마르크스 자신의 『자본』 기획 가운데 '조직된 프롤레타리아 계급의식의 형성'이라는 문구는 없다. 다만 마르크스의 정치경제학 비판 기획을 헤겔 철학의 영향력과 관련해서 이해하고자 시도했던 두셀이 강조하는 바는 『자본』 기획에서 이런 식의 개념 전개가 계급의식의 형성으로 이어질 필연성을 품고 있다는 점이다.[28] "그러나 근로자의 손해는 경영주의 이익이라는 단순한 지적이 우리의 뒤통수를 쳤다"(188쪽). 마치 「클라인씨의 병」처럼.

따라서 「클라인씨의 병」은 대립하는 두 계급 사이의 조화와 사랑을 구현하는 텍스트가 아니다. 서술 화법상으로, 다음 텍스트인 「내 그물로 오는 가시고기」에서 이제까지 구축해 왔던 자기 서술과 타자 서술 사이의 관계 질서가 뒤집혀 타자 서술의 대상이었던 비非프롤레타리아계급에 속한 인물이 자기 서술을 수행하게 되는 것과 궤를 같이하여, 이야기 줄거리상으로는 프롤레타리아의 자기 전개, 즉 이제까지 비프롤레타리아계급만이 전유해 왔던 폭력의 도구를 프롤레타리아가 소유하고 사용하게 되는[29] 계급의식의

---

27 소통 자본주의communicative capitalism는 정보 통신을 이용해서 다수가 생산한 데이터, 즉 불불 노동의 생산물을 자본이 전유하는 오늘날의 상황을 가리키기 위한 조디 딘의 술어다. 프롤레타리아화와 오늘날 소통 자본주의 사이의 관련에 관해서는 『공산주의의 지평』 제4장 「공통과 공유물」의 논변을 참조할 것.

28 Dussel, *Towards an Unknown Marx*, 188~193.

전개 과정이 서술된다. 연작 서사에서 이런 자리에 위치한 「클라인씨의 병」에는 이쪽 편과 저쪽 편을 가르는 명확한 언표들이 있다. "은강에 온 지섭은 여러 가지 면에서 목사, 과학자와 비슷한 사람이었으나 한 가지 면에서만은 전혀 다른 사람이었다. 그 자신이 바로 노동자였다"(195쪽). '나'(영수)는 목사나 과학자에게 배워서 의식화되었다고 생각했으나, 지섭과의 대화는 이런 생각을 깨뜨린다.[30]

"제가 할 일은 뭐예요?"
"현장을 지키는 일야."
"제가 일하는 곳이 현장야요."
"그럼 그곳을 뜨지 말고 지켜, 그곳에서 생각하고, 그곳에서 행동해. 근로자로서 사용자와 부딪치는 그 지점에 네가 있으라구"(198쪽).

"옳고 그른 것을 따지는 데 너무 많은 시간을 허비해 왔다"는 말을 남기고 지섭이 떠난 후 '나'는 변했다. 과학자가 저 자신이나 목사는 '나'(영수)와 다른 줄에 서있다고 말하면서 클라인씨의 병

---

[29] 「칼날」과 「우주 여행」에서, 신애는 칼을 사용했고 윤호는 아버지가 숨겨 놓은 권총을 찾았다. '나'는 마치 "비판의 무기가 아니라 무기의 비판으로" 전환되듯이 저 자신의 손에 칼을 쥔다.

[30] "현장 안에서 이미 잘 알고 있는 사람이 바깥에 나가서 뭘 배워? 네가 오히려 이야기해 줘야 알 사람들 앞에 가서 눈을 떴다구? 장님 돼 버린 거지, 장님이. 그리고, 행동을 못 하게 스스로를 묶어 버렸어. 너의 무지가 너를 묶어 버린 거야. 너를 신뢰하는 아이들을 팽개쳐 버리구"(197쪽).

을 보여 준 뒤, 한 해 겨울을 지낸 '나'는 갇혀 있다고 생각한 자들이 바깥에 있고 바깥에 있다고 생각한 자들이 갇혀 있음을 깨닫는다. "따라서 이 세계에서는 갇혔다는 그 자체가 착각예요"(202쪽). '나'는 이 말을 한 뒤, 은강 회장으로 오인해서 그 동생을 찔러 죽인다. '나'를 중심으로 있으라, 현장에 있으라는 말을 듣고 깨달은 프롤레타리아가 부르주아를 테러한 이 이야기는 조화와 사랑에서 가장 멀리 있다. 어떻게 읽을 때 이 적나라한 폭력을 구원의 서사에 가닿도록 할 수 있을까?

4) 프롤레타리아의 불안과 부르주아의 두려움

「내 그물로 오는 가시고기」에서 이미 저질러진 사건으로 말해지는 저 프롤레타리아의 테러를 이해하기 위해서는, 그리고 「내 그물로 오는 가시고기」의 예외적 서술 상황(반대편 계급의 자기 서술)을 이해하기 위해서는 앞의 단편 텍스트들에 계속 등장했던 공포의 문제를 따져 볼 필요가 있다.

「칼날」과 「우주 여행」 각각은 '중년의 위기', '청춘의 위기'를 그려 낸 것처럼 읽히기도 한다. 형식상으로, 타자 서술이되 생각을 개방하는 방식을 취함으로써 이 두 텍스트는 신애나 윤호의 심리적 위기를 나타낸다. 얼핏 읽기에 이런 위기 상황은 '순수한 심리'의 소유자로서 신애나 윤호의 윤리 의식에서 비롯된 것으로 보일 수도 있다. 하지만 이 위기를 모종의 공포를 반영할 것으로 읽어 낼 순 없을까? 「우주 여행」의 이야기 줄거리를 예로 들어 보자. 여기에서는 윤호라는 인물 하나만 공포를 겪는 게 아니다. 윤호의 아버지는 무엇이 두려워서 권총을 숨기고 있었을까? 윤호의 누나는 무엇이 두려워서 지섭을 꺼렸을까? 은희는 낯선 자로서 "우주인"이 "찾아와서" 자기의 답안지를 "훔쳐 가지" 않을까 두려워했다. 윤호의 나쁜 친구 인규는? 인규는 윤호를 같은 동아리로 끌어들이고 싶어 한다. 윤호를 적이 아닌 자로 두고 싶어 했던 것이다. 「칼날」에서 신애는 문신한 남자[31] 일당을 결국엔 자기가 들고 있던 칼로 찔렀다. 이 일당은 낯선 자들이다. 「칼날」과 「우주여행」의 대부분 인물들은 공히 타자 서술의 대상이면서 주 인물을 포함해 그 생각이 개방되는 초점 인물이다. 해당 텍스트들에는 개인의 공포가 아니라, 서술 화법을 기준 삼아 이 텍스트에서 한데 묶여 서술되는 사람들이 갖는 공포가 있다. 이 집단이 공포의 대상으로 간주하는 반대편 집단은 적이며, 자기에게 낯선 자들이며, 똑같이 타자 서술의 대상이되 생각이 개방되는 '시민적 생활 형식' 속에 끌어들일 수 없는[32] 존재들이다. 요컨대 이 집단이 가진 공포는 '대상 없는 불안'이 아니라, 혹은 존재 불안이 아니라,

---

31 "부러진 앞니를 드러내며 사나이가 말했다. 사나이의 바른쪽 팔에는 벌거벗은 여자의 문신이 새겨져 있었다. 사나이는 다시 부러진 앞니를 드러내며 말했다"(38~39쪽).

32 '시민 생활'이라는 용어는 현대의 객관적 생활양식을 지칭하는 평범한 어휘로 보이지만, 마르크스는 이를 부르주아계급의 이해관계가 관철되는 사회적 삶의 영역을 암시하는 데 사용했다. "질서파는 전국에 걸쳐서 무수한 소국왕들에 의해 대표되었기 때문에, 자파 후보에 대한 배척 행위를 반란으로 규정하여 벌할 수 있었고, 반역적 노동자들, 반항하는 예농들, 머슴, 점원, 철도 관리, 서기, 요컨대 **시민 생활**에서 자신들에게 예속된 모든 직원들을 해고할 수 있었다"(칼 맑스, 「프랑스에서의 계급투쟁」, 『칼 맑스·프리드리히 엥겔스 저작 선집』 2, 61쪽).

'대상 있는 두려움'이다. 텍스트들의 서술 화법 자체가 이 공포가 대상 있는 두려움임을 알 수 있게 해주며, 이 두려움의 대상은 곧 생각 개방(자기 서술 성질)의 자장 속에 끌어들일 수 없이 순전히 대상화되는 존재이다. 난장이 가족을 비롯해서 수도 공사를 하는 남자들 같은 프롤레타리아가 이들에게는 두려움의 대상인 것처럼 보인다.

반대로 「은강 노동 가족의 생계비」에 나타나는 난장이네 식구의 공포는 생존과 관련된 공포다. "나는 은강에서의 생존비를 생각했다. 생활비가 아니라 살아남기 위한 생존비였다. …… 그해 도시 근로자의 최저 이론 생계비는 팔만 삼천 사백 팔십 원이었다. 어머니가 확인한 삼남매의 수입 총액은 팔만 이백 삼십 일 원이었다. 그러나 …… 제하고 어머니 손에 들어온 돈은 육만 이천 삼백 오십 일 원밖에 안 되었다. 이 돈을 벌어 오기 위해 우리는 죽어라 일했고 어머니는 늘 불안해했다"(162쪽). 이들의 삶은 살아남기 위한 노동으로 점철된다. 잠깐이라도 일을 쉬면, 생존할 수가 없다. 그래서 이들이 겪는 공포는 두려움이 아니라 불안일 수밖에 없다. 이것은 해고의 공포, 다시 말해 자유 — 생존과 연결된 일자리라는 끈에서 떨어져 나온 상태 — 의 공포이자, '없어짐' 혹은 '없음'에 대한 공포이기 때문이다. 이들의 공포에는 대상이 없다. 대상조차 없다. 프롤레타리아화 과정의 일차적 전환과 이차적 전환을 거치더라도, 남는 핵심적 계기는 대상을 갖지 못한 상태, 소유 없는 상태다.[33] 중간계급을 포함해, 부르주아의 공포에는 대상이 있다. 첫 텍스트인 「칼날」이나 마지막 텍스트인 「내 그물로 오는 가시고기」에서 드러나듯 부르주아는 노동자라는 명백한 대상을 두려워한다.

이 두려움을 가장 직접 드러내는 화법은 자기 서술이 될 수밖에 없다. 그래서 「내 그물로 오는 가시고기」는 드디어, 난장이네 가족, 다시 말해 노동자가 아닌 인물에 의한 자기 서술, 은강 회장의 막내아들 '나'의 자기 서술 텍스트이다. 이전 텍스트 「클라인씨의 병」에서 안과 밖의 이항 대립적 구별이 사라졌으니, 이제까지의 규칙으로는 타자 서술 대상 집단에 속했을 인물이 자기 서술을 수행하는 서술 상황이 구성될 수 있다.

여기에서 현재 은강 회장의 막내아들인 '나'의 생각은 개방되어 있다. 다른 타자 서술 텍스트들에서 인물(예를 들어, 신애나 윤호)의 생각을 개방해 왔다는 점을 고려할 때, 이 텍스트가 생각을 개방하려는 목적으로 자기 서술을 택한 것은 아닐 것이다. 『난장이가 쏘아올린 작은 공』이 구성한 계급 대립 상황에서 같은 편 계급의 주 인물이 등장하는 이 두 경우 — 신애와 윤호가 주 인물인 타자 서술 텍스트의 경우와 '나'(경훈)가 주 인물인 자기 서술 텍스트의 경우 — 에서 부각되는 차이는 고유명의 유무다. 「내 그물로 오는 가시고기」의 서술 상황에서는 생각이 개방되는 인물이 앞서 다른 텍스트들에서처럼 고유명으로 불리면서 갖는 특정성이 사라진 것처럼 보인다. 두 형이 없는 집에서 '나'가 무서워하는 대상은 많지 않다. '나'는 집안에서 작은 독재자처럼 자기 마음 내키

---

33 다음 4절에서 마르크스가 정리한 프롤레타리아화 과정의 개념 전개를 통해 "일차적 전환"과 "이차적 전환" 및 "소유"라는 술어의 뜻을 밝혀 보일 것이다.

는 대로 말하고 행동한다. '나'의 두려움의 대상은 두 형이었다. "나는 두 형을 제일 무서워했다. 사촌[사촌의 고유명은 끝까지 등장하지 않는다. 사실 '나'의 고유명인 경훈도 이 텍스트에서는 그리 중요한 것이 아니다 -인용자]은 무서울 것이 없었다. 그는 약한 사람이었다"(214쪽). 텍스트 내에서는 어머니(와 어머니 친구)가 부르는 호칭으로만 딱 두 번 등장하는 '경훈'이라는 고유명은 '나'라는 대명사로 가려짐으로써 어린 자본가의 일반적 계급성이 두드러지고 그의 인격은 감추어진다.[34]

이렇게 보면 자기보다 더 높은 위치에 있던 존재들인 '나'의 형들과 그 뒤의 아버지[35] 외에 그 무엇에게도 두려움을 느끼지 않았던 '나'가 자기에게 저항하는 투지와 맞닥뜨리고, 이 힘을 가진 존재들에게 두려움을 느끼게 되는 과정이 이 텍스트에서 발생하는 주된 사건이다. 이들의 투지는 오로지 이들 자신으로부터 발생한 것이면서 옳음에 대한 확신을 집단적으로 공유하며 드러나는 위력이다.[36]

---

34 프롤레타리아 쪽 자기 서술의 경우엔 첫 번째 자기 서술 텍스트인 「난장이가 쏘아올린 작은 공」의 세 개 장이 난장이네 세 자식을 각각 '나'로 지칭하는 서술 상황을 구성함으로써 서로의 고유명을 서로가 확인할 수 있게 했다.

35 "나는 아버지의 인정을 받아 두지 않으면 안 된다고 믿었다"(214쪽).

36 『난장이가 쏘아올린 작은 공』 텍스트에는 "사랑을 [강제하기] 위해 법을 제정해야 한다"거나 "권위에 대해 아주 회의적인 힘" 같은 표현들이 있다. 모든 반란에 변치 않는 항목으로 포함되는 표현들이다. 이런 불변항은 보편적으로 옳은 것에 대한 주체의 투지를 언제나 동반하게 된다. 반란의 진리와 그 주체의 형상에 대한 분석으로는 알랭 바디우의 글 「병사의 형상」을 참고할 것(알랭 바디우 지음, 서용순 옮김, 『투사를 위한 철학』, 오월의봄, 71~92쪽).

당신이 우리 회장님 아들이라고 아이들이 그러는데 사실이오, 건방진 말투로 물었다. 내 안에서 무엇이 욱 치밀었지만 참을 수밖에 없었다. 나는 할 말을 잃었다. 누렇고 모가 진 얼굴에 유난히 눈만 살아 움직이는 듯한 아이들이 나를 둘러쌌다(215쪽).

아주 짧았지만 상상도 못 했던 노래였다. 나는 이 노래를 부른 공원을 돌아볼 수 없었다. [왜? 두려움 때문에? -인용자] 보나마나 나이보다 작은 몸뚱이에 감춘 적의와 오해 때문에 제대로 자라지 못할 아이라고 나는 생각했다. 그런데, 이번에는 앞에서 나를 둘러싼 아이들이 나의 표정을 뜯어보면서, 우,리,회,장,님,은,마,음,도,좋, 지,거,스,름,돈,을,쓸,어,임,금,을,준,대, 같이 입을 벌렸다, 웃지도 않고. …… 내 마음은 아버지의 22 소구경 권총을 주머니에 넣은 다음 연발 엽총에 작렬탄을 장전해 들고 뛰어왔다(216쪽).

여기까지는 두려움이라기보다는 투지에 찬 적개심과 맞닥뜨린 어린 자본가의 노기로 보인다. 그러나 노여움을 느낀다고 해도 그보다 더 강한 것은 저들에 대한 두려움이다. 두려움의 시작은 단순한 계산에서 비롯된다.

열아홉 아니면 스무 살 정도였는데도 여자로 보이지 않았다. 천날을 고도에서 함께 보낸다고 해도 자고 싶은 생각이 안 날 아이였다. 공장 노동이 생명 유지를 위한 그 계집아이의 생업이었다. 우리가 필요로 하는 것은 노동자의 근육 활동뿐이었다. 공장 노동이 방청석을 메운 공원들에게 고통이 아닌 즐거움이 된다면 아버지도 아버지의 의지대로 움직일 수 있었던 것들을 모두 잃게 될 것이다(218쪽).

어린 자본가로서 '나'는 알고 있다. 저들과 '나' 사이의 대립은 한쪽이 가지면 다른 쪽은 잃는 일이라는 것을. 앞 텍스트인 「클라 인씨의 병」에서 지섭은 '나'(영수)가 주도한 싸움으로 사측이 2억 정도의 이윤을 잃었다고 계산한 바 있다. 그렇기에 이들의 적개심 은 '나'(경훈)에게 두렵다. 이 두려움이 다음과 같은 꿈을 꾸게 만 든다.

꿈속에서 그물을 쳤다. …… 내 그물로 오는 살찐 고기들이 그물 코에 걸리는 것을 보려고 했다. 한 떼의 고기들이 내 그물을 향해 왔다. 그러나 그것은 살찐 고기들이 아니었다. 앙상한 뼈와 가시 에 두 눈과 가슴지느러미만 단 큰가시고기들이었다. 수백 수천 마 리의 큰가시고기들이 뼈와 가시 소리를 내며 와 내 그물에 걸렸다. 나는 무서웠다. …… 가시에 몸에 닿을 때마다 나의 살갗은 찢어 졌다. 그렇게 가리가리 찢기는 아픔 속에서 살려 달라고 외치다 깼다(233쪽).

「내 그물로 오는 가시고기」의 언표에는 과거 시제 선어말어미 가 일관되게 사용되며, 이야기 시간의 교란도 여기에는 없다. 〈사 장 살해범의 공판을 며칠 앞둔 어느 날, 숙모와 사촌이 찾아와 숙 부의 재산을 분할해 달라는 요청을 한다〉에서 〈공판이 범인에 대 한 사형 선고로 끝나고 '나'는 정신과 약을 아버지 몰래 먹어야겠다고 생각한다〉까지 이야기의 시작과 끝 과정이 순서대로 서술되며, 중간에 들어간 나의 어린 시절 회상은 회상임이 분명히 드러나도록 단락 단위로 따로 묶여 있으므로 이야기 시간을 교란할 정도는 아니다. 이 텍스트는 '나'(영수)의 반대편에 선 자를 '나'로 표상함으로써 연작의 서술 상황에서 결정적 예외 텍스트가 되면서, 또한 영수를 '나'로 표상한 직전의 세 단편 텍스트와 달리 이야기 시간의 교란을 보이지 않는다. 그 이유는 이 텍스트에서 중요한 것이 부르주아의 의식 가운데, 프롤레타리아가 두려움의 대상으로 각인되는 과정을 확인하는 데 있기 때문이 아닐까? 두려움의 대상, 그물을 쥔 '나'(부르주아)를 향해 떼를 지어 몰려들어 위협하는 저 앙상한 가시고기들, 저 수많은 '나'(프롤레타리아)들을 무의식 가운데서 만난 다음, '나'는 약해졌다고 느낀다. "내가 약하다는 것을 알면 아버지는 제일 먼저 나를 제쳐 놓을 것이다"(233쪽). 이를 어쩌나. '경훈'은 하나도 중요하지 않다. 언제든 경훈은 위의 형들로 대체될 수 있고, 기회만 생기면 형들이, 혹은 아버지가 "나를 제쳐 놓을 것이다".

따라서 『난장이가 쏘아올린 작은 공』 속 사건에서 영수가 죽이려고 마음먹었던 은강 회장이 아니라 그의 동생이 죽었다는 점도 그 자체로 중요하다. 몹시 닮아서 착각했다고 텍스트에서 서술되었고, 대기업의 일개 노동자가 회장의 얼굴을 직접 볼 일이 없을 테니 이 정도만으로도 이유가 충분히 해명되었다고 여길 수 있다. 하지만 앞선 '나'(영수)의 텍스트로서 「잘못은 신에게도 있다」, 「클라인씨의 병」과 뒤의 '나'(경훈)의 텍스트로서 「내 그물로 오는 가시고기」의 서술 상황 및 내용을 입체적으로 고려할 때, 이 테러의

의미는 개개인의 부르주아가 누구냐가 중요한 게 아니라는 사실
에 있는 것일지 모른다.

4. 『자본』 기획의 개념 전개와 『난장이가 쏘아올린 작은 공』의 서사 조응

이제까지 살펴본바 『난장이가 쏘아올린 작은 공』의 서술 화법
에 대한 해석을 가능케 한 것은 프롤레타리아화 과정에서 개념들이
전개되는 양상이다. 『자본』 1권 24장의 역사 기술에는 빠지게 된
몇 가지 아이디어가 『자본』 이전 『1857~1858년 수고』와 『1861~
1863년 수고』에 담겨 있다. 본원적 축적에 대한 이해는 "현재의
관계들이 가진 모양새의 **지양**"(『정치경제학 비판 요강』 2, 83쪽)을 위
해 수행해야 할 과제로서 미래와 연결되어 있으며, 이 이해에는
프롤레타리아화 과정의 개념 형태가 관건이라는 견해가 이미 드
러나는 것이다.

"산 노동"과 "대상화된 죽은 노동" 관념 사이 대비는 이 시기
에 부상한다. 두셸은 마르크스가 『1857~1858년 수고』에서부터
"산 노동"과 "대상화된 죽은 노동"이라는 용어를 처음으로 사용
하면서 이 둘 사이의 관계를 본격적으로 논한다고 지적했다.[37] 자

---

37 Dussel, *Towards an Unknown Marx*, 7. 두셸은 『1857~1858년 수고』에서 『자본』 1
권 내용과 연관되는 부분(*MECW*. 28, pp. 221~222. 이 부분이 『1861~1863년 수고』

본주의 생산양식에서는 산 노동의 물적 조건(원료, 노동 도구, 생활 수단)이 정립되어야 축적과 재생산이 이루어질 수 있다. 이 물적 조건의 정립이란, 달리 말해 자본이 사용해야 할 사용가치로서 산 노동이, 노동의 원료와 수단으로 대상화된 죽은 노동에 활력을 불어넣고 또한 그 가치를 증식시킨다는 사실로 현상하며, 이와 동시에 산 노동이 자기 자신의 정신을 대상화된 죽은 노동에 빼앗기는 단순한 수단이 된다는 사실로 현상한다. 자본주의 생산양식에서는 산 노동의 물적 조건이 자기와 관계없는 타자의 자립적 실존으로 정립되는 양상으로 사태가 나타난다. 다시 말해 산 노동이 노동을 수행하려면 필요한 물적 조건들로서 원료라든가, 기계라든가, 노동자의 생활 수단이라든가 하는 것들이 **"낯선 인격**의 실존 양상으로서, 노동에 필요한 물적 조건들로부터 이미 분리되어 주체로서 서있는 산 노동력에 대해서 즉자적으로 자기를 고수하는 대자적으로 존재하는 가치들로서, 따라서 노동력에게 낯선 부이자 자본가의 부를 이루는 가치들로서"(『요강』 2, 85쪽) 정립되어야 하는 것이다. 여기에 주체 대상 관계의 어떤 양상이 기술된다고 보자. 그런데 이 관계는 이항 대립 관계가 아니거니와, 일차원적

에 재수록되었고 두셀의 주석은 *MECW*. 30, pp. 170~171을 대상으로 했다)에 주석을 달면서 이렇게 지적한다. "이제까지 마르크스는 대상화된 구체적 노동 혹은 대상화된 추상 노동을 논의해 왔다. 바로 여기서부터 그는 '산 노동'lebenidge Arbeit이라는 새로운 범주를 구축해 나가기 시작한다. 상품과 화폐, 그리고 자본조차도 가치이자 대상화된 노동이다. 이와는 반대로 산 노동은 가치가 아니라 '가치의 창조자' Werthschaffend다."

인 (이른바 목적 전치 수준의) 변증법적 전도를 나타내는 관계도 아니다. 이제 이런 관계의 변천을 순차적으로 검토해 보고자 한다. 『난장이가 쏘아올린 작은 공』의 이야기 줄거리 및 서술 상황은 관계의 일차적 전환에, 이 서사의 주제 구성은 관계의 이차적 전환에 조응할 것이다.

(1) "산 노동"이 주체로서 노동하기 위해서는 대상으로서 물적 조건이 필요하다. ― 난장이네는 일자리를 찾아 은강으로 왔다.

(2) 대상으로서 물적 조건은 "대상화된 죽은 노동"으로 현상한다.

(3) 자본주의 체제에서 이루어지는 생산을 통해 "대상화된 죽은 노동"은 대상이 아니라 주체인 "산 노동"에 대해 자립한 타자가 된다. ― 난장이의 아들은 은강기업에서 처음으로 기계에 의한 속박을 받는다.

(4) 자립한 타자로서 "대상화된 죽은 노동"은 "낯선 주체에게 속하는 가치"(『요강』 2, 85쪽)로서 현존한다. ― 영희에게 주어지는 점심시간은 십오 분밖에 안 된다. 기계를 멈추어선 안 된다.

(5) 정리하면, 첫째, 본래는 대상이었던, "대상화된 죽은 노동"으로서 원료와 기계 등은 이제 자본가의 소유물이자 나아가 자본가 자체가 되며, 둘째, 본래는 주체였던, "산 노동"은 이제 자본가-자본이 된 "대상화된 죽은 노동"의 수단이 된다. "난장이의 아들"인 '나'(영수)에게 공장의 기계는

그 자체로 자립한 타자인 셈이다. 이 내용은 「기계 도시」
와 「은강 노동 가족의 생계비」에서 한 번은 타자 서술로,
한 번은 자기 서술로 전해진다.

이제 일차적 전환이 이루어졌다. "산 노동"과 분리 불가능하게
결합되어 있는 그의 "노동 능력이 [대상으로서의 물적] 조건들에 대
하여 단지 다른 종류의 가치로서 (이 물적 조건들과는 다른 사용가치
로서) 현상"(『요강』 2, 85쪽)함으로써 그로부터 분리된다. "산 노동"
으로부터 노동의 물적 조건이 분리될 뿐만 아니라, 노동 능력 자
체 또한 분리되고 나면 "생산과정은 이 대상적 조건들을 새롭게
생산하고 재생하며, 더욱 큰 규모로 재생산할 수"(『요강』 2, 85쪽)
있게 된다.

(6) 그러나 이 한번 전도된 상황이 단순히 이제는 낯선 타자의
    소유로서 실존하는 외화된 노동력과 대상화된 노동 사이
    의 단순 교환으로 끝나는 것은 아니다. 혹은 대상과 주체
    사이의 전도된 규정으로 나타나는 것에 그치지 않는다(『요
    강』 2, 94쪽). "산 노동과 대상화된 노동의 교환은 아직 한
    편에 자본을, 다른 한편에 임노동을 구성하지 않는다"(『요
    강』 2, 89쪽). 노동만이 가치를 생산한다는 본질적인 전제
    조건이야말로 가치 창출과 가치 증식이라는 자본주의 생
    산양식의 고유성을 가능케 한다. 달리 말해, 프롤레타리아
    화 과정이 성립하기 위해서는 "가치[마르크스가 의도한 것은
    아마도 생산물을 상품으로 규정하는 가치를 가리킨 것이겠지만, 여

기에서는 편의상 잉여가치라고 보자 -인용자]를 위한 사용가치
인 산 노동이 대상화된 노동과 교환되어야"(『요강』 2, 94쪽)
한다.

프롤레타리아화 과정에서 '산 노동'에 특징적인 "가치를 위한
사용가치"라는 규정을 '대상화된 노동'과 대비함으로써 두 노동의
개념을 더 명확히 짚어 내는 내용은 『1861~1863년 수고』에 나
온다. 이 수고에서 마르크스는 "본원적 축적"이 놓일 자리를 생산
과정에 두었고 이는 『자본』 1권에서도 마찬가지다. 여기에서 관
건은 자본주의 이후 생산과정에 투입되는 산 노동과 죽은 노동의
개념 차이이다. "[자본주의 생산양식에서] 노동 능력은 저 자신의 조
건들과 마주해 있고, 이 노동 능력이 속한 순수하게 주체적 존재
는 이 조건들에 대해 단지 무차별한 대상적 형식을 부여한다. ─
노동 능력은 **특수한 사용가치를 지닌 가치 ─ 상품** ─ 이며, **다른
사용가치를 지닌 가치들 ─ 다른 상품들** ─ 인 자기 자신의 조건
들과 나란히 있다(『1861~1863 수고』 노트 XXII, 1396)"(*MECW*. 34,
p. 245). 이 문장에는 둘이 "상품"으로서 나란히 있되, "산 노동"
은 "특수한 사용가치"가 있기에 "다른 사용가치"를 지닌 "죽은 노
동"과 분별된다는 규정이 명시된다.[38] 이런 점에서 한편으로 산

---

38 『1861~1863년 수고』의 이 부분에서는 또한 "화폐가 자본이 되고 노동이 임노동
이 되기 위해 **부상했을 것이며 반드시 역사적으로 주어졌을** 다종다양한 조건들"
(*MECW*. 34, p. 246)이 논해진다. 자본주의 생산양식의 본래적 관계는 한편으로
"[교환 행위를 수행하는] **양쪽**이 자기네의 노동을 **대상화된 노동의 형식** ─ 즉 생산

노동이 다시금 주체로서 죽은 노동을 대상으로 삼는다는 맥락이 나타난다. 이렇다면

(7) "산 노동"은 잉여가치 생산을 위한 사용가치이기 때문에 "특수한" 사용가치가 된다. 이 사용가치는 노동력에만 속하며, 달리 말해 오로지 "산 노동"에만 속한다.

(8) 따라서 이차적 전환이 이루어진다. 이 자본-주체("대상화된 죽은 노동")는 주체로서 "산 노동"의 노동력이 관통하기 전에는 가치로(더 정확히는 증식된 가치인 잉여가치로) 전환될 수 없다.

이상 전체 과정을 다시 살펴보면, (1)~(5) 과정에서 노동의 물적 조건이라는 대상을 전유함으로써 자본가-자본은 낯선 주체로서 노동자에 대해 마주 서고,[39] (6)~(8) 과정에서 대상화된 죽

물로서 **상품**이라는 형식 — 으로 교환하는 한에서는 불가능하며, 다른 한편으로 **노동자** 자신이 다른 쪽의 재산으로 현상"하고 "[노동자] 자신이 교환에 관여하는 인격이 아니라 노동의 **대상적** 조건들에 속하는"(*MECW*. 34, p. 246) 한에서는 불가능하다. 요컨대 자본주의 생산양식에 본래적인 산 노동과 죽은 노동 사이의 관계란, 노예노동이 폐지되고 자기 생산물을 단순히 교환하는 관계가 없어진 후에야 출현할 수 있는 셈이다. 그러므로 자본주의 생산양식보다 선차적인 시기에는, 산 노동의 낮은 단계(노예노동) 형태가 해체되고, 직접생산자가 자신의 생산물을 일반적으로 취득하는 (공동체) 관계가 해체되는 이중적 과정을 겪는다(*MECW*. 34, p. 247). 공동체가 해체되고 직접생산자가 생산수단으로부터 분리되는 자유를 얻은 뒤에야 자본주의적 축적이 작동한다.

39 여기에는 **간극**이 있다. 자본과 노동의 분할, 노동자와 노동력의 분할이 있는 셈이

은 노동의 수단-대상이 된 노동자는 그러나 특수한 노동 능력의 주체로서만 이 자본-주체를 관통하여 잉여가치를 산출한다.[40] "산 노동"과 "대상화된 죽은 노동"은 자본주의 생산양식에서 각각 일차적 전환과 이차적 전환을 거쳐야 한다. 다시 말해 산 노동의 경우 '주체 → 대상'으로의 일차적 전환과 '대상 → 주체'로의 이차적 전환 과정을, 죽은 노동의 경우 '대상 → 주체'로의 일차적 전환과 '주체 → 대상'으로의 이차적 전환 과정을 거치지 않고서는 체제 자체를 유지할 수 없다. 「잘못은 신에게도 있다」나, 「클라인 씨의 병」에서 그랬듯이, 프롤레타리아의 계급의식이 부각될 수 있는 이차적 전환에서 대상(노동)-주체(자본) 관계는, 실은 일차적 전환의 대상-주체 관계와 간격 없이 동시에 현상한다. 영수의 말마따나, 이 세계에서 '나'는 기계 속에 갇혀 있지만 갇혀 있다는 생각 자체가 착각이다.

일차적 전환과 이차적 전환이 간격 없이 통합될 때, 소외alienation란 산 노동이 주체인 죽은 노동으로 포섭subsumption되는 형국만을 가리키는 게 아니라, 대상인 죽은 노동을 향해 외화되는 형국을 가리키기도 한다. 이렇다면 소외 개념은 노동자에만 속하는 것이 아니라, 노동 생산물에도 속한다. 자본주의적 축적에서 생산물이 노

다. 노동의 입장에서는 자기로부터 나온 것이 자기에게 낯선 소유가 된다.

40 앞과는 반대로 여기에는 **결합**이 있다. 생산과정에서 일어나는 기계와 노동력의 결합 없이는 자본주의 체제에서의 축적(가치의 생산과 확대재생산)은 이루어지지 않는다. 대상화된 죽은 노동의 산물인 화폐와 특정 서비스를 제공하는 산 노동 사이의 단순 교환은 언제든 이루어질 수 있지만, 이 단순 교환은 축적을 낳지 않는다.

동자가 가진 능력의 대상화로서 생산물인 한에서 말이다. 『1861~1863년 수고』에 대한 엔리케 두셀의 주석을 따라갈 때, 프롤레타리아화 과정이란 순전히 형식적으로 따질 적에 노동자 주체만의 변모를 의미하는 것도 아니고, 노동자가 종속되거나 포섭되었다는 문제적 상황만을 의미하는 것도 아니다. 프롤레타리아화 과정의 개념적 전개 과정은 이 노동자가 생산하는 생산물이 이미 "외화된 불불 노동"이라는 점, 그리고 이것이 노동하는 노동자 자신에 의해서가 아니라 자본에 의해서 이미 전유되어 있는 상태라는 점을 밝혀 보인다.

프롤레타리아화 과정의 결정적 요인은 사적 소유의 문제와 직접 이어져 있다. 자기 노동의 결과물을 자기가 갖는다는 의미의 소유론에서, 사적 소유만 남기고 자기를 빼버리는 순간, 즉 자기 아닌 타자의 노동에 대한 사적 소유를 용인하는 순간에야 "낯선 타자의 실존"이 가능해진다. "노동의 입장에서 자기의 생산물이 타자의 소유로 나타난다는 사실은, 자본의 입장에서 타인 노동이 자기의 소유로 나타난다는 뜻"(『요강』 2, 95쪽)이라고 말할 수도 있다. 프롤레타리아화 과정에서 자본의 소유 양상은 타자의 노동이 가진 타자성을 부정하는 소유라는 성격을 띤다. 노동자들에게 자본의 물적 조건(원료, 기계, 공장 내의 협동 노동까지도)은 타자의 대상일 뿐만 아니라, 노동자 자신에게 명령을 내리는 타자의 주체성으로 정립된다.

프롤레타리아화 과정에 대응하는 방식은, 따라서 단순히 노동자 주체가 행복의 나라로 가는 식으로 이루어질 수는 없고, 자본이 전유한 "외화된 불불 노동"이라는 대상적 생산물의 형식을 전

표 7-4 **첫째 단계 : 계급 분할을 드러내는 타자 서술-자기 서술-타자 서술의 상황**

단편 텍스트	서술 상황	주 인물	프롤레타리아화 과정
「칼날」	타자 서술	신애	분할의 과정
「우주 여행」	타자 서술	윤호	
「난장이가 쏘아올린 작은 공」	자기 서술	'나'(영수)	
		'나'(영호)	
		'나'(영희)	
「육교 위에서」	타자 서술	신애	
「궤도 회전」	타자 서술	윤호	
「기계 도시」	타자 서술	윤호	일차적 전환

표 7-5 **둘째 단계 : 프롤레타리아의 자기 서술 상황**

단편 텍스트	서술 상황	주 인물	프롤레타리아화 과정
「은강 노동 가족의 생계비」	자기 서술	'나'(영수)	일차적 전환
「잘못은 신에게도 있다」	자기 서술	'나'(영수)	일차적 전환 / 이차적 전환
「클라인씨의 병」	자기 서술	'나'(영수)	이차적 전환

표 7-6 **셋째 단계 : 부르주아의 자기 서술 상황**

단편 텍스트	서술 상황	주 인물	프롤레타리아화 과정
「내 그물로 오는 가시고기」	자기 서술	'나'(경훈)	이차적 전환

환시키는 일에 대한 고려를 포함할 필요가 있다.

간격 없이 현상하는 일차적 전환과 이차적 전환 사이의 통합을 소설에서는 간격을 두고 재현할 수 있다. 서술 화법이라는 형식을 활용할 수 있기 때문이다. 『난장이가 쏘아올린 작은 공』은 서사가 독자에게 전해지는 시간상의 차이와, 자기 서술 텍스트의 '나'를 다르게 두는 서술 상황의 차이를 활용함으로써 일차적 전환과 이차적 전환의 간격 없고 차이 있는 통합을 재현한다. 「클라인씨의 병」과 「내 그물로 오는 가시고기」는 서로 분할된 계급에 속한 주

인물인 영수와 경훈을 둘 다 '나'로 표상하면서 프롤레타리아화 과정의 통합된 분할을 이야기로 전환해 보여 줄 수 있게 되었다. 이를 나타내면 〈표 7-4〉~〈표 7-6〉과 같다.

이상의 해석 과정을 거칠 때, 즉 프롤레타리아화 과정에서 대립된 두 노동이 전개되는 과정과 『난장이가 쏘아올린 작은 공』 연작을 거치며 서술 화법이 전개되는 과정을 조응해 낼 때, 프롤레타리아화 과정은 폭력적 분리와 강탈과 소외로 끝나는 과정이 아니라 계급의 분할과 투지로 이어지는 과정임을 이해할 수 있다. 『난장이가 쏘아올린 작은 공』은 산업화 시기 프롤레타리아화 과정을 구현한 소설로서 그 독특한 서술 화법 가운데 1980년대의 노동자 대투쟁을 미리 확언한 서사이다.

5. 나오며

『난장이가 쏘아올린 작은 공』 연작의 「에필로그」는 프롤로그 역할을 했던 「뫼비우스의 띠」와 마찬가지로 타자 서술로 복귀한다. 수학 교사와 학생들, 꼽추와 앉은뱅이가 주 인물이다. 난장이의 아들 영수의 죽음은 꼽추와 앉은뱅이가 나누는 대화 가운데 잠깐 스치듯 보고되었다.

『난장이가 쏘아올린 작은 공』이 최종적으로 서술 대상으로 삼은 인물은 「뫼비우스의 띠」를 열었던 수학 교사다. 그는 이렇게 말한다. "그것은 제군과 제군의 후배들을 인간 자본으로 개발하겠다는 음모이기도 하다. 제군과 나는 목적이 아니라 어느 틈에 수단이 되어 버렸다"(235쪽). 프롤레타리아화 과정을 통해 노동자 인간이 목적이 아닌 수단이 되었다거나 사물화되었다는 일반적 인식이 있다. 그런데 프롤레타리아화 과정은 이제까지 읽어 온 조세희와 마르크스의 텍스트에 따르면, 노동자가 인간 자본이 되는 것으로 그치고 마는 게 아니라 자본이 거꾸로 인간의 노동인 것으로 이해될 수 있다. 그러니 목적 전치나 사물화 같은 인식은 '수학 담당 교사'라는 중간계급의 의식 속에서나 떠오르는 생각일 수밖에 없다.

이렇게 보면, 프롤로그에서 교사는 진리를 말하는 자인 것처럼 등장하지만,[41] 서사 전체를 관통해서 보자면, 에필로그에서 교사는 진리를 비틀어 전파하는 자일 수 있겠다.

나는 우리 모두가 공감할 수 있는 무엇을 글로 써서 제군에게 읽어 주고 싶었다. 그러나 한 줄도 제대로 쓸 수가 없었다(244쪽).

이 비틀린 진리의 전달 방식을 견디지 못해, 혹은 **현장**의 프롤레타리아들의 생생한 활력이 '목적이 아니라 어느 틈에 수단이 되어 버렸다'는 진술로는 완전히 재현될 수 없기에, 서술자-작가 조세희는 현장에서 현장을 재현할 방법을 찾아 차츰 사진의 세계로 건너갔는지도 모르겠다.

---

41 프롤로그에서 수학 교사는 "이익에 사용되는 지식"과 대비하여, "사물을 옳게 이해하는 법"을 가르치고자 했다고 말한다.

참고문헌

김경수, 「1970년대 노동수기와 근로기준법」, 『우리말글』 77권, 2018, 215~244쪽.

나병철, 「1970년대의 유민화된 민중과 디세미네이션의 미학」, 『청람어문교육』 56권, 2015, 393~437쪽.

미하엘 하인리히 지음, 김강기명 옮김, 『새로운 자본 읽기』, 꾸리에, 2018.

로만 로스돌스키 지음, 양희석 옮김, 『마르크스 자본론의 형성』 1·2, 백의, 2003.

박규준, 「『난장이가 쏘아올린 작은 공』의 이데올로기 연구」, 『현대사상』 2호, 2008, 41~59쪽.

박영준, 「『난장이가 쏘아올린 작은 공』의 인칭변화에 관한 연구」, 『현대소설연구』 41호, 2009, 103~132쪽.

박진영, 『한국 현대소설의 비극성에 관한 수사학적 연구: 김승옥, 조세희, 오정희를 중심으로』, 고려대학교 박사 학위논문, 2010.

비탈리 비고츠키 지음, 강신준 옮김, 『마르크스의 『자본』 탄생의 역사』, 도서출판 길, 2016.

안토니오 네그리 지음, 진태원·한형석 옮김, 「유령의 미소」, 『마르크스주의와 해체』, 도서출판 길, 2009, 27~50쪽.

알랭 바디우 지음, 서용순 옮김, 「병사의 형상」, 『투사를 위한 철학』, 오월의봄, 2013, 71~91쪽.

정원채, 「『난장이가 쏘아올린 작은 공』에 나타난 스타일의 다원성과 미학적 혁신」, 『현대소설연구』 43호, 2010, 447~480쪽.

조디 딘 지음, 염인수 옮김, 『공산주의의 지평』, 현실문화, 2019.

조세희, 『난장이가 쏘아올린 작은 공』, 문학과지성사, 1991.

칼 마르크스 지음, 강신준 옮김, 『자본』, 도서출판 길, 2008.

_____. 김호균 옮김, 『정치경제학 비판 요강』 2, 그린비, 2010.

함돈균, 「인민의 원한과 정치적인 것, 그리고 민주주의: 식민지 정치소설들과의 연대의식하에서 본 유신기의 두 소설」, 『민족문화연구』 58호, 2013, 71~113쪽.

해리 클리버 지음, 조정환 옮김, 『자본을 어떻게 읽을 것인가』, 갈무리, 2018.

Dussel, Enrique, *Towards an Unknown Marx: A Commentary on the Manuscripts of 1861~1863*, London: Routledge, 2001.

Harvey, David, "The Right to the City", *New Left Review* 53, 2008. "Marx's refusal of the labour theory of Value", http://davidharvey.org/ 2018/03

Marx, K., *Marx Engels Collected Works* Vol. 28, 1986.

_____. *Marx Engels Collected Works* Vol. 34, 1988.

_____.『マルクス資本論草稿集』2, 大月書店, 1993.

Reifer, Tom, "Capital's Cartographer", *New Left Review* 60, 2009.

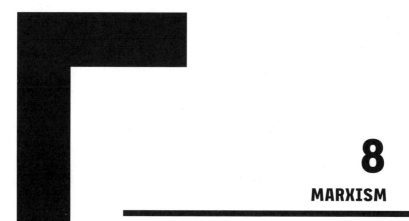

8
MARXISM

김남주를 읽는다,
혁명을 생각한다

1. 서론

 김남주가 한국 현대시사 혹은 한국 현대사에서 지니는 이미지
는 그의 시에 자주 사용되는 계급투쟁과 혁명과 같은 단어들이 보
여 주는 대로 그가 간절히 바랐던 사회변혁과 관련된 것이다. 그
의 문학적·사회적 활동은 정치적 운동과 결부시키지 않고서는 그
의미를 제대로 살필 수 없거니와 자신의 시적 활동에 대해, "시인
은 혁명 전사"여야 한다고 자주 주장한 까닭에 그의 문학적 성과
를 정치적 변혁 운동과 관련시키지 않을 수 없는 것이 사실이다.
그런 까닭에 그에 대한 비평적·학술적 접근 또한 대개 이런 관점
에서 이루어졌다.

 초창기에 이루어진 비평적 접근이 문학적, 또는 사회적 진영
논리에 맞춰 김남주의 시를 상찬하는 데 집중했다면, 김남주의 시
적 여정이 어느 정도 경과한 이후 이루어진 비평적·학술적 접근
은 그의 시가 지니는 사회변혁에 대한 희망과 그 실천적 의미를
총체적 맥락에서 살피는 데 집중되었다. 특히 김남주 사후 20년
을 기념하는 의미에서 전집이 출간되고 이와 때를 같이해 출간된
『김남주 문학의 세계』는 김남주의 시에 대한 미학적 접근뿐만 아
니라, 사회적 의미를 밝히거나 학술적 의미를 밝히는 데까지 이어

---

* 이 글의 제목은 『데리다를 읽는다/바울을 생각한다』(테드 W. 제닝스 지음, 박성훈
 옮김, 그린비, 2014)에서 따왔다. 아울러 이 글은 「김남주 시의 변증법적 양상 연구」
 (『우리어문연구』 65집, 우리어문학회, 2019)를 부분적으로 수정한 것이다.

져 그의 시학에 대한 정리 작업 같은 성격을 띠기도 했다.[1] 아울러 『실천문학』도 김남주 20주기를 기념해, 2014년 봄호에 여러 비평가와 시인의 글을 실었는데, 이런 일련의 작업은 김남주의 시가 이제는 운동으로서의 의미보다는 학술적으로 혹은 반성적으로 성찰과 사유의 대상이 되었음을 의미한다.[2] 그동안 간헐적으로 이루어진 김남주 시에 대한 연구도 있긴 했으나[3] 위에서 언급한 최근 연구를 제외하면 학술적 성과가 충분하다고 하기는 힘들다.

비교적 객관적이고도 학술적으로 이루어진, 김남주 시에 대한 최근 평가 중에 주목할 만한 것으로 앞서 언급한 『김남주 문학의 세계』에 수록된 글 가운데 염무웅, 유성호, 임홍배 등의 것을 들 수 있는데, 이들의 논의는 사회 정치적 운동이나 진영 논리에 크

---

1 염무웅·임홍배 엮음, 『김남주 문학의 세계』, 창비, 2014.
2 여기에는 기존에 발표된 염무웅의 글뿐만 아니라 다양한 필자들의 글이 실려 있다. 그 목록은 다음과 같다. 염무웅, 「역사에 바쳐진 시혼: 김남주를 다시 읽으며」; 이성혁, 「투사의 시학: 김남주 시의 현재성을 생각한다」; 김대현, 「그들은 여전히 존재한다: 김남주 시가 가지는 동시대성」; 진태원, 「김남주 이후」; 정문영, 「김남주와 침묵」; 조재룡, 「번역가 김남주: 여전히 가야 하는 길, 아직 가지 않은 길」; 박노자, 「김남주, 남민전 그리고 그의 사상」; 김경윤, 「자유와 해방의 시인 김남주」; 박철, 「사내의 눈물」; 송경동, 「내가 만난 김남주」; 황규관, 「대지의 시인, 김남주!」; 황인찬, 「모두 예쁜 시대에 나쁘게 쓰기」; 백상웅, 「나의 시도 노래가 되었으면 좋겠다」.
3 류찬열, 「혁명의 시, 혹은 시의 혁명」, 『우리문학연구』 17집, 우리문학회, 2004, 415~433쪽; 노철, 「김남주 시의 담론 고찰」, 『상허학보』 14집, 상허학회, 2005, 161~184쪽; 하정일, 「80년대 민족문학: 탈식민의 가능성과 좌절」, 『작가연구』, 2003년 상반기; 황호덕, 「탈식민주의인가, 후기식민주의인가: 김남주, 그리고 한국의 포스트콜로니얼리즘 연구 20년에 대한 단상」, 『상허학보』 51집, 상허학회, 2017, 315~357쪽.

게 함몰되지 않은 객관적이고 분석적인 시각을 통해 김남주의 시를 차분하게 읽어 냈다.[4] 동시에 김남주의 시를 20세기 후반과 21세기 초반 등장한 정치철학의 논의에 기반해 접근한 진태원의 논의 또한 주목할 만한데 철학적 방법론에 토대를 두고 김남주의 시를 분석함으로써 그의 시를 문학적 범위에서만이 아니라 철학적으로 새로이 논의할 수 있는 지평을 마련했다고 생각된다.[5]

　이 글이 주목하는 지점은 위에서 언급한 것처럼, 기존의 진영 논리에서 벗어나 객관적인 분석의 지점을 확보한 일련의 논의와 함께 정치철학적 맥락에서 시에 접근하고자 한 일련의 논의로, 이들의 관점이 김남주의 시를 의미 있게 해석하는 데 중요한 근거를 제공하는 까닭이다. 이런 의미 있는 기존 논의를 받아들여 이 글은 김남주 시의 새로운 맥락과 의미를 발굴해 보고자 한다. 이런 목적을 달성하기 위해 이 글은 그의 시에 자주 사용되는 혁명과 계급투쟁과 계급 적대와 민족 해방과 같은 시어들이 지니는 맥락에 집중한다. 이런 시어들은 단순히 문학적 언어이기보다는 사회과학적, 혹은 정치적 맥락에서도 사용되는 언어라고 볼 수 있는 까닭에, 이를 애초의 맥락과 관련시켜 볼 필요가 있다. 특히 김남

4　염무웅, 「역사에 바쳐진 시혼」, 염무웅·임홍배 엮음, 『김남주 문학의 세계』, 창비, 2014, 85~107쪽; 유성호, 「노래로서의 서정시 그리고 계몽적 열정」, 염무웅·임홍배 엮음, 같은 책, 130~149쪽; 임홍배, 「행동의 시와 시의 양심」, 염무웅·임홍배 엮음, 같은 책, 190~214쪽.
5　진태원, 「김남주 이후」, 『실천문학』 113, 2014 봄, 73~99쪽(『을의 민주주의』, 그린비, 2017, 28~58쪽).

주의 시적 여정이 시작되는 초창기에 그의 관심이 자신의 권리가 박탈되고 삶의 터전마저 빼앗긴 농민들과 같은 기층 민중의 삶에 집중되는 까닭에 이런 관심이 발생한 맥락과 그 의미를 살피는 작업은 김남주 시학의 정체를 밝히는 데 중요한 출발점이 된다고 하겠다.

2. 진보와 반동의 모순, 혹은 모순의 변증법

주지하다시피 김남주는 고등학교 재학 시절부터 군부독재에 저항하는 글을 써서 동급생들에게 나눠 주는 일을 통해 학교를 중퇴하는 등 어린 시절부터 특유의 반골 기질과 불의에 저항하는 실천을 여지없이 보여 주었다. 이런 그의 생각과 활동이 대학 시절까지 이어진 것은 지극히 당연한 과정일 터인데, 이른바 남조선민족해방전선 활동과 관련해 투옥되어 10여 년 동안 감옥 생활을 한 것은 널리 알려진 사실이다. 1980년대 학생 운동권에서 자주 논의되던 방식을 원용하자면, 그는 이른바 민족해방전선의 노선에 크게 동조하는 경향이었고 그런 까닭에 미국으로 대변되는 외세를 몰아내고 남북이 평화로이 공존할 수 있는 방향을 모색하고자 했다. 이런 논리에 대한 약점을 찾고 그것을 비판하는 것은 뒤늦게 태어나 오래 살아남은 자의 오만을 보이는 것이나 마찬가지이니 굳이 이런 작업을 할 필요까지는 없으리라 생각된다. 다만 그의 신념과 문학적 지향에 대한 어느 정도의 평가와 판단은 필수적인바, 이에 대한 학술적 비판이 필요하다고 하겠다.

지금까지 이루어진 김남주 시에 대한 논의는 그의 시가 지니는 변혁적·혁명적 기운에 많이 영향을 받은 것이 사실이다. 특히 초창기에 이루어진 논의는 그의 시가 지니는 순결함, 개결함, 뜨거움, 단호함 등의 특성에 주목했고, 그런 까닭에 그를 혁명 시인, 민족 시인, 전사와 같은 언사로 명명하는 데 동의했다. 물론 그의 시적 성과에 대해 무관심한 진영에서는 별다른 반응을 하지 않았는데, 이는 그의 시가 지니는 체제 변혁적이고 저항적인 이미지에서 기인하는 바 크다. 물론 그의 시가 지니는 시대사적·사회사적 의미는 1970~80년대 한국 사회가 지닌 특징, 곧 군사독재와 그것을 타도하고자 하는 시민의 끊임없는 반독재 저항과 투쟁을 떠나서는 결코 논의될 수 없는 것이니, 기존에 이루어졌던 관점 또한 어떤 면에서는 당연하다고 하겠다.

　　위에서 언급한 것처럼 이 글은 이런 문제적 상황에 대한 물음에서 비롯했거니와 정치적이며 저항적인 시를 쓴 김남주의 시를 동어반복적으로 번안하는 것이 아니라 그 배경의 맥락과 사회사적 의미를 살핌과 동시에 그 이면의 철학적·사상적 의미까지도 진단해 보고자 한다. 특히 이 글이 주목하는 점은 혁명과 변혁을 지상에 도래하게 하는 것이 김남주의 신념이며 시적 지향이라 할 때 그 신념 혹은 사상과 시적 형상화의 관계에 대한 평가와 판단을 어떻게 할 것인지의 문제이다. 이를 변혁 운동의 과정이라는 입장에서 파악하자면 김남주의 시는 다만 정치의 한 부분으로 생각될 수밖에 없고, 그런 정치적 신념을 배제한 채 순화시키자면 불굴의 생명력을 지닌 서정성을 노래한 시인이라는 실체 없는 명명으로 귀결될 수밖에 없다. 어떤 면에서는 문학과 정치, 서정과 이념의 관계를 어떻게 갈피 지을 것인지가 김남주 시를 평가하는 데 중요한 관점이 된다고 하겠다.

김남주의 시는 1970~80년대적 맥락에서 사회변혁과 혁명을 바라는 시대적 분위기와 함께 읽혔고, 그만큼 이런 관점에서 완전히 벗어나 논의를 한다는 것은 거의 불가능하다. 그러나 그렇다고 하여 그의 시를 그 시대의 산물로서만, 그 시대의 관점을 통해서만 판단하는 것도 피해야 할 방법이다. 광포한 폭력과 극단의 시대의 산물이기도 한 그의 시를 이제는 어느 정도 거리를 두고 읽고 평가하는 동시에 의미를 맥락화해야 할 시점에 이르렀다. 그의 시가 지니는 시사적 의미를 파악하고 미학적 특징뿐만 아니라 그의 시에서 읽을 수 있는 사상적 맥락을 갈피 지을 수 있을 때, 그의 시가 지니는 의미를 제대로 평가할 수 있을 것이다. 이 글은 이런 의도에서 작성되거니와 김남주의 시를 혁명 전사의 그것이거나 아니면 전투적 서정의 그것으로 보는 어느 한쪽 시선에서 벗어나 전체적 맥락을 고루 살펴 그 의미를 제대로 밝히고자 한다. 이런 과정을 통해 그의 시에 대한 온당한 판단과 평가가 가능해지도록 하는 데 초석이 되는 것이 이 글의 궁극적 목적이다.

김남주의 시적 여정은 대체로 세 시기로 나뉜다는 데 동의하는 것 같다. 감옥에 투옥되는 시점을 기준으로 하여 그 이전의 초기 시, 10여 년간 투옥되어 있는 동안 쓰인 옥중 시, 그리고 석방되어 일상적 현실 속에서 쓰인 후기 시로 구분하는 것이다. 그의 시는 모순된 현실에 눈을 뜨며 세계에 대한 인식을 하게 되는 데서 시작해, 이념적으로 강고해지는 시기를 거쳐 자신과 세계에 대한 새로운 이해에 이르는 시기로 이어진다. 그렇지만 그의 시는 뚜렷한 몇 가지 특징에 의해 파악될 수 있는데, 전체 510여 편의 시 가운데 대다수를 이루는 360여 편의 옥중 시에 대해서 특히 그러하다. 그의 옥중 시는 서정적 합일과 평화로운 관계 회복을 희망하는 노래도 있으나 대개는 날카로운 역사의식과 자기 인식에서 비롯하는 시들이다. 역사에 대한 새로운 인식, 지배계급에 대한 증오와 분노, 피지배계급으로서의 자기 인식과 동료들에 대한 연대 의식, 제국주의적 질서로 인한 분단에 대한 깨침, 모든 문제를 극복하기 위한 계급의식과 계급투쟁의 필요에 대한 다짐 등이 옥중 시의 대체적인 내용이라고 할 수 있다.[6]

김남주 시의 대강을 이렇게 정리하고 보면 이는 제3세계 저개발 국가에서 어떻게 세계사적·자본주의적 모순을 극복할 수 있는가에 대한 물음으로 귀결될 수 있으리라 생각된다. 자본주의의 확대와 그에 따른 제국주의의 발흥, 그 결과로 이어지는 식민지 개척이 19세기 이후의 세계사의 대체적 흐름이거니와 그 모순의 극

---

6 이와 관련하여 김사인은 옥중 시들의 특징을 다음과 같이 요약한 바 있다. 첫째, 시는 혁명의 무기로서 복무해야 하며 그러기 위해 시는 여타의 물리적인 수단들과 마찬가지로 '사용'되어야 한다는 것. 둘째, 모든 사회적 현실과 인간관계, 나아가 자연현상들까지도 유물론적·계급론적 관점에서 파악해야 하며 시의 성취도는 그 관점의 철저성과 비례관계에 있다는 것. 셋째, 따라서 시는 '감정의 자연스러운 흘러넘침' 따위가 아니라 이지적 판단에 의해 계산되고 통제되어야 한다는 것. 넷째, 우리 민족사회의 본질적 현실은 제국주의에 의한 분단과 매판적 지배계급의 독재적 지배로 요약될 수 있고, 따라서 근로대중의 비타협적 계급투쟁만이 새로운 사회를 가능하게 할 수 있으며 시인은 모름지기 그러한 혁명운동의 이념적 전위가 되어 동참함으로써 감동적인 시를 이룰 수 있다는 것. 김사인, 「김남주 시에 대한 몇 가지 생각」, 염무웅·임홍배 엮음, 『김남주 문학의 세계』, 창비, 2014, 112~113쪽.

대화가 이루어진 곳이 한반도이고 또 분단이라는 것이 김남주의 주된 생각이라고 봐도 무방하다. 이런 생각에 바탕을 둔 까닭에 김남주의 사유는 급진 철학과 가까워진다. 어떤 면에서는 한국 현대시사에서 가장 급진적인 사상을 가진 시인이라 해도 지나친 말은 아닐 것이다.

세계사는 1990년대 사회주의권 국가의 몰락으로 대변화를 겪었던바, 자유주의의 개가를 통해 진보와 발전으로 이어지는 역사는 종말에 이르렀다는 선언이 감행되는 데서 한 절정을 이루었다. 그러나 이런 역사의 종말이라는 기호는 그 자체로 하나의 스캔들인바, 왜냐하면 어떤 경우에도 시간의 흐름과 변화는 끝나지 않는 것이고, 그런 까닭에 역사란 종말에 이를 수 없는 것이기 때문이다. 그것이 진보의 방향이든 반동의 방향이든 시간의 변화와 역사의 지속이라는 점에서는 크게 다르지 않다는 것이다. 물론 국경의 지배를 받지 않고 자유로이 움직일 수 있는 자본의 힘을 절대적으로 허용하는 신자유주의적 경제체제는 사회주의 몰락 이후 절정을 맞이했다. 그러나 이런 흐름 또한 2000년대 후반 미국을 기점으로 하는 경제 위기를 지나며 새로운 한계에 봉착했다. 사상사적으로는 1990년대 후반부터 이른바 포스트 담론이 한국뿐만 아니라 전 세계적으로도 인문학적 담론의 핵심 의제가 되었다.[7] 이들의 다양한 주장을 한마디로 요약할 수 없겠지만, 그럼에도 대체적

---

7 진태원, 「'포스트' 담론의 유령들: 애도의 애도를 위하여」, 『민족문화연구』 57호, 고려대학교 민족문화연구원, 2012, 5~55쪽.

인 흐름은 억압으로부터의 해방과 사상의 자유를 허용하는 "진정한 민주주의"[8]가 어떻게 가능한지, 혹은 불가능한지를 둘러싼 것으로 수렴 가능하리라 생각된다.

이런 맥락에서 2000년대 초반 중요한 흐름을 형성하기 시작한 급진 철학은 자유주의 시장경제 체제와 그에서 영향 받은 사유 체계에 대한 근본적인 물음을 던졌거니와, 특히 슬라보예 지젝과 알랭 바디우 등은 2008년 금융 위기 이후 세계 여러 도시들을 순회하며 "공산주의의 이념"을 주제로 일련의 학술회의를 개최하며 공산주의의 복권을 시도한 바 있다.[9] 그 성과에 대해 판단하는 것은 이 글의 논의 범위를 넘어서는 것이지만, 이런 시도를 통해 "급진 철학의 핵심 요충지에서는 공산주의를 해방 정치, 평등주의적 정치를 가리키는 당대의 이름이라고 생각하며, 공산주의 유산의 일부를 형성하는 개념 다수에 대해 활발하게 다시 사고"하게 되었

---

8 이 용어가 지니는 모호함에 대해서 이의를 제기할 수 있겠으나, 이 모호함이 지니는 의미론적 확장성을 통해 논의를 좀 더 진행시킬 수 있으리라 생각한다. 왜냐하면 이 용어가 지시하는 의미망이 직접민주주의뿐만 아니라 급진 민주주의 혹은 역사의 변화 가운데서 출현할 미래의 어떤 민주주의를 모두 아우를 수 있으리라 생각되기 때문이다. 문학 논문의 형식을 띤 이 글이 (정치)철학적인 주제에 대한 개념 정립을 명확히 하기 힘들기도 하지만 그러한 정의를 할 필요까지는 없다고 생각한다. 다만 본문에서 사용한 이 용어가 지니는 의미의 폭이 조금은 넓다는 점을 감안하길 바란다.

9 이런 일련의 흐름에 대한 정리와 평가에 대해서는 브루노 보스틸스 지음, 염인수 옮김, 『공산주의의 현실성』, 갈무리, 2014, 25~77쪽 참조. 이 책에서 저자는 알랭 바디우와 슬라보예 지젝과 다니엘 벤사이드Daniel Bensaïd와 자크 랑시에르의 주장을 살피며 공산주의의 새로운 가능성을 "공산주의의 현실성"이라는 명제를 통해 찾고자 시도했다. 이 글의 취지와 관련해서는 특히 이 책의 서론이 참조될 만하다.

다고 할 수는 있을 것이다.[10]

급진 철학, 또는 해방의 정치가 의미심장한 인문학적 물음으로 대두되는 시점에 김남주의 시를 새로이 읽는 것은 단지 김남주의 시를 다시 읽는다는 것이 아니라 그의 시를 통해 자유와 평등의 가치뿐만 아니라 억압으로부터 해방이라는 주제를 새로이 문제 삼고자 하는 기획과 관련된다. 물론 자본주의는 언제나 위기를 양분으로 섭취하고 그런 과정을 통해 끊임없이 자기 팽창하는 체제인 까닭에, "자본주의의 종말보다 세계의 종말을 상상하는 것이 더 쉽다"[11]는 회의주의적 전망도 가능하지만 그럼에도 새로운 희망과 미래에 대한 생각을 유지하는 것은 중요한 출발점이다. 왜냐하면, 현재와 다른 미래는 안토니오 그람시가 말한 것처럼 지성의 비관주의보다는 의지의 낙관주의에서 비롯하기 때문이다. 현재 체제에 대한 객관적이고도 냉정한 분석은 지성의 작업이지만, 그래서 어떤 의미에서는 유물론적인 관점에 토대한 작업이지만, 미래에 대한 희망은 낙관적인 전망을 통해서만 비로소 가능한 의지

---

10 조디 딘 지음, 염인수 옮김, 『공산주의의 지평』, 현실문화연구, 2019, 18쪽.

11 마크 피셔 지음, 박진철 옮김, 『자본주의 리얼리즘』, 리시올, 2018, 10~28쪽. 이 책의 저자에 따르면 "자본주의가 유일하게 존립 가능한 정치, 경제 체계일 뿐 아니라 이제는 그에 대한 일관된 대안을 상상하는 것조차 불가능하다"는 생각에서 이런 비관적이고 냉소적인 판단이 비롯했다. 이 책은 급진 철학의 발신자들인 알랭 바디우나 슬라보예 지젝, 그리고 질 들뢰즈Gilles Deleuze와 펠릭스 가타리Félix Guattari의 주장을 받아들이며 자본주의에 대한 비판을 통해 대안을 모색하려 했으나 짧은 분량에서 기인한 탓인지 자본주의 문화를 잠식하고 있는 "정신 건강"의 문제와 "관료주의"의 문제 등을 제기하는 데 그쳐 아쉬움을 남긴다.

의 영역이다. 이와 관련하여 벤야민을 현대적으로 새롭게 해석하고자 한 수잔 벅-모스Susan Buck-Morss의 다음과 같은 언급은 귀담아 들을 만하다.

신학(초월성의 축)이 없으면 마르크스주의는 실증주의로 전락한다. 마르크스주의(경험적 역사의 축)가 없으면 신학은 마술로 전락한다. 변증법적 이미지는 바로 "마술과 실증주의의 교차로"에서 출현한다. 그러나 이 교점에서는 두 가지 "길"이 모두 부정되며, 그와 동시에 변증법적으로 지양된다.[12]

벤야민 철학의 두 기둥, 곧 유물론과 신학은 기묘한 결합으로 이야기되기도 하지만 위와 같은 맥락에서는 서로를 필연적으로 요구하는 것이기도 하다. 곧 유물론 없는 신학, 혹은 신학 없는 유물론은 내용 없는 사고이거나 개념 없는 직관이라고도 할 수 있다는 것이다. 둘 중 어느 하나가 결핍되면 공허하거나 맹목적이라는 평가를 받을 수밖에 없는 것이니, 그런 까닭에 어떤 하나는 상대를 반드시 필요로 하는 것이다.

좌우의 날개를 지니고 있어야 새가 날 수 있는 것처럼, 그리고 내용과 사고, 개념과 직관이 결합해야 공허와 맹목으로부터 벗어날 수 있는 것처럼 어떤 사태에 대한 냉정한 판단과 미래에 대한

---

12 수잔 벅-모스 지음, 김정아 옮김, 『발터 벤야민과 아케이드 프로젝트』, 문학동네, 2004, 329쪽.

전망은 동시에 필요한 것이다. 내일에 대한 새로운 희망은 자기비판을 포함한 철저한 각성을 통해 가능해지는 것이거니와 진보와 반동 사이에서 끊임없이 진동하는 과정을 거칠 수밖에 없는 것이 필연적인 과정이니 이런 단계를 거치지 않고 변화는 불가능하다. 여기에는 이 둘을 결합할 수 있는 변증법적 사유의 실천이 필요하거니와 김남주의 시를 통해 그 가능성을 살펴보고자 하는 것이 이 글의 궁극적인 목적이다.

3. 모순 극복으로서의 혁명과 그 의미

　김남주의 시를 읽는 것은 오래된 물음을 새로이 던지는 것이다. 이는 자유와 평등과 해방의 물음을 새로이 던지며 우리가 맞이해야 할 미래의 모습을 앞서 그려 보는 것과 다르지 않다. 이런 작업을 위한 기초를 마련하기 위해 김남주의 시를 새로이 읽으려는 것이 이 글의 목적이거니와 아래에서는 앞 절에서 제기한 물음을 중요한 기반으로 논의하고자 한다.

　김남주가 시를 쓰기 시작하던 1970년대는 한국 현대시사에서 중대한 전환점을 이루는 시기이다. 카프에서부터 시작된 진보적 문학 이념이 해방기 이후 단절된 이래 이 시기 거의 처음으로 다시 문학사에 등장하기 때문이다. 한국학에 대한 발견, 전통의 재해석 같은 움직임이 새로운 흐름을 만드는 데 일조했거니와 이런 변화에 힘입어 민족적·민중적 관점의 새로운 해석과 사유의 기준이 발원하기에 이르렀다. 특히 진보적 역사관은 이 시기에 각별한 영향을 끼쳤거니와 이런 흐름에 힘입어 문학의 대중적 역량에 대한 생각도 일신되기에 이른 것이다. 이런 시대적 변화에 따라 비롯한 것이 1980년대의 문학과 정치의 결합으로 나타난 민중문학이라 할 수 있겠다.

　김남주의 시가 지니는 맥락도 이와 같은 상황에서 크게 벗어나지 않는다. "공포야말로 인간의 본성을 캐는 가장 좋은 무기이다"(「진혼가」)라고 말한 바 있는 김남주는 육체적 공포가 극한에 이르는 감옥의 체험을 통해서 자신의 용기를 벼리게 되는데 "신념이 바위의 얼굴을 닮을 때까지는/ 싸움이 철의 무기로 달구어질 때까지는" 아직 참아야 한다면서 아직은 자신의 때가 오지 않았음을 깨친다(같은 시). 도래할 변화와 혁명의 시간은 아직 오지 않았고, 이미 사라져야 했을 억압의 시간은 여전히 존재하는 시간, 어떤 의미에서는 이중의 시간, 끼여 있는 시간에 머무르며 김남주는 과거의 기억을 떠올리며 미래를 준비한다. 여기에서 중요하게 작용하는 인물로 전봉준이 작용한 것은 어떤 의미에서는 필연적이라 할 만하다.

　　우리는 그의 이름을
　　키가 작다 해서
　　녹두꽃이라 부르기도 하고
　　농민의 아버지라 부르기도 하고
　　동학농민혁명의 수령이라 해서
　　동도대장, 녹두장군
　　전봉준이라 부르기도 하니

보아다오, 이 사람을

거만하게 깎아 세운

그의 콧날이며 상투머리는

죽어서도 풀지 못할 원한, 원한

압제의 하늘을 가리키고 있지 않는가

죽어서도 감을 수 없는

저 부라린 눈동자, 눈동자는

구십 년이 지난 오늘에도

불타는 도화선이 되어

아직도 어둠을 되쏘아 보며

죽음에 항거하고 있지 않는가

탄환처럼 틀어박힌

캄캄한 이마의 벌판, 벌판

저 커다란 혹부리는

한 시대의 아픔을 말하고 있지 않는가

한 시대의 상처를 말하고 있지 않는가

한 시대의 절망을 말하고 있지 않는가

__「황토현에 부치는 노래: 녹두장군을 추모하며」[13] 부분

---

13 김남주 지음, 염무웅·임홍배 엮음, 『김남주 시전집』, 창비, 2014, 76~77쪽. 이 글
에서 김남주 시의 인용은 이 책을 따르기로 하고, 앞으로는 작품명만 밝히기로 한다.

그 자신 농민의 후예로서 대지의 아들임을 자주 언급했던 김남주에게 억압과 질곡의 한반도 역사는 치욕의 역사였을 것이다. 그러나 불의가 난무하고 위기가 닥쳤을 때 그것을 딛고 일어섰던 인물들이 있었으니, 한반도의 역사는 이런 의로운 인물들에 의해 그나마 명맥을 유지해 왔다. 김남주는 이런 인물들을 구체적으로 거명하며 자신은 그들의 뒤를 잇겠다는 의지를 밝힌다. "김시습/ 정여립/ 정인홍/ 최봉주/ 김수정/ 허균/ 이필제/ 김옥균/ 김개남/ 전봉준"(「역사에 부치는 노래」)과 같은 인물들이 이에 해당하거니와 김남주는 자신의 위치가 역사적인 것임을 분명히 인식하고 있음을 보여 준다.

동학농민혁명의 주된 인물 전봉준은 봉기의 수령이었으나 오히려 전근대적 지배 체제를 혁파하고 새로운 질서를 불러온 인물이기도 했다. 한반도의 근대적 체제의 한 기원으로 갑오농민전쟁에서 제기한 집강소를 드는 것도 이와 같은 이유에서인데, 임금이라는 일인 지배 체제가 아니라 농민에 의한 민정 기관이었으니 근대적 요소가 다분하기 때문이다. 폐정을 개혁하고 새로운 체제를 만들기 위한 노력의 발현이 갑오농민전쟁이었으니, 이를 대표하는 전봉준을 통해 새로운 희망을 노래하고자 한 것은 1970년대라는 또 다른 억압을 견뎌야 했던 김남주에게는 당연하게 받아들여진 것이다. 특히 동학농민운동에 관심을 기울인 것은 이 운동이단지 농민 수탈을 문제 삼는 것만이 아니라 궁극적으로는 반외세저항운동이기 때문이라고 하겠다. 농민으로 대표되는 기층 민중의 삶을 평화로이 회복시킬 뿐만 아니라 외세를 몰아내 자주적이고 평등한 사회를 건설하는 것이 동학의 가장 큰 목적이었으니 김남주에게는 매판자본과 외세가 지배하고 있는 자신의 시대야말로 동학과 전봉준이 필요하다고 여겼을 것이다. 구체제적 요소를 혁파하고 매판자본과 외세를 몰아낼 수 있는 봉기를 통해 새로운 세계를 도래하게끔 하는 것, 이것이 전봉준과 갑오농민전쟁을 통해 김남주가 바라는 것이었다고 할 수 있겠다.[14]

김남주는 악습과 폐해로 구부러진 역사를 제대로 펴는 것, 그리하여 새로운 미래를 오늘에 만드는 것을 궁극적 목적으로 삼았다. 물론 그런 목적은 자주 불가능하다고 생각되었고, 오히려 처음부터 허용되지 않는 것이기도 했다. 그러나 그런 불가능성이 오히려 희망과 가능성에 대한 필수 불가결한 조건이 되기도 하는 것은 아이러니이다. 불가능한 토대에서 가능한 미래를 꿈꾸는 것, 이것이 김남주 시학의 출발점이라 해도 지나친 말은 아니겠다.

불가능한 것을 꿈꾸는 것은 필연적으로 자신이 발 딛고 서있는

---

14 동학농민혁명을 봉기의 관점에서 본다면, 이런 봉기가 지니는 특성에서 시민이라는 통념을 환기하고 아울러 이를 통해 시민권과 평등 및 자유의 관념을 결합하여 사고하고자 한 에티엔 발리바르의 관점은 동학농민혁명을 새로이 볼 수 있는 중요한 참조점이 되리라 판단된다. 발리바르는 프랑스의 봉기, 미국의 저항권 등 인민주권에 대한 근원적인 준거에서 출발한 것들이 시민권이라는 관념과 평등 및 자유라는 관념 사이의 연관성을 제기한다고 주장하며, 이를 통해 "평등한 이들의 자유로운 공동체"에 대한 이상이 사유되기 시작한다고 주장한다. 동학농민혁명과 3·1운동, 4·19, 그리고 5·18과 같은 20세기 한반도의 봉기나 혁명을 발리바르의 관점에서 본다면 근대적 시민권, 혹은 인권에 대한 사유를 좀 더 진전시킬 수 있으리라 생각된다. 이에 관해서는 다음이 참조될 수 있다. 에티엔 발리바르 지음, 진태원 옮김, 『우리, 유럽의 시민들?』, 후마니타스, 2010, 227~268쪽; 에티엔 발리바르 지음, 진태원 옮김, 『정치체에 대한 권리』, 후마니타스, 2011, 58~91쪽.

현실의 조건을 보게 만들고, 동시에 과거로 눈 돌리게 만든다. 미래에 대한 전망을 과거에서 찾고자 하는 것이 불가능을 가능하게 만들려는 이들의 전략이 되는 것이다.

불을 달라 프로메테우스가
제우스에게 무릎 꿇고 구걸했던가
바스띠유 감옥은 어떻게 열렸으며
쎄인트 피터폴 요새는 누구에 의해서 접수되었는가
그리고 꾸바 민중의 몬까다 습격은 웃음으로 끝났던가
그리고 프로메테우스의 고통은 고통으로 끝났던가
루이가 짜르가 바떠스따가 무자비한 발톱의 전제군주가
스스로 제 왕궁을 떠났던가
팔레비와 쏘모사와 이 아무개와 박 아무개가
제 스스로 물러났던가

묻노니 그들에게
어느 시대 어느 역사에서 투쟁 없이
자유가 쟁취된 적이 있었던가
도대체 자기희생 없이 어떻게 이웃에게
봉사할 수 있단 말인가

혁명은 전쟁이고
피를 흘림으로써만이 해결되는 것
나는 부르겠다 나의 노래를

죽어 가는 내 손아귀에서 칼자루가 빠져나가는 그 순간까지

__「나 자신을 노래한다」 부분

프로메테우스에서 시작하여 바스티유를 거쳐 쿠바에 이르는
세계사적 사건에 대한 일별은 민중의 봉기와 혁명이 지니는 정당
성을 이야기하기 위한 것이다. 봉기와 혁명을 통해 전제군주와 독
재자가 물러날 수밖에 없었던 역사적 현실을 되살리며 자신이 살
고 있는 한반도의 현실을 물음의 대상으로 삼고자 한 데서 시상이
전개된다. 이 시의 핵심적인 전언은 "투쟁 없이 자유가 쟁취된 적
이 있었던가"라는 물음이다. 어떤 역사에서도 권력은 스스로 제
자리를 이양하지 않았으니, 권력은 집중과 강화를 통해 지배력을
행사하고 결국에는 폭력과 억압을 자행하는 것으로 귀결되는 것
임을 모르는 바 아니다. 그러나 그런 절대 권력도 끊임없는 봉기
와 저항을 통해 붕괴되기 시작하고, 결국 혁명과 같은 사건을 통
해 자취를 감추게 된다. 여기에 결정적으로 작용하는 것이 "자기
희생"과 "이웃"에 대한 "봉사"이다. 변혁을 원하는 주체들은 봉기
와 저항의 역사를 되새기며 도래할 미래에 대한 희망을 간직하고
자 하고, 그 희망을 통해 현재를 바꾸고자 한다. 그런데 과거를 경
유해서 도래할 미래가 현재에 실질적인 의미를 지니기 위해서는
자기희생을 통한 연대가 필수적이라는 것이 시인의 판단이다. 그
리하여 민중이 주체가 되어 해방을 이루는 것, 이것이 그가 궁극
적으로 실현하고자 하는 것이다.

자신의 권리를 빼앗기고 노동할 대지를 빼앗긴 민중에 대한 동
일시와 연대가 김남주가 기본적으로 도달한 결론이다. 그러나 이

런 인식으로는 실제의 현실을 바꿀 수는 없다. 억압적이고 모순된 상황을 극복할 수 있는 유일한 길은 혁명밖에는 없다.

> 내가 지금 걷고 있는 이 길은
> 억압의 사슬에서 민중이 풀려나는 길이고
> 외적의 압박에서 민족이 해방되는 길이고
> 노동자와 농민이 자본의 굴레에서 벗어나는 길이다
>
> (…)
>
> 그러니 가자 우리 이 길을
> 길은 가야 하고 언젠가는 역사와 더불어 이르러야 할 길
> 아니 가고 우리 어쩌랴 아픈 다리 서로 기대며 어깨동무하고 가자
> 침묵의 시위를 떠나 피로 씌어진 언어의 화살로 가자
> 제 땅 남의 것으로 빼앗겨 죽창 들고 나섰던 옛 농부의 들녘으로 가자
> 제 나라 남의 것으로 빼앗겨 화승총 메고 나섰던 옛 전사의 산맥으로 가자
> 부러진 팔 노동의 새벽을 여는 망치 소리와 함께
> 수유리의 돌 사이에서 아우성치는 사월의 넋과 함께
> 파괴된 오월의 도시 학살당한 금남로의 피 묻은 항쟁으로 가자
> 북을 쳐라 둥둥둥 전투의 개시를 알리는 골짜기의 긴 쇠나팔 소리와 함께
> 가로질러 들판 싸움을 재촉하는 한낮의 징 소리와 함께

발을 굴러 땅을 치며 강 건너 불빛으로 가자
가고 또 가면 이르지 못할 길은 없나니 이제 우리
제 아니 가고 길만 멀다 하지 말자
가고 또 가면 이르지 못할 길은 없나니 우리 이제
제 아니 가고 길만 험타 하지 말자
눌려 학대받고 주려 천대받은 자 모든 것의 주인 되는 길
오 자유의 길 해방과 통일의 길이여
__「길1」 부분

김남주에게 봉기나 항쟁, 그리고 혁명과 같은 사건은 불가능으로 존재한다. 현실을 지배하는 세력은 제 권력을 유지하고자 하지 그에 저항하는 움직임은 어떤 것이든 허용하지 않기 때문이다. 그러니 항쟁과 봉기는 위험을 무릅쓰고 실행되어야 한다. 어쩌면 죽음으로 이를 수도 있는 위험을 감행해야 할지도 모른다. 죽음을 무릅쓰고, 죽을 각오로 싸워야 하는 싸움이며 그런 까닭에 생존의 가능성은 희박한 전쟁이다. 그가 말하는 혁명과 해방은 과정과 실행으로서만 의미를 지니는 것이기도 하다. 동학농민운동에서 시작되어 3·1운동과 4·19와 1980년 광주로 이어지는 모든 민중의 봉기가 그러하다.[15] 그러나 실패에 그쳤던 봉기는 상처와 흔적을

---

15 이와 관련하여 20세기 한국사를 봉기와 항쟁과 같은 관점에서 조명하며 그 철학적 의미를 살핀 김상봉의 논의가 중요한 참조점이 된다. 김상봉, 「파국과 개벽 사이에서: 20세기 한국철학의 좌표계」, 『대동철학』 67집, 대동철학회, 2014, 1~53쪽.

남겼으니 이 상처와 흔적에서 또다시 시작되고 감행되어 수많은 봉기들로 이어져 마침내는 "자유의 길 해방과 통일의 길"로 인도할 것이다. 이것은 실제의 차원이기보다는 믿음의 차원이다. 그러나 영원히 유예되는 것으로서가 아니라 조만간 도래할 것으로서 봉기는 의미 있는 실천이 된다.

봉기와 혁명이란 언제나 과정으로서만 의미를 지닌다. 그러나 혁명은 근거 없는 믿음에서 우연히 시작되는 것이기도 하다. 계획도 목적도 분명하지 않지만 그러한 명확하지 않은 우발성과 우연성이 봉기와 혁명의 끊임없는 원기가 되고 추진력이 된다. 물론 이런 우발성은 때로 폭력적으로도 나타나지만 프랑스혁명기의 한 인물이 말했듯 미덕도 공포도 원하지 않는다면 결국 올 것은 부패밖에 없다. 어디에도 정착하지 않지만 그럼에도 썩지 않고 계속 움직임으로써 살아 있겠다는 도저한 부정성만이 봉기와 혁명을 끊임없이 가능하게 한다. 어떤 면에서 이 땅의 민중항쟁은 이런 우발성과 부정성을 토대로 했기에 지칠 줄 모르고 들불처럼 일어날 수 있었던 것인지도 모른다. 물론 계획 없음과 뚜렷한 조직 없음은 이 봉기에 가장 허약한 지점이 되겠으나 그럼에도 그러한 자유로운 모임과 흩어짐이 가능했기에 억압적 권력으로 변하지 않았을 것이다. 미리 계획을 세우고 앞서 위험을 감지했다면 결코 실행에 옮겨지지 못했을 혁명이 발생한 것은 이런 계획 없음, 조직 없음과 같은 사태에서 비롯한 것이기도 하다. 그러나 없는 것이 많다 하더라도 있는 것이 있었으니, 그것이 바로 미래에 대한 근거 없는 믿음이며 희망이고, 동시에 끝내 다하지 않을 용기이다.[16] "억압의 사슬에서 민중이 풀려"나고, "외적의 압박에서 민족이 해방"되어, 결국에는 "노동자와 농민이 자본의 굴레에서 벗어" 나리라는 믿음과 희망이, 그리고 그러한 믿음과 희망을 강인하게 유지하고자 하는 용기가 바로 그것이다. 이런 믿음이 있었던 까닭에 "죽창 들고 나섰던 옛 농부"와 "부러진 팔 노동의 새벽을 여는 망치 소리"와 "수유리의 돌 사이에서 아우성치는 사월의 넋"과 "파괴된 오월의 도시 학살당한 금남로의 피 묻은 항쟁"은 비로소 도래할 미래를 맞이하게 될 것이라는 희망이 가능해지는 것이다. 이러한 상태를 용기 있게 유지하는 믿음만이 봉기와 혁명의 불가능성을 가능성의 차원으로 돌려놓는다.

사랑만이
겨울을 이기고
봄을 기다릴 줄 안다

사랑만이
불모의 땅을 갈아엎고
제 뼈를 갈아 재로 뿌릴 줄 안다

---

16 이와 관련하여 바디우가 프랑스의 68년 5월 혁명의 50주년을 기념하는 책에서 우리 시대의 "주된 정치적 덕성은 용기"라고 주장하는 대목은 귀담아들을 만하다. 그는 여기에 덧붙여 "어떤 위대한 이념을 지탱할 정치적 용기"를 가질 것을 강조한다. 그럼으로써만 "68년 5월의 동시대인"으로 남아 있을 수 있기 때문이다. 알랭 바디우 지음, 서용순 옮김, 『반역은 옳다』, 문예출판사, 2019, 68~71쪽.

천년을 두고 오늘

봄의 언덕에

한그루의 나무를 심을 줄 안다

그리고 가실을 끝낸 들에서

사랑만이

인간의 사랑만이

사과 하나 둘로 쪼개

나눠 가질 줄 안다

__「사랑1」 전문

　　자신의 계급적 위치에 대한 확인과 민중과의 연대를 통한 혁명에 대한 믿음, 그리고 그에 따른 실천이 가닿는 곳은 어디일까. 계급 적대도 없고 국가 간 경쟁도 없는 자유와 평등이 가능한 곳이 아마 김남주가 바라던 이상향일 것이다. 그러나 그곳은 어떻게 갈 수 있을지, 어떻게 가능한지 누구도 알 수 없다. 다만 시를 통해, 문학을 통해 상상할 수밖에 없는지도 모른다. 혹독한 조건에서도 끊임없이 갱생하고 복원할 수 있는 힘은 사랑밖에 없으니 이를 통해 새로운 미래에 대한 희망을 지닐 수도 있다고 시인은 생각했던 것 같다. "사과 하나 둘로 쪼개/ 나눠 가질 줄"아는 사랑만이 폐허 위에서도 새로운 생명이 가능하게 하는 것이다.

　　현실에서는 불가능한 미래에 대한 희망은 어떻게 가능한가. 이는 앞서 언급한 것처럼 의지의 영역이다. 그러나 이에 대한 실마리를 전혀 찾을 수 없는 것은 아닌데 폐허 속에서 간절한 희망을,

메시아라는 형식을 통해 가져 보고자 했던 벤야민의 언급을 통해 짐작할 수 있으리라 생각된다. 세속과 메시아의 단순한 대립을 넘어서는 변증법적 통합에 대한 사유는 폐허와 구원의 관계에 대한 실마리를 제공한다. 몰락할 수 있는 것만이 구제될 수 있고 파멸에 이르는 것만이 새로운 삶을 얻을 수 있다. "새로운 사상은/ 썩고 병들고 만신창이가 되어/ 이제는 어떻게 손을 써볼 수가 없는 그런 세상에서 태어난다"(「사상에 대하여」)고 김남주가 노래한 것처럼 벤야민도 몰락과 파멸을 통해 새로운 삶에 이를 수 있음을 사유한다. 몰락과 파멸을 통해서만 구원에 이를 수 있다는 것, 이것이 벤야민이 메시아적인 것의 도래를 통해 이야기하고자 하는 것이다. 이는 또한 그의 마지막 저술인 「역사의 개념에 대하여」의 핵심을 이루는 것이기도 하다.

8

억압받는 자들의 전통은 우리가 그 속에서 살고 있는 '비상사태'가 상례임을 가르쳐 준다. 우리는 이에 상응하는 역사의 개념에 도달하지 않으면 안 된다. 그렇게 되면 진정한 비상사태를 도래시키는 것이 우리의 과제로 떠오를 것이다. 그리고 그로써 파시즘에 대항한 투쟁에서 우리의 입지가 개선될 것이다.

12

역사적 인식의 주체는 투쟁하는, 억압받는 계급 자신이다. 마르크스에서 그 계급은 해방의 과업을 과거에 때려눕혀진 자들의 세대들 이름으로 완수하는, 최후의 억압받고 복수하는 계급으로 등

장한다.[17]

메시아적·마르크스주의적 원천들에서 영감을 받은 벤야민의 사유는 과거에 대한 생각을, 현재를 비판하는 혁명적 방법으로 활용한다.[18] 마르크스주의에서 실천적 방법을, 메시아주의에서 초월적 사유를 가져오는 벤야민의 철학적 방법론은 그 자신이 처해 있던 당대의 현실에 대해서도 독특한 해결책을 제시하니, 위에 인용한 부분이 이를 대표한다고 할 만하다.

벤야민에게 예외상태로서 비상사태가 도래하는 것은 파시즘이라는 당대의 비정상적인 상태를 끝장내고 새로운 가능성을 실현하기 위해 필요한 것이기도 하지만 그것은 우리가 경험하는 정상적인 시간을 정지시키고 폭파시킴으로써 새로운 시간, 곧 메시아적 시간이 임하도록 하는 것이기도 하다. 이런 메시아적 시간을 통해 새로운 시간, 곧 혁명적 시간이 사유될 수 있다.[19] 그런데 이러한 새로운 시간을 가능하게 하는 주체, 곧 "역사적 인식의 주

17 발터 벤야민 지음, 최성만 옮김, 「역사의 개념에 대하여」, 『발터 벤야민 선집』 5, 도서출판 길, 2008, 336~337, 343쪽.

18 미카엘 뢰비 지음, 양창렬 옮김, 『발터 벤야민: 화재경보』, 난장, 2017, 16쪽.

19 이런 부분이 벤야민을 정치적으로 재전유하고자 하는 슬라보예 지젝이나 조르조 아감벤 같은 이들이 주목하는 부분인데, 이는 김남주 시의 정치적 의미를 새로이 해석할 수 있는 중요한 참조 지점이 될 수 있을 것이다. 지젝이나 아감벤의 논의는 특히 다음의 저작을 참조할 수 있다. 슬라보예 지젝 지음, 김정아 옮김, 『죽은 신을 위하여』, 도서출판 길, 2007; 조르조 아감벤 지음, 강승훈 옮김, 『남겨진 시간』, 코나투스, 2008.

체"가 "투쟁하는, 억압받는 계급"으로서 민중이며 동시에 프롤레타리아라는 것이 벤야민의 또 다른 중요한 주장이다. 혁명과 봉기, 곧 기존의 지배 체제를 혁파하고 새로운 체제를 만들려는 변혁 운동은 억압받는 기층 민중일 수밖에 없다는 것이 이 주장의 핵심을 이룬다.

어쩌면 억압과 폐해로 가득 찬 역사에서 김남주가 길어 올리고자 한 시간이 벤야민이 사유한 혁명의 시간과 유사한 부분이 있으리라 생각된다. 현재의 시간을 폭파함으로써 비로소 생성될 수 있는 예외적인 순간, 곧 혁명으로 가능한 새로운 세계가 도래할 수 있으리라 김남주는 생각하였을 것이기 때문이다. 여기에 기층 민중의 역할이 절대적이라고 그가 여겼으리라는 것은 의심의 여지가 없다고 하겠다. 도래할 미래는 현재 억압받는 계급이 투쟁을 통해서 비로소 맞이할 수 있는 것이기 때문이다. 김남주는 앞서 인용한 시를 통해서, 말하자면 경계와 혼돈을 넘어서는 사랑을 통해 혁명이 가능하리라고, 그리고 사랑이 진보와 반동을 변증법적으로 통합하여 진정한 자유와 평등과 해방이 도래할 수 있게 하는 유일하고도 가능한 조건이라고 판단했을 것이다.

4. 결론

김남주 사후 25주기가 지나가는 시점에 그의 시를 읽는 일이 지니는 의미는 무엇일까. 그는 여전히 한국 현대시사에서 가장 급진적인 시인이며 혁명의 전사로 남아 있지만 이제 그의 시는 독자들의 관심에서 멀어져 가는 것 같다. 그가 간절히 바라던 소원이 아직 제대로 실현되지 못했는데도 그의 시가 망각의 늪으로 빠져 드는 것은 시가 예전만큼 정치적인 폭발력을 지니지 못해서이기 도 하겠지만 우리의 희망이 어느 정도 달성되었다는 성급한 안도 감 때문이기도 할 것이다. 그러나 이러한 성급한 안도감이 어떤 결과를 내놓았는지 우리가 모르는 바 아니다.

누구의 탄생을 기념하거나 누구의 죽음을 애도하지 않더라도 여전히 깨어 있어야 하는 것이 우리의 사명임을 김남주의 시를 읽 으며 다시 깨치게 된다. 김남주는 "빛이 빛을 잃고 어둠속에서/ 세상이 갈 길 몰라 헤매고 있을 때/ 섬광처럼 빛나는 사람들"을 떠올리며 "그들이 못다 부른 노래를 우리의 입으로 부르며/ 그들 이 남기고 간 무기를 우리의 손으로 들고서"(「역사에 부치는 노래」) 앞으로 나아가자고 말했지만 이제 우리가 그의 시를 읽으며 나아 가야 할 때이다. 계급 적대도 없고 국가 간 경쟁도 없으며, 분단의 모순과 전쟁의 위협도 없는 곳, 그리하여 온전한 자유와 평등과 평화가 실현되는 곳, 김남주가 간절하게 원했던 그곳은 아마도 문 학적으로만, 시를 통해서만 갈 수 있는 곳일지도 모른다. 그러나 그럼에도 우리 또한 그를 따라 그러한 바람을 강인하게 유지한 채 끊임없이 나아가야 한다. 오직 그럴 때에만 혁명과 변혁은 우리 곁에 가까이 올 수 있기 때문이다. 문학과 정치, 서정과 이념이 역 동적인 긴장을 이루면서도 놀라운 평형을 이루게 되는 것은 아마 도 그때일 것이다.

혹독한 조건에서도 끊임없이 새로 태어나고 상처 입은 영혼을 달랠 수 있는 힘은 사랑밖에 없으니 이를 통해 혼돈과 절망과 체념을 넘어서는 새로운 미래에 대한 희망을 지닐 수 있게 된다. 이제 그 희망을, 김남주의 시를 다시, 새로이 읽을 이들에게 건넨다.

> 자유의 길
> 해방의 길
> 통일의 길
> 내 다시 걷지 않을 때
> 나 아무것도 아니다.
> __「한 매듭의 끝에 와서」 부분

참고문헌

김남주 지음, 염무웅·임홍배 엮음, 『김남주 시전집』, 창비, 2014.

김사인, 「김남주 시에 대한 몇 가지 생각」, 염무웅·임홍배 엮음, 『김남주 문학의 세계』, 창비, 2014, 112~113쪽.

김상봉, 「파국과 개벽 사이에서: 20세기 한국철학의 좌표계」, 『대동철학』 67집, 대동철학회, 2014, 1~53쪽.

노철, 「김남주 시의 담론 고찰」, 『상허학보』 14집, 상허학회, 2005, 161~184쪽.

브루노 보스틸스 지음, 염인수 옮김, 『공산주의의 현실성』, 갈무리, 2014.

류찬열, 「혁명의 시, 혹은 시의 혁명」, 『우리문학연구』 17집, 우리문학회, 2004, 415~433쪽.

마크 피셔 지음, 박진철 옮김, 『자본주의 리얼리즘』, 리시올, 2018.

미카엘 뢰비 지음, 양창렬 옮김, 『발터 벤야민: 화재 경보』, 난장, 2017.

발터 벤야민 지음, 최성만 옮김, 「역사의 개념에 대하여」, 『발터 벤야민 선집』 5, 도서출판 길, 2008.

수잔 벅-모스 지음, 김정아 옮김, 『발터 벤야민과 아케이드 프로젝트』, 문학동네, 2004.

슬라보예 지젝 지음, 김정아 옮김, 「죽은 신을 위하여」, 도서출판 길, 2007.

알랭 바디우 지음, 서용순 옮김, 『반역은 옳다』, 문예출판사, 2019.

에티엔 발리바르 지음, 진태원 옮김, 『우리, 유럽의 시민들?』, 후마니타스, 2010.

_____, 진태원 옮김, 『정치체에 대한 권리』, 후마니타스, 2011.

염무웅·임홍배 엮음, 『김남주 문학의 세계』, 창비, 2014.

조디 딘 지음, 염인수 옮김, 『공산주의의 지평』, 현실문화연구, 2019.

조르조 아감벤 지음, 강승훈 옮김, 『남겨진 시간』, 코나투스, 2008.

진태원, 「'포스트' 담론의 유령들: 애도의 애도를 위하여」, 『민족문화연구』 57호, 고려대학교 민족문화연구원, 2012, 5~55쪽.

_____, 「김남주 이후」, 『실천문학』 113, 2014 봄, 73~99쪽(『을의 민주주의』. 그린비, 2017, 28~58쪽).

테드 W. 제닝스 지음, 박성훈 옮김, 『데리다를 읽는다/바울을 생각한다』, 그린비, 2014.

하정일, 「80년대 민족문학: 탈식민의 가능성과 좌절」, 『작가연구』 2003년 상반기.

황호덕, 「탈식민주의인가, 후기식민주의인가: 김남주, 그리고 한국의 포스트콜로니얼리즘 연구 20년에 대한 단상」, 『상허학보』 51집, 상허학회, 2017, 315~357쪽.

찾아보기